# 现代教育评价教程（第二版）

吴钢 著

图书在版编目(CIP)数据

现代教育评价教程/吴钢著. —2版.—北京：北京大学出版社，2015.2
（21世纪教师教育系列教材）
ISBN 978-7-301-25422-6

Ⅰ.①现… Ⅱ.①吴… Ⅲ.①教育评估–师范大学–教材 Ⅳ.①G40–058.1

中国版本图书馆CIP数据核字（2015）第018109号

| | |
|---|---|
| 书 名 | 现代教育评价教程（第二版） |
| 著作责任者 | 吴 钢 著 |
| 丛书主持 | 李淑方 |
| 责任编辑 | 李淑方 |
| 标准书号 | ISBN 978-7-301-25422-6 |
| 出版发行 | 北京大学出版社 |
| 地 址 | 北京市海淀区成府路205号　100871 |
| 网 址 | http://www.pup.cn　新浪微博:@北京大学出版社 |
| 电子信箱 | zpup@pup.cn |
| 电 话 | 邮购部 010-62752015　发行部 010-62750672　编辑部 010-62767346 |
| 印 刷 者 | 北京虎彩文化传播有限公司 |
| 经 销 者 | 新华书店 |
| | 730毫米×980毫米　16开本　19.75印张　450千字 |
| | 2008年1月第1版 |
| | 2015年2月第2版　2021年12月第4次印刷 |
| 定 价 | 59.00元 |

未经许可，不得以任何方式复制或抄袭本书之部分或全部内容。
版权所有，侵权必究
举报电话：010-62752024　电子信箱：fd@pup.pku.edu.cn
图书如有印装质量问题，请与出版部联系，电话：010-62756370

# 作者简介

吴钢,1960年生,上海师范大学教育学院副教授,硕士生导师,主要从事教育评价和教育系统学的教学和研究。1989年7月毕业于北京师范大学高等教育管理专业,获教育学硕士学位;1999年到日本京都教育大学研修;2004年9月至2005年3月在美国加州州立大学北岭分校做访问学者。在《教育研究》、《课程·教材·教法》、《比较教育研究》等刊物上发表学术论文八十多篇,出版如《现代教育评价基础》等著作四部。《现代教育评价基础》荣获2001年高等教育上海市级教学成果(教材)三等奖。主持全国教育科学"十一五"规划教育部重点课题"幼儿园教育质量评估指标体系研究"等课题十余项。现为中国教育学会基础教育评价专业委员会会员;上海市社区教育协会第四届理事会理事。

# 前 言

中国是"考试"的故乡,早在公元606年就产生了封建科举制度,但是,遗憾的是没有形成系统的教育评价理论。20世纪30—40年代,美国人泰勒(R. W. Tyler)在《八年研究》(The Eight-Year Study)中首次提出了以教育目标为核心的教育评价理论。他认为,实施教育评价首先必须分析教育活动应达到的目标,把这个目标作为标准来评价教育的效果,以引导教育活动向理想的目标靠近。泰勒的"教育评价就是衡量实际活动达到教育目标程度"的思想为教育评价作为一门学科进行研究奠定了基础。20世纪60年代,美国学者斯克里芬(M. Scriven)发表了《评价方法论》(The Methodology of Evaluation),提出了"总结性评价"和"形成性评价"的概念,主张教育评价要以诊断和改进为目的,强调在教育发展过程中定期进行评价,及时发现存在的问题,并有效地加以改进。20世纪80年代,以美国印第安大学教育学院教授古巴(E. Guba)和林肯(Y. S. Lincoln)等人为代表创立了"第四代教育评价理论",提出教育评价是所有参与评价活动的人心理共同建构的过程,倡导评价的民主性和价值观的多元性。20世纪90年代,英国开放大学教育学院纳托尔(Latoner)和克利夫特(Clift)等人提出了发展性教育评价的思想,倡导教育评价要以发展为本,评价活动要聚焦评价对象的未来发展。正是这些不同的评价理论和观点,把当今西方教育评价理论研究推向了一个新的发展阶段。

在中国,教育评价的理论研究起步较晚,但发展很快。20世纪70年代后期和80年代早期,高等学校统一招生考试恢复以后,为了迅速提高教育质量,部分地区、部门和学校开展了教育质量评价研究和实践活动。由于评价研究和实践的需要,国外的研究成果被逐步介绍到中国。1985年5月,中共中央颁布了《中共中央关于教育体制改革的决定》,明确提出要对教育进行评价的问题;同年6月,教育部在黑龙江省的镜泊湖组织召开了《高等工程教育评价问题专题讨论会》。这是高等学校恢复统一招生考试制度以后,召开的第一次全国性的教育评价研讨会,它标志着中国教育评价研究和实践真正开始起步了。20世纪80年代中后期,在原国家教委的统一领导和指导下,全国范围内全方位、多层次地开展了各种类型的评价实验和实践活动,出现了许多教育评价的研究成果,并且在对外学术交流方面上产生了质的飞跃,由单方面邀请国外教育评价专家来华作学术报告,转变为与国外专家共同研究和探讨评价问题。20世纪90年代以后,中国教育评价工作步入了正规化开展时期,初步建立了教育评价制度和全国性的评价研究组织,为全国范围内正规开展评价研究和实践活动提供了制度和组织保证,并且国内外教育评价学术交流和研讨活动不断增多,研究成果层出不穷,在教育活动中发挥着越来越重要的作用。作为众多教育评价研究成果之一,1996年11月笔者撰写的著作《现代教育评价基础》得到了上海市马克思主义学术著作出版基金的资助,由学林出版社出版。该书共印刷了五次,到2004年7月由学林出版社出版了《现代教育评价基础(修订版)》,2006年7月又重印了一次。2008年1月,笔者在北京大学出版社的领导和编辑同志的支持和鼓励下,对《现代教育评价基础(修订版)》进行了修订,由北京大学出版社出版了著作《现代教育评价教程》,随后又印刷了两次。2015年2月由北京大学出版社出版了《现代教育评价教程(第二版)》。现在本书又要重印了,为了与时俱进,笔者根据自己近两年来的研究成果,对本书做了新的修订,最大限度地满足读者的学习需求。

本书共分12章:前4章是教育评价的理论部分,主要包括教育评价概述、教育评价的历史和发展、教育评价的一般过程、教育评价制度等;第5章至第8章是教育评价的方法部分,论述了教育评价标准的编制、教育评价信息的搜集、教育评价信息的处理、教育评价的再评价等;第9章至第12章是教育评价的案例部分,主要内容有:教师工作评价、学生学习评价、学校教育评价系统、和谐学校评价等。笔者撰写本书的主要思路:一是在汲取中外教育评价主要模式精华的基础上,结合中国的基本国情,提出了发展性目标评价模式;其次,开发和建立了评价方法体系,其不仅与发展性目标评价模式相配套,而且还具有较好的实用性和层次性,方法由易到难、由简到繁,循序渐进,使读者较易掌握和运用;再次本书中叙述了较多的发展性目标评价模式及与之相配套的方法体系运用的案例,以一个主要案例作为主线贯穿于本书的始终,让读者对评价理论和方法的应用有一个全面、详尽的了解和认识,此外还穿插着较多的分枝案例,体现着评价理论和方法应用的广泛性和多样性。

本书可作为高等院校本科生和研究生"教育评价"课程的教材或教学参考书,也可作为大学、中小学和幼儿园教师、高等院校行政管理人员、督导人员等培训的参考读物。由于本人水平所限,此书不足之处实难避免,真诚希望读者批评指正!

作　者
2016年6月18日于
上海师范大学教育学院

# 目 录

## 理 论 篇

**第一章 教育评价概述** (3)
 第一节 教育评价的概念 (3)
 第二节 教育评价的功能和作用 (7)
 第三节 教育评价的主要类型 (9)
 第四节 教育评价的主要模式 (15)

**第二章 教育评价的历史和发展** (24)
 第一节 教育评价的源流 (24)
 第二节 西方教育评价的发展历史 (26)
 第三节 我国教育评价的发展历史 (37)

**第三章 教育评价的一般过程** (46)
 第一节 评价方案准备 (46)
 第二节 评价方案实施 (53)
 第三节 评价报告编写 (57)
 第四节 评价结论反馈 (64)
 第五节 评价心理的调控 (67)

**第四章 教育评价制度** (71)
 第一节 建立教育评价制度的必要性 (71)
 第二节 建立教育评价制度应具备的基本条件 (73)
 第三节 建立教育评价制度的系统思考 (76)

## 方 法 篇

**第五章 教育评价标准编制** (93)
 第一节 教育评价标准概述 (93)
 第二节 教育评价指标体系的设计 (98)
 第三节 教育评价评定标准的制定 (113)
 第四节 教育评价标准编制案例 (117)

## 第六章 教育评价信息搜集 (121)
### 第一节 教育评价信息的主要来源 (121)
### 第二节 确定教育评价信息源数量的抽样技术 (123)
### 第三节 搜集教育评价信息的主要方法 (128)

## 第七章 教育评价信息处理 (149)
### 第一节 教育评价信息的定性处理方法 (149)
### 第二节 教育评价信息的定量处理方法 (154)

## 第八章 教育评价的再评价 (179)
### 第一节 教育评价再评价的必要性 (179)
### 第二节 教育评价再评价的方法 (181)
### 第三节 教育评价再评价的实施 (195)

# 运 用 篇

## 第九章 教师工作评价 (205)
### 第一节 课堂教学工作评价 (205)
### 第二节 班主任工作评价 (223)
### 第三节 教师科研成果评价 (229)

## 第十章 学生学习评价 (233)
### 第一节 "知识与技能"达成度评价 (233)
### 第二节 "过程与方法"达成度评价 (235)
### 第三节 "情感态度与价值观"达成度评价 (249)

## 第十一章 学校教育评价系统 (256)
### 第一节 系统概述 (256)
### 第二节 学校教育评价系统分析 (260)
### 第三节 学校教育评价系统开发 (265)

## 第十二章 和谐学校评价 (283)
### 第一节 和谐学校建设的时代背景 (283)
### 第二节 高校和谐校园建设现状分析 (285)
### 第三节 和谐学校评价的指标体系 (291)
### 第四节 和谐学校评价的几种方法 (298)

## 附表 (304)

# 理 论 篇

本篇包含四章内容:
- 教育评价概述
- 教育评价的历史和发展
- 教育评价的一般过程
- 教育评价制度

其中,"教育评价概述"是核心内容,它叙述了一个贯穿于本教程的教育评价模式,即发展性目标评价模式,是教育评价的一种策略、范式和理论指导。这个教育评价模式是本篇的重要内容。另外三章内容的阐述,主要是为了帮助读者更好地认识和理解发展性目标评价模式。

# 第一章　教育评价概述

**【本章概要】**

本章将阐述教育评价的涵义、教育评价的功能和作用、教育评价的类型、教育评价的模式等内容，其中教育评价的模式是本章的重点，教育评价的涵义、功能、作用、类型等是学习教育评价模式的基础知识。

**【学习目标】**

学习本章后，你应该能够：
1. 理解教育评价的涵义、功能和作用。
2. 认识教育评价的类型。
3. 掌握发展性目标评价模式。

教育评价作为新兴的教育科学研究领域和教育管理的有效手段，已受到世界各国政府和学术界的重视。对什么是评价、什么是教育评价、什么是教育评价的功能和作用、什么是教育评价的类型和模式等基本理论问题的研讨，有助于对教育评价的深入研究和运用。

## 第一节　教育评价的概念

概念是思维的基本形式之一，反映客观事物一般的、本质的特征。人类在认识事物的过程中，把所感觉到的事物的共同特点抽出来，加以概括，就形成了概念。教育评价的概念来自于对教育评价活动共同特征的概括和提炼，它对实际评价工作具有指导意义。

### 一、教育评价的涵义

评价活动在我们日常生活中处处存在，不但教育领域有评价，而且经济领域、政治领域、文化领域等都有评价活动存在。"评价"一词在一般汉语词典里的主要意思是"评定价值高低"，由此我们对教育评价较为直觉的解释是"对教育价值进行判断的过程"。但是，这种判断过程不是随意的，是建立在对教育信息进行科学处理和分析基础之上的。美国教育家泰勒（R. W. Tyler）在"八年研究"（*The Eight-Year Study*）的实验报告里指出："教育评价就是衡量实际活动达到教育目标的程度"。这是对教育评价的早期解释，它的应用范围只限于课堂教学,评价内容集中于学生的信仰、创造力、协作精神和记忆能力的发展水平等方面。随着社会生产力的发展,教育发展规模不断扩大,特别是经过20世纪60年代评价发展的兴盛阶段,教育评价的应用范围大大扩充了。教育评价不但能检查教育结果,即学生学习质量和发展水平,而且能考察整个教育过程的其他方面,如：教师评价、校长评价、办学水平评价、办学条件评价、区域性教育水平评价等。由于教育评价内容的扩大,对教育评价的界说也有了实质性的变化,其内涵也在不断变化,并趋于深化,教育评价大体包含以下五方面的特性：

一是客观性。教育评价要有一个客观基础,这个基础建立于对教育信息系统、科学和全面的搜集。

二是科学性。对所搜集到的教育信息,要运用科学的方法进行整理、处理、解释和分析,便于进行准确的判断。

三是主观性。无论是何种教育评价,最终的评价结果都是通过人的大脑判断得到的,但是这种判断必须建立在对教育信息进行科学处理和分析的基础之上。

四是普适性。教育评价概念应该适用于教育的全领域。

五是目的性。教育评价不是为评价而评价,旨在把评价结果或结论反馈给决策者、被评价单位或个人,使他们能有效采取更佳的教育决策、制定教育或学习计划,促进教育改革,提高工作或学习效率和教育质量。

基于教育评价内涵五个方面的特性,我认为教育评价是指在系统地、科学地和全面地搜集、整理、处理和分析教育信息的基础上,对教育的价值作出判断的过程,目的在于促进教育改革,提高教育质量。[1] 其意义在于[2]：

第一,有利于教育管理的正确决策。要搞好教育管理,首先必须要有正确的决策。党的十一届三中全会以来,我国教育事业有了很大的发展,学校数量不断增多。在建立社会主义市场经济体制的今天,不同办学模式不断涌现,除国家包办包管的公立学校外,还有私立学校、公办转制学校、承办制学校、社会团体办学、中外合资办学等,在这种情况下,如何使各级各类学校有效实施素质教育,提高素质教育质量呢？这就必须运用评价手段,为素质教育决策提供有效信息,以作出正确的决策。

第二,有利于调控教育管理过程,促使其朝着预定的目标运行。学校是实施素质教育的主要场所,素质教育质量水平是学校各种要素,即学校规模、师资力量、教学设备、教学管理、学生来源、后勤服务等多种因素综合作用的结果。评价能对学校各项工作进行综合检验,使我们能时常根据学校工作的现状以及与素质教

---

[1] 吴钢.浅谈教育评价方案[J].上海教育,2000(7).
[2] 吴钢.现代教育评价基础(修订版)[M].上海：学林出版社,2004：11-12.

育目标的差距,在规划学校工作时,纵观全局,有明确的方向,有针对性地提出切合实际的策略和方法,有效调控学校的各项工作,使素质教育达到预期目标。

第三,有利于检验教育事业发展水平。教育管理成功与否?质量如何?均需要运用评价手段来判定。我们知道,由于素质教育的根本目的是多出人才,出好人才,提高民族素质,所以,学生综合素质评价是整个素质教育评价的出发点和归宿。只有解决了学生综合素质评价问题,才能搞好素质教育评价。1999年召开的全国教育工作会议指出,素质教育要以德育为核心,以培养学生的创新精神和实践能力为重点。这为学生综合素质评价指明了方向。教育评价理论和方法的日趋成熟,使我们科学、客观和有效评价学生综合素质变为可能。

为了深入理解教育评价的概念,接下来我们将从价值论、认识论和实践论的角度,剖析评价和价值、评价和认识以及评价和实践的关系:

### (一)评价和价值

马克思指出:"'价值'这个普遍的概念是从人们对待满足他们需用的外界物的关系中产生的。"[①]由此可知,价值反映着主客体的关系,是客体对主体需要的满足,为此不难理解,教育价值就是作为客体的教育现象属性与作为社会实践主体的人的需要之间的一种特定关系。只有当主体具有某种需要,而同时客体本身也具有满足主体需要的客观属性,才能体现出价值。主体是指实践者、认识者,或实践—认识活动的行为者本身;客体是指实践对象、认识对象,或主体行为的对象本身。它们之间相互作用的形式常常表现为:一是在实践和认识中主体对客体的反映、接近和"服从",即客体对主体的作用;二是主体对客体的改造,并使它为自己"服务"。用系统观点来分析价值的概念,不难发现,一个事物要体现其价值必须具有两个要素、一个关系,即事物所具有的客观属性和事物主体的需要这两个要素以及它们按一定方式相互联系在一起。由于事物的客观属性是多种多样的,主体需要也是千差万别的,因此,事物的价值具有多元性;事物价值的体现要求事物的客观属性和主体需要按一定方式相互联系在一起,这体现着事物价值的相关性;把事物价值的多元性和相关性加在一起,就产生了事物价值的整体性。从系统观点的角度来看,评价实质上就是事物价值整体性的反映。

### (二)评价和认识

马克思主义认识论认为,认识的本质是能动的反映。从这个意义上说,评价是属于认识的。由上述可知,事物价值具有多元性,以至事物价值的整体性较难把握。要较好地解决这个问题,首先要求评价者有一个科学的态度;其次,指导评价活动的理论、评价活动中所采用的方法和评价程序必须合理、科学。我们知

---

① 马克思恩格斯全集(第19卷)[M].北京:人民出版社,1963:406.

道,要对事物价值进行判断,必须了解和认识三大类信息:其一是事物本身所具有的客观属性信息以及它与其他相关事物之间关系的信息;其二是关于事物主体需要的信息;其三是事物客观属性和主体需要按一定方式相互联系在一起的程度信息。其中第二大类信息是较难把握事物价值整体性的主要原因。诚然,评价不可能离开价值主体的需要,也不可能离开评价主体的主观愿望,即评价具有离不开人的需要的性质,这种性质,在学术界有人把它称为主观性。但是,价值主体的需要和评价主体的主观愿望,不是由人的主观随意决定的,它同人的社会存在相联系,是能够被人所有效认识的。只要我们科学和客观地认识上述三大类信息,就能较好地把握事物价值的整体性,对事物作出科学、客观和有效的评价。

### (三)评价和实践

评价正确与否是要通过实践检验的,这里包含两层意思:一是把评价现有的研究成果,即评价理论和方法运用于实践,接受实践的检验。对于实践证明是科学的理论和方法,应该保留,并继续运用;对于实践证明是不科学的理论和方法,我们要加以修正或摒弃。二是评价的结果要接受实践的检验。这种检验主要从三方面来观察:其一是价值客体的发展水平是否与评价结果相一致;其二是价值主体需要的满足程度;其三是评价主体的主观愿望是否实现。评价正确性检验的实现,往往通过建立某种评价制度来保证评价活动连续进行,真正做到用后次评价结果来检验前次评价结果,长此以往,评价就会日趋科学和客观,评价的正确性才能得到保证。

## 二、教育评价和教育测量

教育评价和教育测量有相互联系的一面,也有不同的地方。教育测量是依据一定标准对教育的某一方面作出事实判断,并进行赋值的过程。可见,教育测量本质上是事实判断,而教育评价实质上是价值判断。测量强调的是数量化,一般要尽可能地减少判断的作用;评价则是突出价值观,充分重视对问题的分析和评判。

事实判断是价值判断的基础,只有在弄清事实之后才能作出合理的价值选择。测量的结果是评价的重要依据,但不是唯一依据,评价需要依据更多的方法和资料来进行。对于测量的数量化结果,如果不依据测量的目的进行分析、解释和评价,就是无意义的东西,所以测量包含有一定的评价。在教育评价中,事实判断往往和价值判断交融在一起的,只要人们所陈述的事实是"真"的,就必然包含着某种倾向性的价值认可,退一步讲,即使不涉及价值判断,事实判断本身也包含一定的价值。

## 三、教育评价和教育调查

所谓教育调查，就是对教育的实际情况进行深入了解、弄清事实、借以发现存在的问题、探索规律的过程。与教育评价相比，二者看起来较为相似，都要搜集、整理和处理教育信息，并对教育信息加以分析，但是，它们主要有以下三方面的区别：

一是教育调查着眼于调查结果；而教育评价旨在为决策者提供信息。

二是对于教育调查来说，调查结果越具有普遍性越好；而教育评价主要是对教育的价值进行判断，结果不一定具有普遍性。

三是教育调查主要是研究各种教育现象之间的关系，探索教育规律；而教育评价是判断教育的价值，促进教育决策，使教育发展能符合人们的需要。

## 第二节  教育评价的功能和作用

功能和作用的涵义较为相近，在这里，教育评价功能是指整个教育评价工作完成以后所发挥出来的整体效能。教育评价作用是指在教育评价过程中，各个评价环节的评价工作对与评价工作有关人员所产生的影响力。

### 一、教育评价的功能

它是由评价的目的决定的，即评价目的不同，其评价功能也不同。一种评价目的决定着一种评价功能；不同的评价目的决定着不同的评价功能。

任何教育活动的规划、实施和完成的状态可用图 1-1 表示：

图 1-1  教育活动流程框图

由图 1-1 不难看出，对教育活动的评价，一般可分为下述四种情况：第一，在教育活动开始之前，为使活动计划更加稳妥而进行的必要评价；第二，在活动过程中，为修正活动本身轨道，使活动取得更佳效果所进行的必要评价；第三，在活动告一段落时，为把握这段活动效果而进行的必要评价；第四，置身于活动之外，为了对该活动作出客观研究以及探讨改善方法而进行的必要评价。

过去人们一直十分重视第三种情况，但现在对其他三种情况的评价活动也重视起来了。教育成果评价称之为"终结性评价"(summative evaluation),相比之下,第一种活动前的评价则称之为"诊断性评价",第二种活动过程中的评价则称之为"形成性评价"(formative evaluation),第四种从外部对活动过程、效果、规定条件等进行的评价则称之为"整体性评价"。诊断性评价和终结性评价的直接目的是"鉴定评价对象是否合格",主要发挥鉴定合格的功能;形成性评价的直接目的是"根据评价结果,调控教育活动过程",主要发挥估计成就、改进工作的功能;整体性评价的直接目的是"为以后规划教育活动提供决策信息和资料",主要发挥为教育决策服务的功能。

### 二、教育评价的作用

它包含于评价功能之中,即一种评价功能包含多种评价作用。不同的评价功能应包含相同的作用。教育评价是一项技术性很强的工作,能否科学地组织评价,对评价质量和结果的可靠性、有效性有着重要的影响。作为按系统程序进行工作,评价过程大体可分为评价方案准备、评价方案实施、评价报告编写和评价结论反馈四个环节。评价方案准备环节是评价工作具体实施前的预备环节,其主要任务是进行教育评价方案的设计;评价方案实施环节是执行评价方案的重要环节,其主要任务是严格遵照评价方案的内容,对评价对象进行评价,得出评价结果;评价报告编写环节是对评价过程、结果进行全面叙述和分析,推断结论,提出建议;评价结论反馈环节主要是把评价报告中的内容反馈给决策者、被评价单位或被评价者,促使他们作出正确决策或改进工作,提高工作效率。上述四个环节将产生以下四个作用。

#### (一)导向作用

在教育评价活动中,我们先要设计好评价方案,它是指导评价活动的纲领性文件,其中,编制教育评价标准是它的核心内容。显然评价标准与评价结果有内在的联系,即不同的评价标准会得出不同的评价结果。评价标准一旦编制完成,被评价者就必须照着去做,不然就不能获得好的评价结果,可见,评价标准像一根"指挥棒",起着导向作用。在制定评价标准时,既要考虑到社会发展的需要,又要注意满足被评价者的需求,把人们引导到既符合社会发展规律,又能满足个体需要的目标上去。如能引导教育部门调整办学方向、调节各种教育目标等。

#### (二)诊断作用

在实施评价方案过程中,要对根据评价标准所搜集到的教育评价信息,采用科学方法进行整理、处理和分析。在这个过程中,我们能够发现教育活动或评价对象哪些地方见长,需要加以巩固和发扬;哪些地方不足,还有待于进一步加以改进。

### (三) 激励作用

评价所得的结果,一方面为决策者提供信息,另一方面也给被评价者或被评价单位反馈信息,其目的是为了改进工作,提高教育质量。如果工作做得好,明确好在什么地方,会给人以发扬成绩的动力和某种精神上的满足,能较好地促进人们工作或学习的主动性,激励人们以全部精力投入工作或学习;如果工作做得不好,指出不好在什么地方,如何才能改进不足,这就能督促人们改进不足,赶超先进。

### (四) 交流作用

在评价过程和评价结论反馈过程中,由于评价者与评价者、评价者与被评价者、评价者与决策者之间以及被评价者与被评价者、被评价者与决策者之间的相互接触、交流和信息沟通,能够看到他人的长处,同时也能注意到自己的不足,有利于相互学习、取长补短、共同前进。

## 第三节 教育评价的主要类型

教育评价类型是具有共同特征的教育评价所形成的种类,它反映了同种类型的教育评价具有相同的特征,评价者可以根据不同的评价活动选择相适应的评价类型,以获取评价工作的最大效益。

### 一、按评价涉及的范围分类

#### (一) 宏观教育评价

这是以教育的全领域或涉及宏观决策方面的教育现象、措施为对象的教育评价。如对教育目标、教育结构、教育制度和教育社会效益等方面的评价。它是总体的、全局性的、战略的。这种教育评价是以社会系统或教育系统作为评价主体,教育与社会相互作用关系状况为评价客体,其价值判断的依据是教育满足社会发展需求的程度。这是教育系统进行诊断、调整和完善的评价行为,旨在调整教育发展战略、改进教育工作,以适应社会发展的需要,并促进自身的发展和进步。

#### (二) 中观教育评价

这是以学校内部各方面的工作为对象的教育评价。如办学水平、办学条件、领导班子、教师队伍以及教学工作、思想政治工作、体卫工作、总务工作,以至教师教学、班主任工作、团队工作和家长工作,等等。这种教育评价是以社会教育评价机构、学校上级主管部门或学校系统作为评价主体,学校内部工作状况为评价客体,其价值判断的准则是某一时期的教育方针、政策和中心任务,或某项法律、法规的贯彻实施状况,或学校的教育质量。这是学校系统进行诊断、总结和完善的评价行为,目的在于改进学校教育工作,提高工作效率,促进教育质量的提高。

### (三) 微观教育评价

这是以学生发展为对象的教育评价。如对学生学业成绩、思想品德、身体健康、审美情操、劳动技能、实践能力和创新精神等方面的评价。这种评价是以学校教师作为评价主体,学生为评价客体,其价值判断的标准是以学生德、智、体、美、劳等发展水平为标志的教与学的关系状况,以此推进教育工作改革,提高教育质量。

## 二、按评价的价值标准分类

### (一) 相对评价

它是指在评价对象的集合总体中选取一个或若干个对象作为价值标准,然后将其余评价对象与其进行比较,或者是用某种方法把所有评价对象排列成先后顺序。这种评价无论评价对象集合总体状况如何,都可以进行比较,找到各自的相对位置,因而适应性强,应用面广,便于比较。譬如,常模参照评价指的是教师联系先前其他学生在这个测验上的表现来解释现在学生的成绩,先前的那些学生被称做常模组。教师说某个学生"在一个能力倾向测验上的得分是90百分等级",意思就是说这个学生的测验成绩高于常模组90%的人的成绩。可见,每个个体都可以了解到自己在这个集合总体中的优劣状况,能激发被评价者的竞争意识,特别适用于定额选拔。但是,这种评价实质上是"在矮子里选高个",选出的高个未必真高,由此,评价结果不一定能表示被评价者的实际水平,只表示他在该集体中的相对位置,客观性较差。另外,不管个人如何努力,进步多大,都要受"两头小、中间大"的限制,容易使被评价者产生激烈的、无休止的竞争,挫伤一部分人的积极性。

### (二) 绝对评价

这是在评价对象集合之外,确定一个客观标准,评价时,将评价对象与这个标准进行比较,评价其到达标准的程度,作出价值判断。譬如,标准参照评价不依赖于其他学生的表现,而是依赖于学生对所测内容的实际掌握情况。这种评价由于有一个可以信赖的客观标准,能保证评价科学、准确,容易使评价者心安、信服,维持心理平衡。评价后,被评价者能把握自己的实际水平,明确自己与客观标准之间的差距,可激励其积极上进。但是,绝对标准也是由人来制定和掌握的,难以避免主观性,很难做到完全客观、公正、合理。除此而外,这种方法不易表现个体在集体中的位置和进步,不利于形成竞争气氛。

我们知道,教育评价目的在于促进教育改革,提高教育质量,因此,绝对评价在教育评价中应居于核心位置。但是,判断集体中个体优劣、确定个人相对位置的相对评价,仍有它独特的意义。在实施评价时,应在以绝对评价为主的前提下,把这两种评价结合起来。

### (三) 个体内差异评价

这种评价是把评价对象集合总体中的各个元素的过去和现在进行比较,或者一个元素的若干侧面相互比较。譬如,成长记录袋评价(portfolio assessment),也称档案袋评价等。由于个体内差异评价充分地照顾到了个性的差异,在评价过程中不会给被评价者造成压力。可是,它也有很大的弊端。首先,由于个体内差异评价既不与客观标准比较,又不与其他被评价者比较,很容易使被评价者坐井观天、自我满足。其次,评价是按一定的价值原则进行的判定,没有标准又没有比较,很难令人相信这是一种评价。所以,一般来说,这种评价常常与相对评价、绝对评价结合起来运用。

## 三、按评价功能分类

学习以下内容,可参看图1-1。

### (一) 诊断性评价

它是指在某项教育活动开始之前,为使其计划更有效地实施而进行的预测性、测定性评价,或对评价对象的基础、条件作出鉴定。其目的是了解评价对象的基础和情况,为教育活动的开展排除障碍,创造条件。学生学业成绩的诊断性评价一般在学年或学期初实施。学校办学条件的诊断性评价,一般在办学水平评价之前进行。

### (二) 形成性评价

在1967年,斯克里芬(M. Scriven)提出形成性评价概念以前,教育评价热衷于排名次、争高低,是属于鉴定性质的评价。所谓形成性评价,是指在教育活动过程中,评价活动本身的效果,用以调节活动过程、保证教育目标实现而进行的评价。这种评价现在也可称为发展性评价或过程性评价,其目的是为了调节教育活动行为,使教育目标得以顺利实现。因此,它能及时获取反馈信息,适时调节控制,以缩小工作过程与目标之间的差距,并且,通过评价,研究工作进程,总结经验教训,可以及时改进工作。在现代教育评价中,强调评价者和被评价者在评价的整个过程中不断对话,互相修正自己的观点,使评价结论尽可能取得一致。

### (三) 终结性评价

这是在某项教育活动告一段落时，对最终成果作出价值判断。这种评价也可称为结果评价或绩效评价，其目的是根据教育活动结果划分等级、排名次等。终结性评价简便易行，较为客观，易于服人，因而受到普遍重视。但是，它具有事后检验的性质，对评价对象本身的改进和完善，无能为力；而且，只看最终结果，不问该结果是如何形成的，也无法体现某些不可比因素，容易出现虚假现象。

### (四) 整体性评价

这种评价是指对一项教育活动的规划和实施过程、结果的整体评价。其主要目的在于分析、研究已完成的教育活动的全过程，总结成功的经验、找到失误的原因，为以后设计、规划教育活动提供有效的信息。它的特点是评价对象包含的内容较多，对评价结果的处理也较为复杂。既不同于形成性评价根据评价结果及时调节控制进行中的教育活动，又异于诊断性评价、终结性评价依照评价结果对评价对象进行分等和鉴定，而是分析、研究评价结果，为教育决策服务。

## 四、按评价的内容分类

### (一) 条件评价

这是对完成教育活动所必需的基础条件的评价。如办学条件评价和教师资格认定等均属于这类评价。它是过程评价和结果评价的基础，从理论上说，只有通过条件评价合格者，才能进行过程评价和结果评价；不合格者就谈不上过程评价和结果评价了。但是，在实际评价活动中，往往忽视条件评价，这就给教育质量评价结果的比较带来很大的困难，这必须引起我们的重视。

### (二) 过程评价

所谓过程评价，就是对教育过程的评价。如教学过程评价和学校管理过程评价等。它一般不直接涉及教育结果，而是重视对问题的诊断。从教育评价的发展趋势来看，有越来越重视过程评价的倾向，这是因为人们较为注重发挥评价的估价成就、改进工作的功能和为教育决策服务的功能。

### (三) 结果评价

这种评价是对教育活动结果和质量的评价。如办学水平评价和选优评价等。它一般不涉及教育活动的过程，而着重对教育结果进行成果鉴定和等级区分。过程评价和结果评价是既相互区别，又相互联系、互为因果，在一定条件下可以相互转化，具体地说，教育成果既是教育过程发展的自然结果，又是新教育过程的必要前提，因此，它们是统一的，任何试图把它们对立起来的行为都是错误的。

## 五、按参与评价的主体分类

### （一）自我评价

所谓自我评价，就是指被评价者根据教育评价标准，对自己的工作、学习、品德等方面的表现，进行自己对自己的评价。如由学校内部的校长、主任、教师和学生等评价学校办学水平。这种评价比较容易开展，可以经常进行。它建立在对评价对象信任的基础之上，能激发被评价者自尊心、自信心，使之自觉地、主动地接受评价。评价对象对自己的情况最了解，如果态度端正，会有较高的准确性，同时，也可为外部评价提供丰富的自我评价信息和资料，便于评价工作顺利进行，减轻工作负担。此外，自我评价还能增强被评价者自我评价意识和评价能力，有利于及时自我反馈、调节。但是，自我评价缺乏外界参照体系，不便进行横向比较，并且，主观性大，容易出现评价偏高或偏低的趋向，甚至报喜不报忧。

### （二）外部评价

这是由被评价者之外的他人进行评价，也可称为他人评价。如由社会教育评价机构或教育督导系统等评价学校办学水平。这种评价一般较为严格、慎重和客观，可信度较大，权威性较高。由于评价者一般是专家、同行等，他们来自社会的各个单位，有利于在各单位之间进行横向比较，易于发现被学校或部门自身所忽视的经验和问题。但是，这种评价组织工作较为繁难，耗费人力和时间也较多。随着教育评价的发展，在评价实际工作中，越来越注重被评价者通过自我分析和自我认识达到自我提高的目的。

## 六、按评价的方法分类

### （一）定量评价

所谓定量评价，是指采用定量分析方法，即用一定的数学模型或数学方法，对搜集到的数据资料进行处理和分析，从而作出定量结论的评价。如运用教育测量和统计方法、模糊数学方法等，对评价对象用数字描述。对于能够数量化的教育评价信息，我们要尽量采用定量方法进行处理、分析和判断，这是因为该方法较为客观、有说服力。但是，在教育评价实际工作中，我们也要遵循"从定性到定量，再从定量到定性"的规程，这是因为要对教育评价信息进行科学量化，必须要有定性分析的基础，而由定量分析所得到的评价结果，要采用定性方法进行诊断分析，找到存在的问题，及时解决，这样才能较好地发挥教育评价的功能和作用。

### （二）定性评价

这种评价是对不能量化的评价对象，采用定性方法，作出价值判断。如用调查法、观察法、哲学分析法、系统分析法和逻辑分析法等搜集、处理教育评价信息,作出判断,进行定性描述。对于不能数量化的教育评价信息,我们只能采用定性方法进行处理、分析和判断。

在教育评价活动中,我们既不能排斥定量评价,也不能过分追求定量评价,这是因为目前很多教育评价信息还不能数量化,勉强进行定量评价就会遗漏许多有价值的评价信息,致使评价结果不可靠和不有效,因此,要把定量评价和定性评价有机地结合起来。

### 七、按评价对象的复杂程度分类

#### (一)单项评价

所谓单项评价,是指评价对象是教育系统中的某个基本元素,如学生教育质量、学校思想教育工作、教学工作和体育工作等。现代学校系统是一个较为复杂的系统,其内部结构具有多层次性、多职能性、多学科性等,它们均具有相对的独立性。评价工作需要与教育系统中各个部分的教育活动同步进行,判定它们的效果,以便及时改进工作,提高工作效率,因此单项评价的存在是必要的。

#### (二)综合评价

这种评价的评价对象是学校教育系统,或是某个地区教育系统,或是全国教育系统,或是学校某个子系统,总之是教育系统中的基本元素的综合体。对教育系统主管部门和决策者来说,主要应当关心综合评价。教育系统各个部分的活动虽然都具有一定的相对独立性,但是,它们又是相互联结在一起的一个有机整体,只有协调起来,密切配合,才能发挥出最大效能。

用系统的观点来分析,单项评价是综合评价的基础,只有把单项评价搞好了,才能提高综合评价的信度和效度。这是因为任何系统都是由元素或子系统构成,它的功能等于元素或子系统功能之和,再加上它们之间的关系所产生的功能。要有效和准确地评价系统的整体功能,必须首先评价好该系统的元素或子系统的功能以及它们之间的关系所产生的功能。

### 八、按评价活动的环境分类

#### (一)测验性评价

这种评价也称为考试评价或纸笔评价,它是以测验为手段,对评价对象实施评价的一种方式。其特点是效率高(每单位时间可得到最多的信息),评价结果比较客观、可靠。但是,这种评价往往是根据被测者对测验题目所作出的反应,推断出其知识、技能和人格等方面的发展状况,具有间接性。此外,在进行书面测验时，对测验工具的编制要求较高。在进行操作测验时，对主试的要求也较高。

### (二)真实性评价(Authentic Assessment)

它是指通过观察学生在完成实际任务时的表现来评价学生已经取得的发展成就。真实性评价的环境是课堂内外的实际生活环境，没有特定的统一标准，成长记录袋为其提供了完美的评价环境。这种评价也称为表现性评价(performance assessment)，其特点是重视知识和技能的应用，使用现实中的问题，激发学生的发散性思维，探求多种答案。但是，这种评价过程十分繁琐，耗费的人力、物力和时间较多，实用性较差。

## 第四节 教育评价的主要模式

模式是指某种事物的标准形式或使人可以照着做的标准样式，而教育评价模式是指教育评价活动的一种思路和策略，它直接指导着评价活动的开展。评价模式是否科学和可行，会影响到评价活动的成败，因此，要选择既科学又可行的评价模式。

### 一、西方教育评价的主要模式

#### (一)泰勒模式(又称行为目标模式)

这个评价模式是由泰勒等人在"八年研究"中提出来的。它以行为目标为中心，用学生的特殊成就来表示教育方案和计划中的目标，并把这一目标当做教育过程的方向和教育评价的主要依据。根据这一模式，教育评价就是衡量实际活动达到教育目标的程度。预设的教育目标决定了教育活动，同时也规定了评价活动就是找出实际活动偏离目标的程度，并且通过信息的反馈，促进实际工作尽可能地逼近目标，具体操作程序是：第一，拟定一般目标或具体目标；第二，把具体目标加以分解；第三，用行为术语界定具体目标；第四，给出达到具体目标的要求；第五，向与评价活动有关人员解释评价策略和目的等；第六，选择或发展适当的测量方法；第七，搜集行为表现的资料；第八，拿资料和行为目标相比较。由于泰勒模式以行为目标为中心、结构紧密、简单易行，又具有一定的可操作性，在教育评价领域占据主导地位长达近三十年。但是，它也存在许多不足：没有对目标自身进行评价；注重对预期性效果的评价，却忽视了对非预期性效果的评价；重视结果评价，而忽视了过程评价；评价标准来源于统一的目标，限制了学生的个性发展；重视定量化的目标，而忽视了定性目标。

## （二）CIPP 模式

1966年,斯塔弗尔比姆(L. D. Stufflebeam)提出了把背景评价(Context)、输入评价(Input)、过程评价(Process)、结果评价(Product)结合起来而形成的"CIPP模式"。他认为,教育评价应当是一种有序性活动。具体评价时,首先,应当根据社会发展需要和评价对象等对教育目标本身进行价值判断,即背景评价。其次,对教育方案、计划的可行性和合法性以及道德性进行评价,也就是对实现目标所需要的条件和可能获得的条件的评价,即输入评价。再次,通过系统地搜集、整理、分析和综合大量的反馈信息资料,拿方案的实施过程和预定过程相比较,来探索教育方案和计划实施过程中的潜在问题,并寻求解决办法,以修改方案,即过程评价。最后,通过对方案实施结果的评价,取得大量的信息(主要是定量数据),并以此为依据来衡量完成任务的情况,即结果评价。这种评价模式重视对目标的评价,弥补了泰勒模式的不足,使确立的目标更加符合社会发展的需要,切合实际。并且,对教育活动方案的实施条件和过程进行评价,及时反馈,为方案的修改提供依据,使目标能顺利达到。但是,CIPP模式实施步骤复杂,耗费人力、物力和财力较大。在实施过程中,评价者主要是决策者,这是违背现代教育管理和评价原理的。

## （三）目标游离(Goal Free)模式

这种模式是由斯克里芬在1967年提出的。他和他的同事在考察了教育活动的实际效果之后,发现许多教育活动除了收到预期性效果之外,往往会产生一些意想不到的"副效应"或"相反效应",而且有时影响很大,从而认为泰勒将评价仅限于衡量达到教育目标的程度是不全面的。根据预期的教育目标所进行的评价,往往只注意目标规定的预期性效果,忽视了非预期性效果,而教育活动的预定目标主要反映了方案和计划制订者的意图。为了降低评价活动中方案和计划制订者主观意图的影响,斯克里芬主张,不能把他们预定的活动目的告诉评价者,以利于评价者搜集关于方案和计划实施的全部成果信息。就是说,作出评价结论的依据,不是方案制订者的预定目标,而是活动参与者的意图。该评价模式注重对教育活动非预期性效果的评价,评价依据是评价活动参与者所取得的实际成效和达成的共识,评价结果较为使人接受。但是,当评价对象较多时,操作起来较为繁琐。

## （四）应答(Responsive)模式

这是由斯塔克(R. E. Stake)首先提出的模式,后来由别人进一步发展。其基本思想是从关心评价活动中所有人关注的现实和潜在的问题出发,而不是以预定的目标或假设出发,通过信息反馈,使评价结果真正产生效益,促使教育活动结果能够满足大多数人的需要。具体地说,这种评价模式采用强调非正式观察、访谈和描述性分析的自然主义方法,通过评价者与同教育活动有关的各种人员的接触,如学生、教师、家长和评价方案的制定者等,了解他们的愿望,从中发现并选择出人们所关注的有价值的问题,然后把它同实际活动进行比较,对教育方案和计划作出修改,对大多数人的愿望进行应答,以使教育能满足各种人的需要。这个评价模式强调价值观的多元性和发散性。评价准则反映了与评价活动有关的各方面人员的需要,具有一定的民主性;评价方法强调自然条件下的观察、访谈和描述性分析,避免评价信息的遗漏,评价结果效度较高。但是,它也有不足之处:评价结果的适用范围太小,可信度较低;在评价过程中,要耗费很大的人力、物力和很多时间。

### (五) 对手(Adversary)模式

它是由欧文斯(T. Owens)等人于20世纪70年代中叶提出来的。通过采用准法律过程评委会审议形式,来揭示教育方案和教育活动正反两个方面的长短得失。这种评价模式主张让持不同或相反意见的评价者共同参与对教育方案和教育活动的批判,十分重视听取对教育方案和教育活动的争议,尤其是反对的意见,为各方面的情况能得到充分反映提供保证。一般来说,这一评价模式的基本特点是充分反映了各类人员"多元的"价值认识,是一种依靠人们直觉与经验的评价。

## 二、我国教育评价的主要模式

### (一) 教育型目标调控模式

这种评价模式认为,从改进和提高学校工作着眼,旨在通过评价使评价对象正在进行着的工作和学习日益提高、自我完善和不断发展;目标是评价的基础,过程是评价的重点,自我评价和调控是进行评价的基本方式,反馈则是它的运行机制。[①]该模式注重发挥评价的估价成就、改进工作的功能,对于有效调控教育活动过程,朝着教育目标运行起着积极的指导作用。

### (二) 指标量化、评语描述模式

这个模式是依据方针制定目标,逐级分解筛选指标,确定权重。通过定量、定性描述,作出价值判断,形成一个以评语描述为主,包括量化分数等级的评价结论。[②]它结构紧凑,简单易行,在评价过程中又考虑到定性和定量方法的结合。目标逐级分解成指标从理论上来说是可行的,但是,在实际评价活动中,由于我们既要注重指标的科学性,又要考虑指标的可操作性,这样一来,一个本来模糊的指标就要把它具体化,如政治方向我们可以切成若干指标,切割到最后,比方

---

[①][②] 宋伏秋,梅克.我国普通教育评价模式研究[M].北京:中国和平出版社,1995:181,210.

说对国旗的尊不尊重可能变成一个学校升不升国旗,那么学校每周举行升旗仪式,是不是就意味着达到了爱国主义教育目的了? 这有的时候往往又不完全对得上号,从而会引起不必要的争论。

### (三) 学校评价"两体一制"模式

它的基本思路是：一是学校评价以一定的教育价值观建立的目标函数为依据。二是教育现象的复杂性、随机性和模糊性等特点,对学校评价的科学性程度提出了很高的要求。学校评价是建立在运用现代科学方法和技术对原始材料进行科学处理基础之上的。三是学校评价是一种科学管理活动,这种管理活动既是主体作用于客体的手段,也是主体和客体之间协同一致的行为体现。它是一个完整的、系统的管理过程,必须严格遵循：设计目标体系—建立组织系统—搜集信息资料—应用分析技术—形成价值判断—反馈评价结论等客观程序。为此应该建立评价制度,用以调控和制约整个评价活动的过程。对这三个基本问题可以抽象概括出构成学校评价系统结构的三项基本要素：指标体系、方法体系和评价制度。[①] 该模式提出用评价制度来规范和制约整个评价活动的过程,对于提高评价结果的信度和效度是有积极作用的。

## 三、中西教育评价模式的分析比较

CIPP模式、目标游离模式、应答模式和对手模式都是针对泰勒模式的不足提出来的。CIPP模式虽然弥补了不对目标评价和重视结果评价而忽视过程评价的弱点,但是,它与泰勒模式一样重视定量目标,而在一定程度上忽视了定性目标。目标游离模式的评价依据不是教育方案制定者的预定目标,而是活动参与者的意图。它虽然能修正泰勒模式只注意目标规定的预期性效果,而忽视非预性效果的缺点,但是,不把教育方案和计划制定者的预定活动目的告诉评价者,会拉长评价活动的周期,较难确保评价的时效性,而且,在评价活动中注重活动参与者的意图,会在一定程度上忽视目标规定的预期性效果。应答模式和对手模式均是从与教育方案有关的人所关注的问题和需要出发,只不过对手模式更加重视反对者的意见和评价活动的制度化,而应答模式则强调在评价活动中使用非正式的观察、访谈和描述性分析的自然主义方法。它们虽然在听取多方意见,有效作出价值判断方面优于泰勒模式,但是,在评价活动中耗费较大的人力、物力和较多的时间,很难推广实施。

我国教育评价模式都是以泰勒模式为基调,吸取其他西方教育评价模式的精华,结合我国的国情提出来的。教育型目标调控模式强调发挥估价成就、改进

---

① 宋伏秋,梅克.我国普通教育评价模式研究[M].北京：中国和平出版社,1995：355.

工作的功能,注重过程评价和自我评价,但是,作为一种评价模式,在强调发挥某种评价功能,注重某些评价类型的同时,不能忽视其他评价功能和类型,如鉴定合格的功能和为教育决策服务的功能;结果评价和外部评价;等等。这就使该模式在实际评价活动中应用范围会受到一定的限制,如与奖惩制度挂钩的评价活动等。指标量化、评语描述模式程序性强,操作简单易行,应用较为普遍,但是,该模式存在有忽视定性目标的倾向以及会引起人们对评价指标和目标之间不必要的争议。学校评价"两体一制"模式强调用评价制度来控制和制约整个评价活动的过程,这是保证评价结果的高信度和高效度所必需的,但是,该模式谈到指标体系就与权集相联系,人们会认为它有重视定量指标而忽视定性指标的嫌疑。

### 四、发展性目标评价模式的提出

通过中外教育评价模式的比较,我们不难发现,各种评价模式都有它的长处和不足,关键是要针对不同的评价目的、评价对象和评价条件,采用适合的评价模式。综合分析以上各种评价模式,它们各自的长处可归纳为五个方面:第一,教育目标是要进行评价的,只有这样,以其作为依据之一编制成的评价标准才是科学、客观和有效的。第二,在制定评价标准时,除了要依据教育目标以外,还必须重视与评价活动有关人员的需要和意图,特别是反对者的意见。第三,评价标准的内容可以是定量的,也可以是定性的,这要根据评价的具体情况而定。但是,对于能够定量化的教育信息,要尽量定量化,这是因为定量化的信息,经过科学处理,能够得到科学、客观和具有说服力的结果,这无疑能提高评价结果的信度和效度。第四,在评价过程中要注意非预期性的效果,灵活运用各种不同的评价类型,如自我评价和外部评价的结合;过程评价和结果评价的结合;相对评价和绝对评价的结合;单项评价和综合评价的结合;等等。第五,整个评价活动要用评价制度来规范,并且,保证其顺利进行。

根据当前教育评价发展的趋势、我国的国情和上述评价模式的优点,在此,提出一种新的评价模式——发展性目标评价模式。这个评价模式集当前中外教育评价主要模式的优点于一身,它不仅继承了泰勒模式的精华,而且适应性较强,在倡导对目标进行评价的同时,也注意到在评价活动中对评价方案进行适当调整的问题。这是一个有较强生命力的评价模式,其基本思想是:第一,社会在发展,教育目标是不断变化发展的,以教育目标作为依据之一编制成的评价标准需要被不断修正、充实和调整。第二,以教育评价标准为核心的教育评价方案、实施过程和评价结论也是发展、可变的。这种方案是可以在评价活动中针对具体情况进行调整的。只要能保证评价活动质量,促进教育工作的评价理论和方法都能采用。第三,整个评价活动要在教育评价制度的规范下进行。它的基本内容是：根据社会发展的需要和开展教育活动的现实条件，确定和检验教育目标；依照教育目标、评价对象和条件、与教育活动有关人员的愿望和需要以及现有的各种规章制度和科学理论，设计出以评价标准为核心的评价方案；遵照评价方案，实施评价活动。在评价活动中，注重定量方法和定性方法的有机结合以及多种评价类型的结合，重视反对意见和非预期性效果，有效运用计算机技术；完成和反馈教育评价报告。在完成评价报告之前，要对评价活动进行再评价，以保证评价结果客观和准确；在反馈评价报告之后，要对评价活动的效益实施再评价，以了解评价功能是否有效发挥，为后次评价活动提供经验或教训；用教育评价制度控制和制约整个评价过程，以确保评价质量。该模式可用下图 1-2 表示。

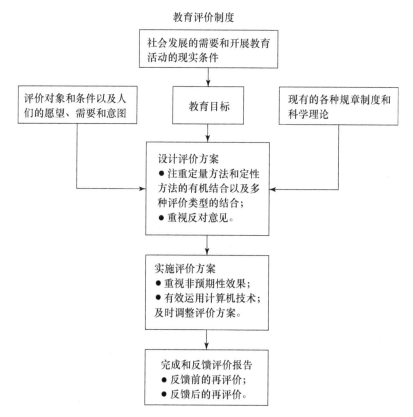

**图 1-2　发展性目标评价模式流程框图**

由上述不难看出，发展性目标评价模式具有以下六个特性。

## （一）科学性

这种特性主要体现在以下几个方面：一是发展性目标评价模式与中外教育评价主要模式之间的关系是一种继承和发展的关系。它汲取了中外教育评价主要模式的长处,并与中国的国情相结合,这是符合辩证唯物主义和历史唯物主义的。二是发展性目标评价模式注重定性和定量评价的结合。评价对象一般均具有质和量两个方面的要素,对于质方面的评价往往采用定性评价方法;对于量方面的评价可运用定量评价方法。但是,这两种评价方法不是对立的,而是统一相处在整个评价活动当中,相互作用、相互补充,使评价对象质和量两个方面的本质要求得到充分揭示,以提高评价结果的信度和效度。譬如,对于能量化的评价信息,一般也要从定性分析开始,经过量化处理,随后对数量化评价结果进行定性分析,以准确和有效地把握其内在本质,便于做出科学和客观的判断。可见,在教育评价活动中,定性和定量评价的结合将会显得越来越重要。三是发展性目标评价模式重视在实施评价方案过程中要有效运用计算机技术。随着电子计算机的进一步普及、教育评价理论和方法的深入发展、评价者计算机知识和运用能力的提高以及计算机教育评价软件开发的日趋成熟,计算机技术在评价工作中的运用将越来越普遍。从现代教育的发展趋势来看,教育种类在不断增多,学校规模在不断扩大,学校内部结构变得更加复杂。针对这种情况,教育评价工作要顺利进行必须借助于计算机技术,否则,将很难广泛和持久地开展下去。四是发展性目标评价模式重视教育评价的再评价。所谓教育评价的再评价,就是在评价工作完成以后,为了检查评价方案的准备、实施过程和评价结果以及检验根据评价结果作出的决策和改进工作的效果,借以及时纠正评价工作的不足或为今后的评价工作提供经验教训,而对评价工作进行的评价。再评价并不是进行重新评价,而是意在考察评价的真实效果,对评价活动的科学性、有效性和现实性进行有系统地判断,并探索和完善评价活动的方法策略,使评价功能得到更加充分地发挥。

### (二)可行性

它主要体现在:一是发展性目标评价模式在汲取中外教育评价主要模式的长处的同时,也考虑到了中国的国情。二是发展性目标评价模式要求把评价对象和条件作为编制教育评价标准的依据之一。三是发展性目标评价模式内含了教育评价过程的基本要素及其相互关系,与方法体系衔接较为容易。

### (三)动态性

发展性目标评价模式认为教育目标是要进行评价的,其评价的主要依据是社会发展的需要和开展教育活动的现实条件,只有这样,以其作为依据之一编制成的评价标准才是科学、客观和有效的。此外,依据发展性目标评价模式设计出的评价方案在教育评价实施过程中也是可以作适当调整的,以重视教育评价的非预期性效果。

### (四)民主性

发展性目标评价模式要求在编制教育评价标准时要考虑与评价活动有关人

员的愿望、需要和意图,并且指出特别要重视反对者的意见。

### (五) 选择性

发展性目标评价模式是一种富有"弹性"的评价模式,在设计评价方案时各种评价类型均能被选择使用,如相对评价、绝对评价、形成性评价、终结性评价、自我评价、外部评价等,其根本目的在于提高教育评价工作质量。

### (六) 规范性

由发展性目标评价模式可知,首先,要依据教育目标、有关制度、相关科学理论、与评价活动有关人员的需要和意图、评价对象和条件等设计评价方案;其次,实施评价方案;再次,完成评价报告。在完成评价报告之前要对评价活动进行再评价;最后,反馈评价结论。在反馈评价结论之后要对评价活动的效益实施再评价。整个评价活动要在评价制度的规范下进行。

## 五、发展性目标评价模式的适用范围

发展性目标评价模式是由中外教育评价主要模式演绎发展而来的。这是一个有较强生命力的评价模式。这一评价模式提出以后,在教育领域的多个方面进行了实践,譬如,小学生思想品德评价、小学生发展性学习习惯评价、小学心理辅导活动课课堂教学评价、小学科技教育中学生人文精神评价、课堂教学评价、班主任工作评价、学校干部工作评价、学校员工工作评价等,也取得了较好的成绩。除此而外,把发展性目标评价模式运用于体育、卫生、文化事业、科技活动和环境保护等公共事业领域,譬如,社区教育评价、社区卫生评价、社区群众性体育活动评价、社区科普评价、社区群众性文艺活动评价、居住小区生活环境评价、社区社会保障和服务评价等,也取得了较好的成效。这主要基于以下三条理由:第一,由于教育、体育、卫生、文化事业、科技和环境保护等均是社会公益性事业,它们的共性特征十分明显。这种共性特征是移植可行的根本依据。第二,就教育评价来说,其评价对象不仅涉及物,而且更多的是人,因此,与体育评价、卫生评价、文化事业评价、科技活动评价和环境保护评价等相比较,难度更大。加上现代教育评价主要运用指标体系来进行评价,这种方法适用面较宽,它不仅适用于经济领域的评价活动,而且也适用于公共事业的其他领域。这是移植可行的操作依据。第三,在学校评价中也已涉及体育课堂教学评价、体育工作评价、学生卫生习惯评价、卫生工作评价、学校艺术节评价、文艺工作评价、学校科技活动评价、科研工作评价和校园环境评价等,这是移植可行的实践依据。当然,教育评价与体育评价、卫生评价、文化事业评价、科技活动评价和环境保护评价等也有区别,这种区别主要体现在制定评价标准的依据和评价方法的运用等方面上,这完全可以针对具体情况,通过适当的选择加以弥补。

**【本章小结】**

　　本章在科学和全面地分析教育评价内涵五个特性的基础上，阐述了教育评价的涵义：教育评价是指在系统地、科学地和全面地搜集、整理、处理和分析教育信息的基础上，对教育的价值作出判断的过程，目的在于促进教育改革，提高教育质量。随后，进一步阐述了教育评价具有的三个功能、四个作用和八大类型，在此基础上，通过对中外主要教育评价模式的分析比较，在汲取国外主要教育评价模式精华的同时，结合我国的国情和教育评价未来可能的走向，提出了发展性目标评价模式，其基本内容是：根据社会发展的需要和开展教育活动的现实条件，确定和检验教育目标；依照教育目标、评价对象和条件、与教育活动有关人员的愿望和需要以及现有的各种规章制度和科学理论，设计出以评价标准为核心的评价方案；遵照评价方案，实施评价活动。在评价活动中，注重定量方法和定性方法的有机结合以及多种评价类型的结合，重视反对意见和非预期性效果，有效运用计算机技术；完成和反馈教育评价报告；在完成评价报告之前，要对评价活动进行再评价，以保证评价结果客观和准确；在反馈评价报告之后，要对评价活动的效益实施再评价，以了解评价功能是否有效发挥，为后次评价活动提供经验或教训；用教育评价制度控制和制约整个评价过程，以确保评价质量。

**【文献导读】**

　　1. 吴钢.现代教育评价基础(修订版)[M].上海：学林出版社，2004.

　　2. 宋伏秋，梅克主.我国普通教育评价模式研究[M].北京：中国和平出版社，1995.

　　3. 李德顺.价值论[M].北京：中国人民大学出版社，1987.

　　4.〔日〕梶田叡一.教育评价[M].长春：吉林教育出版社，1988.

　　5. 吴钢，张辉华.高校课堂教学评价[J].江苏高教，2001(6).

　　6. 吴钢.论发展性目标评价模式[J].教育测量与评价，2008(9).

**【问题讨论】**

　　1. 什么是教育评价？你是如何认识的？

　　2. 结合实际，谈谈教育评价主体和客体之间的关系。

　　3. 教育评价和教育测量的联系与区别是什么？

　　4. 教育评价和教育调查的主要区别是什么？

　　5. 请选择一种教育评价类型，结合实际谈谈自己的看法。

　　6. 学了发展性目标评价模式，你有什么体会和认识？

# 第二章 教育评价的历史和发展

**【本章概要】**

为了深入认识和理解发展性目标评价模式,本章将系统、全面和深入地阐述我国和西方教育评价的发展历史,让读者能较好地思考我国和西方教育评价的主要模式是在什么背景下产生的?其意义和作用是什么?教育评价发展的趋势怎样?等问题。因为系统的教育评价理论最早诞生在西方,因此本章的重点是西方教育评价的发展历史及其原因分析。

**【学习目标】**

学习本章后,你应该能够:
1. 知道教育评价的萌芽诞生在我国。
2. 认识西方教育评价发展历史的主线及其原因分析。
3. 熟悉我国教育评价的发展历程及其趋势。

由于现代教育科学的发展,促使教育科学的门类越来越多,教育评价就是其中的一门重要学科。教育评价作为一门学科,同其他学科一样,也经历了一个从产生到发展的过程。探讨教育评价的历史和发展,有助于深入认识教育评价模式的演化过程,更好地研究教育评价的现状以及预测其发展趋势。

## 第一节 教育评价的源流

在教育评价概念没有正式提出之前,教育评价和教育测验是同义词,从这个意义上说,教育评价的源流就是教育测验的源流。

### 一、我国较为完备的封建科举制度

我国开创了教育测验的先河,早在西周时代就有以射选士之举。古代考选制度非常发达,历朝历代都有通过考试来选拔贤才的制度。影响较大的是公元606年隋炀帝时代开始的封建科举制度。科举就是分科取仕,即设科考试,再根据考试成绩来录用官吏。所谓科举制度,是指从隋朝以后各封建王朝设科考试选拔官吏的制度。唐朝是科举制度的兴盛时期,其制度较为完备,其中有些考试的方式方法,我们现在还在沿用。这种制度大致包括以下内容。

## （一）常设科目

有进士科、考儒家经学的明进科、考法律的明法科、考书法的明字科、考算术的明算科等。

## （二）试题类型主要有四种

1. 贴经

它是将儒家经典掩其两端，中间唯开一行，再裁纸贴三字，让考生写出和读出这三个字，类似于默写或填空。

2. 问义

这是取儒家经典中的句子让考生对答，或要求对答本句含义，或要求对答下一句，或要求对答注疏，类似于今天的名词解释或简答题。它分为口答和笔答两种，前者为口义，后者称墨义。

3. 策问

这种题型也称策论，有经史策和时务策两种，以历史典章、重大理论问题或时务问题为题，让考生分析议论，提出自己的主张和解决办法，类似现在的论述题。

4. 诗赋或杂文

它是选用儒家经典中的思想、前人的诗句或景物为题，规定韵脚，让考生按声韵格律要求做诗填词，类似命题作文。

## （三）考试管理

考试分常科和特科，以常科为主。常科考试分两步进行：一是预选性的考试，称为"解送试"。预选通过后方可参加第二步的全国性正式考试，即省试。特科考试是依皇帝特诏举行的考试，作为常科考试的补充。

科举考试唐代每年举行一次，明清时则每三年举行一次。尽管宋代以后其内容有变化，可是，这个制度在当时还是非常先进的，所以一直延续到20世纪初的清朝末期，直到光绪三十一年废除科举。可见，依靠考试录用人才，在我国持续了一千三百年左右。

## 二、封建科举考试制度对世界的影响

我国封建科举考试制度对世界各国公务员的录用考试产生了很大影响。意大利旅行家马可·波罗在他的《马可·波罗游记》中，第一次把我国科举制度介绍给了西方。明朝中叶，在我国生活了二十八年的传教士利玛窦在其介绍中国的著作中，介绍了我国严谨的科举制度。葡萄牙传教士克鲁兹·万多萨于1583年出版了一本《伟大的中国》，书中对我国的科举制度推崇备至。这本书被译成多种文字广为流传。有人做过统计,在公元 1570 至 1870 年的三百年间,用英文出版的有关我国科举考试制度的书籍就达二十多种。西方国家从十九世纪以后陆续建立了文官考试制度。英国于 1855 年建立了"文职人员委员会",采取竞争性的公开考试来招募文职人员。美国于 1883 年成立"文职人员事务委员会",规定担任公职必须经过考试。意大利在宪法里规定:为了升入各种和各级学校或在其学校毕业,以及获得就业资格,均须经过国家考试;国家行政机关的官吏均由考试选拔录用。科举制度对日本的影响更大,明治维新以后、第二次世界大战以前的高等文官考试,以及现在的国家公务员的高级职员考试制度,均仿照科举的办法。因此,国内外不少学者认为,教育评价起源于我国的科举考试制度。

## 第二节 西方教育评价的发展历史

西方教育评价的产生和发展大致经历了六个发展阶段,即社会变革阶段、测验运动阶段、泰勒模式阶段、稳定发展阶段、兴盛阶段和专业化阶段。

### 一、西方教育评价发展的各个阶段[①]

#### (一)社会变革阶段(1800—1900 年)

19 世纪工业革命给西方社会带来了经济和科学技术的迅速发展。社会随之发生了令人注目的变革,特别在心理保健、社会生活、社会公德和社会机构的结构方面的变化尤为明显,同时出现了边善(Bentham)的自由竞争哲学和慈善家的人道主义哲学。

整个 19 世纪,大不列颠对教育、不完善的法律、医院、孤儿院和公共保健进行改革,随之就产生了如何评价这些社会工作的问题。那时,评价工作一般是非正式的,评价时往往凭印象进行判断。评价组织一般由政府委派,对评价对象进行各方面的调查。如在鲍威斯(Powis)伯爵的主持下,初等教育咨询调查委员会在爱尔兰获得证词和考查资料后,断言"爱尔兰公立学校儿童的进步程度没有达到预期要求",于是,鲍威斯委员会主张采用已在英格兰实施的"根据结果给予报酬"的方法,即依据每年对学生的阅读、拼写、写作和算术测试的结果决定教师的工资。

现在,大不列颠调查委员会仍然在进行各方面的评价工作,与此相对应的美国有总统委员会(如学校经费总统委员会)、白宫咨询小组(如非公立教育白宫咨询小组)和国会听证会,它们通过整理、分析搜集到的信息或各党派提供的证词

---

① 吴钢. 西方教育评价发展历史的探讨[J]. 外国教育研究,1992(4).

对各种人类服务方案进行评价。

广泛和迅速地提高劳动者的素质和技能成为当时社会发展的迫切需要,而大批的劳动者进入学校学习和培训,与当时大部分学校以口试为主的考试制度产生了矛盾,于是,以书面考试取代以往口试的改革被提出了。1845年,在贺拉斯·曼(Horace Mann)的倡议下,美国波士顿学校委员会第一次使用试卷大规模地测验学生学习成绩,测试科目主要有地理学、语法、历史、自然哲学、天文学、写作和算术等。这是西方教育评价史上的一件大事,它为用学生测验分数作为依据来评价学校的教学质量打下了良好的基础。

虽然以书面考试取代了口试,但是,又出现了如何提高测验客观性的新问题。针对这个问题,一些学者做了许多研究工作,并取得了可喜的成绩。

1864年,英国格林尼治医学校校长菲舍(G. Fisher)公布了以与习字、拼字、数学、圣经以及其他科目质量水平相对应的实例和说明为主要内容的标准对照表,并规定了按五分制评分的标准。这是用科学方法研究教育测量问题的最初尝试。他的成果成为五十年后桑代克(E. L. Thorndike)等人开展教育测验的重要依据。

1879年,冯特(Wundt)在德国莱比锡设立了第一个心理学实验室,为进一步揭示人的心理本质问题设计了种种周密的实验方案和实现这些方案的各种严密的测量方法。同时,他与卡特尔(Cattell)、霍尔(Hall)、贾德(Judd)和梅伊曼(Meumann)一起研究了各种教育问题,提出了实验教育学的基本思想和方法,他们的研究工作在世界上产生了较大影响。1890年卡特尔第一次使用智力测验这个术语。十年以后,在德国,雷(Lay)和梅伊曼明确地对实验教育学和实验心理学进行了划分。

1882年,英国的高尔顿(Sirf. Galton)受达尔文(Darwin)影响,在伦敦设立了人类学测验实验室,对人类个别差异进行研究。他在统计学者皮尔逊(K. Pearson)的帮助下,设计了许多统计方法。一些教育家借鉴这些统计方法,把不同学生的学习能力和学习效果量化,并加以客观比较。

1890年美国心理学家卡特尔(J. M. Cattell)发表心理学文章,主张 Mental Test(心理测验),这就是美国教育测验运动发祥的言论。

1895年,法国的比纳(A. Binet)等设计了一套智力测验方法,主要是为了鉴别学习差的儿童,以便采取补救措施。

1897年,美国人莱斯(J. M. Rice)发表了他对二十所学校的一万六千名学生所作的拼字测验的结果,引起了人们的极大关注,在教育界引起了强烈反响。他是最早以明确形式提出对教育现象进行测定的人。他的测验表明:八年中每天花四十五分钟的同每天花十五分钟进行拼字练习的学生测验成绩并没有多大区别。于是,他提出要对教学方案进行改进。

在这个阶段,一是用试卷分学科测量学生的学业成绩,提高了考试的效率,增强了客观性和可比性;二是冯特对心理现象进行了系统的实验研究,使心理学从哲学中脱离出来,创立了实验心理学;三是高尔顿开展了人类个别差异的研究,并取得一系列研究成果;四是法国对于不适应者的临床关心;五是美国学者在测验领域做了较好的研究工作,并倡导心理测验。这些成果的取得引发了一场教育测验运动。

### (二)测验运动阶段(1900—1930年)

1904年,卡特尔的学生桑代克发表了《精神与社会测验学导论》(An introduction to the theory of mental and social measurement)。这是一本测验学史上划时代的巨著,标志着教育测验运动的开始。20世纪早期,泰罗(F. W. Taylor)的科学管理理论在工业和教育管理等领域产生了较大的影响,它强调系统化、标准化,更强调效率。

在1915年以前,主要对测验方法进行探索。1905年法国的比纳和其助手西蒙(T. Simon)在《心理学年报》上发表了《诊断异常儿童智力的新方法》,在这篇文章中介绍了第一个智力量表——《比纳·西蒙量表》。该量表有三十个由易到难排列的项目,可以测量出高低不同的智力。1908年比纳对其智力量表进行了第一次修订,把测量项目增加到五十九个,并采用智力年龄方法计算成绩。1911年比纳对其智力量表又作了第二次修改,增添了许多新测验项目,删除了一些旧测验项目,为此,比纳被称为智力测量的鼻祖。1908年美国教育家斯通(C. W. Stone)提出了以小学生为对象的客观化测试算术的方法。1910年桑代克提出书法量表。当时学校被视为工厂,学生被看做原料和产品,教师被当成加工者,学校是否办得成功、教师工作成效大小、学生学得如何,一切似乎都可以通过测量来检验。到1915年,有30到40所规模较大的学校采用新的客观测验方法,对一些教育活动进行综合测验,主要内容为算术、拼音、书写和作文,以评价教学质量。早期学校系统的测量主要采用标准参照测验,1930年出现了常模参照测验,这种测验开始用于测量个体行为水平,后来发展到用于测量团体。

1915年以后,大学介入了教育测量领域的研究,并指导当地测验运动,取得了很大的成绩,出现了三种不同性质的测验,即学业测验、智力测验和人格测验。在学业测验方面,从桑代克发表书法量表到1928年为止,据统计,已有标准心理测验和标准学业测验三千余种之多。在智力测验方面,自比纳—西蒙智力测验传入美国后,经辜鲁满(F. Kunlman)和斯坦福大学推孟(C. M. Terman)的相继修改、加以量化,并引用德国石登(W. Stern)智能商数(IQ)。在人格测验方面,1921年,华纳德(G. G. Fernald)着手试做人格测验;1924年至1929年,哈芝红

(H. Hartshorne)等人组织了人格教育委员会，着手研究人格测验工具，并不断加以改进，使之更加精密。

在这一阶段，一是教育测量研究成果层出不穷，出现了许多不同性质的测验；二是由单科测验向综合测验发展；三是考试逐渐趋于客观化和标准化；四是心理和教育测量理论得到较好发展；五是测量和评价被认为是同义词，评价被当做以测验结果来对学生行为进行分类。随着教育测验的不断发展，人们在肯定其取得成绩的同时，也逐渐认识到它的不足，教育评价正是为弥补教育测验之缺陷而产生和发展起来的。

### （三）泰勒模式阶段（1930—1945年）

随着教育测验运动的不断发展，人们逐渐认识到教育测验的弱点和不足。美国教育界对教育测验提出了如下批评意见：无论是知识测验还是人格测验，都只能做片断的测定，不能全部了解人格和知识的发展过程；测验只是注意于客观的信度，不足以说明效度；教师为测量成绩所采用的学业测验，根本就是教科书中心主义；测验或考试容易养成个人主义和被动式的学习态度。

为了克服测验的弱点和不足，美国教育家泰勒进行了一系列的实验研究。他在改进学校测验方法的实践中，认识到测验不能以教科书为中心，而要以一定的教育目标为指导。教师首先应找出课程目标，根据学生应掌握的内容和方法，用行为目标将课程目标表述出来，制定出一系列教育目标。这样编制的测验不仅能检查学生的记忆能力，还能检查学生的实际动手能力和解决问题能力。这为泰勒在"八年研究"中创立系统的评价理论奠定了基础。

1929年，美国经历了一场严重的资本主义经济危机。这场经济危机迅速地波及美国的各行各业。经济萧条使许多青少年无法就业，只能进学校学习技术，而当时美国的中学在大学入学考试这根"指挥棒"的制约下，它们的课程为大学入学服务，不适应失业青年的需要。因为大学规定了严格的入学要求，各州对每个学校又规定了认可标准，学校难以修改课程。为了促进和保证课程改革的进行，美国进步主义教育协会进行了一项课程内容改革实验研究，从1932年到1940年历经八年完成，史称"八年研究"。这项研究是将中学和大学组织起来进行实验。当时全国选了三十所中学参加实验研究，这些学校被称为"进步学校"，同时征得三百所大学同意，对来自这些学校的学生中止他们的传统入学标准，以保证这三十所进步学校按照既定的新教育计划进行实验。为了评价其研究成果，组成了以泰勒为领导的评价委员会。通过这场研究，泰勒和他的同事正式提出了教育评价的概念，即教育评价就是衡量实际活动达到教育目标的程度，测验是它的手段。同时，还提出了评价的原则和方法，其基本思想是：

第一，教育是改变人的行动方式的过程。

第二,教育目标是各种行动方式的变化。

第三,教育能够根据对该目标实际完成情况的分析进行评价。

第四,人的行动是复杂的,所以要从各方面进行评价,它不仅是分析的,而且也是综合的。

第五,作为评价方法仅靠用纸和笔的测验是不充分的,应该采用包括观察行动在内的更为广泛的方法。

在这个阶段,泰勒提出了以目标为中心,通过具体的行为变化来判断教育目标的实现程度的评价理论,使评价从测验中分离了出来,评价方法已不再局限于笔试,扩展到观察记录、轶事记录、问卷、访谈、活动记录、收集作品等,对学生内隐的态度和情感等也能做出较为全面的判断。人们把泰勒提出的评价理论称为"泰勒模式"。

### (四) 稳定发展阶段(1946—1957年)

泰勒模式对当时的教育评价工作起了重要的指导作用。在这个阶段,教育评价研究虽然没有大的突破,但是也取得了一些新的成就,尤其是标准化测验发展迅速,出现了许多新的全国性标准化测验。1947年,林德克威斯特(E. F. Lindquist)和泰勒等帮助建立了教育测验服务机构,使得教育测验有了较大发展。1949年,泰勒著书,叙述了他的课程设计和评价理论。1950年,古里克生(Gulliksen)发展了经典测量理论,使其系统化。1953年,林德克威斯特发展和应用了实验设计原理。1954年,美国心理联合委员会提出心理测验和诊断技术方案;1955年,美国教育调查联合委员会和国家教育测量委员会提出关于成绩测验技术方案,这两个方案是1966年编辑教育和心理联合地区测验标准手册以及1974年修订教育和心理测验标准的基础。

20世纪50年代和60年代早期,与泰勒模式相适应的技术得到发展。在评价中,泰勒模式的实施需要清晰地表述目标,于是,就引发了对教育目标分类的研究。1948年,美国心理学会和大学考试的专家们在波士顿召开心理学年会,正式提出建立教育目标分类体系的研究课题。1956年,布卢姆(B. S. Bloom)和他的同事提出了认知领域教育目标分类学。1964年,克拉斯沃尔(Krathwohl)完成了情感领域的目标分类体系。这对泰勒模式的运用和推广起了积极作用。

在这个阶段,出现了教育目标分类学,使得泰勒模式能够得到较好运用。

### (五) 兴盛阶段(1958—1972年)

20世纪50年代后期和60年代早期,联邦政府投入大量资金,较大规模地评价课程发展计划,这标志着一个教育评价新时期的开始。

1957年原苏联人造卫星发射上天,在美国引起了震动。1958年联邦政府颁布国防教育法案(NDEA),提出投入巨额资金,用于发展新教育计划,主要是新课程发展计划,特别是数学、自然科学(生物、化学和物理)和外语,并要求评价实施的新教育计划,以确定投资的使用效果。

20世纪60年代早期,对新课程实施效果的评价,主要采用以下几种方法:

第一,用泰勒模式指导新课程目标的确立,然后评价其实现的程度。

第二,通过国家新的标准测验,反馈新课程目标和内容的实施情况。

第三,用专业判断方法评价计划制定情况和定期检查教学效果。

第四,许多评价者采用实验方法评价课程发展效果。

克龙巴赫(Cronbach)观察了以往的评价工作,尖锐地批评了指导评价的概念缺乏合理性和有效性,并且忠告评价者改变用实验组和控制组的常模参照性测验分数比较来进行评价的习惯。他第一个认为,对于教师来说,报告测验项目分数分析的内容,可能比只报告平均分数有用。这些观点发表后,没有受到广泛的重视,只是在评价专家小范围内有影响。

1965年,为了增加教育机会,提倡教育机会均等,让更多的人接受广泛和健康的教育服务,联邦政府投入数十亿美元用于改革。对于联邦政府的投资,如果不明确责任,那么投入的钱就可能浪费。参议员罗伯特·肯尼迪(Robert Kennedy)和他的同事们修正了1964年的初等和中等教育法案(ESEA),包括特别的评价要求。法案第一条的宗旨就是为贫穷儿童提供辅助教育,明文规定分配教育经费要以对每一学区每年进行评价的结果为依据。评价时要使用合适的标准测验,以法案第一条确定的目标为范围。

当学区开始实施法案第一条内容的评价要求时,很快发现评价者使用的工具和策略对于这项任务很不适合。标准化测验按学生的能力分成各种等级,而几乎忽视了诊断学生的学习问题和评价贫穷儿童的学习成绩,使这些儿童教育的发展大大落后于中等阶层以上的同龄儿童。使用标准化测验进行评价还存在这么一个问题:这样的评价方法与泰勒模式原理相矛盾。因为泰勒认为不同地区的教育目标是不同的,因此,全国性的标准化测验方案很难符合这个模式。为了使之变为可行,标准化测验方案可能会忽视个别地区的教育目标来支持多数地区的教育目标,这样一来,个别地区儿童的需要和成绩水平信息得不到很有效的搜集,将不利于教师制定适合于这类学生的有意义的行为目标。

由于评价工作中存在许多问题,一些学者对当时占据统治地位的泰勒模式提出异议,认为它有一个根本的缺陷,那就是,教育评价如果单纯地以目标为中心和依据,那么,目标本身的合理性和可行性又怎样得到保证呢?而且,任何教育活动,除了要达到预期目标之外,还会产生各种非预期效应和效果,对它们又怎样来评价呢?还有一些学者认为,教育过程是受教育者个人自我实现的过程,每个人都是自身的创造者,是自己生活的创造者,因此,如果用统一的目标和模式要求他们,限制他们的自由发展,用固定的准绳衡量教育和教学结果,这是根本不能接受的,这种争论的结果导致许多新的评价模式的产生,其中主要有斯塔费尔比姆的"CIPP 模式"、斯克里芬的"目标游离模式"和斯塔克的"应答模式"等。

20 世纪 60 年代后期和 70 年代早期,美国一些学者又掀起了一场对于相对评价的批判。这场批判中提出的中心问题是:教育评价的本质是什么?它应当起到什么作用?教育评价在现实生活中究竟应当完成什么任务?等等。这场辩论把教育评价推入了一个新的发展阶段。

在这个阶段,一是产生了许多教育评价模式;二是提出了"评价的主要目的不是为了鉴定,而是为了改进"的形成性评价思想;三是通过立法,保证教育评价工作的顺利实施。

### (六) 专业化阶段(1973 年至今)

到目前为止,美国教育评价专业化发展经历了培育成长和纵深发展两个时期。在这个阶段,一是教育评价课程在大学中的开设、各种评价研究机构的建立以及各种评价专业性杂志的创办为评价信息得到普及、深入研究和广泛交流、争论创造了良好条件;二是出现了较有影响的"第四代教育评价理论";三是建立了教育评价协会。

1. 培育成长时期(1973—1984 年)

美国教育评价发展进入专业化阶段以后,需要有一个培育成长的过程。这个时期在三个方面得到了较好发展:第一,创办了许多教育评价专业杂志,如《教育评价和政策分析》、《教育评价研究》、《评价和方案计划》、《评价实践》、《评价评论》、《评价季刊》、《加拿大方案评价》、《方案评价新探》、《评价和健康专业》、《ITEA 考试和评价》、《行为优化季刊》、《评价研究评论年鉴》和《评价信息》等,为广泛传播和交流评价工作信息提供了方便,同时有许多教育评价著作问世,如教科书、参考书和百科全书等。第二,许多大学开设了教育评价课程,其中一些大学,如伊利诺斯大学、斯坦福大学、波士顿学院、加利福尼亚大学洛杉矶分校、明尼苏达大学和西密执根大学为研究生开设评价课程,奴伐大学可能是最先要求在博士生课程中增设评价课程。这些大学积极传播教育评价知识,培养教育评价人才。第三,建立了教育评价专业协会、研究中心和相关组织,如教育评价标准联合会、评价研究会、评价网络组织、加利福尼亚大学洛杉矶分校评价研究中心、斯坦福评价协会、伊利诺斯大学的教育研究和课程评价中心、西密执根大学评价中心、西北地区教育实验室、波士顿大学评价和教育政策研究中心等,专门从事教育评价理论和方法的研究。同时,教育评价发展也产生了三个方面的综合结果:一是在评价领域中,存在着较多的、较好的和公认的评价信息交流,同时,也存在着大量的争论;二是一方面提高对评价者的培训和审查要求,以确保评价工作的质量;另一方面对评价者的培训和审查只是在范围较小的、孤立的社团中进行,使人感到焦虑;三是在评价专业组织之间增加联系和交流,使评价工作在连续进行的同时,各种评价网络和评价研究会中存在着矛盾。这些综合结果中的矛盾运动,推动着美国教育评价专业化的发展。

1976年,十二个关心教育和心理评价问题的组织建立了教育评价标准联合会;1980年这个联合会发布了文件《教育方案、计划和资料的评价标准》;1981年由麦格罗·希尔(McGraw-Hill)出版公司出版该文件。1982年评价研究会开发或制定了一系列评价标准和道德准则,以指导评价者的评价实践。这些行动极大地推动了教育评价正规化和专业化发展:评价标准用于判断评价结果、道德准则指导评价实践、专业协会进行相关人员培训。20世纪80年代,以古巴(E. Guba)和林肯(Y. S. Lincoln)等人为代表创立了"第四代教育评价理论"。他们认为评价就是对被评事物赋予价值,评价本质上是一种心理建构。他们进一步强调"价值多元性",提倡在评价中充分听取不同方面的意见,并把评价看做是一个由评价者不断协调各种价值标准间的分歧,缩短不同意见间的距离,最后形成公认的一致看法的过程。

2. 纵深发展时期(1985年至今)

1985年,美国评价协会(AEA)成立,同时兼并了评价研究会和评价网络组织,它有会员约5500人,遍及美国50个州和60多个国家,并且举办学术年会,会员共享不同的实践经验和评价观念。这一评价协会的建立标志着美国教育评价专业化阶段步入了纵深发展时期。从1986年至今,共举办学术年会20余次,会议主题涉及评价理论、方法、政策、学习、社会公平和变革等多个方面,[①]较好地推动了美国教育评价的发展。其中,1995年美国评价协会与加拿大评价协会(CEA)在温哥华以"面向新世纪的教育评价——全球视野"为主题共同举办学术年会,邀请世界各地的同行参加会议。这个国际会议使美国加强了同世界其他国家在教育评价方面的交流与合作,目前世界上大约成立了50多个评价协会。[②] 2005年美国评价协会在多伦多与加拿大评价协会第二次联合举办学术年会。克林斯基(Chelimsky)和沙帝(Shadish)编辑了《面向21世纪的评价》一书,它收录了提交温哥华会议的优秀论文,显示了世界各国丰富的评价研究和实践成果。

慕腾斯(Mertens)等人获得克劳格(Kellogg)基金会的资助,举办会议组织世界各国评价协会官员讨论如何进行学术思想交融和开展专业发展活动,经过

---

[①] 美国评价协会网站,http://www.eval.org,2009.

[②] Mertens, D. M.. Inclusivity and transformation: Evaluation in 2010[J]. American Journal of E-valuation,2001(22).

几次会议的准备,评价国际合作组织(IOCE)2003年在秘鲁成立,其成员有非洲、中美洲、以色列、法国、马来西亚、肯尼亚、斯里兰卡、英国、澳大利亚、意大利、加拿大和美国评价协会的代表。[①] 2001年世界银行开始对从事评价工作的有关人员进行评价技术的培训,以促进国际评价事业的发展,并且,2002年在北京创立了国际发展评价协会(IDEAS),支持发展中国家的评价事业。

21世纪将是这样一个时代,西方国家的评价者学习其他国家同行的实践成果,通过努力将既加强自己的工作,又传播了评价文化——收集数据判断方案和形成共识。

## 二、西方教育评价发展的原因分析[②]

纵观整个西方教育评价的发展历史,我们不难发现,推动评价产生和发展的原因主要有以下三个方面。

### (一)社会经济和科学技术的发展是评价发展的根本原因

19世纪工业革命给西方社会带来了经济和科学技术的迅速发展。社会结构随之也发生了变化,心理保健、社会生活和道德观念以及社会机构均发生了很大变化。西方社会由传统的农业社会向现代工业社会转型,表现为城市化、工业化和民主化进程的加快,大量农业人口涌向城市,大机器生产成为主要生产方式。这就引起个人和社会对教育的极大需求,教育开始蓬勃发展。但是,当时西方各国的教育主要是由社会团体和个人经办的,教育处于自然发展状态,不能适应工业社会发展需要。这就要求国家介入教育事业的发展,要求国家加强对教育事业的投入和管理。在大不列颠,就产生了如何评价教育、医疗、慈善事业和公共保健等社会工作的问题。在美国,总统委员会、白宫咨询小组和国会听证会通过整理、分析搜集到的信息或各党派提供的证词对各种人类服务方案进行评价。与此同时,西方社会还有一个急需解决的问题,这就是如何迅速提高劳动者的素质,以适应社会经济和科学技术发展的需要。这与当时以口试为主的学校教育考试制度产生了矛盾,为了解决这个矛盾,1845年,波士顿学校委员会进行了以笔试替代口试的改革,它为教育评价理论的产生和发展、教育评价工作的开展和深化奠定了基础。

### (二)教育评价理论和实践发展过程中的矛盾运动是西方教育评价发展的内在因素

为了适应社会发展的需要,西方社会对学校教育中的考试制度进行了改革,

---

① Mertens,D. M. & Russon,C. A Proposal for the International Organization for Cooperation in Evaluation[J]. American Journal of Evaluation,2000(21).
② 吴钢. 西方教育评价发展的原因分析[J]. 外国中小学教育,2000(3).

即笔试替代口试。随之而来又产生了如何提高笔试客观性的问题。于是,许多学者投入对这个问题的研究中,在研究潮流的推动下,美国兴起了一场教育测验运动。随着测验运动的不断发展,人们逐渐认识到教育测验的弱点和不足。为了解决这些新出现的问题,泰勒进行了一系列的实验研究,提出了教育评价的理论,史称"泰勒模式"。由于评价进一步的研究和实践,一些学者对当时占据统治地位的泰勒模式提出异议,产生了较多争论,结果导致许多新的评价模式的问世。20世纪60年代后期和70年代早期,美国一些学者又掀起了一场对于相对评价的批判。由于评价模式如雨后春笋般地涌现出来,呈现出一派"百花齐放、百家争鸣"的景象,使得对评价模式的争论增多了,人们把争论的焦点集中到教育评价的本质是什么的问题上,这场争论把教育评价推向一个新的阶段,即专业化阶段。在专业化阶段,教育评价又出现了新的综合结果,推动着美国教育评价专业化的发展。由上述可知,教育评价理论和实践发展过程中的测验客观性问题、泰勒模式科学性问题、教育评价的本质问题和专业化阶段评价的综合结果问题等的出现和解决推动着评价的发展。

**(三)政府对评价工作的重视并用法律手段保证它的顺利实施是评价发展的外部动力**

1929年的资本主义经济危机,使许多青少年无法就业,只能进学校学习,但是,当时学校的课程不适应失业青年的需要。为了保证课程改革的顺利进行,组成了以泰勒为首的评价委员会,使评价理论得以在这一教育实践中产生。在这之后,美国两次投入巨额资金进行教育改革,有力地推动了教育评价的发展。一是1958年联邦政府颁布国防教育法案,提出投入资金用于发展新教育计划,并且要求评价这个计划,以掌握投资的使用效果;二是1965年为增加教育机会,提倡教育机会均等,让更多的人接受广泛和健康的教育服务,联邦政府又投入数十亿美元用于教育改革。对于投资,如果不进行及时评价,那么投入的钱就可能浪费。评价进入专业化阶段以后,在美国建立了许多研究中心,专门从事评价的研究。特别是参议员罗伯特·肯尼迪和他的同事们修正了1964年的初等和中等教育法案,包括特别的评价要求。法案第一条的宗旨就是为贫穷儿童提供辅助教育,特别规定分配教育经费要以对每一学区每年进行评价的结果为依据。评价时要使用合适的标准测验,以法案第一条确定的目标为范围。该法案颁布之后,教育评价工作从多方面展开。

### 三、给我们的几点启示

纵观西方教育评价的发展历史,笔者认为有很多方面值得我们借鉴和学习。归纳起来,主要有以下三个方面,对我们今后进行评价研究和实践是会有启发的。

## (一) 根据社会发展的需要,有效地开展教育评价的研究和实践

在我国,教育评价从20世纪80年代初兴起以来,有了较快的发展,取得了很大的成绩,基本形成了普通教育的督导评价和高等教育评估两个系统。但是,许多方面的研究还远远不能满足社会发展的需求,目前,主要表现在以下三个方面:第一,测验理论和技术不能满足我国教育事业的发展。第二,学校教育评价系统的研究和实践不够。第三,要加强对我国教育评价制度的研究和实践。我们要围绕这三个方面的问题进行研究和实践,力求突破,有效推动教育评价的发展。

## (二) 办好教育评价的专业杂志和充分发挥评价专业委员会的作用,做好评价的传播和争论等交流、沟通工作,积极促进评价的发展

西方教育评价的发展历史告诉我们,评价发展过程中的矛盾运动是教育评价发展的内在因素,要让大家认识评价内在矛盾运动,并且加以及时解决,就必须办好教育评价的专业杂志,为传播评价知识、开展对评价的各种研究和争论创造良好的园地。在西方,20世纪70年代就创办了许多教育评价的专业杂志。与之相比,我国教育评价的专业杂志还太少。自1988年创办《高教评估信息》(后改名为《高等教育评估》,1994年起定名为《中国高等教育评估》)杂志以来,已有二十余年的时间,在这期间,虽然又有几份教育评价专业杂志问世:2005年《交通高教研究》杂志更名为《高教发展与评估》;2008年《教育测量与评价》杂志创刊;等等。但是数量太少,不利于评价信息的交流、沟通和研究的,应该引起有关方面的注意。同时,我们要充分发挥评价专业委员会的作用,加强专业委员会组织建设的透明度,开好每一届学术会议,增加信息交流的渠道和途径。除此而外,在有条件的师范院校,应该积极开设教育评价课程,暂时没有条件开设的师范院校应该积极创造条件尽早开课,这样做既可以传播评价的专业知识,而且也培养了一支评价的专业队伍。这支队伍不仅对学校所在地区的评价工作有积极推动作用,而且对全国的评价发展也是不可缺少的力量。

## (三) 运用法律手段,保证教育评价工作的顺利实施

教育评价对于一个国家或地区的教育事业发展是极为重要的,可以这么说,一个国家或地区的教育评价系统发达与否,是衡量这个国家或地区教育事业发展水平高低的一个主要标准。而发达的教育评价系统必须要有科学的和系统的评价制度,即看一个教育评价系统是否发达,在很大程度上就是看它有没有科学的和系统的评价制度。由此可知,根据本国或本地区的实际情况建立科学的和系统的评价制度,能促进教育事业的发展。[①] 当前,我国政府高度重视教育评价

---

① 吴钢.谈谈西方教育评价发展历史给我们的启示[J].上海师范大学学报(哲学社会科学版),1998(4).

工作,在近期颁发的多个政府文件中均明确指出要对教育进行评价和建立科学的评价体系等,这是评价发展的强有力的外部动力。近几年来,部分省市相继成立了专门进行评价研究和实践的机构,如上海有了教育评估院和教育评价事务所;江苏省组建了教育评价学院,等等。这种评价专业化的发展有助于我国教育评价事业的进一步发展。政府有关部门应该对独立于教育行政部门的评价事务所进行严格审查、科学管理、认真复查,确保它的权威性,使得评价有效、准确和客观。对于评价结果要高度重视,及时决策。同时,要尽可能搞一些有一定规模的教育实验研究和评价实践活动,在这种活动中,评价理论和方法可能会有新的突破和发展。从国际范围来看,教育评价往往与政府的教育拨款紧密联系在一起,政府的拨款几乎以评价结果为唯一依据,这就使得各级各类学校和各级教育行政部门非常重视评价结果,评价系统无形中对学校和教育行政部门有着一种监控力,并且这个系统越发达,这种监控力就越强。显然,这就能迫使学校和教育行政部门把自己的工作做好。因此,评价和拨款的原则性内容可以用法律形式确立下来,譬如,在我国,可以把这个内容写进《教育法》等。我们要运用法律手段,让教育评价发挥出真正的作用,在这方面有许多事情要做。

## 第三节 我国教育评价的发展历史

我国的科举制度对世界教育测量和评价作出了无可置疑的贡献,但是,对于教育评价来说这只是一种萌芽状态,没有形成较为系统和科学的理论与方法体系。对我国教育评价发展历史的研究,能使我们认识到所取得的成绩和存在的问题,更好地促进教育评价的发展。

### 一、我国古代考选制度的演变

相传在我国原始社会末期的尧舜时代,部落首领和部落联盟的总首领,都是经过举荐,考查品德与才能,然后才予以任用的。考核标准明确提出九条,称为九德:"宽而栗,柔而立,愿而恭,乱而敬,扰而毅,直而温,简而廉,刚而塞,强而义。"(《尚书·皋陶谟》)

在西周有:乡里选士、诸侯贡士和学校选士。乡里选士主要在周王直辖的郊内进行。考查标准是德行和道艺,具体为:六德——知、仁、圣、义、忠、和;六行——考、友、睦、姻、任、恤;六艺——礼、乐、射、御、书、数。诸侯贡士由王畿之外的诸侯国进行。学校选士在大学进行。①《礼记·学记》中记载:"比年入学,

---

① 侯光文.教育评价概论[M].石家庄:河北教育出版社,1996:3-4.

中年考校：一年视离经辨志,三年视敬业乐群,五年视博习亲师,七年视论学取友,谓之小成。九年知类通达,强立而不反,谓之大成。"意思是说,学生到了规定的年龄入学,国家每隔一年考查他们学业和操行成绩一次：第一年考查学生析句分段的能力和学习志向；第三年考查学生是否专心学习,与周围的人是否和睦相处；第五年考查学生学知是否广博,同老师是否亲密无间；第七年考查学生研究学问的本领和识别朋友的能力。符合标准的就叫做小成。第九年,做到认识事务能触类旁通、闻一知十和政治上成熟,以及立场坚定不移。符合这一标准的就叫做大成。

春秋战国选士方式有所变化,主要有：一是招聘；二是举荐；三是自荐。

两汉实行察举制。它主要是由中央或地方长官先推荐人选,然后经过考试,合格者授以官职。这个时期的考试,分为对策和射策两种形式,对策是命题考试,射策是抽签考试,两者均为笔试。这是世界上有记载的最早的笔试。

魏晋南北朝产生了九品中正制。地方政府设立中正官,负责向中央政府推举人才。中正官举荐人才依据家世、才能和德行三项内容,并评为九个品级：上上、上中、上下、中上、中中、中下、下上、下中、下下。

隋炀帝在开皇二年即606年,增设进士科,一般认为这是科举制度正式建立的标志。在唐朝,科举制度得到进一步完善。通过进士考试后还要经过吏部考核。考核标准有四条：其一是"身",即仪表,标准是体貌丰伟；其二是"言",即言论,标准是言词辨正；其三是"书",即书法,标准是楷法遒美；其四是"判",即文字逻辑,标准是文理优长。[①]

宋朝在唐代两级考试的基础上,增加了省试后的殿试,科举演进为三级考试。

元朝科举分为文武两科,但重视经文,不许自由发挥,严防思想反抗。

明朝科举也分为文武两科,但朝廷重文轻武。自明代起正式实行八股文。

清朝继续实行科举制,考试主要分四级：童试、乡试、会试和殿试。

**二、我国教育测量的研究和实践**

1905年清政府在下令停止科举的同时,成立了学部,作为统辖全国教育的行政机关。学部成立第二年奏定官制,部内设视学官。视学的督导范围,包括各级教育行政部门的工作及各类学校的教育、教学和卫生、设施、经费等各个方面。视学在巡视评价的基础上写出报告,作为对教育行政官员和办学人员升降奖惩的依据。

---

① 刘本固.教育评价的理论与实践[M].杭州：浙江教育出版社,2000：3.

在西方教育测验运动的影响下,我国学者做了大量的教育测量研究和实践工作。1918年俞子夷编制了小学国文毛笔书法量表,这是我国最早的标准测验。1920年,廖世承和陈鹤琴在南京高等师范学校开设了测验课程并用心理测验对报考该校的学生进行考查,后来出版了两人的合著《智力测验法》。1924年,陆志伟发表了修订的《中国比纳—西蒙智力测验》。一批有关测量的著作也相继问世,如孟宪承等人合著的《测验之学理的研究》、陈选善的《教育测验》、王书林的《心理与教育测量》等。20世纪40年代以前,我国出版的心理与教育测量方面的专著达二十多部。遗憾的是,20世纪30年代以后,由于日本帝国主义的侵略,中华民族处于危难之中,泰勒的"八年研究"成果未能及时介绍到我国来。

### 三、我国教育评价的发展[①]

#### (一)评价发展的历史进程

中华人民共和国成立后,由于众所周知的原因,教育评价研究未能得到重视。"十年动乱"以后,为了迅速地提高我国学校的教学质量,根据教育实践的需要,教育评价研究和实践才逐步地得到了恢复和兴起。

1. 教育评价的恢复和兴起阶段(1977—1983年)

党的十一届三中全会以后,我国实行了改革开放的政策,教育改革势在必行,为评价的恢复和兴起建立了良好的社会基础。全国高等学校统一招生考试制度的恢复,得到了社会各界的普遍欢迎。但是,亟需解决如何使得这种招生考试客观、公正、可靠和有效,以及如何对当时具有一定数量的升格学校的认定等问题,形成了评价恢复和兴起的客观需求基础。为了提高教育质量,在教育第一线工作的学校领导和教师,在实践中深切认识到教育评价的重要性,渴望掌握评价的理论和方法,以致成为评价恢复和兴起的群众基础。贯彻执行对外开放政策之后,我国教育界加强了同世界各国教育界的联系和交流。国外教育评价研究和实践的动态、成功的经验使我们开阔了眼界。于是,我国引进并介绍了国外教育评价的理论、技术和实践经验,并且恢复了教育统计、教育测量、教育管理等学科,这就为评价的恢复和兴起奠定了理论和技术基础。在这个阶段,一是教育评价研究和实践在全国还处于分散状态,没有形成统一的力量。评价实践研究在个别部门、地区和学校自发地进行。二是由于客观上有开展评价工作的需求,积极邀请国外教育评价专家来华讲学,渴望迅速掌握评价理论和技术。三是出现了翻译和广泛介绍国外以及我国台湾地区教育评价的文章、专著和研究成果,

---

① 吴钢.我国教育评价发展的回顾与展望[J].教育研究,2000(8).

为我国教育评价研究和实践提供了尽可能多的资料。

高等学校统一招生考试恢复以后,为了迅速提高教育质量,部分地区、部门和学校开展了教育质量评价研究和实践活动,譬如,有国务院学位委员会对全国高等学校进行的同行评议;原浙江大学开展的对光仪系的评议试点工作;卫生部在全国三十所医学院校进行的以统考为形式的教学质量评价活动等等。由于评价研究和实践的需要,国外的研究成果被逐步介绍进来。瑞典的胡森教授和加拿大专家等人的讲学,对促进我国教育评价开展起了直接的推动作用。

2. 教育评价的真正起步阶段(1984—1985年)

随着教育改革和发展的深入,广大教育工作者越来越意识到教育评价在教育活动中的重要性,在系统引进和学习国外教育评价理论和方法的基础上,评价实践活动在全国有组织地展开。在这个阶段,一是评价工作有组织地初步展开,评价实践的种类也逐渐增多,从较为单一的教学质量评价,发展到对学术水平、学科发展方向、学校后勤工作、实验室管理和学校校办工厂等的评价。二是全国最高教育行政领导机构有组织地召开全国教育评价学术研讨会,交流学习外国评价理论和方法的经验,研讨评价实践中所出现的问题。

在武汉召开的高等教育会议上提出要对重点高等学校进行评议。随后,许多高等学校在校内组织开展了对教学质量、学术水平、学科发展方向等单项指标的自评。一些高等学校还进行了综合评价的有益探索。例如,同济大学进行了重点专业评审;兰州大学通过对毕业生的跟踪调查,评价教学质量;西安交通大学运用模糊综合评判技术对教学工作进行过程评价;等等。1984年,我国正式参加了国际教育评价协会(IEA),并且,教育部确定河北、山西、北京和天津等省市参加IEA组织实施的第二次自然科学(包括物理、化学、生物、地球科学等)的教育成就评价研究活动。1985年5月,中共中央颁布了《中共中央关于教育体制改革的决定》,明确提出要对教育进行评价的问题;6月,教育部在黑龙江省的镜泊湖组织召开了《高等工程教育评价问题专题讨论会》。这是我国教育评价恢复和兴起以来,第一次全国性的教育评价研讨会,它标志着我国教育评价研究和实践真正开始起步了。

3. 教育评价的全面研究和试点工作阶段(1986—1989年)

教育评价在我国真正起步以后,由于评价涉及的因素较多,全面铺开还需要一定的条件,于是,在全国开展了教育评价研究和试点工作,探索评价规律,建立评价理论和方法体系,为评价工作的全面展开铺路。在这个阶段,一是在原国家教委的统一领导和指导下,全国范围内全方位、多层次地开展了各种类型的评价实验和实践活动。二是教育评价研究的对内、外交流活动得到进一步加强。并且,在学术交流方面也产生了质的飞跃。原先主要请国外教育评价专家来我国作学术报告,该阶段已发展到与国外专家共同研究和探讨评价问题。三是出现了许多教育评价的研究成果,并且,创办了第一本教育评价的专业杂志。

在原国家教委领导下,广东省开展数学、英语两门学科标准化考试改革试验;上海市实行高等学校招生考试单独命题,探索在高中毕业全面会考基础上,减少高等学校招生考试科目的试验;等等。1985年11月,原国家教委发出了《关于开展高等教育评价研究和试点工作的通知》,全面部署了对高等工程教育的评价研究和试点工作,此后,评价研究和试点工作全面展开。为了确保研究和试点工作的顺利进行,进一步发展了国内外教育评价研究和实践的交流、研讨活动,举行了两次中美教育评价研讨会。在评价研究和试点工作以及国内外各种学术交流活动的基础上,出现了一批教育评价研究成果,出版和发表了一批著作和论文,初步形成了具有中国特色的教育评价理论和方法体系。1988年创办了第一本教育评价的专业杂志《高教评估信息》(后改名为《高教评估》,1994年起定名《中国高等教育评估》)。这些研究成果为教育评价工作的正规化开展奠定了理论和方法基础。

4. 教育评价工作正规化开展阶段(1990年至今)

教育评价研究和试点工作所取得的成绩,为评价工作正规化开展作了准备。原国家教委于1990年11月和1991年4月分别发布了《普通高等学校教育评估暂行规定》和《教育督导暂行规定》(以下简称"两个《规定》"),使我国教育评价理论研究和实践活动进入了一个新的阶段,即逐步正规地开展教育评价工作,提高教育管理水平。在这个阶段,一是初步建立了教育评价制度,为在全国正规开展评价工作提供了制度保证。二是建立了全国性的评价研究组织,为在全国进行评价研究和实践提供了组织保证。三是国内外学术交流、研讨活动增多,教育评价研究成果层出不穷,并且,创建了全国首家高等教育评价事务所和创办了第二本教育评价专业性杂志。四是国内部分高等学校已开始培养教育评价研究方向的硕士生和博士生。

教育评价制度的初步建立,为评价的深入研究和实践提供了保证。从1990年起,在全国范围内开展了一系列旨在提高教育管理水平的评价活动,譬如,上海开展对高等学校的财会、计算机和管理专业的评价;全国性的普通高等学校本科教学工作随机性水平评价;等等。为了便于开展评价工作,在上海成立了高等教育评价事务所,专职从事教育评价工作。由于教育评价深入研究和实践的需要,在全国建立了教育评价研究组织。1990年10月,全国普通教育评价专业委员会成立,此后,开展了多次学术年会,较好地研究和解决了基础教育评价中存在的问题;1994年1月,成立了全国高等教育评价研究会。自1985年以来,共举行过多次全国高等教育评价学术研讨会,较好地研讨了高等教育的评价问题。十余年来,教育评价研究和实践取得了丰硕成果,据不完全统计,发表论文数千篇,出版专著数十部。1996年创办了第二本教育评价专业性杂志《教育评价》。

### (二)二十余年来我国教育评价研究所取得的主要成绩

#### 1. 对国外教育评价理论和实践工作有了较为全面的了解

为了迅速掌握教育评价知识,提高教育评价研究水平。除了实地考查国外教育评价状况以外,不少同志还翻译了一大批国外教育评价方面的文献,涉及的国家有美国、英国、日本、加拿大和前苏联等。较为全面了解国外教育评价理论和实践,并作了一定深度的研究,使我们在评价研究和实践中少走了不少弯路,为建立具有中国特色的教育评价理论和方法体系提供了有益的借鉴。

#### 2. 基本建立了我国教育评价理论和方法体系

到目前为止,我们对教育评价概念、作用、功能、主要类型、标准、模式、系统、基本程序、基本原则和制度以及搜集、处理教育评价信息的方法和评价再评价的方法等都作了较为深入的研究,建立了以民意调查为基础,编制评价标准;有效采用计算机技术,全面搜集和科学处理、分析评价信息;评价活动和评价过程制度化,以提高评价信度和效度的体系。虽然,对某些问题,人们的观点并不完全一致,但这是完全正常的,也是学术研究必然会碰到的。从某种意义上说,不同观点的争论是我国教育评价能够得到发展的一条重要途径,也是我国教育评价理论发展到了一定程度的反映。

#### 3. 形成了我国教育评价的实践模式

无论是教育评价的试点工作,还是为提高教育管理水平进行的评价工作,都遵循着从评价实践活动出发,边实践、边研究,重视吸收国外评价理论和实践,善于总结实践经验,进而上升为科学理论,用以指导评价实践的模式。在这个模式的指导下,全国范围内开展了各种类型的教育评价实践活动,如学生评价、教师评价、干部评价、员工评价、课程评价、教学评价、德育评价、教育管理评价、办学水平评价、合格评价、选优评价和随机水平评价等,使我们积累了不少成功的经验和吸取了不少失败的教训,有利于进一步开展评价的实践活动。

#### 4. 初步形成了我国教育评价制度的基本框架

原国家教委发布的"两个《规定》",对我国教育评价的性质、主要目的、基本任务、指导思想、基本形式和教育督导的任务、范围、机构等都作了明确规定。这是教育评价研究的重要成果,也是我国教育评价工作的指南。随着评价实践活动的不断深入,教育评价制度将逐步得到完善。

### (三)我国教育评价发展的趋势

纵观我国教育评价的发展历史,全面分析当前正在进行的评价实践活动的走向和国外教育评价发展的最新动态,笔者认为我国教育评价发展有以下六大趋势。

1. 评价范围逐步扩大

我国教育评价恢复和兴起初期,评价主要是针对学生学习的。自20世纪80年代中期以来,评价范围扩大到了对教师工作、学校领导干部的管理工作、学科专业和学校办学水平等的评价。随着教育事业的发展以及教育评价理论和方法的日趋成熟,学科专业和学校办学水平这一层次的评价问题将会得到更多的重视。为了适应社会的发展,办学体制改革将得到进一步深化,办学模式会呈现更加多元化的态势,但是,教育要适应社会的发展,加强与社区的联系是它们的共同走向,因此,教育评价将会扩展到社区教育评价和社区教育管理评价等领域,也会较多地涉及一个地区教育发展水平评价的问题。

2. 评价结果由与物质奖惩挂钩逐步转向与物质奖惩不挂钩

目前,我国还是发展中国家,经济基础不够雄厚,教育经费与发达国家相比差距甚远,显得不足,因此,在分配教育经费时,往往以学校办学水平评价结果为依据,评价结果好的多给,反之少给。在学校内部,奖金和绩效工资的发放,也主要依据对学校教师、干部和员工工作的评价结果,好的多给,反之少给。对学生的综合评价结果,是奖学金发放和向高一级学校、用人单位推荐的依据。随着经济和科学技术的进一步发展,我国教育经费会逐年增多。在发展到较为充足的条件下,评价目的主要是为了估价成就、改进工作,评价工作会出现评价结果不与物质奖惩挂钩。对于获得好的评价结果的学校,教育行政部门不因此而给予物质奖励;对于评价结果不好的学校,教育行政部门不但不给予经济处罚,而且还要针对评价中发现的问题,给予人力、物力和财力方面的支持,帮助学校改善工作条件。对评价结果不好的教师,也不是采取处罚措施,而是让他们去进修提高。学生评价的结果主要不作为升、留级的依据,更不作为处罚的理由,完全在于诊断学生学习方面的问题,以有针对性地采取措施给予有效帮助。随之,形成性评价和自我评价会越来越被重视。在教育评价过程中,较多地强调被评价者通过自我分析和自我认识达到自我提高,以及评价者和被评价者的不断对话,互相修正自己的观点,使评价结论尽可能取得一致。

3. 越来越重视发挥为教育决策服务的功能

我国教育评价工作开展初期,教育评价主要发挥着鉴定合格的功能,其表现为按评价结果排名次、分档次等。随着教育评价的进一步发展和我国教育事业发展的需要,教育评价的估价成就、改进工作的功能在各种教育活动中日益显现出来,并发挥着重要作用。在21世纪里,我国的教育事业将有更大的发展,教育形式也将多样化,譬如,有学校教育、社区教育和网络教育等。为了更好地、更科学地管理教育事业,准确把握教育的未来,教育评价为教育决策服务的功能将被广大教育工作者所关注,特别是教育决策部门会越来越重视发挥这个功能。

4. 教育评价工作制度化将会得到进一步发展

我们知道,教育评价实质上是判断教育价值的高低,评价主体是人。由于评价者是社会中的一员,他们即时的价值观念、历史上的印象、情感上的好恶、受舆论的迁移和干扰、心理错觉、思维方法的偏激、发表看法时的心境等必然会在评价过程中反映出来,使评价带上主观性。另外,评价者的身体状态也会通过心理对评价发生影响作用,如身体不佳会导致精神不振,或者引起注意分散,或者引起情绪偏激,或者引起急躁草率等从而影响评价的可靠性和准确性。为了保证评价结果可靠和有效,必须建立评价制度。自从20世纪90年代初我国初步建立教育评价制度以来已有十余年的时间,在此期间评价工作有了较快的发展,基本形成了正规开展评价工作的局面。今后,评价制度将会得到进一步完善,独立于教育行政部门的社会评价机构将会逐步产生,使得评价工作公正、准确和客观。这种评价机构也将会逐步参与各种教育评价工作,使得评价工作不仅更加正规化、规范化和科学化,而且还朝着专业化的方向发展,从而使评价结果更加可靠和准确,使人更加信服。

5. 注重定性和定量评价的结合

教育评价需要运用数学方法来处理和分析评价信息,这种追求精确量化的倾向使评价向客观化、科学化的方向迈进了一大步。但是,鉴于今天的科学发展水平,要对评价信息做到全部量化是不可能的,当然也无此必要。因而一些定性方法对评价仍是必要的。另外,就方法本身而言,定量评价方法和定性评价方法都各有自己的长处和不足。在教育评价过程中,取长补短,把它们有机地结合起来,有利于提高评价工作的质量。

6. 现代先进的信息技术将得到广泛运用

由于现代先进信息技术的迅速发展,日益影响着当今人们的生活,也影响着教育评价活动。今天的计算机、统计软件、可视浏览器、计算机激光器、电子邮件和互联网技术等可能在较短的时间里被更为快速和复杂的先进技术超越,可以想象衣服口袋一样大小的仪器能浏览一个班级的活动,记录个人和群体的行为,测试每一个学生的智力水平,等等。可见,现代先进信息技术使数据收集比以往更快、更可靠和更有效。运用互联网迅速下载资料,分析数据;个人面谈和小组讨论能运用计算机和通信技术长距离地进行;班级活动的真实图片能快速传给评价者;评价方法的计算机应用软件化,将能快速收集和处理评价信息,便于应用和普及;等等。这些先进技术将会逐步在评价中得到广泛和有效运用。

**【本章小结】**

本章全面和系统地阐述了我国和西方教育评价的发展历史。我国教育评价自恢复和兴起以来经历了四个发展阶段：(1)教育评价的恢复和兴起阶段(1977—1983年)；(2)教育评价的真正起步阶段(1984—1985年)；(3)教育评价的全面研究和试点工作阶段(1986—1989年)；(4)教育评价工作正规化开展阶段(1990年至今)。西方教育评价的产生和发展大致经历了六个发展阶段,即社会变革阶段、测验运动阶段、泰勒模式阶段、稳定发展阶段、兴盛阶段和专业化阶段,其产生和发展的主要原因是：(1)社会经济和科学技术的发展是评价发展的根本原因；(2)教育评价理论和实践发展过程中的矛盾运动是西方教育评价发展的内在因素；(3)政府对评价工作的重视并用法律手段保证它的顺利实施是评价发展的外部动力。

**【文献导读】**

1. 侯光文.教育评价概论[M].石家庄：河北教育出版社,1996.
2. 吴钢.西方教育评价发展历史的探讨[J].外国教育研究,1992(4).
3. 吴钢.美国教育评价理论的产生和发展原因的探析[J].比较教育研究,1993(3).
4. 吴钢.谈谈西方教育评价的发展历史给我们的启示[J].上海师范大学学报(社科版),1998(4).
5. 吴钢.西方教育评价发展的原因分析[J].外国中小学教育,2000(3).
6. 吴钢.我国教育评价发展的回顾与展望[J].教育研究,2000(8).

**【问题讨论】**

1. 西方教育评价的产生和发展大致经历了哪几个阶段？
2. 西方教育评价发展的主要原因是什么？
3. 谈谈西方教育评价的发展历史给我们的启示。
4. 我国教育评价恢复和兴起的主要原因是什么？
5. 我国教育评价自恢复和兴起以来大致经历了哪几个阶段？
6. 我国教育评价的发展趋势是什么？

# 第三章 教育评价的一般过程

**【本章概要】**

本章主要阐述了教育评价一般过程中的四个环节,即评价方案准备、评价方案实施、评价报告编写、评价结论反馈,其中评价方案准备和评价报告编写是学习的重点内容。

**【学习目标】**

学习本章后,你应该能够:

1. 认识教育评价一般过程中的四个环节。
2. 理解教育评价方案的主要内容。
3. 掌握教育评价报告的编写。

教育评价是一项技术性很强的工作,能否科学和规范地组织评价,对评价的质量与结果的可靠性和有效性有着重要的影响。根据发展性目标评价模式,评价过程大体可分为评价方案准备、评价方案实施、评价报告编写和评价结论反馈四个环节。

## 第一节 评价方案准备

"方案"一词在一般词典里的解释是"工作的计划"。显然,教育评价方案就是教育评价工作的计划,它是评价工作展开以前预先拟定的具体内容和步骤,是评价工作的纲领性文件。教育评价工作能否发挥出对教育活动有效的促进作用,关键在于评价工作程序是否科学、规范和可行以及评价结果的信度和效度是否高,而评价工作程序的科学、规范和可行以及评价结果的高信度和高效度,需要科学、规范和可行的教育评价方案作保证。

### 一、教育评价合同的签订

**(一)评价合同的定义**

1. 教育评价合同的概念

所谓教育评价合同,通常是指教育评价双方当事人之间对教育领域的某一特定评价对象在评价内容、实践、义务等方面达成的具有法律效益的书面协议。

它是评价双方当事人为了合理处置评价过程中可能发生的各种矛盾或冲突而事先达成具有法律效益的共识和约定,一旦评价活动真的发生摩擦了,那么可以依照评价合同来处理,解决问题。目前我国教育评价活动缺少评价合同环节,主要依靠评价双方当事人的信誉和关系等来担保合理处置评价过程中可能发生的各种问题。由于这种担保是没有法律作用的,一旦评价活动真的发生矛盾或冲突了,就会出现不了了之的结果,不利于评价活动的正常开展。

2. 相关概念的界定

评价合同的制定和实施较好地体现了与评价活动有关的不同群体或不同个人之间的互动关系,因此,在具体阐述评价合同之前,有必要从专业的角度对评价合同的制定和实施所涉及的相关人员进行界定:(1)外部评价者。这也称为第三方评价者,即独立于被评价组织或被评价者所在组织的第三方人员,是通过合同来操作评价的组织雇员。[①](2)客户。这是指提出评价需求或申请的机构或个人。(3)赞助者。这是指委托和授权评价以及为评价的操作提供必须财政资源的机构或个人。它不一定参与评价者的选择或评价结果的形成,但是通常拥有评价的决定权,在某些情况下,赞助者可以将权利委托给客户。[②](4)利益相关者。它包括所有参与评价,并且对评价结果造成影响的个人或组织。[③](5)观众。这包括对评价活动感兴趣,并且接受评价结果的个人、群体或机构。有时客户和赞助者是唯一的观众。[④]

(二)评价合同的作用

由于评价双方存在雇佣的利益关系,因此双方在评价过程中出于维护各自利益为目的而发生摩擦和矛盾在所难免,即便是在具有较高专业和伦理水平的评价者与客户之间,也可能产生冲突。如果客户与评价者之间通过沟通和协商达成共识,那么许多评价过程中的潜在问题就容易解决了,正如著名的教育评价专家古巴和林肯指出:评价是为那些委托评价、给予评价合法性和支付评价费用的客户提供的,由于他们承担费用,并且拥有支配权,评价者必须就评价的对象、内容和方法与其达成共识。客户需要保护自己免受不道德评价者的侵害,评价者同样需要保护自己避免客户的专制行为以及可能对评价造成破坏和不道德的行为,防御这些的有效途径就是建立评价合同。[⑤]总之,评价合同的作用主要表现为:一是客户与评价者双方关于评价服务达成共识以合同形式确立下来,是建立良好信用关系的前提和保障;二是评价合同的有关条款明确了客户和评价

---

[①②③] Jody L. Fitzpatrick, James R. Sanders, Blaine R. Worthen. Program Evaluation: Alternative Approaches and Practical Guidelines[M]. Boston: Allyn & Bacon, 2003:185,174,174.

[④⑤] Jody L. Fitzpatrick, James R. Sanders, Blaine R. Worthen. Program Evaluation: Alternative Approaches and Practical Guidelines[M]. Boston: Allyn & Bacon, 2003:174,285.

者双方的权利和义务,通过外部机制对行为进行约束,保护双方的利益;三是评价合同对客户和评价者双方的行为做出合理的解释,使评价活动中出现的问题有据可依,保证评价的实施。

### (三) 教育评价合同文本

教育评价标准联合委员会(Joint Committee on Standards for Educational Evaluation)在《项目评价标准》一书中提到,正式评价的主要标志是评价双方当事人应该就与评价有关的方面(如评价对象、评价方法、评价人员、评价时间等)以书面形式达成一致,使双方有责任遵守协议中的所有条款。[1] 可见,教育评价合同必须是书面的,能确保落实评价双方在评价过程中的权利和义务。美国评价协会网络资源库中的评价合同文本的主要内容包括评价的声明、时间、地点、预算和合同的验收、限制、终止以及对数据、报告版权的保护、人员财产和人身安全免受伤害等。评价合同中评价者承担主要责任,客户的职责多数与评价者共有,比如合同的终止、免受伤害、版权和数据的保存等。合同里的条款被看成是客户与评价者双方达成共识的标准,不违反这个标准则能认为评价结果是公正的。可是这个标准很难预先考虑到评价活动可能发生的一切结果,也就是说双方的行为超出合同制定的规则,如何保持合同的效力?为此就需要考虑合同的限制,即合同中被忽视或无法预料的部分,帮助合同双方弥补因行为超出合同条款范围而产生的后果,并提出补救措施和建议。

## 二、教育评价方案的主要内容[2]

### (一) 评价目的

一个特定的评价工作所想达到的目的,影响着整个评价过程,因此,评价方案首先必须明确评价目的。比如,以分清学校教育工作优良程度为目的的评价,与以衡量学校是否达到了合格标准为目的的评价,显然,在评价标准和方法上是极不相同的。前者用的是相对评价法,而后者一般用绝对评价法。

### (二) 评价对象

这是指评价的客体,是评价的实践对象、认识对象。对评价对象作全面评价,还是作某一方面的评价?是评这些因素还是评那些因素?这一问题不解决,评价就无法进行。

---

[1] James R. Sanders. The program evaluation standards: how to assess evaluations of educational programs[M]. Sage Publications, 1994:87.

[2] 吴钢.浅谈教育评价方案[J].上海教育,2000(7).

### (三) 评价标准

所谓教育评价标准,就是指对一切教育活动质量或数量要求的规定。由教育评价的一般过程可知,制定教育评价标准是评价工作的一项基础工作。评价标准编制得科学、客观和有效,那么评价结果的信度和效度就高;反之,则不然。因此,它在评价方案中处于核心位置。在编制评价标准时,我们要以民意调查为基础,严格论证、专家评判、实验修正,以最大限度地提高评价标准的质量。

### (四) 组织实施

它包括评价活动的组织形式和组织方法、评价者的基本素质要求以及评价过程中评价活动的组织者、评价者、被评价者等必须共同遵守的纪律规定。这是评价工作顺利进行的保证。

### (五) 评价方法

它主要包括评价信息的搜集方法和处理方法等。在评价过程中,对于相同的评价信息源,由于搜集信息方法不同,所得到的评价信息可能不一样;由于处理评价信息方法的不同,对于相同的信息,可能得出不同的结论。因此,应该事先明确评价信息的搜集和处理方法,以确保评价结果的高信度和高效度。

### (六) 实施期限

由于教育评价是价值判断,它的标准就是教育价值的具体体现,因此具有较强的时效性,即评价标准只是在一定时间内有效。这就要求我们在每一次教育评价活动开展之前,必须对现有的教育评价方案进行修改,同时,对现行评价方案应该规定有效期限,以保证评价活动的质量。另外,评价标准具有强烈的导向作用,为了作出正确而有效的导向,对于导向性较强的指标,要根据具体情况进行调整、修改或补充,这也有一个时效性的问题。

### (七) 评价报告完成的时间

所谓评价报告,就是在教育评价工作完成以后,为了便于反馈、保存、检验评价信息和结论,而对评价过程、结论进行全面叙述和提出相关建议的报告。由于评价结果具有强烈的时效性,评价报告应该按时完成,因此,完成时间应该明确。

### (八) 评价报告接受的单位、部门或个人

事先明确评价报告的接受者,便于及时反馈,使评价报告接受的单位、部门或个人能及早作出决策和改进工作的计划,以保证和提高评价工作的效益。

### (九) 预算

在实施评价方案的过程中,需要一定的资金,这是保障方案实施的物质条件,要通过预算来保证。

## 三、教育评价方案的案例

这里以"上海市 ZG 中学学生评价教师课堂教学过程方案"为例。

### (一)期限

本评价方案实施时间从 2005 年 9 月 1 日起至 2006 年 8 月 31 日止。

### (二)评价目的

通过实施课堂教学过程评价方案,引导教师在课堂教学过程中向规范性、科学性和创造性方向努力,并且,及时对教师课堂教学过程进行诊断,反馈评价结论,督促教师自觉改进课堂教学,培养文化基础知识扎实、专业基本技能熟练和具有创造精神的合格人才。另外,把教师课堂教学过程评价信息、结果和结论积累起来,作为判断阶段性教师课堂教学过程状况的主要依据。

### (三)评价对象

在本校任课的所有教师的课堂教学过程。

### (四)评价标准

1. 制定评价标准的依据

(1)教学目标:略。

(2)课程标准:略。

(3)遵循科学知识揭示的规律:略。

(4)课堂教学实践积累的经验:

我们对 ZG 中学的校领导、教师和学生进行了深度访谈,听取了他们关于评价目的、作用的意见和对以往评价的看法以及对新评价标准的要求。在这里以访谈教师为例。

对教师访谈的问题是:① 你们学校的培养目标是什么?学校的教学目标是什么?请谈谈。② 你们在课堂教学中如何培养学生具有"儒雅之气"、"刚柔兼备"?如何培养学生的人文精神?③ 你们认为一堂好课的标准是什么?它应该具备哪些特点?④ 当前在课堂教学中你们感到最困惑的问题是什么?应该如何解决?⑤ 你们认为学校实行的"生评教"和教师教育工作考核存在哪些问题?需要如何改进?⑥ 学校加强对教学工作的监控有必要吗?请谈谈你们的看法。⑦ 在学校范围内,谁对教师课堂教学过程作出评价,你们是感到比较服气的?⑧ 你们在 ZG 中学工作最大的感受是什么?能否谈一下印象最好的是什么?印象最差的又是什么?

● 教师访谈信息的整理:第一,语文教师认为:授课时的导入语应是评价的标准之一。导入语是否精彩很重要,但是,如何量化精彩却有难度;要围绕教学目标进行有针对性的课堂教学设计,形散神不散。数学教师认为:学生能够掌握知识点,举一反三,在课堂教学中尊重学生的个体差异,运用合理的教学方式对待不同水平的学生。化学和物理教师认为:家常课——条理清晰,学生能听懂,知识点掌握好,就是一堂好课。公开课—— 联系一些学生感兴趣的实际问题,但是重要的还是平时的家常课。历史教师认为:教师个人素养是关键,思维清晰,有驾驭课堂的能力。英语教师认为:教学语言清晰、准确,板书整洁,条理清楚,课堂内容有层次,同时引导学生掌握学习方法。第二,目前评价的重点还是看学生考试成绩,有中考、高考"指挥棒"在,很难改变,学生的能力如何体现?我们常说教师向学生"灌输"知识,说明学生自己的主动性不够强,学生也要有明确的目标,积极思考,配合教师的课堂教学,这样就不是"灌输"了;提倡课堂教学要运用现代教学手段,如多媒体,但是有很多课不一定要运用多媒体,用了其效果不一定就好。第三,要结合学科的自身特点不能笼统地进行评价,文理科要分开制定评价标准或者按学科分;二期课改的精神是关注学生,以学生发展为主,要通过课堂教学模式的转变与创新,从共性中关注学生的个体差异。

(5)要考虑评价对象及与之相关的实际情况:略。

2. 评价标准的背景描述

(1)关于指标体系设计和确定:指标内容可以是定性的,也可以是定量的,具体内容:略。

(2)关于权重的计算:对于定量指标要确定它的权重,具体内容:略。

3. 指标体系、权重和评定标准

用定量方法处理的评价标准见表 3-1(指导语:略)。

表 3-1 ZG 中学学生评价教师课堂教学过程标准表

| 评价对象 | 指标体系 | 权重 | 评定标准 | | | | 评定等级 |
| --- | --- | --- | --- | --- | --- | --- | --- |
| | | | A | B | C | D | |
| 课堂教学 | 1. 教学富有激情与智慧,教学形式灵活多样,能激发学生兴趣 | 0.0790 | 好 | 较好 | 一般 | 差 | |
| | 2. 作业或体育锻炼的质与量适度,认真批改并及时分析指导 | 0.0777 | 好 | 较好 | 一般 | 差 | |
| | 3. 教学中注意培养学生良好的思维方式,传授、指导解决问题的方法 | 0.0768 | 能 | 较能 | 一般 | 不能 | |
| | 4. 教学能考虑到学生原有的基础和循序渐进的提高 | 0.0751 | 能 | 较能 | 一般 | 不能 | |
| | 5. 对待学生公平、公正,评价积极恰当 | 0.0744 | 好 | 较好 | 一般 | 差 | |
| | 6. 能耐心、细致地解答学生提出的问题 | 0.0731 | 能 | 较能 | 一般 | 不能 | |
| | 7. 学生理解掌握了该课程的基本知识和基本技能 | 0.0725 | 好 | 较好 | 一般 | 差 | |

续表

| 评价对象 | 指标体系 | 权重 | 评定标准 | | | | 评定等级 |
|---|---|---|---|---|---|---|---|
| | | | A | B | C | D | |
| | 8. 教学中有拓展,能引发学生对本课程相关问题的探究欲望 | 0.0714 | 好 | 较好 | 一般 | 差 | |
| | 9. 授课通俗易懂,语言表述清晰、简练 | 0.0712 | 好 | 较好 | 一般 | 差 | |
| | 10. 板书整洁、清晰明了、重点突出,便于理解记忆(或教师示范动作易于理解和接受) | 0.0710 | 好 | 较好 | 一般 | 差 | |
| | 11. 教学互动强,学生勇于表达自己的见解,参与意识强 | 0.0688 | 好 | 较好 | 一般 | 差 | |
| | 12. 教学内容组织恰当,容量适中,节奏、进度安排合理 | 0.0678 | 好 | 较好 | 一般 | 差 | |
| | 13. 课堂组织、调控能力强,准时上下课 | 0.0640 | 强 | 较强 | 一般 | 弱 | |
| | 14. 根据需要,合理、有效地使用多媒体或教具(或执教者动作准确规范,合理选用场地,注意教学安全) | 0.0572 | 好 | 较好 | 一般 | 差 | |

注意:在评价信息技术、劳技、体育、美术、音乐等学科时,可以根据括号里提供的信息内容做相应补充理解。

另外,请回答以下问题:

① 您喜欢该任课教师上课吗?为什么?(喜欢的原因:思路清晰、表达清楚、教学态度好、幽默、教学方法灵活、与学生关系融洽等;不喜欢的原因:思路混乱、表达不清楚、教学态度差、教学方法单一、与学生关系不融洽等)② 您对该教师课堂教学过程方面有什么建议和期望?

**(五)组织实施**

1. 课堂教学过程评价由学校成立专门考核班子。
2. 若干纪律规定:略。

**(六)评价方法**

1. 评价信息来源:略。
2. 评价信息搜集方法:略。
3. 评价信息处理方法:略。
4. 评价结论的反馈方式:略。

**(七)评价报告呈送期限**

2006年8月31日。

### (八)评价报告的接受者

本校主管教学工作的副校长和任课教师本人。

### (九)预算

略。

## 四、方案准备过程中评价者心理

### (一)评价者心理现象

所谓评价者心理,是指评价者的大脑对整个评价过程实践活动的各种关系、交往等现实活动的反映。方案准备过程中评价者心理现象一般有以下几个方面。

1. 角色心理

角色心理是身份的自我意识和潜意识表现的一种心理现象,是特定的职业责任、道德规范、行为习惯、职业利益等的反映。

2. 心理定势

心理定势是指由一定心理活动所形成的准备状态,影响或决定同类后继心理活动趋势的一种心理现象。

3. 新奇感

从各个岗位调来参加方案准备的人员,由于以往从未担任过评价者的角色,会对评价工作和自己将要担任的角色产生一种新奇感。

4. 时尚效应

时尚效应是指对新颖、时髦事物的向往和崇拜的一种心理现象。

### (二)对制订评价方案的影响

在制订评价方案过程中,评价者心理容易产生一系列的矛盾和冲突,如目标要求与学校实际的矛盾;需要与可能的矛盾;制订者的主观意愿与领导意图的矛盾;定性与定量的矛盾等。对这些方面,评价者的情绪状态,意志品质和性格气质,都可能发生积极或消极的影响,如意志薄弱者,在未来正确的情况下,可能接受暗示,轻率改变主张;反之,又可能固执己见,一意孤行。

## 第二节 评价方案实施

教育评价方案实施就是依照教育评价方案开展教育评价工作,得出评价结论。在实施过程中,可根据具体情况进行微调,以适应实际情况的变化。它主要有两大任务。

## 一、运用搜集评价信息的方法，系统地、全面地和准确地搜集评价信息

在具体实施过程中，要注意以下三方面的内容。

### （一）宣传动员

它主要向评价组织者、评价者和被评价对象等讲清评价目的、意义和评价标准等，以便使评价误差减小到最小范围，最大限度地提高评价工作效益。

### （二）自我评价

首先，要对教育的价值形成准确判断，在很大程度上取决于能否全面地搜集关于评价对象的信息。由于自己对自己的情况较为了解、较为熟悉，因此，通过自我评价能获取大量和较为有效的评价信息。其次，有利于减轻评价组织者的工作负担。在择优评价中，由于自我评价过程就是自我把关的过程，于是，明显不符合择优条件的单位或个人，通过自我评价就不再申报了，这就会减少评价组织者的工作量。最后，有利于评价活动促进教育改革，提高教育质量。要有效发挥教育评价的诊断作用和激励作用，关键是要看学校或教师个人自身的积极性是否能得到充分发挥。通过自我评价，发动学校内部人员或教师个人自己去寻找存在的问题，对今后由他们自己去解决这些问题十分有利。

### （三）他人评价

由于在自我评价过程中，常常会出现"报喜不报忧"的现象，其中，有的可能是夸大自己的成绩，有的可能是掩饰自己的某些不足之处。这种虚假信息，干扰了管理部门形成正确的决策，不利于被评价单位或个人自己改进工作。目前这种评价越来越重视外部评价者的评价，由于他们来自社会的各个单位，一般由各方面的专家组成，他们的评价活动能较好地弥补自我评价的不足，有利于提高评价的可靠性和权威性。

## 二、运用处理评价信息的方法，对评价信息进行处理，推断结论，提出建议

主要有以下两项任务。

### （一）形成综合判断

这是从总体上对评价对象作出关于其优劣的定量或定性的综合意见。在实际评价工作中，往往对评价对象作出优良程度的区分或对评价对象作出关于其是否达到应有标准的结论。

### （二）分析诊断问题

为了充分地说明综合判断结果，有效地进行决策以及促进和推动被评价单

位或个人更好地改进工作,还需要对有关资料进行细致的分析,对被评价单位或个人教育工作的长短得失进行系统的评论,以帮助他们找出存在的问题和问题的症结所在。

### 三、方案实施过程中评价者和被评价者心理

#### (一) 评价者心理现象

1. 首因效应

这是指第一印象比较鲜明、深刻,持续时间较长,经久不忘、不易改变的心理效应。

2. 近因效应

这是指由近因形成的新印象所产生的效果。

3. 晕轮效应

这是指在观察某个人时,由于他的某些品质或特性看来非常突出,从而掩盖了对其他特征、品质的知觉和评价。

4. 参照效应

这是指某些评价对象的"形象"影响着对另一些评价对象的印象和评价的一种心理现象。

5. 理想效应

这是指对评价对象设想完美的先起印象影响实际评价过低的一种心理现象。这也叫做"求全效应"。

6. 先后效应

这是指评价者在评价中由于种种原因,对评价对象的评价先后不一致的一种心理现象。

7. "趋中"趋势

这是指评价者对评价对象既不愿对优者给过高的评价,也不愿给劣者以太低的评价,尽量缩小差距,向中间状态集中的一种心理现象。

8. 成见效应

这是指受既有看法和态度的影响,对评价对象作出判断的一种心理现象。

9. 类群效应

这是指评价者与被评价者的类群关系影响评价客观性的一种现象。

10. 遵从心理

这是指个体因团体或个人真实的或臆想的压力所引起的行为、观点变化的一种心理现象。

11. 逆反心理

这是指在某种特定条件下,某些人的言行跟当事人的主观愿望相反,产生一

种与常态性质相反的逆向反映。

12. 本位心理

这是指评价者在评价中坚持反映自己"大我"价值观的一种心理现象。

13. 模式效应

这是指以过去的有限经验和固定模式去解释评价结果的一种心理现象。

### （二）被评价者心理现象

1. 自我评价心理现象

（1）自我认可疑惧心理

自我评价对现代评价来说是任何外部评价的基础，其意义有两个：一是自我认识（诊断或总结）；二是作为他人评价的基础。自我评价的这种特征，使得自我评价者必然会产生一种疑惧心理，即怀疑自己评价与将来他人评价是否相符。

（2）被审心理

被评价者在接受他人评价之前，往往产生被动接受审查评价的心理，特别是那些资历较浅的被评价者，更是如此。

2. 他人评价心理现象

（1）应付心理

这是被评价者在评价过程中的一种消极心理现象。

（2）迎合心理

这是一种与应付心理表面相反的"积极"心理状态。

（3）自卫心理

心理学研究认为，人在生活中处理自己与现实关系的心理现象有两种：一为适应；二为防卫（或自卫）。在评价过程中，自卫心理一般表现为如下三种思想和情绪：

① 疑虑—紧张—厌烦（怯场）连续心理。

② 回避—旁观—磨抗连续心理。

③ 显示—夸耀—比闹连续心理。

3. 对方案实施的影响

（1）对搜集和分析评价信息的影响

在搜集和分析评价信息过程中，评价者与被评价者之间的心理矛盾和冲突，可能影响搜集到的信息的全与缺、真与伪、快与慢、纯与杂。如果被评价者提供的信息使评价者产生怀疑和不满，可能对信息的分析产生偏颇或失误。

（2）对测定与评价的影响

在测定与评价过程中，存在着更为复杂的矛盾，也会产生复杂多变的心理矛盾与冲突。评价者的心理状态，可能影响信息材料的取舍和归属，也可能影响测定方式和评价的严肃性，造成评分高低、评语褒贬、权重分配、成绩效益认定、水平方向侧重上的偏差等。

(3) 对评价结果解释的影响

评价结果解释,是对评价对象作出结论,进行因果分析,较之其他评价活动,受主观心理影响更大。评价者的心理倾向,可能使评价结论产生文饰或片面、畸轻或畸重、夸张或缩小、因果倒置、牵强附会等一系列偏差现象,给评价结果的综合分析带来困难。

## 第三节 评价报告编写

评价信息处理完成以后,必须编写评价报告,这是评价工作自身的规律所决定的。就目前评价工作的现状来看,许多评价工作往往忽视这个环节,这必须引起我们的重视。

### 一、评价报告的作用

#### (一) 能尽早发现评价工作中存在的问题

在编写评价报告时,我们要对整个评价工作进行回顾,即对评价方案的设计、评价方案的实施和评价结果的处理等进行全面分析。如果评价过程中存在问题,能使我们尽早发现,及时纠正。

#### (二) 为以后的评价工作提供宝贵的资料

教育评价报告完成之后,一方面能向有关方面反馈,另一方面能作为资料保存,这种资料是非常宝贵的,它能为以后的评价工作提供有效的信息。采用有益的经验,吸取教训,能把以后的评价工作搞得更好。

#### (三) 为实践检验评价标准和评价结果作保证

我们知道,实践是最高的评价标准,即一切评价标准和评价结果都要经过实践的检验,只有那些被实践证实是科学和可行的评价标准,我们才能采用。但是,在最初的评价工作中,评价标准没有经过实践检验,在这种情况下,评价工作还得进行,这就要靠评价报告,把信息保存起来,接受实践的检验。另外,教育评价结果也需要通过实践检验,把每次评价结果保存下来,接受实践检验,长此以往,就能看出规律性的东西,评价结果的可靠性和有效性也就能得到提高。

#### (四) 便于及时而有效地反馈

教育评价报告完成以后,按照评价方案的规定,把评价报告传递给接受单位、部门或个人,使他们能按照评价报告中提供的信息,及时而有效地作出决策和制定改进工作的计划等,努力提高评价工作的效益,促进教育工作的发展。如果没有评价报告,要做到这些是困难的。

## 二、评价报告的主要内容

### （一）封面

为了提高评价报告的传递效率，封面将提供下列信息。

1. 评价方案的名称。
2. 评价目的。
3. 评价的组织者或评价者的姓名或名称。
4. 评价报告接受单位、部门或个人的名称或姓名。
5. 评价方案实施和完成的时间。
6. 呈送报告的日期。
7. 建议作出决策或制定改进工作计划的期限。

### （二）正文

它主要包括以下内容。

1. 评价方案实施过程的描述

首先，叙述评价过程，即搜集评价信息和处理评价信息的过程。其次，分析在实施评价方案过程中存在的问题，如搜集评价信息时出现什么问题；处理评价信息过程中遇到哪些困难。特别是评价的组织者或评价者是否有违反纪律的情况。

2. 结果与结果分析

介绍各种搜集到的、与评价有关的信息，包括原始数据和记录的事件、证据等，以及处理这些信息所得到的结果，并且对该结果进行必要的分析。

3. 结论与建议

对处理评价信息所得到的结果进行推断，得出结论，并且提出相关建议。

## 三、评价报告案例

这里以"ZG 中学学生评价教师课堂教学过程报告"为例。

正　　文

本学期 ZG 中学运用新设计的学生评价教师课堂教学过程方案，采用定性和定量相结合的评价方法，以每一门课程为单位（不同班级的同一教师上的相同课程视为不同课程），对全校不同班级 28 门课程的授课情况进行了学生评价。从课堂教学评价搜集的信息和处理结果来看，同一教师在不同班级讲授同一门课所获得的评价结果是不同的，同一教师在讲授不同课程时获得的评价结果也有差异，即使是那些在定量评价中得分较高和名次相对靠前的教师的课堂教学也并非完美无缺，他们也或多或少存在某些值得改进的地方，而那些在定量评价中得分较低和名次相对靠后的教师的课堂教学也不是一无是处，他们具有自身的优点，而那些排名处于中间的教师的课堂教学状况也是优点和缺点共存。下面主要结合定性、定量评价方法所搜集和整理的评价信息,从六个方面作一阐述。

1. 14 条指标和总得分的等级常模

根据正态分布理论,我们确定每一条指标和总得分的等级常模(见表 3-2),即把指标的得分、总得分与评定等级(四等级)对应起来,便于比较分析。

表 3-2　14 条指标和总得分的等级常模表

| 指标序号和总得分 | A 等常模 | B 等常模 | C 等常模 | D 等常模 |
| --- | --- | --- | --- | --- |
| 1 | A 等≥3.6667 | 3.0333≤B 等<3.6667 | 2.6846<C 等<3.0333 | D 等≤2.6846 |
| 2 | A 等≥3.6667 | 2.9966≤B 等<3.6667 | 2.5826<C 等<2.9966 | D 等≤2.5826 |
| 3 | A 等≥3.6667 | 3.0167≤B 等<3.6667 | 2.6012<C 等<3.0167 | D 等≤2.6012 |
| 4 | A 等≥3.6677 | 2.9966≤B 等<3.6677 | 2.5857<C 等<2.9966 | D 等≤2.5857 |
| 5 | A 等≥3.6677 | 3.0167≤B 等<3.6677 | 2.5586<C 等<3.0167 | D 等≤2.5586 |
| 6 | A 等≥3.6697 | 3.0565≤B 等<3.6697 | 2.6421<C 等<3.0565 | D 等≤2.6421 |
| 7 | A 等≥3.6394 | 2.9333≤B 等<3.6394 | 2.5501<C 等<2.9333 | D 等≤2.5501 |
| 8 | A 等≥3.6667 | 2.9929≤B 等<3.6667 | 2.5692<C 等<2.9929 | D 等≤2.5692 |
| 9 | A 等≥3.6355 | 2.9966≤B 等<3.6355 | 2.5826<C 等<2.9966 | D 等≤2.5826 |
| 10 | A 等≥3.6677 | 3.0102≤B 等<3.6677 | 2.6065<C 等<3.0102 | D 等≤2.6065 |
| 11 | A 等≥3.6697 | 2.9966≤B 等<3.6697 | 2.6077<C 等<2.9966 | D 等≤2.6077 |
| 12 | A 等≥3.6677 | 2.9846≤B 等<3.6677 | 2.5931<C 等<2.9846 | D 等≤2.5931 |
| 13 | A 等≥3.6643 | 3.0032≤B 等<3.6643 | 2.4786<C 等<3.0032 | D 等≤2.4786 |
| 14 | A 等≥3.6697 | 2.9667≤B 等<3.6697 | 2.5308<C 等<2.9667 | D 等≤2.5308 |
| 总得分 | A 等≥3.6666 | 3.0066≤B 等<3.6666 | 2.5000<C 等<3.0066 | D 等≤2.5000 |

2. 评价信息处理结果的总体情况分析

从对教师定量评价的 14 项指标得分的平均值来分析,他们的平均得分从高到低的排列顺序见表 3-3。

表 3-3　教师 14 项指标平均得分从高到低排列顺序表

| 指标体系 | 平均分 | 等级 |
| --- | --- | --- |
| 1. 教学富有激情与智慧,教学形式灵活多样,能激发学生兴趣 | 3.6393 | B |
| 10. 板书整洁、清晰明了、重点突出,便于理解记忆(或教师示范动作易于理解和接受) | 3.6113 | B |
| 3. 教学中注意培养学生良好的思维方式,传授、指导解决问题的方法 | 3.6051 | B |
| 6. 能耐心、细致地解答学生提出的问题 | 3.6004 | B |
| 11. 教学互动强,学生勇于表达自己的见解,参与意识强 | 3.5972 | B |

续表

| 指标体系 | 平均分 | 等级 |
|---|---|---|
| 8. 教学中有拓展,能引发学生对本课程相关问题的探究欲望 | 3.5939 | B |
| 4. 教学能考虑到学生原有的基础和循序渐进的提高 | 3.5934 | B |
| 2. 作业或体育锻炼的质与量适度,认真批改并及时分析指导 | 3.5878 | B |
| 9. 授课通俗易懂,语言表述清晰、简练 | 3.5814 | B |
| 13. 课堂组织、调控能力强,准时上下课 | 3.5796 | B |
| 12. 教学内容组织恰当,容量适中,节奏、进度安排合理 | 3.5696 | B |
| 5. 对待学生公平、公正,评价积极恰当 | 3.4794 | B |
| 14. 根据需要,合理、有效地使用多媒体或教具(或执教者动作准确规范,合理选用场地,注意教学安全) | 3.4537 | B |
| 7. 学生理解掌握了该课程的基本知识和基本技能 | 3.4311 | B |

由表 3-3 可知,从整体上来讲,教师教学富有激情与智慧,教学形式灵活多样,能激发学生兴趣;板书整洁、清晰明了、重点突出;学生参与意识强,主动积极参与教学互动,并勇于表达自己的见解。而且,教师也具备了较好的意识,譬如,能与学生切磋和探讨学习方法等。但是,与一个优秀教师所应有的水平相比,差距是十分明显的,如根据需要,合理、有效地使用多媒体或教具;对待学生公平、公正,评价积极恰当。"您掌握了该课程的基本知识和技能"这条指标得分最低,分析其原因主要是教师在因材施教方面做得不够,造成基础较差的同学不能较好地掌握课程的基础知识和基本技能,这是要引起教师注意的;"根据需要,合理、有效地使用多媒体或教具"这条指标得分排在倒数第二,究其原因主要是教师运用现代化教学手段技术不够高,造成有效运用现代化教学手段进行教学不够,为此应该加强对教师的培训,使他们能熟练运用现代化教学手段,结合教材,有针对性地设计教学课件,有效提高课堂教学质量;"对待学生公平、公正,评价积极恰当"这条指标得分排在倒数第三,可见,教师往往偏爱自己喜欢的学生,而这些学生学业成绩一般都比较好。偏爱学业成绩较好的学生,对于一个教师来说也是可以理解的,但是,应该喜欢在心里,在日常的课堂教学过程中要把爱均匀地撒向每一个学生,这是做教师最基本的素质。这就提醒我们要加强教师的师德教育。

3. 从评价结果得分较高的教师授课情况来看

总得分排列前三名教师 14 项指标得分的平均值从高到低的排列顺序见表 3-4。

表 3-4　总得分排列前三名教师 14 项指标平均得分从高到低排列顺序表

| 指标体系 | 平均分 | 等级 |
|---|---|---|
| 13. 课堂组织、调控能力强,准时上下课 | 3.9766 | A |
| 10. 板书整洁、清晰明了、重点突出,便于理解记忆(或教师示范动作易于理解和接受) | 3.9762 | A |
| 2. 作业或体育锻炼的质与量适度,认真批改并及时分析指导 | 3.9761 | A |
| 11. 教学互动强,学生勇于表达自己的见解,参与意识强 | 3.9669 | A |
| 6. 能耐心、细致地解答学生提出的问题 | 3.9661 | A |
| 8. 教学中有拓展,能引发学生对本课程相关问题的探究欲望 | 3.9651 | A |
| 3. 教学中注意培养学生良好的思维方式,传授、指导解决问题的方法 | 3.9552 | A |
| 5. 对待学生公平、公正,评价积极恰当 | 3.9551 | A |
| 1. 教学富有激情与智慧,教学形式灵活多样,能激发学生兴趣 | 3.9445 | A |
| 4. 教学能考虑到学生原有的基础和循序渐进的提高 | 3.9431 | A |
| 9. 授课通俗易懂,语言表述清晰、简练 | 3.9333 | A |
| 12. 教学内容组织恰当,容量适中,节奏、进度安排合理 | 3.9316 | A |
| 14. 根据需要,合理、有效地使用多媒体或教具(或执教者动作准确规范,合理选用场地,注意教学安全) | 3.9193 | A |
| 7. 学生理解掌握了该课程的基本知识和基本技能 | 3.8641 | A |

从表 3-4 可以看出,前三名教师课堂调控能力强,准时上下课;板书整洁、清晰明了、重点突出(或教师示范动作易于理解和接受);作业或体育锻炼的质与量适度,认真批改并及时分析指导。

从授课情况来谈,这些教师教学基本功较好,如教学时条理清晰,表达清楚等,同时在授课时能照顾到学生的情绪,通过多与学生交流,建立起师生平等的对话关系,还能让学生感到教师是对所有学生负责,对自己的工作负责。学生在这样的课堂中既感到轻松自如,又能受到某种启发。

4. 从评价结果得分较低的教师授课情况来谈

总得分排列后三名教师 14 项指标得分的平均值从高到低的排列顺序见表 3-5。

**表 3-5　总得分排列后三名教师 14 项指标平均得分从高到低排列顺序表**

| 指标体系 | 平均分 | 等级 |
| --- | --- | --- |
| 9. 授课通俗易懂,语言表述清晰、简练 | 3.2325 | B |
| 6. 能耐心、细致地解答学生提出的问题 | 3.2131 | B |
| 4. 教学能考虑到学生原有的基础和循序渐进的提高 | 3.1824 | B |
| 10. 板书整洁、清晰明了、重点突出,便于理解记忆(或教师示范动作易于理解和接受) | 2.6807 | C |
| 11. 教学互动强,学生勇于表达自己的见解,参与意识强 | 2.6567 | C |
| 12. 教学内容组织恰当,容量适中,节奏、进度安排合理 | 2.6525 | C |
| 2. 作业或体育锻炼的质与量适度,认真批改并及时分析指导 | 2.6422 | C |
| 3. 教学中注意培养学生良好的思维方式,传授、指导解决问题的方法 | 2.6421 | C |
| 1. 教学富有激情与智慧,教学形式灵活多样,能激发学生兴趣 | 2.6387 | C |
| 8. 教学中有拓展,能引发学生对本课程相关问题的探究欲望 | 2.6254 | C |
| 5. 对待学生公平、公正,评价积极恰当 | 2.6176 | C |
| 14. 根据需要,合理、有效地使用多媒体或教具(或执教者动作准确规范,合理选用场地,注意教学安全) | 2.5021 | D |
| 13. 课堂组织、调控能力强,准时上下课 | 2.4631 | D |
| 7. 学生理解掌握了该课程的基本知识和基本技能 | 2.3196 | D |

从表 3-5 可以看出,这些教师在教学功力方面还有待提高,根据需要,合理、有效地使用多媒体或教具,课堂调控能力强,准时上下课方面还存在较大问题,这是应该引起重视的。

从教师授课情况来谈,这些教师在授课时一般形式单一,缺乏实例列举和分析,又不重视师生互动,学生对这种教学持一定的抵制态度,因此,所获得的评价较低。

**5. 总得分排列前三名与后三名教师 14 项指标平均得分之差分析**

总得分排列前三名与后三名教师 14 项指标平均得分之差从高到低排列顺序见表 3-6。从某种意义上说,表 3-6 显示的是指标的区分度,一般平均分之差越大,指标的区分度就越高,指标的质量也就越好。对于平均分之差较小的指标应该考虑删除或修改;若出现平均分之差为负数时,就一定要删除这条指标。

表 3-6　总得分排列前三名与后三名教师 14 项指标平均得分之差从高到低排列顺序表

| 指标体系 | 平均分之差 |
|---|---|
| 7. 学生理解掌握了该课程的基本知识和基本技能 | 1.5445 |
| 13. 课堂组织、调控能力强,准时上下课 | 1.5135 |
| 14. 根据需要,合理、有效地使用多媒体或教具(或执教者动作准确规范,合理选用场地,注意教学安全) | 1.4172 |
| 8. 教学中有拓展,能引发学生对本课程相关问题的探究欲望 | 1.3397 |
| 5. 对待学生公平、公正,评价积极恰当 | 1.3375 |
| 2. 作业或体育锻炼的质与量适度,认真批改并及时分析指导 | 1.3339 |
| 3. 教学中注意培养学生良好的思维方式,传授、指导解决问题的方法 | 1.3131 |
| 11. 教学互动强,学生勇于表达自己的见解,参与意识强 | 1.3102 |
| 1. 教学富有激情与智慧,教学形式灵活多样,能激发学生兴趣 | 1.3058 |
| 10. 板书整洁、清晰明了、重点突出,便于理解记忆(或教师示范动作易于理解和接受) | 1.2955 |
| 12. 教学内容组织恰当,容量适中,节奏、进度安排合理 | 1.2791 |
| 4. 教学能考虑到学生原有的基础和循序渐进的提高 | 0.7607 |
| 6. 能耐心、细致地解答学生提出的问题 | 0.7530 |
| 9. 授课通俗易懂,语言表述清晰、简练 | 0.7008 |

6. 对整个评价工作的分析

从本次评价过程来看,无论进行定量评价,还是在定性评价的访谈中,学生都能较好地配合,为此,评价信度和效度较高。在运用定量评价,做到公正、客观和有说服力的同时,还注意采用定性评价,有效处理不易从定量评价中获取的信息,这样做是比较科学的。但是,在定性评价访谈过程中,由于评价信息记录格式不太规范,给评价信息处理带来一定的困难。如何规范定性评价,做好评价信息的记录工作等,是今后评价实践中亟须解决的问题。课堂教学评价的开展,其目的是了解那些深受学生欢迎的课堂教学活动特点,归纳其共性,总结其经验,以利于发扬优点,改掉缺点,使所有教师在相互学习中,满足学生这一"顾客"的需要,从而真正切实提高学校教学质量。

7. 几点建议

(1) 对教师教学的建议

① 要有效提高教师的教学功力,让学生较好地掌握所学的基础知识和基本技能。

② 要对教师制作教学课件进行培训,让他们能根据需要,合理、有效地使用多媒体或教具进行教学,以提高课堂教学质量。

③ 要关注每一个学生的成长,对待学生公平、公正。

（2）对改进评价工作的建议

在课堂教学定性评价中，要统一评价信息的记录格式，规范处理评价信息的过程，使得评价结果有较高的信度和效度，增强它的可比性。

## 第四节 评价结论反馈

这就是把评价报告传递给评价报告的接受者，通过他们的反应和行动来促进学习或工作的改进。在反馈评价结论时，要注意选择好反馈的形式和方法，要重视对评价工作的再评价。

### 一、评价结论反馈的形式和方法

反馈一般有三种形式。

第一，反馈给领导者或决策者，为决策提供信息。

第二，反馈给被评价单位（部门）或个人，使他们自觉改进工作。

第三，公布于众。一方面可以让同行互相借鉴；另一方面通过造成公众舆论，促使被评价单位（部门）或个人改进工作。

在反馈评价结论时，要注意反馈方法灵活多样，以避免被评价者感到挫折，产生焦虑，引起心理冲突。为此，我们不妨考虑以下方法：

第一，反馈态度要平等相待、期之以望。

第二，启发其自我客观地认识，达到自知之明。

第三，采用讨论方式，转移过分关心分数的注意力。

第四，不讲优缺点，只作一分为二的定性解释，或者只告之等级。

第五，反馈范围应有适当限制，如个别方式，回避他人，以防扩散否定性评价结论。

第六，针对不同评价对象的特点、需要和敏感因素采取不同方式，如老年人不在乎素质评价，可直接反馈，而青年人敏感于素质评价，则需曲线反馈，等等。

### 二、评价工作的再评价

评价工作的再评价的目的主要是检验评价的质量，为及时纠正误评或为后次评价活动提供有效信息服务。反馈前一般要对评价工作进行再评价，即对评价工作的评价，以及时纠正评价工作的不足，提高评价工作质量。它的主要内容有：

第一，评价目的和评价对象是否明确？

第二，制定的评价标准是否科学、合理？在实施过程中存在什么问题？

第三，评价方案组织实施安排是否科学和规范？

第四,获取评价信息的步骤、方法是否得当?

第五,搜集到的评价信息是否真实、完整?

第六,处理评价信息的步骤和方法是否科学?

第七,评价信息是总体信息还是样本信息?如果是使用抽样方法获取的样本信息,抽样方法的科学性如何?

第八,完成评价报告的时间和评价报告的接受者是否明确?

第九,评价方案实施期限是否明确?

第十,评价结果的可靠性如何?

第十一,评价结果的有效性如何?等等。

反馈后一般也要进行再评价,检验评价工作的效益,为今后的评价工作提供经验教训,其主要内容有:

第一,被评价者或被评价单位对评价报告的接受程度。

第二,决策者对评价报告的意见。

第三,评价结论对工作的促进程度,等等。

至于再评价的标准应根据具体情况来定,一般的主要有以下内容。

### (一)评价结果是否达到预期目的

预期目的一般视评价类型而定。譬如,终结性评价的预期目的主要是鉴定、认可和选拔。形成性评价的预期目的主要是诊断和改进。绝对评价的预期目的主要是判定达到客观标准的程度。相对评价的预期目的是确定评价对象在群体中的相对位置。

### (二)评价结果是否客观、准确和有效

评价所依据的材料是否客观和可靠?评价程序和方法是否恰当?评价者的主观成分如何?计量是否科学?结论是否恰如其分?是否能产生最好的效果?这些问题必须弄清楚。

### (三)评价结果的可接受性

评价结果能否为被评价者或被评价单位完全接受?他们接受评价结果的程度如何,决定着评价功能和作用的发挥。这里有两种情况:一种是被评价者态度不端正,对客观公正的评价结果,因涉及自身利害而不愿接受,这不属于评价本身的问题,应对被评价者做思想教育工作;另一种是由于评价本身的缺陷或某些部分的失误,使被评价者难以接受,这就要根据反馈,进行复查,作出切合实际的调整或修改。

### (四)评价工作本身的效益

耗用的人力、时间和财力如何?是否以最少的人力、物力、财力和时间的投

入,获得最满意的结果？由于评价工作本身的复杂性、艰巨性,会耗费相当多的人力和财力,以致使许多人望而却步。因此,对整个评价工作作出精心策划和安排,求得较好的效益,也应该是再评价工作的重要标准之一。

上述四项标准中,最重要的是评价结果是否客观、准确和有效。这项标准能够达到,其他几项标准的达到就有了较好的基础。

以上所述的评价过程可用下列框图表示：

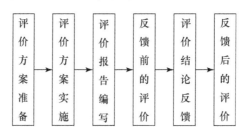

图 3-1　教育评价一般过程框图

### 三、结论反馈心理现象

在反馈评价结论过程中,会出现许多心理现象,其中有的是消极的,为此,必须予以注意和调控。

（一）敏感心理

这种心理主要表现在三个方面：一是分数敏感。二是利害因素敏感。三是公正敏感。

（二）文饰心理

文饰心理又叫理由化的适应,即一个人为了掩饰不符合社会价值标准、明显不合理的行为或不能达到个人追求目标时,往往在自己身上或周围环境中找一些理由来为自己辩护。如把考试成绩不好归咎于身体不好,或出题不公正。

（三）再评价心理

被评价者在获悉评价结论时,也会产生对评价品头论足的心理。但是,动机不纯或缺乏自知之明者,可能借此方式刁难以致否定评价。其否定方式有以下六种。

1. 以自我评价或自我感觉否定他人评价。
2. 挑剔评价过程的缺点、问题、失误以否定评价结论。
3. 以非正式评价否定正式评价。
4. 以局部评价否定全面、系统、综合的评价。

5. 以自身纵比和与他人横比的评价否定客观评价。
6. 以历史的评价否定现实评价。

## 第五节 评价心理的调控

为了保证评价的科学性和可靠性,在考虑和分析评价者和被评价者评价心理现象的同时,必须注意与这些心理现象相应的和整个评价工作必要的组织调控与思想教育,以求克服消极心理的不良影响。

### 一、评价心理的调控[①]

对评价者心理调控,可以采取某些技术性措施。事实上,评价过程中的心理现象并不是由孤立的心理过程、心理状态、心理特征等心理因素所致,而是与评价者的思想觉悟、道德水平、世界观、方法论、能力素质、知识经验有密切联系。因此,心理调控不仅要有技术性措施,而且要进行思想教育、纪律教育和技术培训。

#### (一)评价者素质能力的调控

1. 选拔考核把关

这是对评价者的基本素质进行把关来保证评价的客观性。选拔评价者时,要注意考核他们的思想品德、工作能力、知识结构和实践经验,看他们是否经过专门训练等;组织评价者时,要注意保证评价者有一定的数量,并使他们具有广泛的代表性;组织内部整体结构要合理,既要包括各方面的代表,也要有各种具有专业技能如统计计算、速记等人员。

2. 评价技能培训

这是从评价者的能力培养上来保证评价的可靠性。主要是对评价者进行评价知识技术教育,包括评价原理、评价标准编制、实测程序、计量方法、数据处理、结果解释、评价心理等内容。

3. 思想品德教育

这是从思想觉悟和道德的角度保证评价的准确性。这一工作是在培训活动中进行的。教育内容包括两个方面:一是学习有关文件,包括对评价指导思想、评价标准等文件的学习,以掌握评价思想,也包括进行科学理论和各种政策文件、评价经验总结等方面的学习,以掌握教育规律等知识。二是思想觉悟、政策水平、道德品质和纪律法制教育,包括进行组织原则、规章制度、保密条例以及公

---

[①] 张玉田等.学校教育评价[M].北京:中央民族大学出版社,1998:125-126.

德、认真、负责、坚持原则、虚怀若谷、联系群众等内容的教育。

### (二) 管理上的调控

这就是采用有针对性的措施,预防、监督、检查某些心理现象发生,或者制约控制某些心理现象发生效应影响。如按一定程序编制评价标准,可制约角色心理、亲疏、长官意志的影响。其他措施可在评价全过程或其中某个环节采用,如督促检查、审核验收、多次评定、交换评定、评价信息反馈、角色换位思考、反向思维、流水作业、错误示例等。在评价过程中,我们既要注意有针对性的个别调控,如个别人的逆反心理,又要注意一般性的管理控制;既要注意控制心理现象,如晕轮效应,也要注意控制引起心理现象的原因,如首因效应和近因效应;既要注意单一原因控制,又要注意综合因素调控;既要注意管理性调控,又要注意思想品德教育;既要注意补救性控制,又要注意预防性调控;既要注意评价者教育,又要注意组织领导者的教育与示范;既要注意主观性因素的调控,又要注意客观环境的控制;既要注意评价者心理的调控,又要注意评价者与被评价者关系的调控。

## 二、被评价者心理的调控

被评价者在评价过程中发生的心理现象是由对评价的认识和评价活动引起的,其心理内容集中地表现为怎样对待评价的问题。因此,被评价者心理的调控,主要解决思想认识问题和控制评价的方式与活动。

### (一) 提高对评价的认识

首先,搞好评价动员。评价动员时应开诚布公地宣讲评价目的、意义和积极作用,使被评价者认识到评价对他们是有利的,是一种肯定人的价值和工作价值的重要手段。其次,征求群众对评价方案的意见,采纳合理的建议;组织指导自我评价,推行评价结果与本人见面,打破评价的神秘主义。第三,讲明评价的计划和日程安排,使被评价者心中有数,能够积极主动地配合工作。第四,建立和健全评价制度,公布评价纪律,把自我评价与接待配合他人评价的态度、工作效果作为有关考核内容之一。第五,被评单位的领导和骨干要为群众作出榜样,以正确的态度积极投入到评价工作中。

### (二) 采用多种评价类型,控制评价效应

所谓评价效应,具体地说,就是指通过评价者的目的、动机、需要、价值观等构成的评价心理机制及倾向性,与不同的评价方式结合,作用于被评价者时所引起的被评价者的自我意识、情绪状态、意志动机、需要和成就目标、与评价者人际关系的变化等。评价类型各有利弊,应予合理安排,以免产生不良的评价效应。

### (三) 保持评价者和被评价者良好的心理交往状态

我们来考察一下四种基本状态：

第一种，评价者情绪好与被评价者情绪好相结合。

评价者情绪好，容易看到被评价者的长处，热情帮助对方，能对被评价者的情绪进行疏导。被评价者情绪好，能积极投入评价活动，主动配合。这是最佳状态，评价容易获得成功。

第二种，评价者情绪好，被评价者情绪不好。

评价者热情、积极、认真，被评价者淡漠、厌烦或烦躁，评价者与被评价者之间的心理上会产生隔膜。遇到这种情况，评价者如果能平等、宽容、克制，因势利导，见机行事，不激化矛盾，就可能改变被评价者的情绪，评价有成功的可能。

第三种，评价者情绪不好，被评价者情绪好。

评价者对评价工作信心不足，情绪低落，对被评价者态度淡漠，不愿理解对方。在这种情况下，被评价者即使情绪高涨，态度积极，也会如冷水浇头。由于难以捉摸评价者的心绪，往往从对自己不利的方面估计，情绪会由高变低，可能导致评价失败。

第四种，评价者与被评价者情绪都不好。

评价者与被评价者由于种种原因，发生冲突或对立，双方情绪处于低落状态，心理上的距离很大，以致形成僵局。结果会不欢而散，导致评价失败。

从以上四种状态不难看出，无论在什么情况下，评价者的情绪和态度是至关重要的。有素养的评价者，应该始终保持良好的情绪，使双方心理交流处于良好状态，才有可能采取主动，对被评价者的心理实施调控，使评价工作得以顺利进行。

### 【本章小结】

教育评价的一般过程由四个环节组成，即评价方案准备、评价方案实施、评价报告编写、评价结论反馈。评价方案准备就是要针对具体的评价对象，设计出科学、客观和有效的评价方案，它一般由九个部分组成：评价目的、评价对象、评价标准、组织实施、评价方法、实施期限、评价报告完成的时间、评价报告接受的单位（部门或个人）、预算；评价方案实施应做好两项工作：一是评价信息搜集，二是评价信息处理；评价报告编写是要对评价过程、结论进行全面叙述，并提出相关建议；评价结论反馈就是把评价报告反馈给决策者、被评价单位或个人，或者公布于众，以使决策者作出正确的决策，或指导被评单位或个人发扬成绩、改进不足，或通过公众舆论督促被评价单位或个人改进工作。

### 【文献导读】

1. 陶西平.教育评价辞典[M].北京：北京师范大学出版社，1998.

2. 王景英.教育评价理论与实践[M].长春：东北师范大学出版社,2002.

3. 张玉田,等.学校教育评价[M].北京：中央民族大学出版社,1998.

4. 王汉澜.教育评价学[M].开封：河南大学出版社,1995.

5. 周景人,吴钢.美国教育评价合同的实践及启示[J].教育测量与评价,2013(6).

6. 吴钢.浅谈教育评价方案[J].上海教育,2000(7).

【问题讨论】

1. 请你谈谈教育评价方案应该包含哪些内容。
2. 教育评价报告有哪些作用？
3. 在反馈教育评价结论时应注意些什么？
4. 请谈谈你所在单位教育评价的实践。
5. 请你谈谈规范教育评价过程的实际意义。
6. 请你结合实际,谈谈当前我国教育评价工作中存在的主要问题。

# 第四章　教育评价制度

【本章概要】

本章阐述了建立教育评价制度的必要性和应具备的基本条件,在此基础上构建了教育评价制度的基本框架,其中建立教育评价制度的系统思考是本章学习的重点。

【学习目标】

学习本章后,你应该能够:
1. 认识建立教育评价制度的必要性。
2. 理解建立教育评价制度应具备的基本条件。
3. 掌握教育评价制度的基本框架。

制度是由法律规范规定的、人们必须共同遵守的办事规程或行动准则的体系化。在现代人类社会中,存在着各种各类、各种层次的制度,譬如,一个国家的政治制度、经济制度;一个单位或部门的规章制度,等等。这些制度的建立有一个共同的目的,那就是为了使各种各类、各种层次的工作或活动顺利地、连续地和有效地进行,以获得较好的效果。发展性目标评价模式十分重视评价制度在评价活动中的作用,因此有必要进行深入研究。

## 第一节　建立教育评价制度的必要性

所谓教育评价制度,就是人们在教育评价活动中必须共同遵守的具有法律效力的办事规程或行为准则。我们知道,教育评价具有系统地搜集和科学地处理、分析教育评价信息,并在此基础上作出各种科学选择等手段,因此,教育科学管理离不开它。所谓教育科学管理,就是教育管理者按照教育规律,实事求是地对教育系统进行管理。要做到这一点,管理者必须首先充分和全面地了解、熟悉管理对象,摸清情况,然后才能作出正确的决策,达到科学管理的目的。开展教育评价工作,能够较好地对我国教育事业实行科学管理,譬如,国家不仅能对学校实行宏观管理,以保证教育坚持社会主义办学方向,坚持为社会主义建设事业服务,培养能坚持社会主义道路的德、智、体等诸方面全面发展的各种专门人才,而且,学校能通过自我调节,可以根据自身的条件和优势办出自己的特色,不断提高教育质量。

无论是为教育决策提供信息,还是为教育活动过程的自我调节提供依据,都要求教育评价结果可靠和准确。如前所述,教育评价实质上是价值判断。唯物主义的价值论认为,价值判断和事实判断是人们把握客观世界的两种不同方式。两者反映的对象、意义和参加的心理成分都有着质的区别。事实判断是以客体的本质和规律为对象的,它探讨客体"是怎样的"、"是什么"和事物的现象、本质、规律等实体属性,即以理性认识这种抽象思维形式反映客体的本质和规律。而价值判断是以客体的本质属性和主体的利益、需要的关系为对象的,它探讨客体的价值属性,即客体的社会意义和主体的认识(价值和事实判断)、情感(对价值的态度体验)、意志(对价值的自觉保证)等诸种形式的综合来反映客体的本质属性和主体的利益、需要的关系。在评价过程中,由于评价者的生理和心理因素的变化,会影响其判断能力,在对评价对象作出价值判断时可能会产生某种随意性,致使评价结果不可靠,也不准确,因此,必须用教育评价制度来保证评价工作公正、客观、科学和有效。建立教育评价制度的必要性,还基于以下四个方面的原因[①]:

第一,教育评价结论正确反馈的需要。如前所述,评价结论的反馈一般有三种形式。如果评价结论的可靠性和准确性发生差错,那么根据评价结论作出的决策可能就会产生错误,因此,教育评价工作是一项严肃的工作,需要通过制度化来确保评价的严肃性。

第二,评价结论要接受实践检验的需要。实践是检验评价可靠性、准确性的最高标准。评价制度化就是要求评价工作要经常进行,保持一种连续的状态,即评价的连续性,从而达到前次评价工作为后续评价工作提供珍贵和有效的资料,后续评价工作检验前次评价工作的目的。

第三,评价结论要有利于改进工作的需要。根据评价结论作出决策后的实施效果或改进工作的实际成效以及评价标准导向作用的大小,与评价工作在人们心目中的位置高低有很大关系。在评价结论的信度和效度较高的条件下,一般,位置高,效果好、作用大,反之,则不然。这就是评价的权威性。这种权威性往往是建立在评价结论公正、客观基础之上的。

第四,提高评价时效性的需要。由于教育评价是价值判断,评价结论的实际效用只能在一段时间里得到保证。如果评价工作结束以后,评价结论迟迟不进行反馈,或者评价报告的接受单位(部门)或个人收到评价报告后,迟迟不作出反应,那么评价结论可能将会失效。因此,为了避免评价的随意性,保证评价的严肃性、连续性、权威性和时效性,必须建立教育评价制度。

---

① 吴钢.初探建立我国教育评价制度[J].教育理论与实践,1992(6).

## 第二节 建立教育评价制度应具备的基本条件

教育评价制度是教育评价发展到一定阶段的产物,它从无到有,从不完善到完善,经历了一个逐步发展的过程。深入研究这么一个发展过程,对于我们建立系统的评价制度是有积极意义的。

### 一、教育评价发展的客观要求

无论从西方教育评价发展历史来看,还是从我国教育评价的实践和发展来谈,评价制度都是评价发展到一定阶段的产物。在西方世界中,美国的教育评价较为发达,不仅理论基础雄厚,而且还有一套比较健全的、行之有效的制度。不过,到 1975 年美国才建立起较为完善的评价机构,譬如,美国中学后教育鉴定委员会(The Council on Postsecondary Accreditation,简称 COPA),并且还设有一些下属的鉴定机构和协会。在我国,20 世纪 90 年代初才初步建立起教育评价制度。分析研究西方和我国的教育评价发展历史,特别是对它们进行比较研究,从中使我们认识到教育评价发展到什么阶段才有必要建立系统的评价制度,是很难说清楚的,因为社会制度和国情不同,不可能有统一的答案。但是,经过分析归纳可以看到,建立系统的评价制度这一阶段一般具有以下四个主要特征[①]。

#### (一)评价由单一功能发展到多种功能

由西方教育评价发展历史可知,到了 20 世纪 70 年代,教育评价功能从鉴定合格,即排名次,发展到了估价成就、改进工作和为决策服务。在 20 世纪 80 年代初,我国教育评价也呈现出这种功能扩大的趋势,发展速度如此之快,可能是受西方影响的缘故。功能的扩大,使得评价发挥作用的范围也进一步扩大,这必然引起社会各界的重视。在客观上,人们一方面要求评价公正,评价结果准确、可靠;另一方面政府决策部门已日益意识到评价工作是一项严肃的工作,评价结果的准确性和可靠性如何,会影响决策的效果,这自然会使政府主动提高对评价工作的重视,并落实在行动上。这些都会促使系统评价制度的建立。

#### (二)评价对象由单一学生评价扩大到教育的其他方面

到了 20 世纪 60 年代,西方教育评价的对象,重点从对学生评价转向了对目标、程序、教学内容和教学方法等的评价。在我国,1985 年以后,教育评价对象扩大到了教育的许多方面,譬如,办学水平、专业、课程、学位、研究生教育、科研机构、后勤、实验室管理和校办工厂等。评价对象的扩大,使得评价所涉及的人

---

① 吴钢.建立我国高等教育评价制度的思考[J].高教评估,1993(4).

员也逐渐增多,评价后的积极效果被越来越多的人所接受,其影响力随之增大,人们对评价过程和结果质量必然会提出更高的要求。这就要求用评价制度来避免评价的随意性,保证评价的连续性和严肃性。

### (三) 政府决策部门高度重视评价结果

西方教育评价的任务之一是为教育投资提供依据,目的性强,学校办得好与不好同资金分配得多与少挂起钩来,即评价结果出来后,政府决策部门会很快作出反应,在教育经费分配上体现出来。在高度竞争的美国,一所学校的生存完全系于两个条件:一是稳定的生源;二是充足的财源。缺少任何一条,学校就难以生存下去。而生源和财源,都与评价组织机构的评价结果相关。一方面评价结果成为联邦教育部和州教育委员会决定是否给予和给予多少财政拨款的几乎唯一的依据;工商界、企业和其他用人单位,根据毕业生所毕业学校的认可情况决定录用与否,甚至国家机关在聘用公务员时也慎重地参考学校认可状况。另一方面,中学生和其他希望接受高等教育的人,都将学校鉴定记录作为自己报考学校的重要依据。评价结果如此事关重大,使得评价工作在人们心目中处于一个较高的位置。从评价结果的作用来看,一方面,工作做得好的单位(部门)或个人,想通过评价,使自己的工作得到承认;另一方面,工作做得不好的单位(部门)或个人,由于评价的压力,会自觉地改进工作,这种评价的权威性也要依靠评价制度来保证。在我国,过去评价工作完成以后,被评价单位(部门)或个人很少在利益的得失上有所变化。如评价结果很少与资金分配挂起钩来,也很少涉及工商界、企业和其他用人单位根据毕业生所毕业学校的认可情况决定录用与否的问题等。随着社会经济和科学技术的进一步发展以及社会主义市场经济体系的日益完善,政府将更加重视教育事业的发展,从而会更加关注为教育决策提供信息的教育评价工作,目前,高等教育进行的"211工程"和将要实施的"国家实验性、示范性高中评估方案"就说明了这一点。在《中共中央国务院关于深化教育改革全面推进素质教育的决定》中,多处提到教育评价和建立教育评价制度问题,即在全面推进素质教育的过程中,要重视教育评价制度的建立。现在,工商界、企业和其他用人单位在一定程度上也在考虑根据毕业生所毕业学校的认可情况决定录用与否的问题。这些变化将会有力地促进系统教育评价制度的建立。

### (四) 政府为评价工作的开展有明确的政策和法律的规定

西方教育评价在兴盛阶段,政府以法律的形式保证了一些方面评价工作的开展,譬如,美国1965年经过修正后的初等和中等教育法案第一条规定,评价的宗旨就是为贫穷儿童提供辅助教育,特别规定分配教育经费要以对每一学区每年进行评价的结果为依据。评价时要使用合适的标准测验,以法案第一条确定的目标为范围。这些政策和法规,为建立系统的评价制度奠定了合法化的基础。

在我国,1985年中共中央颁布了《中共中央关于教育体制改革的决定》,明确提出要对教育进行评价的问题。1986年3月25日,第六届全国人民代表大会第四次会议通过的《关于第七个五年计划的报告》中提出:要加强教育事业的管理,逐步建立系统的教育评价和监督制度。20世纪90年代初"两个《规定》"的发布,初步建立了教育评价制度的基本框架。1993年2月31日,中共中央和国务院颁布的《中国教育改革和发展纲要》中提出,要加强对各级各类学校教育质量的评估和检查。1995年3月18日,第八届全国人民代表大会第三次会议通过的《中华人民共和国教育法》中明文规定:国家实行教育督导制度和学校及其他教育机构教育评估制度。1999年发布的《中共中央国务院关于深化教育改革全面推进素质教育的决定》也多处提到建立教育评价制度问题。2002年11月8日江泽民同志在《全面建设小康社会,开创中国特色社会主义事业新局面》的报告中指出:创新是一个民族进步的灵魂,是一个国家兴旺发达的不竭动力,也是一个政党永葆生机的源泉。这些将作为建立我国系统教育评价制度的基础。

### 二、政府决策部门对教育评价的需要程度

建立系统教育评价制度,需要政府决策部门的高度重视。在美国这样分权制国家是这样,对于中央统一领导的我国来说,更应该是如此。高度重视反映了决策部门对教育评价的需求状态。需要迫切就重视,反之就不够重视。政府对教育评价的需求程度反映在两个层面上。

#### (一)对教育评价工作的需求

美国政府在1958年和1965年两次投入巨额资金发展教育事业和开展评价工作,极大地推动了教育评价的发展。政府的这种行为对于教育评价工作由局部到整体、由单一功能到多种功能和由单一评价对象到多种评价对象的发展起着较大推动作用。在我国,教育评价的迅速发展,同样体现着政府部门的高度重视。由此可知,政府对教育评价的需求迫切会促使政府投入大量资金开展较大规模的评价工作,进而会促进评价工作向纵深发展。评价的深入发展对正确决策或改进工作会起有力的促进作用,这会推动人们去认识评价工作的真正价值。评价工作若要正规开展,必须要有评价制度作保证。在评价研究和试点实践的基础上,20世纪90年代初我国颁布了"两个《规定》",初步建立了教育评价制度,为正规开展评价工作提供了有效的保证,也为进一步建立系统的评价制度打下了良好的基础。

#### (二)对建立系统的评价制度的需求

政府要对教育实施科学管理,教育评价是有效手段。如何更好地运用这个手段,从制度上保证评价工作的正常开展,政府应有超前意识,但是,这种超前意识的

产生是建立在教育评价功能不断扩大、作用不断增强基础之上的。西方教育评价在兴盛阶段已显示出评价功能不断扩大、作用不断增强的趋势,随之,政府也在用法律手段保证评价工作顺利实施方面迈出了坚实的一步,这为以后系统教育评价制度的建立奠定了基础。在21世纪里,我国教育评价也将形成评价功能不断扩大、作用不断增强的态势,教育评价在教育事业发展中的作用将会越来越明显,使得政府对教育评价越来越重视,这就会产生前面所提到的超前意识,使政府为建立系统的评价制度提供各种条件,促进这种制度的早日建立。

## 第三节 建立教育评价制度的系统思考

一个国家的教育评价制度不仅要与本国政治、经济制度以及教育管理体制相适应,而且还要符合教育评价自身的规律。社会制度和国情的不同,教育评价制度的性质、内容、地位和作用也会有所不同,但是,从中外教育评价制度的比较来看,评价机构问题、评价程序问题和评价质量管理问题是同样都会遇到的。从本国的实际出发,认真思考这些问题,对于建立系统教育评价制度有很大的现实意义。

### 一、评价机构问题

教育评价是一项严肃而又重要的工作,为使这项工作正常进行,充分发挥其作用,必须要有权威性的评价组织机构以及为使组织机构正常运行的制度。其核心内容是组织机构的设置、职责和评价者的基本素质要求等。

#### (一) 评价机构的设置

1. 现行督导机构

当前,要建立和完善评价组织机构,必须理顺各种关系,逐步使评价机构设置科学化。就拿普通教育系统的督导机构来说,目前大致有三种模式[①]:一是督导机构列为省(自治区、直辖市)的政府机构;二是督导机构属于教育行政部门高于其他处、室的一个部门,一般由厅(局)长兼任督导室主任;三是督导机构属于教育行政部门的一个处室。比较这三种模式,第一种模式较为科学些,因为它不仅能对下级政府的教育工作以及教育行政部门和学校工作进行监督、评价和指导,而且还能督导同级教育行政部门,其结构如图4-1所示。图中→表示行政领导关系,-→表示监督、评价、指导关系。但是,根据为了完善教育管理体制,必须建立与决策系统、执行系统并列或相对独立的监督系统这一思想,这种模式还应

---

① 吴钢.初探建立我国教育评价制度[J].教育理论与实践,1992(6).

进一步完善,使其科学化。1991年4月26日原国家教委颁布的《教育督导暂行规定》(以下简称《督导规定》)中明确指出:"教育督导的任务是:对下级人民政府的教育工作、下级教育行政部门和学校的工作进行监督、检查、评估、指导,保证国家有关的方针、政策、法规的贯彻执行和教育目标的实现。"根据这一规定,现行督导机构系统要进一步完善和科学化,使其能顺利完成对每一级人民政府的教育工作和教育行政部门工作的督导。高等教育系统若要建立官方教育评价系统可借鉴普通教育督导系统,对于这种评价系统的建立,本人已作过初步研究①。但是,从我国高等教育的特点和国际高等教育评价发展来看,建立独立于政府行政部门的高等教育评价中介机构较为妥当。

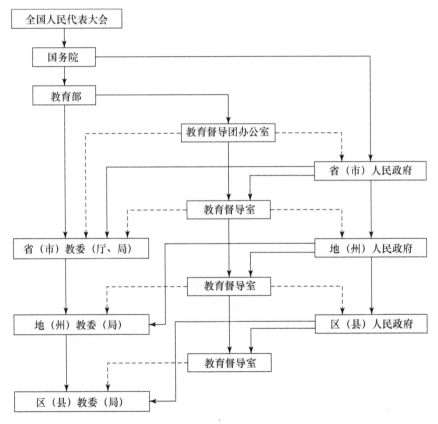

图 4-1 普通教育系统督导机构结构图

从国际范围来看,英国的督导系统较为完备,已有170多年的历史。自19世纪中叶以来,英国教育督导制度为了适应本国教育发展和改革的需要,从中央

---

① 吴钢.建立我国高等教育评价制度的思考[J].高教评估,1993(4).

皇家督学团的建立开始,逐渐形成了由中央和地方两级并存的督导机构,它们是各自独立的两个系统,不是领导和被领导关系,而是互助、互补的合作关系。20世纪80年代后期,英国的这种两级管理、互不隶属、督导并重的体制有所松动和改进。20世纪90年代初期,随着《1992年(学校)教育法》的出台,英国对传统的教育督导体制进行了一次"大手术",改变了中央督导机构的设置,而地方视导机构基本保持原样,另外增加了学校层面的督导。1992年中央教育督导机构实行改组,更名为"教育标准局",取代原来的皇家督学团,并从原教育部中独立出来,成为一个与英国国家教育行政部门同级的、能单独行使职权的国家教育督导机构,以加强中央政府对全国教育质量的监控,同时,在学校层面设立了基层督学,原来由皇家督学团和地方视导机构分别进行的学校一线的督导工作,现在统一由基层督学进行。基层督学实际上是一个由注册督学领导的私立督导小组。①所谓注册督学是经过皇家首席督学批准登记注册的基层督导人员,他是能够领导一个小组对学校进行评估的专业人员。这个督导小组是私立的,有督导任务时注册督学临时组建,它和教育标准局是合同关系,不是隶属关系,没有固定编制,②而且在这个督导小组中必须有一名外行督学,这样做的目的,是为了保证督导的客观性和公正性。

2. 教育评价中介机构

所谓"中介",在现代汉语中是指"使双方(人或事物)发生关系的人或事物"。中介机构是现代社会不可缺少的一个组成部分,它是一个使具有独立行为能力的双方发生关系的组织体,其作用是促成两个客体进行物质或信息交换,交换完成后,两个客体的物质或信息都发生了变化,而中介机构继续保持其原有的状态。为此,可以把中介机构定义为"使具有独立行为能力的客体发生关系的组织体"。在这一意义上,教育评价中介机构是通过评价活动使政府、社会与学校发生关系的组织体。它一般具有五方面的特性:一是独立性。在教育评价活动中,虽然要以社会发展的需要、与评价有关的人的愿望和意图、现行的各种规章制度、各种相关的科学理论和评价对象的实际情况等为准绳,但是,在评价方案确定以后,评价中介机构应独立实施评价方案。并且,它依据科学的评价程序,组织评价活动,对自己输出的评价信息负责,承担评价制度规定的责任。在评价信息输出后,其活动也就结束了,它不对评价信息的利用负责。作为一个独立的机构,虽然接受政府资助,但它不依附于政府,资助的本质是评价活动的收入,学校、政府和社会都是其"客户"。③ 二是公正性。评价中介机构是接受委托或根

---

① 钱一呈.外国教育督导与评价制度研究[M].北京:中央广播电视大学出版社,2006:8.
② 洪成文.90年代国外教育督导发展轨迹初探[J].比较教育研究,2001(6).
③ 陈玉琨.论高等教育评估的中介机构[J].中国高等教育评估,1998(2).

据社会需要独立地实施评价活动的,其存在的基础是社会声誉,而声誉又是建立在客观公正基础上的。因而,客观性、公正性是其生命力所在,失去了客观性、公正性也就失去了其存在的合理性。① 这种公正性是要政府对其有效监控作保证的。三是权威性。这应体现在两个方面:一是评价中介机构的主要人员应是教育评价方面的专家,并且,由他们组织的教育评价活动也应更多地借助与评价对象相关的专家,由专家依据自身的经验和教育规律作出判断。这样就能自始至终地、较好地保证评价工作科学、可行、合理和客观,使评价结果有较高的信度和效度;二是评价结果要得到被评价者、被评价单位(部门)和决策者的重视,并且,在一定的期限内作出改进工作的计划或教育决策。这是需要用评价制度的某些条款作保证的。四是专业性。评价中介机构的主要成员应是专职人员。长期评价工作经验的积累,非专职人员是不能做到的。而这种经验的获得和积累对于教育价值判断活动会起到积极的作用。五是可行性。评价中介机构的建立一定要符合社会发展的要求和评价发展的实际情况,不能建立同时具备上述四个特性的评价中介机构,可分阶段、分步骤地逐步完善,千万不能操之过急,欲速则不达。

目前,由于我国教育事业的迅猛发展,建立教育评价中介机构的事宜被提出来了,这是教育评价发展到一定阶段的产物,其必然性有以下五个方面:第一,建立教育评价中介机构是协调评价活动,提高评价工作效率的需要。《中国教育改革和发展纲要》规定:"各地教育部门要把检查评估学校教育质量作为一项经常性的任务。"于是,各种类型的评价活动得到开展和加强。当前,由于绝大多数评价活动几乎都是教育行政部门组织参与的,具有较强的指令性。这种评价活动显然是行政行为,它与行政决策和学校利益挂钩,效果十分明显,但是,学校比较被动。频繁的评价活动,加重了学校的负担,引起了学校的反感,影响了学校办学自主权的落实。这些评价工作均需要投入大量的人力、物力、财力和时间,成本较高。通过建立中介性质的专门评价机构,统一协调各项评价活动,既能降低评价成本,提高评价效益,又能保证评价质量和信誉,② 而且,能最大限度地减少对学校正常教学秩序的冲击。第二,建立教育评价中介机构是教育评价专业化的需要。目前,我国教育评价实际工作随意性较大。在一些人看来,教育评价是任何教育行政机构的每个人都可以做的事,但是,实际上并不是这么一回事,教育评价是一项十分复杂的专业性工作,作为一种价值判断,首先必须研究教育的价值,这就需要有扎实的教育理论基础,又要有管理学、心理学和系统科学的专门知识。由于教育活动的价值一般不能直接测量,因而人们通常采用具体的、

---

①② 陈玉琨.论高等教育评估的中介机构[J].中国高等教育评估,1998(2).

可以观察的东西来表示评价对象的内在属性,这就是所谓的指标,如何选择和利用指标体系是一项专业性非常强的工作。有些人一提到评价就想到了指标体系,似乎拿了它"按图索骥",就可以对教育活动进行评价了。事实上,我们要评的是教育活动的内在属性,以指标体系指挥评价只能是本末倒置,而非专业人员只能如此。因此,教育评价的发展,迫切需要建立一支评价理论工作者和实际工作者相结合的专职评价队伍,并借助各方面专家的力量,才能更好地完成评价任务。① 第三,建立教育评价中介机构是增强评价工作权威性和公正性的需要。随着我国社会主义市场经济体系的不断完善,学校运作的市场化程度日益增强,教育决策部门、学生、家长和用人单位(部门)非常想经常性地了解学校的办学水平和教学质量,以作出教育决策或各种选择。建立教育评价中介机构可以提供较为权威、公正的有效信息,以加强学校与政府、社会的相互理解和支持。第四,建立教育评价中介机构是我国教育管理体制改革的需要。由教育管理原理可知,要管理好教育系统,必须建立决策系统、执行系统和监督系统,它们是既相互独立,又相互联系的有机整体。我们要进行的教育改革,一项重要任务就是要建立科学的教育管理体制,教育评价中介机构的建立正是顺应了这种发展趋势。第五,建立教育评价中介机构是学校管理科学化的需要。现代学校由于竞争、兼并、托管与合作等原因,其规模越来越大,内部结构越来越复杂,学校管理的难度也随之越来越大,在这种情况下,学校非常需要专门的教育评价机构帮助诊断办学中存在的问题,并提出改进管理的建议。② 有了这种评价中介机构,学校内部人员的评价如学生评价、教师评价、干部评价和员工评价等,就可以委托给评价机构,这样既可以节省学校为进行评价活动所付出的人力、物力和时间,又能得到较为公正、客观的评价信息和结论,以有力地指导学校的教育工作。另外,由于评价中介机构直接主持学校内部评价活动,对学校内部情况非常熟悉和了解,这就有助于搞好学校的外部评价如学校办学水平评价、教学质量评价等,有利于素质教育的顺利实施。③

1996 年 4 月 22 日,经上海市编制委员会批准,全国首家教育评价中介机构:高等教育评估事务所,在上海成立。它是具有高等教育评价资格和独立法人地位,专职从事高等教育评价的社会公正性咨询服务的中介机构。该评价中介机构有以下四个性质④:第一,它是上海市教委下属的事业单位,但不是政府职能部门,它不同于政府职能部门直接按政府指令开展评价,而是在政事分开的原则下,依法接受政府委托独立自主地实施评价,并对评价结果直接负有法律责

---

①② 陈玉琨.论高等教育评估的中介机构[J].中国高等教育评估,1998(2).
③ 吴钢.建构和完善基础教育评价机制[N].成才导报,2002 年 11 月 6 日—11 月 12 日.
④ 许宝元.关于上海高等教育评估事务所的几点认识[J].中国高等教育评估,1996(2).

任。第二,它面向社会,接受社会用人部门委托,采取政府、学校和用人部门相结合的办法,开展高等教育的社会评价,因而其具有社会评价机构的性质,反映在其理事会的结构上将由政府部门、社会用人部门和高等教育学术界的三方代表组成,以保证从政府、社会和高等学校三者在人才供需的结合点上决策建立科学的社会评价体系。第三,它是经科委、工商局、税务局、物价局等认定的科技咨询性服务机构,具有科技三产的性质。它为开展高等学校各类教育评价提供信息资料,研制评价方案,人员培训和理论研讨等各种服务项目。它将面向高等学校,接受委托帮助学校开展自主评价,运用评价手段,加强教育质量监控,深化教学改革,建立质量保证体系,提高教学质量,形成以评促建、评建结合的良性机制。第四,它在管理体制上采取理事会下的所长负责制,聘请专家为顾问,形成小编制大网络的格局,在经济上采取自收自支,自主经营,自主管理,定编定岗,是一个非营利性机构,所需经费主要来自评价收费、咨询服务收入、社会各界资助和市教委给予的启动经费。这种中介机构的产生,对正规化地开展教育评价工作起着积极作用,但是,如何完善这种评价机构是值得进一步研究的。

基础教育评价事务所的建立可以吸取高等教育评价事务所实践的经验和教训,少走弯路。这种评价事务所不仅应该是独立的、公正的和可行的,而且还应具有权威性和专业性。根据我国的国情和国外教育评价中介机构发展的最新动态,我们认为基础教育评价事务所可以以中国教育学会基础教育评价专业委员会和各省市、地区的教育评价分会以及全国、各省市、地区的各学科专业协会等为基础进行组建,政府有关部门应对其进行严格审查、复查和审批,一旦发现不合格或违反制度的评价中介机构,应立即取缔。

从国际范围来看,美国的教育评价中介机构较为发达。1870年,美国密执安州立大学担心本州水平低下的中学毕业生进入本校,首次组织本校教师对提供生源的中学进行检查,并为提高这些学校教学质量提供咨询。这是美国教育评价中介机构的雏形。1885—1895年间,在美国首先出现对中学进行鉴定的团体,即各地区的鉴定协会。1905年,美国卡内基基金会首次公布本会财政津贴标准,并根据这个标准资助鉴定合格的中学后教育机构。这是美国高等学校鉴定制度的开端。为了整顿各种名目繁多的分支鉴定机构(即负责对得到一般认可资格学校进行课程鉴定的),1949年美国成立了"全国鉴定问题委员会"。1964年,为了向各个地区鉴定协会提出统一活动要求,美国又成立了"高教界各地区鉴定委员会联盟"。在这两个机构的基础上,1975年又成立了"中学后教育鉴定委员会"。这是一个非政府机构,其主要任务是对全国中学后学校的自愿鉴定过程进行协调和改进,支持下属组织的工作。经美国中学后教育鉴定委员会认可的鉴定机构有57个,其中15个学校鉴定机构和42个专业鉴定机构,它们是组成 COPA 的基础。另有六个具有指导作用的全国性高教协会，它们对有关鉴定的政策和活动有很大兴趣，因而也参加了 COPA。从 1975 年到 1993 年，美国高等教育认证形成全国统一的局面。COPA 在全国各地区、各行业中，成了院校认证和专业认证的总代表。此间认证工作取得了长足的进展，但同时也孕育了不少矛盾。20 世纪 90 年代初，由联邦学生贷款归还问题引发了各种矛盾，并一发不可收拾。COPA 陷入矛盾的漩涡之中，终于在 1993 年底解散。1994 年 7 月由 24 所高等院校的校长等人组成了一个校长鉴定工作组。1996 年 3 月工作组将关于成立新的高等教育认证委员会(Council for Higher Education Accreditation，CHEA)的建议，连同 CHEA 理事会的选票分送给 2990 所院校的校长，从而实现了美国高等教育史上第一次全国性公决，成立了 CHEA，并投票选出了理事会。CHEA 继承了美国高等教育认证的非政府、教育界自我管理的传统。在许多方面，CHEA 与以往的全国性组织是相似的，所不同的是，CHEA 理事会的权力可能比以往的全国性组织更强、更广、更明确。鉴定机构对学校主要实施"一般认可"(即评价保证学校正常发挥功能和进行正常教学的条件，并对此提出相对统一的要求)和课程鉴定两项工作。负责"一般认可"工作的地区性组织有六个，即中部、西北部、中北部、南部、西部和新英格兰六大地区协会。凡是得到地区协会认可的学校便自动成为它的成员，这一资格使学校有权参与制定学校活动质量标准，参与对其他学校的认可活动。对得到一般认可资格学校进行课程鉴定的是遍布全美的 42 个专业鉴定机构，此外，还有各类高校协会，如综合大学协会、教育学院协会、工科院校协会等。有时，这些协会与专业鉴定机构协同工作。那么，这两种鉴定机构的权威性从何而来呢？主要来自以下两个方面：一是鉴定机构本身的威望。在美国，各级各类鉴定机构都需在联邦教育部注册。联邦教育部对一个鉴定组织的审批十分严格，它有权拒绝承认某个鉴定组织值得信任。一批申请注册的鉴定机构，通常有 2/5 以上得不到批准。有些已得到注册的机构因工作不力而被除名。二是鉴定程序的严格和复杂，鉴定人员工作认真负责。一所学校最初只能申请成为"认可资格候选人"，而不是协会正式成员，它必须向大专院校事务委员会说明自己的意图，申述理由，并提交关于本校全部详情的报告。委员会审查全部申请文件之后，如果认为有考虑的余地，就指派第一个专家鉴定小组前往该校实地考察，并向委员会提出考察报告。委员会根据这个报告决定是否给予该校申请候选人的资格(注意：还不是"候选人")。如果委员会的决定是肯定的，那么在两年内，该校每年要向委员会汇报一次本年度活动情况。在此期间，委员会定期派人员赴该校视察。两年期满时，委派一名委员会成员前往该校，就地决定是否承认其候选人地位，也可推迟作出决定。根据规定，一个获得候选人地位的学校，最迟必须在六年内通过"初步认可",否则候选人资格将自动丧失。在授予"初步认可"资格之前,委员会要另指派一个专家鉴定小组赴该校验收,主要是检查该校对上次鉴定小组和委员会代表提出的建议的改进情况。如果本次派出的鉴定小组得出的结论是正面的,那么该校"初步认可"的地位便得以确立。在取得初步认可之后,该校必须在五年内始终证明自己无愧于这一资格。五年期满时,它还要准备一份关于本校工作的全面报告上交委员会。委员会第三次派出专家鉴定小组检查报告的真实性,决定授予认可资格,接纳该校为协会成员的最后权利在大专院校事务委员会。委员会能否作出正确决定,关键看它能否遴选合适的鉴定小组成员。在美国,鉴定人员一般是本地区协会的成员学校的代表,也有其他地区协会的代表,他们大多是各级学校的校长或知名学者、教师,也有其他部门的学者和社会贤达。不过,选择鉴定人员的原则是从尽可能多的高校邀请尽可能多的教师和行政人员。此外,为了保证委员会鉴定意见的公正性,另设一个由九人组成的上诉委员会。这九个委员只能从代表大会的代表中产生,不能有大专院校事务委员会及其执委会成员加入,这是为了保证审理和裁决上诉的公允和不受干扰。上诉委员会可以驳回上诉或撤销事务委员会的决议,或宣布重新审查。[①]

在美国,对于一个学校课程的鉴定,主要不靠实地考察,最终的意见不是由学校内部活动情况决定的,而是通过评价这所学校毕业生离校后的表现得出的。主要依据以下几方面:第一,大学毕业生要取得独立从事职业活动的执照和证明书,必须参加由各州有关理事会举行的考试。这种考试的结果具有评价求职者毕业学校教学质量的重要参考价值。第二,专业鉴定机构成员的代表对毕业生进行调查和询问的结果。第三,用人单位在试用期对毕业生工作能力的记录。上述三方面的资料均被有关鉴定机构储存和处理。如果关于某个学校的毕业生在有关考试和询问中成绩不良以及在用人单位表现不佳的信息累积到一定程度,一般而言,就可以判定有关学校的课程不适应专业的要求,必须加以改进。协会还根据这些资料对该校教学过程和课程计划进行分析,并提出相应的建议。如果课程过于陈旧而且不能迅速改进,这所学校不仅课程得不到鉴定合格的证明,而且有失去"一般认可"资格的危险。[②]

鉴定机构与州政府的关系是[③]:第一,在某些州,用鉴定来代替州政府所行使的对本科教育的认可权,即凡经鉴定机构认可的院校或专业,州政府核准其符合基本的办学条件,从而有效制止"滥发文凭的学校"和边缘线以下的院校,以保护消费者的利益。第二,鉴定机构与州的高教管理机构之间的合作关系。譬如,鉴定机构通常要把鉴定过程中的评议情况通报给州的管理机构,而且,在有些

---

[①②] 韩骅. 漫谈美国的高校鉴定制度[J]. 外国教育动态,1988(5).
[③] 蒋曼英编译,周起钊校. 美国本科教育的鉴定及 COPA 概况[J]. 中国高等教育评估,1994(2).

州,鉴定机构是依靠州的管理机构来向现场考察小组简要介绍公立院校情况的。此外,在有关跨州和地区的鉴定活动方面,则由鉴定机构和政府高教机构的执行官员们共同提出一些带有全国性的问题来研究和讨论。第三,鉴定过程中,学校和专业所进行的自我评价不仅是一种有效的评价方式,而且,对于州政府的全面规划也起着重要作用。鉴定机构与联邦政府的关系主要表现在[①]:一是由于联邦政府通过各种项目对本科教育提供财政资助,所以它需要确定哪些学校和专业是有资格得到资助的。在美国,联邦政府对教育的管辖权是受到限制的,它不能直接来确定资助的对象,而鉴定机构的鉴定过程却为解决这一问题提供了有效途径,这自然使得鉴定机构与联邦政府的资助决策之间建立了联系。二是通过鉴定也使美国教育部(U. S. Department of Education)对于学校和专业的教育质量做到心中有数,同时,它还公布一批鉴定机构的名单以承认它们在评价教育质量方面有可靠的权威性,并周期性地对这批鉴定机构进行评价,以保证它们确实履行其职责。三是通过鉴定机构与美国教育部及其他联邦机构就本科教育质量中共同关心的问题进行合作。

美国全国教育协会是美国最大教育社会团体之一,也是美国最大的教师工会组织,它在50个州设有52个分会,其中包括波多黎各和国防系统的教育分会,全国绝大多数中小学和教师都是它的会员,它在组织实施全国基础教育评价方面的作用是联邦教育部不能比拟的,其经费来源主要是会费。它可以发动和组织全美教师进行罢工,也可以制定评价标准和测试方法进行评价活动。

**(二)评价机构的职责**

1. 现行督导机构的职责

《督导规定》中指出,原国家教委行使教育督导职权,并负责管理全国教育督导工作,其主要职责是:第一,制定教育督导工作的方针、政策、规章。第二,制定教育督导工作的计划和指导方案。第三,组织实施全国的教育督导工作。第四,指导地方教育督导工作。第五,组织培训督导人员。第六,总结推广教育督导工作经验,组织教育督导的科学研究。原国家教委设置教育督导机构,负责教育督导的具体工作。地方县以上均设教育督导机构。

英国中央一级督导机构侧重于为决策提供信息,对整个教育工作进行监督,并通过公开出版督导报告对教育、社会和家长直接发生影响,其基本职责是:第一,对目前的教育水准和发展趋势作出评价,就全国的教育现状向国务大臣提出建议,以对国家的教育决策起影响作用;第二,对全国、地方和个别教育单位能否向社会提供足够的教育服务和运用教育资源的状况作出评价,以保证教育资源

---

[①] 蒋曼英编译,周起钊校.美国本科教育的鉴定及COPA概况[J].中国高等教育评估,1994(2).

利用的有效性;第三,发现和推广好的实践经验,促进讨论与研究解决共同关心的问题和不足之处;第四,参与教师培训工作,负责制定教育科学部的培训教师方案,帮助组织和计划实施方案;第五,通过督导报告和刊物,对社会、家长、教育界提供教育信息。地方视导团的主要任务则是:第一,为制定地方教育政策提供信息和建议;第二,对学校工作进行视导和评价,全面评价每四年一次,专题评价可随时进行;第三,指导和帮助学校改进工作;第四,参与教师的管理和培训工作。新聘教师的考核、转正和晋级,都要听取视导员的意见。视导员还负责制定教师的进修计划、培训的组织工作、举办专题学术讨论等活动。

2. 教育评价中介机构的职责

在了解这种评价机构的主要职责之前,我们必须认识它与政府之间、与社会之间以及与学校之间的关系。第一,与政府之间的关系。我们知道,政府向教育单位(部门)、学校和专业等提供教育经费或资助是国家发展教育事业的需要,但是,提供多少教育经费或资助以及怎么提供或资助等问题的解决,需要教育评价中介机构提供有效的决策信息,因此,这种评价中介机构与政府的教育资助决策之间建立了联系。另外,通过评价中介机构的工作,使政府有关部门对学校教育质量、教育行政的工作和下级政府的教育工作做到心中有数,以便采取有效措施。要处理好这种关系,使其发挥较大作用,中介机构必须得到政府的信任和支持,真正做到"用人不疑,疑人不用"。第二,与社会之间的关系。这种关系的产生主要鉴于两方面的原因:一是学生要升入高一级学校深造,学生和家长很想知道学校的教育质量和在同类学校中的档次等信息;二是社会用人单位录用毕业生时,也很想知道毕业生毕业学校的教育质量和在同类学校中的档次等信息。这些信息需要由评价中介机构提供。第三,与学校之间的关系。这种关系主要有以下三个方面:一是学校办学水平的高低需要评价中介机构进行评价;二是学校各类人员的工作需要评价中介机构参与评价;三是学校进行的各种教育实验或活动需要评价中介机构参与鉴定。

由上述可知,教育评价中介机构的主要职责是:第一,接受政府的委托对下一级政府部门的教育工作和教育行政部门的工作以及有关学校进行评价,为教育决策提供信息。第二,按照教育评价制度,对学校进行各种评价,向社会说明学校的实际情况,为公众提供负责的、可供利用的信息。第三,接受社会用人部门委托,对有关学校进行评价,为其提供有效信息。第四,接受被评价者或被评价单位(部门)的委托,对其进行的教育活动实施评价,分析得出成功或失败的原因,提出改进工作的建议,或者对其教育活动的结果进行鉴定和公证。第五,组织培训教育评价人员,开展各种科技文化咨询服务活动。

## （三）评价者的基本素质要求

### 1. 督学的基本素质要求

《督导规定》中指出，督学必须具备下列基本条件：第一，坚持四项基本原则，坚持改革开放，忠诚于社会主义教育事业。第二，熟悉国家有关教育的方针、政策、法规，有较高的政策水平。第三，具有大学本科学历或同等学力，有十年以上从事教育工作的经历，熟悉教育教学工作业务。第四，深入实际，联系群众，遵纪守法，办事公道，敢说真话。第五，身体健康。

在英国，督学至少要求大学毕业，实际上多为硕士以上学历；须具有十年以上的教龄，是所督导学科方面的专家；必须学过教育督导方面的课程或接受过从事这一工作的有关培训，不仅应成为掌握一门以上专业的专家，而且应是多面手，具有良好的个性、广博的知识、敏感、尖锐，有解决实际问题的能力、独立工作的能力、迅速有效应付文字的能力和撰写报告的能力，身体健康，在财政问题上绝对廉洁，年龄在三十至四十九岁之间。

### 2. 评价者的基本素质要求

从事教育评价工作人员，一般要经过三个月至一年的脱产培训，系统学习教育评价理论和方法以及与之相关的学科知识，经考核后（考核形式可参考律师资格考试或注册会计师考试办法），合格者将获得由教育部统一印制、签发的合格证书。只有持有该证书者，才有资格从事教育评价工作。除此而外，还必须具备以下基本条件：第一，拥护党的路线、方针和政策，在政治上、思想上与党中央保持高度一致；认真学习教育理论，掌握教育规律，坚决贯彻执行党和国家有关教育的方针、政策、法规；具有优良的工作作风和良好的职业道德；具有高度的责任感和事业心。第二，具有一定的马列主义、毛泽东思想、邓小平理论和"三个代表"和科学发展观的政治理论修养；具有较系统的教育科学和管理科学知识，特别值得一提的是应具有系统的教育评价理论和方法知识；具有较广博的科学文化知识。第三，具有大学本科学历或同等学力，有五年以上从事教育工作的经历，熟悉教育教学工作业务。第四，具有一定的决策、组织、创造、自制和表达能力。第五，不仅具有较强的独立工作能力，还要有一个健康的体魄，能适应多变、复杂环境和艰苦的生活条件；教育评价人员以中年人为主，老、中、青三结合，切忌年龄偏大。

## 二、评价程序问题

教育评价本身就是一个过程，该过程的程序性较强，程序是否规范直接影响评价的质量，为此，评价程序是评价制度中必不可少的内容。

## （一）一般程序

在进行具体的教育评价工作过程中,要注意两个问题：一是开展评价工作之前,一定要有评价方案；二是评价工作结束以后,必须要完成评价报告,大致可规定：第一,被评价者或被评价单位(部门)可向评价机构提出申请,并由评价机构审核申请。第二,被评价者或被评价单位(部门)进行自我评价。自我评价时要考虑各个方面有广泛代表性的意见,包括如学生、教师、干部、员工和社区等的意见。自我评价结果要写成书面报告。第三,由评价机构组织一个现场考察小组以自我评价报告为基础进行评价。该小组通常是由教师和管理人员、根据被评价者或被评价单位(部门)具体情况聘请的专家以及代表特定公众利益的人员组成。该小组根据自我评价报告,依靠小组本身的专长,从外部观察来对评价对象达到评价标准的程度作出判断,并写出书面评价报告,该报告由被评价者或被评价单位(部门)就事实的正确性予以核实并作出反应。第四,将上述自我评价报告、考察小组评价报告以及核实后的反应等材料一并送交评价机构进行审议,并作出正式评价结论。如对评价结论有较大争议时,被评价者或被评价单位(部门)可以向上一级教育评价机构申诉或向法院提出上诉。

在英国,督导有两种形式：一是一个督学一天的随访(一般不事先告诉校方)；二是督学小组几周的专访(一般事先告诉校方)。可以作全面督导,也可以作专题督导,其方式主要是跟班听课,与学生、教师谈话和讨论,看学生的作业和其他有关的书面材料,每次督导结果均记录在案。督导结束后要写出督导报告并予以公布。教育科学大臣规定,督学的正式报告发出三个月内,被督导的学校和有关地方教育局,必须对督导报告中提出的情况和问题作出反应。

在美国,学校鉴定和专业鉴定的程序是[①]：第一步由学校(或专业)进行自我评价。这是一项根据预先认可的目标去测定其进展情况的综合性工作。自我评价时要考虑各个方面有广泛代表性的意见,包括学生、教员、管理人员、校友、大学理事会以及社区等。自我评价的结果要写成书面报告。第二步由鉴定机构组织的一个现场考察小组,以自我评价报告为基础进行评价。该小组通常由职业教育家(包括教师和管理人员)、按学校性质选出的专家以及代表特定公众利益的成员组成。该小组根据学校或专业的自评报告,依靠小组成员自身的专长,从外部观察来对被鉴定对象达到标准的程度作出判断,并写出书面评价报告,该报告由被鉴定学校或专业就事实的正确性予以核实并作出反应。第三步将上述自评报告、考察小组的报告以及核实后的反应等材料一并送交鉴定委员会进行审议,并作出鉴定结论。对于鉴定结论为不予以认可的情况,学校或专业可以

---

[①] 蒋曼英编译,周起钊校.美国本科教育的鉴定及COPA概况[J].中国高等教育评估,1994(2).

上诉。

### (二) 评价标准

在评价活动中,编制评价标准是评价工作的基础。从国外教育评价制度比较研究来看,评价标准要么是民间组织制定的,要么是国家用法律形式规定的。根据我国的实际情况,评价标准用法律形式规定下来和民间组织制定有机结合起来较为妥当。评价制度规定编制评价标准的原则和基本框架,评价机构针对评价对象的具体情况,编制具体的评价标准。对于鉴定认可学校的评价标准,可以增强统一性,这样不至于降低标准,譬如,1990年10月原国家教委发布的《普通高等学校教育评估暂行规定》指出:"办学条件鉴定的合格标准以《普通高等学校设置暂行条例》为依据,教育质量鉴定的合格标准以《中华人民共和国学位条例》中关于学位授予标准的规定和国家制订的有关不同层次教育的培养目标和专业(学科)的基本培养规格为依据。"对于以估价成就、改进工作为目的的评价活动的评价标准,在规定时可留有余地。这是因为改进工作的主体是被评价者和被评价单位(部门)的教师和领导,评价标准应得到他们的认同。

在美国,一所好中小学校的评价指标有35条,大致可分为五个方面:一是对高目标的共识和承诺;二是公开地交流和以合作方式解决问题;三是持续地开展对教与学的评价;四是个人学习和职业进修;五是教与学所需的资源条件。学校教育质量评价标准主要体现在四个方面:一是学生在各方面表现很好,并且更加喜欢学校;二是教职工更愉快、专心地投入到对学生的教育工作中去;三是家长对学生所接受的教育抱积极乐观的情绪;四是社区为学校感到骄傲。美国中小学校长评价标准主要涉及五个方面:一是追求全体学生的发展进步,致力于使每个学生成功;二是专心于教学工作,千方百计地为教学服务,并不断更新知识;三是关心教职工,帮助他们每一个人不断进步,建立亲密合作的气氛;四是勇于改革,鼓励创新,互相学习;五是以身作则、为人师表、承担责任、善于交往。美国教师评价标准大致有三个方面:一是教师的知识范围和讲授技能。经过全国教育考试或最低能力测验,其成绩作为教育部门签发"教师许可证"的依据。这一评价办法是美国许多州正式立法确定的,同时,还建立了"教师能力测验"制度。二是根据学生的学业成绩评价教师。三是根据教师课堂教学的表现和效果评价教师。

### (三) 评价方案

它除包括评价标准外,还应有评价目的、评价对象、评价人员的确定和培训、评价方法的选择、评价过程的安排以及经费预算等内容,这些应由评价机构根据具体情况组织制定。

### (四)评价报告

评价报告不仅要提出评价结论和建议,而且还要描述评价方案的背景信息、叙述评价过程,譬如,搜集信息、处理信息的过程以及对处理信息所得结果进行分析和讨论。介绍各种搜集到的、与评价有关的信息,包括原始数据和记录的事件、证据等。这不仅能使评价报告的接受者或单位全面了解评价的全过程,准确把握评价结果和建议,而且还能为评价的再评价提供便利。

## 三、评价质量管理问题

评价质量管理主要包括两个内容:一是强调对评价实行再评价;二是评价报告的接受者或单位在限期内要对评价结果和建议作出反应。

### (一)评价的再评价

如前所述,它主要包括两个内容:一是反馈前的评价;二是反馈后的评价。反馈前的评价是在评价获得结果以后,对此前的评价工作和评价结果本身进行鉴别。它实质上是对评价方案实施的可靠性和有效性进行论证,以便能够修正评价过程不科学、不真实和不客观的方面,确保评价结果可靠和客观。对反馈前的再评价工作一般在评价过程结束后的一个月内完成,以保证评价的时效性。反馈后的评价,属于追踪评价,它一般在评价报告接受者或单位(部门)作出反应(如决策和制订改进工作计划等)后的一年内完成。

### (二)评价报告的接受者或单位(部门)在限期内应对评价结果和建议作出反应

评价报告递交给教育决策部门后,决策部门一般应在一个月内作出决策;对于被评价者或被评价单位(部门)来说,接到评价报告后,一般应在一个月内制定出改进工作的计划,并交上级评价组织机构备案,实施监督。

从系统论的角度来看,评价制度是一个系统,它主要由三个子系统构成,即"组织机构"子系统、"程序管理"子系统和"质量管理"子系统,它们是一个完整的统一体。"组织机构"子系统主要发挥评价的组织制度的保证功能;"程序管理"子系统具有使评价科学运行的制度功能;"质量管理"子系统具有确保评价信度、效度和发挥其效用的制度化的功能。这三个子系统相互依存、有机结合,决定着"评价制度"系统的整体功能。

## 【本章小结】

本章从"避免一个性,保证四个性",即避免评价的主观随意性,保证评价的严肃性、连续性、权威性、时效性五个方面,阐述了建立教育评价制度的必要性,并在此基础上,分析了建立系统的评价制度这一阶段一般具有以下四个主要特征:(1)评价由单一功能发展到多种功能;(2)评价对象由单一学生评价扩大到教育的其他方面;(3)政府决策部门高度重视评价结果;(4)政府为评价工作的开展有明确的政策和法律的规定。随后,论述了教育评价制度的基本框架。从系统论的角度来看,评价制度是一个系统,它主要由三个子系统构成,即"组织机构"子系统、"程序管理"子系统和"质量管理"子系统,它们是一个完整的统一体。"组织机构"子系统主要发挥评价的组织制度的保证功能;"程序管理"子系统具有使评价科学运行的制度功能;"质量管理"子系统具有确保评价信度、效度和发挥其效用的制度化的功能。这三个子系统相互依存、有机结合,决定着"评价制度"系统的整体功能。

## 【文献导读】

1. 涂恒汉.创新教育评价[M].上海:东方出版中心,2001.
2. 刘淑兰.教育评估与督导[M].上海:华东师范大学出版社,2000.
3. 陈玉琨.论高等教育评估的中介机构[J].中国高等教育评估,1998(2).
4. 蒋曼英编译,周起钊校.美国本科教育的鉴定及COPA概况[J].中国高等教育评估,1994(2).
5. 吴钢.初探建立我国教育评价制度[J].教育理论与实践,1992(6).
6. 巩婷,吴钢.英国教育督导机构的历史演变及对我国的启示[J].教育测量与评价,2011(2).

## 【问题讨论】

1. 为什么要建立教育评价制度?
2. 建立系统评价制度这一阶段的主要特征是什么?
3. 英国的教育督导系统与我国的教育督导系统有何异同?
4. 美国教育的社会评价机构与我国教育的社会评价机构有何异同?
5. 对构建政府评价、社会评价和学校自我评价三结合机制的思考。
6. 就目前而言,我国教育评价机构应如何进一步完善?

# 方 法 篇

本篇包含四章内容：
- 教育评价标准的编制
- 教育评价信息的搜集
- 教育评价信息的处理
- 教育评价的再评价

其中,"教育评价标准的编制"是重点内容,它阐述了设计指标体系和制定评定标准的程序和方法。其余三章内容,主要论述了实施评价方案以及保证评价方案实施效果的方法和技术。

# 第五章　教育评价标准编制

**【本章概要】**

本章阐述了教育评价标准的要素、编制教育评价标准的依据、设计指标体系的程序和方法、制定评定标准的程序和方法等,其中设计指标体系的程序和方法是本章的重点。

**【学习目标】**

学习本章后,你应该能够:
1. 认识教育评价标准的要素。
2. 理解编制教育评价标准的依据。
3. 掌握和应用设计指标体系以及制定评定标准的程序和方法。

教育评价本质上是对教育的价值进行判断的过程,但是,如何把教育的价值准确地表现出来,作为评价标准,这是教育评价工作的关键环节。由教育评价的一般过程可知,评价标准制定得科学、客观和可行,那么评价结果就可能有效和可靠;反之,则不然。决定评价标准的基础是主体的需要和利益,客体的现实本性和规律。在编制评价标准时,首先要以客体的现实本性和规律为依据;其次是要注意考虑主体的需要。但是,一切评价标准最终都要经受主体实践和客体发展的检验。

## 第一节　教育评价标准概述

要编制好评价标准,首先要知道评价标准的要素;其次,必须找准编制评价标准的依据。按照科学的依据,才能编制出科学、客观和有效的评价标准。

### 一、教育评价标准的要素

教育评价标准的要素有两个：一是指标体系;二是评定标准。指标体系是指教育活动数量和质量要求的具体评价内容的集合,它主要是根据教育目标、评价对象和条件以及人们的愿望、需要和意图、现有相关的各种规章制度和科学理论等进行考虑的评价内容的集合。而评定标准是指规定对应于相应的指标,评价对象达到什么程度,才可获得相应的分数、等级或评语。不难看出,它和评价标准概念都是从"标准"一词派生出来的。辞海中对"标准"一词的解释是"衡量事物的准则。如：取舍标准。引申为榜样；规范。孙绰《丞相王导碑》：'信人伦之水镜，道德之标准也'。杜甫《赠郑十八贲》诗：'示我百篇文，诗家一标准'"。我们知道，"评价"的含义是判断事物价值的高低，那么"评价标准"的直觉解释就是"衡量事物价值高低的准则"。这当然应该包括从哪些方面去衡量事物的价值和衡量事物价值高低的尺度两个内容。"评定"的含义是经过评判或审核来决定，譬如，考试成绩已经评定完毕。它的主要意思是根据评定尺度对事物进行评判。那么，"评定标准"的直觉解释是"对事物进行评判的具体尺度"。可见，"标准"一词与不同的词进行组合，其组合后的含义可能不同。评价标准的一般形式如表5-1。

## 二、编制教育评价标准的依据

由发展性目标评价模式，可得到编制教育评价标准的五大依据。

### （一）教育系统与其他社会子系统的协同发展规律

在社会系统中，教育系统是一个子系统，除此之外，还有经济系统和政治系统等子系统，这些子系统的运行和演化是相互制约、相互促进的，教育系统孤立地考虑自身的发展是不够的，应该把自身的发展与其他子系统的发展结合起来，形成社会系统内部的协同发展。我们往往根据这一协同发展规律来确定和检验教育目标。譬如，要编制学生综合素质评价标准，必须清楚地知道学生综合素质包含哪些内容，具体地说小学五年级学生应该具有什么素质？初中二年级学生的素质要求是什么？它们与社会发展的需求是什么关系？等等。我们可以用理论分析和民意调查相结合的方法去实现。我们知道，目标是制定评价标准的主要依据，深入研究各种目标，对于制定各种科学、客观和有效的评价标准无疑是必不可少的。为了能让读者较好地借鉴国外在教育目标研究中的有益经验，在此特介绍美国教育家布卢姆等人提出的认知目标分类、美国教育家克拉斯沃尔(D. R. Krathwohl)等人提出的情感目标分类以及美国两位女学者哈罗(A. J. Harrow)和辛普森(E. J. Simpson)提出的动作技能目标分类。

1. 认知目标分类

（1）知识。又称识记、记忆。它是指具体和抽象知识的识记和辨认，即学生能以非常接近学习时的形式，回想起一些观念或现象。

（2）理解。即领会或领悟。

（3）应用。它是指在特定和具体的情境中使用抽象概念，把概念和原理运用于无特定解决方案的新情境中去。

（4）分析。即把信息分解成各种组成要素或组成部分。

表 5-1　某中学课堂教学评价标准表(学生评价时用)

| 评价对象 | 指标体系 | 权重 | 评定标准 | | 评定等级 | | | |
|---|---|---|---|---|---|---|---|---|
| | | | 等级内容 | | | | | |
| 课堂教学 | 1. 执教者授课通俗易懂以及重点突出 | 0.1599 | ① 执教者对课本内容较熟悉　② 教学思路清晰　③ 听了老师的讲课,对课本上较难之处容易理解　④ 每节课的重点较易把握 | | A | B | C | D |
| | 2. 授课内容条理清晰、逻辑性 | 0.1559 | ① 考虑到学生原有的基础　② 提供的内容、信息正确无误　③ 内容组织合理,安排有序　④ 根据需要,合理、熟练地使用多媒体或教具 | | | | | |
| | 3. 执教者对学习方法的指导 | 0.1294 | ① 能有效引导学生获取与本学科有关的信息　② 能与学生切磋学习方法　③ 鼓励学生间进行交流与合作　④ 能耐心、细致地解答学生提出的问题 | | | | | |
| | 4. 课堂气氛 | 0.1264 | ① 大多数同学参与课堂全程的学习活动　② 思维活跃,积极主动,勇于发表见解　③ 师生互动不脱离教学目标　④ 课堂秩序活而不乱 | | | | | |
| | 5. 表述清晰、语言生动 | 0.0921 | ① 普通话表述清晰、语言生动　② 有一定的幽默感　③ 课堂调控能力强　④ 言行文明,以身作则 | | | | | |
| | 6. 作业(或体育锻炼)的质与量合适,批改认真及时 | 0.0918 | ① 及时布置作业或进行练习　② 作业或练习优质、精练　③ 批改或指导严格、认真　④ 作业量合适 | | | | | |
| | 7. 您掌握这门课的程度 | 0.0916 | ① 掌握了基础知识和基本技能　② 对与本课程相关的问题有较强的探究欲望　③ 自学能力提高　④ 学习信心增强 | | | | | |
| | 8. 尊重和关爱学生 | 0.0830 | ① 尊重和关爱学生　② 授课时既面向全体学生,又兼顾学生的差异性　③ 愿意听取学生的反馈意见　④ 对学生有积极恰当的评价 | | | | | |
| | 9. 学科特色指标 | 数学 | 0.0699 | ① 执教者教学严密　② 能把数学理论与实际问题相联系　③ 本学期您的计算能力得到提高　④ 本学期您的逻辑思维能力得到提高 | | | | |
| | | 信息科技、劳技 | 0.0699 | ① 合理组织技术活动、研究课题　② 对日常生活中的信息技术问题有较为全面和深入的了解　③ 本学期您的自主设计能力得到了训练　④ 本学期您的操作能力得到了提高 | | | | |
| | | 物理、化学、生命科学 | 0.0699 | ① 教学内容与生活、生产、社会、环保等有机结合　② 您的观察和试验能力得到了训练　③ 本学期您的资料收集和处理能力得到了提高　④ 您提出问题、制订计划的能力得到了训练 | | | | |
| | | 心理健康教育 | 0.0699 | ① 执教者热爱学生、了解学生　② 有较强的亲和力和感染力　③ 能正确引导学生的情感、认识和人生态度　④ 对学生的行为习惯、意志品质能进行合理培养和训练 | | | | |
| | | 艺术类 | 0.0699 | ① 执教者注重学生审美观和审美情趣的培养　② 本学期您的感知、欣赏能力得到了训练　③ 您的表现、创造能力得到提高　④ 您的艺术实践能力得到了锻炼 | | | | |
| | | 体育 | 0.0699 | ① 执教者动作准确、口令洪亮　② 合理选用场地,重视教学安全　③ 您的体质、意志和合作精神得到了提高　④ 您具有平日自觉、主动锻炼的想法或习惯 | | | | |
| | | 语文、英语 | 0.0699 | ① 执教者语言规范、优美　② 您的口语和交谈能力得到了训练　③ 您的阅读、鉴赏能力得到了锻炼　④ 您的写作能力有所提高 | | | | |
| | | 历史、政治 | 0.0699 | ① 执教者理论联系社会实际　② 能对学生进行爱国教育、民族使命感教育和道德教育　③ 本学期您的搜集、分析资料的能力得到了锻炼　④ 您对中外重大事件的概括、判断能力得到提高 | | | | |

　　填表说明：如果做到"评定标准"栏等级内容中的 4 项,请填 A；如果做到等级内容中的 3 项,请填 B；如果做到等级内容中的 2 项,请填 C；如果只做到等级内容中的一项或一项都没做到,请填 D,并且在做到的等级内容上打"√"。

（5）综合。指对各种信息组成要素或组成部分进行加工，把它们改组成一个新的、更富有表现力的、更清晰合理的整体。

（6）评价。这是对材料和方法的价值作出定量和定性的判断。

2. 情感目标分类

（1）接受或注意。学生对某些现象产生兴趣，从消极的不拒绝发展到愿意以至有选择地接受或注意特定的现象和刺激。

（2）反应。学生对某些现象作出反应，从服从性的反应发展到自愿主动以至积极参与并具有满足感。

（3）评价。学生赞赏某种观点，并以此指导行动，属于信念、态度这一范畴，具有一贯性和稳定性。从初步认可发展到主动追求以至信奉，体现个人对指引行为内部价值的责任感。

（4）价值组织。学生把各种认可的价值组合成价值体系，价值逐渐抽象化、概念化、有序化，达到动态平衡。

（5）品格形成。学生所持有的价值观已经内化为个体的特征，形成了自己的人生哲学。具有高度的适应性。

3. 动作技能目标分类

（1）哈罗的分类

① 反射动作。指与生俱来的不随意动作，随成熟而发展。在没有意识的情况下，对某种刺激作出反应时引发的活动。譬如，弯曲、伸展、姿势调整等。

② 基本动作。由反射动作结合而形成的固有动作形式，为复杂技巧动作奠定基础。常在出生后第一年出现。

③ 知觉能力。对来自各种感觉通道刺激的解释，为学习者提供顺应所处环境的信息。在所有有意义动作中都可以观察到知觉能力的结果。

④ 体能。具有健康、有效发挥作用的身体生理特征；身体各系统正常发挥功能，适应所处环境的要求；体现器官活力的机能特征。

⑤ 技巧动作。通过学习和练习才能掌握的动作任务。学生能有效控制身体各部分，熟练地完成复杂动作任务。

⑥ 有意沟通。指通过动作来交流感情体验。譬如，体态语言、表演，或通过动作来解释、传递信息，进行动作沟通。

（2）辛普森的分类

① 知觉。学生通过感觉器官觉察客体、质量或关系的过程，是动作的必要条件但非充分条件。

② 定势。学生为某种特定的行动或经验而作出的预备性调整或准备状态。

③ 指导下的反应。学生在教师的指导下，或根据自我评价表现出外显的行

为动作。

④ 机制。学生习得的反应已成为习惯,表现出具有一定信心和熟练程度。

⑤ 复杂的外显反应。学生掌握了动作技能,动作稳定而有效。

⑥ 适应。学生能够改变习惯动作以适应新情境的要求。

⑦ 创作。学生创造出新的动作和操作方式。

### (二) 党和政府的教育政策和法规

教育政策是党和政府在一定历史时期为教育工作制定的基本要求和行为准则。这些基本要求和行为准则是衡量我们教育工作做得好坏的标准。教育法规是由国家权力机关制定的有关教育方面的法律、法令、条例、规则、章程等法律文件的总称。它是兴办教育事业所必须遵循的准则和依据,是适应国家经济和社会发展需要而产生的,是统治阶级意志的表现。现行的教育法规有教育法、教师法、义务教育法和高等教育法等。如果我们的教育活动不符合教育法规,那将寸步难行,因此,我们必须以教育法规的条文作为标准来对教育活动进行评价。除此而外,在制订评价标准时,我们还要考虑各地区和单位的各种法规和工作制度等。

### (三) 有关的科学理论

制定教育评价标准,一定要符合教育规律和人的心理规律,揭示这些规律的有教育学、心理学和系统科学等。这些学科从不同侧面揭示了教育的规律,教育评价标准的内容应该符合这些规律。心理学是研究心理现象的科学。人的任何活动中都有心理现象,譬如,感觉、知觉、记忆、思维、情绪和意志等。在教育评价实际工作中评价者和被评价者也不例外,对于编制以人作为评价对象的评价标准来说,科学地遵循人的心理规律尤为重要。系统科学揭示的三条原理:整体原理、反馈原理和自组织原理也是适合教育系统运行的,在编制评价标准时,必须以此作为依据之一。

### (四) 教育活动中积累的经验

在广泛的教育实践中,从事教育事业的工作者积累了丰富的经验。在这些经验中,有的经验上升为理论,成为科学知识;有的经验还未上升为理论,但它又确实是由实践得来的知识或技能。这些知识或技能是非常宝贵的,能作为编制教育评价标准的依据之一。在编制评价标准时,我们既要克服经验主义,即轻视理论,夸大感性经验的作用,把局部经验误认为普遍真理,又要反对不重视经验作用的倾向。并且,我们往往运用访谈或问卷调查等方法征询得到与评价活动有关人员的各种实践经验。

这种经验一般具有以下特点:一是区域性。根据发展性目标评价模式的要求,对于某个地区或学校使用的教育质量评价标准,必须符合该地区或学校与之相关的人员的愿望、需要和意图,得到他们的认同,体现出不同区域人们的"愿望、需要和意图"是有差异的。二是现实性。它是指人们的这种"愿望、需要和意图"是人们在实践活动中产生的,是近期迫切需要满足或达到的,是现实的。三是主观性。人们的这种"愿望、需要和意图"的产生虽然与人们的实践活动有关,但是,它受人们的意识和精神的影响较大,被观察对象的性质和规律随观察人员的意愿不同而不同。为此评价标准的个性内容在很大程度上是由这种经验决定的。

### (五) 评价对象及与之有关的人、财、物等的实际情况

评价标准不仅要客观、准确和可靠,而且还要可行,这就要求我们在编制评价标准时,必须考虑评价对象及与之有关的人、财、物等的实际情况,使其能让被评价者所接受,真正发挥评价的导向作用和激励作用。另外,也要考虑与实施评价标准有关的人、财、物等的实际情况,真正做到有足够人力、财力和物力来实施评价标准。如果评价标准编制得再好,没有足够的人力、财力和物力来保证其实施,那么,这样的评价标准也是无用的。

## 第二节 教育评价指标体系的设计

在设计评价指标体系时,除了要考虑编制教育评价标准依据外,还要遵循指标体系自身的内在规律。在教育评价实践活动中,我们总结出一系列设计指标体系的原则,这些原则对于指标体系的设计是有直接指导作用的。

### 一、指标体系的结构

所谓指标,就是评价内容集合中的元素。它有定量的,也有定性的,这要视评价对象的具体情况而定。要对一个评价对象进行评价,按照一条指标去评往往是不行的,这是因为评价对象的数量和质量要求是多方面的。一条指标只能反映评价对象一个方面的数量或质量要求,要全面反映评价对象数量和质量要求必须要用多条指标,这就形成了指标体系。用系统的观点进行分析,指标体系具有一般系统所拥有的三个特性:一是多元性。由上述分析可知,指标体系一般至少由两个以上的指标构成,具有多元性。二是相关性。指标体系当中的指标反映的是同一个评价对象数量或质量要求,具有共同的属性,因此,指标与指标之间按一定的方式联系着,即相关性。三是整体性。指标的多元性与相关性之和就产生了整体性,这种整体性体现着指标体系科学地、可操作性地、全面地和突出重点地反映评价对象数量或质量要求。

既然指标体系是一个系统,那么它的演变和运行必然符合系统科学所揭示

的规律。一个指标体系要从不完善到完善,即从无序到有序,或从低级有序到高级有序,必须满足四个条件:第一,指标体系必须是开放的,即指标体系要与环境有物质、能量和信息的交流。系统科学告诉我们,系统开放是该系统形成有序结构的必要条件。系统必须与环境不断地交换物质、能量和信息,通过这种交换,从环境引入负熵流来抵消自身的熵增加,使系统的总熵逐步减少,导致系统从无序走向有序,或从低级有序走向高级有序。遵循这一规律,就要根据社会发展对评价对象提出新要求,定期修改指标体系,在动态中调整它,以适应社会和评价对象的发展。第二,指标体系必须远离平衡态。由指标体系的多元性可知,指标体系是由一群指标组成的。对于评价对象来说,在这群指标中总是有重要指标和非重要指标之分,因此,我们不能等同看待每一条指标,要把它们的重要性程度区分出来,科学地体现指标体系必须远离平衡态。就目前来说,区分指标重要性程度最有效的方法是计算出指标的权重。第三,指标体系内部必须存在非线性的相互作用。所谓非线性作用,就是指相互作用的自变量和因变量的变化不成比例。它是曲线的和有多值解的,其中既有稳定解,也有不稳定解。这表明系统演变可能呈现不同的结果,体现出它的复杂性和多变性。根据这一理论,指标体系中的每一条指标对于评价对象来说应该是公平的,即指标体系要求的达成,对于评价对象来说几率是均等的。第四,指标体系内部有涨落放大,形成"巨涨落"。由系统科学,我们可以知道,系统有序结构的形成是要通过涨落放大的。涨落是指系统中某个变量或某种行为对平衡值发生的偏离,使系统离开原来的状态或轨迹。如前所述,非线性作用使得系统的演化可能有几个分支解。系统跃迁到稳定有序的解上去靠的就是涨落。系统所处状态不同,涨落的作用也不同。当系统处于稳定状态时,涨落是一种干扰,此时系统迫使涨落衰减;当系统处于不稳定的临界状态时,涨落则可能不仅不衰减,反而放大形成"巨涨落",使系统从不稳定状态跃迁到一个新的稳定有序状态。这表明涨落对系统是否有利,要看系统本身是否处于从稳定到不稳定的临界状态。可见,涨落是系统形成有序结构的偶然因素,这种偶然因素必定受内在的、隐含着的必然性所支配。如果我们细心地观察分析,就能在一定程度上把握这种偶然因素,从而自觉地促使系统有序结构的形成。在指标体系中,涨落往往体现在既对评价对象导向性强,而又权重较大的指标上,这类指标我们要特别注意,这是增强指标体系整体性的主要因素。

鉴于评价对象数量和质量要求的复杂程度不同,与之相适应的指标体系结构一般可分为直线式和树状式两种。直线式指标体系结构可直接根据评价对象数量和质量的要求得到,它一般运用于微观教育评价和单项评价等,其结构可用图 5-1 表示:

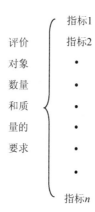

图 5-1　直线式指标体系的结构

树状式指标体系结构由评价对象数量和质量要求得到的若干一级指标构成，某些一级指标又可分解为二级指标，甚至细化为三级指标。它一般运用于中观和宏观教育评价以及综合评价等，其结构可用图 5-2 表示：

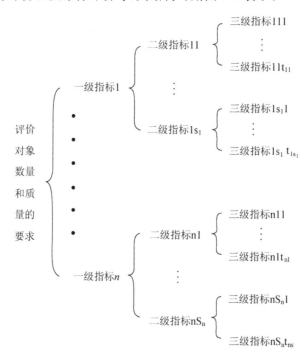

图 5-2　树状式指标体系结构

## 二、设计指标体系的原则

### （一）指标的直接可测性和可观察性原则

指标的直接可测性是指指标作为评价内容集合中的元素，它应是可用操作化的语言加以定义，所规定的内容是可以通过现有的如量表、仪器等工具加以直接测量以获得明确结论的。譬如，用试卷测试学生的学业成绩；用问卷对学生兴趣倾向进行测量；用尺子量学生的身高等。这类指标是可以定量化的，用定量方法来处理。指标的可观察性是指指标规定的内容可以用眼睛通过直接观察获得明确的结论。譬如，学生思想状况的总体变化无疑是反映学校思想政治工作优良程度的一个标志，但是，我们不能把思想作为评价指标，因为思想是人大脑内部的一种活动，它不具有直接可测性和可观察性。在评价工作中，可以通过有入党、入团的表现和在各项集体活动中的表现等这些反映人的思想本质的行为来作为思想状况的指标。当被观察对象的行为结果是收敛的，即行为结果可被判断分等的，这种指标也可以被定量化，用定量方法来处理，如"教师的教学态度"这一指标；当被观察对象的行为结果是发散的，即行为结果不可被判断分等的，这类指标是不可以定量化的，只能用定性方法来处理，如"教师的教学风格"这类指标。

### （二）指标间相互独立性原则

所谓指标间是相互独立的，就是说指标体系中的各条指标必须不相互重叠，不存在因果关系，不能从这一条导出那一条。如把各门学科的学业成绩作为评价"三好"学生的指标之一，这是能够理解的。但是，如果在指标体系中又加上数学学科成绩这一指标，那么"数学学科成绩"与"各门学科的学业成绩"这两个指标就不相互独立，必须把"数学学科成绩"这一指标删去。这是因为一是指标间不独立，说明其中有些是冗余的，它的存在既对指标体系没有意义，而且加大了整个评价的工作量，降低了评价的可行性；二是指标间如不独立，则在指标体系中，重复的指标被重复地进行评分，实际上是加大了它的权重，这种偏差的出现，无疑极大地影响了整个评价的科学性。

### （三）指标体系的整体完备性和本质性原则

所谓指标体系的整体完备性指的是指标体系内指标能够全面地和系统地反映对评价对象数量和质量的要求。它要求指标体系不遗漏任一重要指标，各条指标能在它们的相互配合中、在它们的总和中全面地体现评价对象数量和质量要求。指标体系的本质性原则是指指标体系中的指标应该反映评价对象数量和质量要求的主要的、本质的和切合实际的方面，它要求指标体系不仅要全面反映评价对象数量和质量的要求，而且要突出重点，反映本质的东西。这样做的话，既有利于在搜集和统计处理评价信息时省时、省力、省物、省财和减小误差,而且有利于普及和推广。

### (四) 指标的可比性原则

指标的可比性指的是指标必须反映评价对象共同的属性,反映对象属性中共同的东西。只有在质一致的前提下,我们才能实际地比较两个具体评价对象在这一方面量上的差异。

### (五) 指标的公平性原则

这一原则主要是指指标体系中的每一条指标对于评价对象集合中的每一个体都是公平的,换句话说,评价对象集合中的每一个体对于达成指标要求的几率是相同的。这就要求应增加指标体系设计过程的透明度,重视与评价活动有关人员的愿望、需要和意图,特别要重视反对意见。

### (六) 指标的可接受性原则

指标的可接受性包含着两层含义:一是符合我国教育事业发展实际水平的,从实际出发提出的指标才是可接受的。只有切合实际情况而又为广大与评价活动有关人员所接受的指标体系,才是有效的,才能发挥良好的作用;二是按指标进行评价是可行的。指标体系不仅要为广大与评价活动有关人员所接受,而且,对于它的实施还要考虑到人力、物力和财力等现实条件。一个设计得再好不过的指标体系,如果没有必要的人力、物力和财力保证其实施,那么这样的指标体系也是没有用的。

## 三、设计指标体系的程序和基本方法

### (一) 指标体系的设计

#### 1. 根据编制评价标准的依据,提出初拟指标体系

在具体操作过程中,要根据教育目标、与评价有关人员的愿望及需要和意图、现有的各种规章制度、相关的科学理论、评价对象和条件,提出初拟指标体系。在这里,以 ZG 中学学生评价教师课堂教学过程指标体系的设计过程为例。

首先,根据学校的具体情况,对学校领导、教师代表和学生代表进行访谈。对领导访谈的问题是:第一,贵校课堂教学评价目的是什么?第二,您觉得如何才能有效地把"儒雅之气、刚柔兼备"的育人目标落实到教师的课堂教学中去,并体现贵校"自主发展、人文见长"办学特色?第三,您认为应该从哪些方面评价一堂课的质量?第四,您认为一堂好课的标准是什么?它应该具备哪些特点?第五,目前,您学校的课堂教学评价主要采用什么评价模式?您认为当前课堂教学评价中存在哪些不足?第六,在当前的课程改革形势下,您认为对教师课堂教学

评价应该做出怎样的相应调整？对教师代表访谈的问题见第三章第一节中的"教育评价方案案例"。对学生代表访谈的问题是：第一，在你的记忆中，给你留下最深印象的一堂课是怎么样的？简单描述其特点；第二，你们平时在讨论教师课堂教学时，通常作哪些评价？第三，你认为一堂好课的标准是什么？它应该具备哪些特点？第四，在教师的课堂教学中，较受你们欢迎的课，通常具有哪些特点？而不受欢迎的课一般存在哪些不足？第五，你认为学校教师课堂教学最大的特点是什么？学校为实践与体现"张扬个性，发展特长"这一具有浓厚人文关怀精神做了哪些实实在在的工作？其次，对访谈信息进行整理和分析，再结合教学目标、课程标准、教学理论、ZG中学教师课堂教学的现状等，提出以下初拟指标体系（见表5-2），在此只以能进行定量处理的指标设计为例。

表5-2　ZG中学学生评价教师课堂教学过程初拟指标体系表

| 评价对象 | 指标体系 |
|---|---|
| 课堂教学 | 1. 备课方面 |
| | 2. 教学态度 |
| | 3. 教学富有激情与智慧，教学形式灵活多样，能激发学生兴趣 |
| | 4. 认真批改作业方面 |
| | 5. 教学中注意培养学生良好的思维方式，传授、指导解决问题的方法 |
| | 6. 教学能考虑到学生原有的基础 |
| | 7. 教学互动强，学生勇于表达自己的见解，参与意识强 |
| | 8. 关注每一个学生的成长，对待学生公平、公正 |
| | 9. 能耐心、细致地解答学生提出的问题 |
| | 10. 课堂上教师的仪表、穿着方面 |
| | 11. 授课通俗易懂，语言表述清晰、简练 |
| | 12. 教学内容组织恰当，容量适中，节奏、进度安排合理 |
| | 13. 板书整洁、清晰明了、重点突出，便于理解记忆 |
| | 14. 运用多媒体手段进行教学 |
| | 15. 课堂组织、调控能力强，准时上下课 |
| | 16. 学生理解掌握了该课程的基本知识和基本技能 |
| | 17. 教学中有拓展，能引发学生对本课程相关问题的探究欲望 |
| | 18. 作业量 |

2. 筛选或修订指标

对于初拟指标，我们用四种方法依次进行筛选或修改，即征询意见、理论论证、专家评判、实验修订。

（1）征询意见。其具体做法是：把初拟指标体系制成调查问卷（见表5-3），发给ZG中学的领导、教师和学生，请他们对每一项指标对评价对象的作用作出判断。一般选择项分为五档，即很重要、重要、一般、可要可不要、不要，也可分为四档，即重要、较重要、不太重要、不重要，这要视具体情况而定。然后，收回问卷,统计"很重要"、"重要",或者"重要"、"较重要"两档的人数比例(百分比)之和(见表5-4),把低于某数值的指标删去(一般以低于2/3作为划界),就得到经过筛选的指标(见表5-5)。

在表5-3中,省略了指导语,读者在实际运用时可根据具体情况加上。被调查者除了在"征询意见"栏中对所列指标进行判断外,还对它们的表述提出了自己的修改意见,并且,提出了一些添加指标,如"授课思路方面"等。这些调查信息将在理论论证时作出取舍的选择。

删去表5-4中的指标10和指标18,得表5-5。在此指标前的序号不要改变,还是保持原样,直到算出指标权重,按其由大到小排列后,再改变序号,这样做是为了避免在指标体系设计过程中会出现不必要的混乱。

表5-3 ZG中学学生评价教师课堂教学过程指标体系调查问卷表

| 评价对象 | 指标体系 | 征询意见 | | | | |
|---|---|---|---|---|---|---|
| | | 很重要 | 重要 | 一般 | 可要可不要 | 不要 |
| 课堂教学 | 1. 备课方面 | | | | | |
| | 2. 教学态度 | | | | | |
| | 3. 教学富有激情与智慧,教学形式灵活多样,能激发学生兴趣 | | | | | |
| | 4. 认真批改作业方面 | | | | | |
| | 5. 教学中注意培养学生良好的思维方式,传授、指导解决问题的方法 | | | | | |
| | 6. 教学能考虑到学生原有的基础 | | | | | |
| | 7. 教学互动强,学生勇于表达自己的见解,参与意识强 | | | | | |
| | 8. 关注每一个学生的成长,对待学生公平、公正 | | | | | |
| | 9. 能耐心、细致地解答学生提出的问题 | | | | | |
| | 10. 课堂上教师的仪表、穿着方面 | | | | | |
| | 11. 授课通俗易懂,语言表述清晰、简练 | | | | | |
| | 12. 教学内容组织恰当,容量适中,节奏、进度安排合理 | | | | | |
| | 13. 板书整洁、清晰明了、重点突出,便于理解记忆 | | | | | |
| | 14. 运用多媒体手段进行教学 | | | | | |
| | 15. 课堂组织、调控能力强,准时上下课 | | | | | |
| | 16. 学生理解掌握了该课程的基本知识和基本技能 | | | | | |
| | 17. 教学中有拓展,能引发学生对本课程相关问题的探究欲望 | | | | | |
| | 18. 作业量 | | | | | |

表 5-4　ZG 中学学生评价教师课堂教学过程指标体系调查统计结果表

| 评价对象 | 指标体系 | 统计结果(%) | | | 备注 |
|---|---|---|---|---|---|
| | | 很重要 | 重要 | 合计 | |
| 课堂教学 | 1. 备课方面 | 65.43 | 20.21 | 85.64 | |
| | 2. 教学态度 | 63.35 | 27.32 | 90.67 | |
| | 3. 教学富有激情与智慧,教学形式灵活多样,能激发学生兴趣 | 81.02 | 17.18 | 98.20 | |
| | 4. 认真批改作业方面 | 77.80 | 19.30 | 97.10 | |
| | 5. 教学中注意培养学生良好的思维方式,传授、指导解决问题的方法 | 74.44 | 22.21 | 96.65 | |
| | 6. 教学能考虑到学生原有的基础 | 72.57 | 22.00 | 94.57 | |
| | 7. 教学互动强,学生勇于表达自己的见解,参与意识强 | 50.89 | 40.00 | 90.89 | |
| | 8. 关注每一个学生的成长,对待学生公平、公正 | 66.62 | 28.50 | 95.12 | |
| | 9. 能耐心、细致地解答学生提出的问题 | 63.22 | 30.85 | 94.07 | |
| | 10. 课堂上教师的仪表、穿着方面 | 35.44 | 28.52 | 63.96 | <67 |
| | 11. 授课通俗易懂,语言表述清晰、简练 | 59.52 | 32.66 | 92.18 | |
| | 12. 教学内容组织恰当,容量适中,节奏、进度安排合理 | 50.24 | 39.30 | 89.54 | |
| | 13. 板书整洁、清晰明了,重点突出,便于理解记忆 | 59.73 | 32.10 | 91.83 | |
| | 14. 运用多媒体手段进行教学 | 37.32 | 39.60 | 76.92 | |
| | 15. 课堂组织、调控能力强,准时上下课 | 46.63 | 38.11 | 84.74 | |
| | 16. 学生理解掌握了该课程的基本知识和基本技能 | 61.13 | 32.60 | 93.73 | |
| | 17. 教学中有拓展,能引发学生对本课程相关问题的探究欲望 | 55.48 | 38.11 | 93.59 | |
| | 18. 作业量 | 25.34 | 30.21 | 55.55 | <67 |

(2) 理论论证。经过以上方法筛选所得的指标体系,是否符合评价要求,还须从有关学科的科学意义上进行论证,其主要依据是与教育科学有关的学科。论证时在明确指标内涵的基础上,针对评价对象的实际情况逐一进行论证,以求得高质量的指标体系。下面就论证修订过程分述如下:①在表 5-5 中,指标 4 "认真批改作业方面",缺乏对作业量的要求,而一定的作业量恰好是教学理论所要求的,如果没有一定量的练习和作业,学生学习就达不到应有的效果。那么,为什么在对 ZG 中学的领导、教师和学生的问卷调查中"作业量"这一指标没有得到 2/3 多数人的认可呢?经过仔细分析,我们认为主要原因是没有表述清楚,对"作业量"这一表述,学生可能认为是不是作业越多越好,而在被调查的对象中学生占多数,由此被否决是显而易见的。基于上述分析,我们把这一指标改为"作业量合适和认真批改作业方面"。②指标 6 "教学能考虑到学生原有的基础",主要是想导向教师进行因材施教,让每一个学生在原有基础上均能得到较大幅度地提高,为此修改为"教学能考虑到学生原有的基础和循序渐进的提高"。

③指标8"关注每一个学生的成长,对待学生公平、公正"中的"关注每一个学生的成长"这层意思与指标6"教学能考虑到学生原有的基础"有重叠,因此修改为"对待学生公平、公正,评价积极恰当"。④指标14"运用多媒体手段进行教学"对于年龄较大的教师来说有失设计指标体系的"公平性原则",为此修改为"根据需要,合理、有效地使用多媒体或教具"。论证后的指标体系见表5-6。

表5-5 征询意见筛选后的指标体系表

| 评价对象 | 指标体系 |
|---|---|
| 课堂教学 | 1. 备课方面 |
| | 2. 教学态度 |
| | 3. 教学富有激情与智慧,教学形式灵活多样,能激发学生兴趣 |
| | 4. 认真批改作业方面 |
| | 5. 教学中注意培养学生良好的思维方式,传授、指导解决问题的方法 |
| | 6. 教学能考虑到学生原有的基础 |
| | 7. 教学互动强,学生勇于表达自己的见解,参与意识强 |
| | 8. 关注每一个学生的成长,对待学生公平、公正 |
| | 9. 能耐心、细致地解答学生提出的问题 |
| | 11. 授课通俗易懂,语言表述清晰、简练 |
| | 12. 教学内容组织恰当,容量适中,节奏、进度安排合理 |
| | 13. 板书整洁、清晰明了,重点突出,便于理解记忆 |
| | 14. 运用多媒体手段进行教学 |
| | 15. 课堂组织、调控能力强,准时上下课 |
| | 16. 学生理解掌握了该课程的基本知识和基本技能 |
| | 17. 教学中有拓展,能引发学生对本课程相关问题的探究欲望 |

表5-6 理论论证后的指标体系表

| 评价对象 | 指标体系 |
|---|---|
| 课堂教学 | 1. 备课方面 |
| | 2. 教学态度 |
| | 3. 教学富有激情与智慧,教学形式灵活多样,能激发学生兴趣 |
| | 4. 作业量合适和认真批改作业方面 |
| | 5. 教学中注意培养学生良好的思维方式,传授、指导解决问题的方法 |
| | 6. 教学能考虑到学生原有的基础和循序渐进的提高 |
| | 7. 教学互动强,学生勇于表达自己的见解,参与意识强 |
| | 8. 对待学生公平、公正,评价积极恰当 |
| | 9. 能耐心、细致地解答学生提出的问题 |
| | 11. 授课通俗易懂,语言表述清晰、简练 |
| | 12. 教学内容组织恰当,容量适中,节奏、进度安排合理 |
| | 13. 板书整洁、清晰明了,重点突出,便于理解记忆 |
| | 14. 根据需要,合理、有效地使用多媒体或教具 |
| | 15. 课堂组织、调控能力强,准时上下课 |
| | 16. 学生理解掌握了该课程的基本知识和基本技能 |
| | 17. 教学中有拓展,能引发学生对本课程相关问题的探究欲望 |

(3) 专家评判。专家通常指评价理论研究者、上级领导、富有经验的教育行政干部和教师等,在此主要征求了 ZG 中学的校长、主管教学工作的副校长、教导主任、骨干教师若干名等的意见。评判时一般采用个别访问、座谈讨论或问卷征询等方式。专家认为,在评价信息技术、劳技、体育、美术、音乐等学科时,表 5-6 中的指标 4、13、14 不太适用,应做补充和修改,为此把它们分别修改为"作业或体育锻炼的质与量适度,认真批改并及时分析指导"、"板书整洁、清晰明了、重点突出,便于理解记忆(或教师示范动作易于理解和接受)"、"根据需要,合理、有效地使用多媒体或教具(或执教者动作准确规范,合理选用场地,注意教学安全)"。

(4) 实验修订。指标体系经过专家评判,初步确定以后,可以同评定标准相匹配(可配上简单的评定标准,如"A、B、C、D"等),在小范围实验,看是否可行。实验后对指标体系再作筛选或修改,使其更为科学、合理,然后投入使用。通过小范围评价实验,发现表 5-6 中第一条指标和第二条指标的评价结果高度相关,并且第二条指标的评价结果均为最高等第,为此删除这两条指标(见表 5-7)。

表 5-7 专家评判和实验修订后的指标体系表

| 评价对象 | 指标体系 |
|---|---|
| 课堂教学 | 3. 教学富有激情与智慧,教学形式灵活多样,能激发学生兴趣 |
| | 4. 作业或体育锻炼的质与量适度,认真批改并及时分析指导 |
| | 5. 教学中注意培养学生良好的思维方式,传授、指导解决问题的方法 |
| | 6. 教学能考虑到学生原有的基础和循序渐进的提高 |
| | 7. 教学互动强,学生勇于表达自己的见解,参与意识强 |
| | 8. 对待学生公平、公正,评价积极恰当 |
| | 9. 能耐心、细致地解答学生提出的问题 |
| | 11. 授课通俗易懂,语言表述清晰、简练 |
| | 12. 教学内容组织恰当,容量适中,节奏、进度安排合理 |
| | 13. 板书整洁、清晰明了、重点突出,便于理解记忆(或教师示范动作易于理解和接受) |
| | 14. 根据需要,合理、有效地使用多媒体或教具(或执教者动作准确规范,合理选用场地,注意教学安全) |
| | 15. 课堂组织、调控能力强,准时上下课 |
| | 16. 学生理解掌握了该课程的基本知识和基本技能 |
| | 17. 教学中有拓展,能引发学生对本课程相关问题的探究欲望 |

### (二) 指标体系权集的确定

权集就是权重集合的简称。所谓指标的权重,就是指反映指标在指标体系中重要性程度的数量。确定权重常用的方法有以下四种。

1. 定量统计法

由表 5-4 中的统计结果可知,"很重要"、"重要"中的百分比表示被调查者对指标体系中指标反映评价对象数量或质量要求重要性程度的判断结果,百分比大说明被调查者认为指标反映评价对象数量或质量要求的重要性程度高,由此这些指标在指标体系中的地位就高,它们的权重也应该大,反之,指标在指标体系中的地位就低,权重也就小。为此,是否可以用表 5-4 中"合计"的数值 $c_i$($c_i = a_i + b_i$)($i=1,2,\cdots n$)进行归一化(即先求出 $\sum c_i$,其和数再去除每一条指标的 $c_i$ 值)算出表 5-7 中指标体系的权集呢? 乍一看似乎是可行的,但是,仔细分析起来是不行的,譬如,假设表 5-4 中 $a_1 = b_2$,$b_1 = a_2$,并且,$a_1 \gg a_2$,那么用上述方法计算权重,指标 1 与指标 2 的权重是相等的,这就显得不合理了,因为根据上述假设,指标 1 的"很重要"选项值 $a_1$ 远远大于指标 2 的"很重要"选项值 $a_2$。因此,应该先分别确定表 5-4 中"很重要"和"重要"的权重,然后,把"很重要"和"重要"的数值分别去乘以它们的权重,再把所乘得的积加起来进行归一化,就可算得指标体系的权集。但是,如何确定表 5-4 中"很重要"和"重要"的权重呢? 我们先应该对"很重要"、"重要"、"一般"、"可要可不要"、"不要"五个等级进行量化。定量化的数据类型有多种,如何选择呢? 一般,定量化的数据类型有四种:(1) 类别数据类型。它是用数字来代表事物或把事物分类,说明事物特性的异同。这种类型的数字只是代表不同事物的区分性标签或代号,并无任何数量大小的含义。统计时,一般只能计算个数,属于离散的量。(2) 等级数据类型。这是用数值表示事物所具有某一特征的多少,它在分类的基础上,又增加了序列的特性,可排列大小。(3) 等距数据类型。这种数据类型除了具有分类、排序作用外,其数值单位也相等,并人为确定了零点(测量的起点)。(4) 比率数据类型。比率数据不仅数值单位相等,而且具有绝对零点。依照上述四种数据类型,因为表 5-3 中的"征询意见"具有区分等级高低和等级单位数值相等两个主要特性,因此,它属于等级数据类型和等距数据类型。为了使定量化的数据便于计算和解释,对于标度为五的"征询意见",用 5、4、3、2、1 数字来量化,于是,得到计算指标体系权集的公式:

$$\alpha_i = \frac{a_i \times 0.56 + b_i \times 0.44}{\sum_{i=1}^{14}(a_i \times 0.56 + b_i \times 0.44)} \tag{5-1}$$

式中:$\alpha_i$ 为指标的权重;$a_i$ 是指标对应"很重要"栏的统计数据;$b_i$ 是指标对应"重要"栏的统计数据。运用公式 5-1 就可算得权重,然后按权重由大到小排列,给指标重新编上序号,见表 5-8。

表 5-8　ZG 中学学生评价教师课堂教学过程指标体系和权重表

| 评价对象 | 指标体系 | 权重 |
|---|---|---|
| 课堂教学 | 1. 教学富有激情与智慧,教学形式灵活多样,能激发学生兴趣 | 0.0790 |
| | 2. 作业或体育锻炼的质与量适度,认真批改并及时分析指导 | 0.0777 |
| | 3. 教学中注意培养学生良好的思维方式,传授、指导解决问题的方法 | 0.0768 |
| | 4. 教学能考虑到学生原有的基础和循序渐进的提高 | 0.0751 |
| | 5. 对待学生公平、公正,评价积极恰当 | 0.0744 |
| | 6. 能耐心、细致地解答学生提出的问题 | 0.0731 |
| | 7. 学生理解掌握了该课程的基本知识和基本技能 | 0.0725 |
| | 8. 教学中有拓展,能引发学生对本课程相关问题的探究欲望 | 0.0714 |
| | 9. 授课通俗易懂,语言表述清晰、简练 | 0.0712 |
| | 10. 板书整洁、清晰明了,重点突出,便于理解记忆(或教师示范动作易于理解和接受) | 0.0710 |
| | 11. 教学互动强,学生勇于表达自己的见解,参与意识强 | 0.0688 |
| | 12. 教学内容组织恰当,容量适中,节奏、进度安排合理 | 0.0678 |
| | 13. 课堂组织、调控能力强,准时上下课 | 0.0640 |
| | 14. 根据需要,合理、有效地使用多媒体或教具(或执教者动作准确规范,合理选用场地,注意教学安全) | 0.0572 |

这种确定指标体系权集的方法具有以下四个特点:(1) 相关性。这是指被调查者对表 5-3 中"征询意见"选项的选择是依据指标体系中指标反映评价对象质量要求重要性程度的高低,其判断结果实质上反映的是指标的内涵与评价对象质量要求的相关程度。这个特性能较好地保证确定的指标权重是反映评价对象质量要求高低的,从而也就确立了与之相对应的指标在指标体系中的地位,这与权重的定义是一致的。(2) 民主性。由上述可知,被调查者是学校领导、教师和学生,这就是说凡是与这个学校课堂教学过程评价有关的人员均有对指标权重的确定发表自己意见的权利和机会,体现了民主性。这样确定的指标权重,既反映了学校全体成员的价值取向,又能使学校全体成员信服,从而能较好地发挥指标体系的导向作用,提高评价工作的质量。(3) 模糊性。由表 5-4 可知,确定指标权重时统计的是"很重要"和"重要"两个选项的百分比,这是因为"很重要"和"重要"选项的边界是模糊的,如果只统计"很重要"选项的百分比,那么有可能会失掉很多有价值的信息,这对确定指标的权重不利。因此,在确定指标权重时能较好地考虑到这种模糊性,统计"很重要"和"重要"两个选项的百分比,确保有价值的信息不遗漏。用具有模糊性的方法去处理模糊对象,就会使得运算结果更能反映出模糊对象的"本来面目"。(4) 科学性。由上述可知,在计算指标权重时,为了确保计算方法的科学性,先对"很重要"、"重要"、"一般"、"可要可不要"、"不要"五个选项进行分析,确定其数据类型,然后进行量化。接着,再分别

确定"很重要"和"重要"两个选项的权重,把表 5-4 中"很重要"和"重要"的数值分别去乘以它们的权重,再把所乘得的积加起来进行归一化,就算得指标体系的权集,这种计算方法具有较好的科学性。

2. 专家评定法

这种方法是对已拟出的指标体系征询专家意见,给出相应的权重,经统计后取平均值加以确定。具体步骤是:

(1) 编制权重征询表

表 5-9 征询表

| 序号 | 指标体系(已知) | 权重(未知) |
|---|---|---|
| 1 | $z_1$ | $q_{1j}$ |
| 2 | $z_2$ | $q_{2j}$ |
| ⋮ | ⋮ | ⋮ |
| n | $z_n$ | $q_{nj}$ |

将此表发给 $m$ 个专家填写权重栏。

(2) 算出每条指标 $m$ 个专家所给权重的平均值

计算公式为:$\bar{q}_i = \dfrac{\sum\limits_{j=1}^{m} q_{ij}}{m}$ (5-2)

式中:$i = 1, 2, \cdots, n$。

(3) 作归一化处理

设:$\sum\limits_{i=1}^{n} \bar{q}_i = D$,则指标 $z_i$ 的权重为:$\dfrac{\bar{q}_i}{D}$,$(i = 1, 2, \cdots, n)$。

3. 对偶比较法

这是将同层次的各项指标,两两比较,按两者之间的相对重要性,给定比值,从而计算出各项指标的权重。例如,

表 5-10 对偶比较法实例

| 权重\分项指标 | 对偶比较 | | | | | | 比较得分总和 | 权重 |
|---|---|---|---|---|---|---|---|---|
| 教学态度 | 0.8 | 0.6 | 0.7 | | | | 2.1 | 0.35 |
| 教学表达 | 0.2 | | | 0.3 | 0.4 | | 0.9 | 0.15 |
| 教学内容 | | 0.4 | | 0.7 | | 0.6 | 1.7 | 0.28 |
| 教学方法 | | | 0.3 | | 0.6 | 0.4 | 1.3 | 0.22 |
| 合 计 | 1 | 1 | 1 | 1 | 1 | 1 | 6 | 1 |

## 4. 层次分析法

这种方法是由美国学者萨蒂(T. L. Saaty)首先引入到教育评价领域以解决权重的确定问题的。它通过两两比较，区分出各级指标反映评价对象数量要求的相对重要程度，给出以数值表示的判断，构成判断矩阵，然后经过运算确定同级指标相对重要程度次序的权重。下面以教材评价为例，阐述具体步骤。

(1) 运用发展性目标评价模式设计教材水平评价指标体系。为了叙述方便，假设反映教材水平的有三条指标，即：

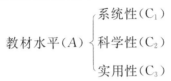

**图 5-3 教材水平评价指标体系**

(2) 进行两两比较，建立判断矩阵。

**表 5-11 判断矩阵标度及含义表**

| 指标的相对重要程度 | 指标相对重要程度的赋值 |
| --- | --- |
| 同等重要 | 1 |
| 略微重要 | 3 |
| 重要 | 5 |
| 重要得多 | 7 |
| 极端重要 | 9 |

注：①在折中时可取两个相邻程度的中间值，即取 2、4、6、8。
②如指标 $i$ 与指标 $j$ 比较得出上述一个数值，那么指标 $j$ 与指标 $i$ 比较则为该数值的倒数。

**表 5-12 判断矩阵表**

| $j$ \ $i$ | 指标 1 | 指标 2 | 指标 3 | … | 指标 $n$ |
| --- | --- | --- | --- | --- | --- |
| 指标 1 | 1 | $a_{12}$ | $a_{13}$ | … | $a_{1n}$ |
| 指标 2 | $1/a_{12}$ | 1 | $a_{23}$ | … | $a_{2n}$ |
| 指标 3 | $1/a_{13}$ | $1/a_{23}$ | 1 | … | $a_{3n}$ |
| ⋮ | ⋮ | ⋮ | ⋮ | ⋮ | ⋮ |
| 指标 $n$ | $1/a_{1n}$ | $1/a_{2n}$ | $1/a_{3n}$ | … | 1 |

表 5-12 所示的判断矩阵有如下特点：①对角线上的数均为 1，表明指标自己与自己比同样重要；② $a_{ij} = \dfrac{1}{a_{ji}}$，即第 $i$ 个指标与第 $j$ 个指标比较的判断值，应等于第 $j$ 指标与第 $i$ 指标比较所得判断值的倒数。譬如，由上述教材水平评价

的例子可得表 5-13。

表 5-13　教材水平评价判断矩阵表

| j / i | $C_1$ | $C_2$ | $C_3$ |
| --- | --- | --- | --- |
| $C_1$ | 1 | 1/5 | 1/3 |
| $C_2$ | 5 | 1 | 3 |
| $C_3$ | 3 | 1/3 | 1 |

（3）计算。

① 将判断矩阵（见表 5-12）的每一列元素作归一化处理，其元素的一般项为：$a'_{ij} = \dfrac{a_{ij}}{\sum\limits_{k=1}^{n} a_{kj}}$，$(i,j=1,2,\cdots,n)$，其中 $a_{ij}$ 为原始数据。譬如，由表 5-13 可得表 5-14。

表 5-14　教材水平评价判断矩阵归一化处理表

| j / i | $C_1$ | $C_2$ | $C_3$ |
| --- | --- | --- | --- |
| $C_1$ | 0.11111 | 0.13043 | 0.07692 |
| $C_2$ | 0.55556 | 0.65218 | 0.69231 |
| $C_3$ | 0.33333 | 0.21739 | 0.23077 |

② 将每一列经归一化后的判断矩阵按行相加：$\overline{w}_i = \sum\limits_{j=1}^{n} a'_{ij}$，$(i=1,2,\cdots,n)$。譬如，由表 5-14 可得：$\overline{w}_1 = 0.31846, \overline{w}_2 = 1.90005, \overline{w}_3 = 0.78149$。

③ 对向量 $\overline{W} = (\overline{w}_1, \overline{w}_2, \cdots, \overline{w}_n)^T$ 作归一化：$W_i = \dfrac{\overline{w}_i}{\sum\limits_{j=1}^{n} \overline{w}_j}$，$(i=1,2,\cdots,n)$，所得到的 $W(w_1, w_2, \cdots, w_n)^T$ 为所求的特征向量。譬如，由上述教材水平评价的例子可得：$w_1 = 0.1062, w_2 = 0.6333, w_3 = 0.2605$。因此，系统性、科学性、实用性三条指标的权重分别是：0.1062、0.6333、0.2605。

④ $\lambda_{\max} = \sum\limits_{i=1}^{n} \dfrac{(AW)_i}{n w_i}$ （5-3）

式中：$(AW)_i$ 表示向量 $AW$ 的第 $i$ 个元素。譬如，由上述教材水平评价的例子可得：

$(AW)_1 = 0.3197$、$(AW)_2 = 1.9458$、$(AW)_3 = 0.7902$。为了达到对指标相对重要程度的判断相容，即一致性的要求，可以对算出的教材水平评价指标的权重进行检验，其步骤如下：由公式 5-3，$\lambda_{\max} = 3.0387$，于是，一致性指标：$CI = $

$\frac{\lambda_{\max} - n}{n-1} = \frac{0.0387}{2} = 0.0194$（这里 $\lambda_{\max}$ 是 $n$ 阶矩阵的最大特征根）。通过查表 5-15，可得出随机一致性变量：$RI = 0.58$。一致性指标与随机一致性变量之比，称为随机比值，即：$CR = \frac{CI}{RI} = \frac{0.0194}{0.58} = 0.0334$。随机比值小于 0.1 时，便可认为达到相容程度，超过这个比值时，建议对指标的权重加以重新修整。譬如，经检验，算得的教材水平评价指标的权重达到了相容程度，是可以接受的。

表 5-15 随机一致性变量表

| $n$ | 1 | 2 | 3 | 4 | 5 | 6 | 7 | 8 | 9 | 10 |
|---|---|---|---|---|---|---|---|---|---|---|
| $RI$ | 0.00 | 0.00 | 0.58 | 0.90 | 1.12 | 1.24 | 1.32 | 1.41 | 1.45 | 1.49 |

## 第三节 教育评价评定标准的制定

### 一、评定标准的要素

#### （一）强度和频率

强度是指达到指标体系中各指标要求的程度或各种规范化行为的优劣程度。频率是指达到指标体系中指标要求的数量或各种规范化行为的相对次数。它们是评定标准的具体内容和主要组成部分。

#### （二）标号

它是不同强度和频率的标记符号。这是评定标准的辅助部分。

#### （三）标度

这是评定的档次。它是评定标准的基础部分。

### 二、评定标准的种类

#### （一）评分标准

它是用数量来表示评价对象的各项指标达到要求的程度。一般形式如表 5-16 和表 5-17 等。

表 5-16 评分标准实例摘要（一）

| 序号 | 指标 | 满分 | 评定分 |
|---|---|---|---|
| 一 | 教学目标 | 15 | |
| 1 | 目标明确具体 | 5 | |

续表

| 序号 | 指标 | 满分 | 评定分 |
|---|---|---|---|
| 2 | 目标反映学生实际 | 5 | |
| 3 | 目标的层次性 | 5 | |

表 5-17　评分标准实例摘要（二）

| 一级指标 | 二级指标 | 评分标准 | 得分 | 信息来源 |
|---|---|---|---|---|
| 教学准备（10分） | 1. 教学大纲（6分） | ① 没有：0分<br>② 有：4分<br>③ 有，且不断修订完善 6分 | | 教务记录 |
| | 2. 教学进度表（4分） | ① 没有填写：0分<br>② 课程上完后补填：1分<br>③ 在课程教学之中填写：2分<br>④ 在课程教学之前填写：4分 | | 教务记录 |

### （二）评定等级标准

它是用标号（赋予一定意义的）来表示评价对象的各项指标达到要求的程度。一般形式除如表3-1外，还有表5-1和表5-18等形式。

表 5-18　评定等级标准实例摘要

| 优等标准 | 合格标准 |
|---|---|
| • 坚持社会主义办学方向，依法治校，全面贯彻教育方针，面向全体学生，积极创造条件，实施素质教育，促使学生生动、活泼、主动地发展。<br>• 制订3—5年学校发展规划，目标明确，切合校情。<br>• 学年计划体现规划的分步实施，目标具体，措施落实，形成全校目标管理体系。 | • 坚持社会主义办学方向，依法治校，贯彻教育方针，面向全体学生，能创造条件，努力做好由应试教育向素质教育转轨，有措施，有成效，促使学生生动、活泼、主动地发展。<br>• 有3—5年学校发展规划，有目标。<br>• 学年计划基本体现规划的分步实施，学校尚能实施目标管理。 |

注：介于合格和优等之间为良，合格以下为不合格。

表5-1这种形式的评定等级标准具有以下三个特点：一是能把共性指标和个性要求有机地结合起来。由编制教育评价标准的依据可知，教育目标、有关制度和科学理论决定着指标的共性内容，而教育实践中积累的经验、评价对象和条件制约着评价标准的个性要求。为了使这两者达到统一，这种评定等级标准是较好的选择。二是评定等级标准内容具有较强的导向作用。由于这种评定等级标准体现着评价对象的个性要求，针对性较强，而且内容又较为具体，因此它有较好的导向作用是显而易见的。三是这种评定等级标准可比性较强，评起来较为客观和有效。另外，它还具有以下三种类型：一是阶梯型。这种等级标准由三个、四个或五个要

求组成,不同要求之间形成梯度(表 5-19),而且,评价对象不同时期(如年级等)的要求也可形成梯度(表 5-19 和表 5-20)。二是发散型。有些指标的内容包含两层以上的涵义,这时评定等级标准的内容也要与之相适应(见表5-21)。三是简单型。有些指标的内涵很难再分解,为此可用简单方式处理(见表 5-22)。

表 5-19　小学 1—3 年级学生自评用的标准实例摘要

| 指标体系 | 评定标准 | 评定等级 |
|---|---|---|
| | 等级内容 | |
| 课堂表现方面 | ① 不迟到 ② 不交头接耳 ③ 认真听讲 ④ 积极踊跃发言 | |

表 5-20　小学 4—6 年级学生自评用的标准实例摘要

| 指标体系 | 评定标准 | 评定等级 |
|---|---|---|
| | 等级内容 | |
| 课堂表现方面 | ① 不迟到、不交头接耳 ② 认真听讲 ② 踊跃发言 ④ 积极动脑提问 | |

表 5-21　小学教师自评用的标准实例摘要

| 指标体系 | 评定标准 | 评定等级 |
|---|---|---|
| | 等级内容 | |
| 教态、教学语言方面 | ① 教态自然 ② 教态亲切,具有较强的亲和力 ③ 教学语言通俗易懂 ④ 教学语言有一定的艺术性和创造性 | |

表 5-22　小学心理辅导活动课课堂教学评价标准实例摘要

| 指标体系 | 评定标准 | 评定等级 |
|---|---|---|
| | 等级内容 | |
| 课堂上自我表现机会方面 | ① 很多(A) ② 较多(B) ③ 一般(C) ④ 很少 | |

### (三)评分标准和评定等级标准的混合

它是把评分标准和评定等级标准综合在一起,其一般形式如表 5-23 等。

表 5-23　评分标准和评定等级标准的混合实例摘要

| 序号 | 指标 | 评定标准 | | | |
|---|---|---|---|---|---|
| 一 | 教学目标 | 达到<br>(85～100) | 基本达到<br>(70～84.9) | 部分达到<br>(55～69.9) | 没有达到<br>(54 及以下) |

### (四)评语标准

它是用语言来描述评价对象的各项指标达到要求的程度,其一般以概括性问题的形式呈现,往往采用个人访谈和集体座谈的方法搜集评价信息,为此具有较高评价效度的优点,但是也有评价信度较低的缺点。这里以"ZG 中学课堂教学评价学生座谈会调查记录格式"(摘要)为例。

……
1. 座谈会召开的时间和地点：
2. 参加座谈会学生人数和所在的班级：
3. 参加座谈会的评价人员：
4. 座谈会内容记录人员：
5. 具体座谈内容
(1) 问：本学期共有几门课程？
答：


(2) 对教师教学的调查
① 问：喜欢听哪个或哪几个教师讲课(姓名、原因：思路清晰、表达清楚、教学态度好、人格魅力、幽默、好感、教学方法灵活、与学生关系融洽、说不清楚什么原因等)？
答：


② 问：不喜欢听哪个或哪几个教师讲课(姓名、原因：思路混乱、表达不清楚、教学态度差、上课经常挖苦学生、教学方法单一、与学生关系不融洽、说不清楚什么原因等)？
答：


……

### 三、制订评定标准的步骤

#### (一) 拟定评定标准初稿

如前所述,评定标准有四种类型,即评分标准、评定等级标准、评分标准和评定等级标准的混合以及评语标准。根据评价目的和评价对象的具体情况,选用其中一种,或者各种类型混合使用。在编制标准时,首先要分析各个指标的内涵,明确这些指标是否可以用数量来表示其内涵,或者是否可以区分出一定的等级。如果可以的话,或可选好标号,赋予一定的数值,或确定等级个数,赋予标号。否则,只能用语言来描述其本质,同时要求语句规范化。

## （二）对于草拟评定标准进行论证

对于制订评定标准的工作必须持慎重态度。对拟定好的评定标准，要请专家进行论证，必要时可在小范围内进行实验，以提高评定标准的质量。

## （三）征询群众意见

这里的群众是指草案起草小组和论证小组以外的有关人员，特别是与评价工作有关的人员，如被评价者等。征询群众意见的目的，在于使评定标准更加完善。征询群众意见，一般采用个别访谈、开座谈会或问卷调查等。

## （四）定稿试行

草拟的评定标准初步确定之后，应选择有代表性的单位试行。在试行过程中，评定标准若有不妥之处，应进行修订，然后进行推广。

# 第四节　教育评价标准编制案例

有了如何编制教育评价标准的知识，就可以进行评价标准编制的实践了。为了使读者能对编制过程有一个全面了解，在此以 ZG 中学学生评价教师课堂教学过程标准的编制为例，谈谈评价标准的编制过程。

## 一、编制评价标准的依据

### （一）教学目标

《上海市普通中小学课程方案》（征求意见稿）指出：使学生具有良好的思想品德素质、文化科学素质、身体心理素质、审美素质、劳动技能素质和健康的个性，具有创新精神、实践能力和终身可持续发展的基础，成为会学习、会合作、会做人、会生存，有理想、有道德、有文化、有纪律的一代新人。

### （二）课程标准

ZG 中学沿用的各科课程标准是 2002 年的《上海市普通中小学课程标准》（征求意见稿）中对中学阶段教学的规定，例如，对高中语文的规定有：巩固良好的学习习惯，扩大阅读量和写作量；在提高阅读能力中，能运用分析、综合、归纳、演绎、类比等方法，培养逻辑思维能力，激发创造性思维的意识，形成独立思考问题的习惯等等。这些都是我们制定 ZG 中学学生评价教师课堂教学过程标准的重要依据。

### （三）相关科学理论

揭示课堂教学规律的科学理论主要有教育学、教学论、心理学和系统科学等,其中教学论是直接指导课堂教学的,因此,编制课堂教学过程评价标准必须要以其作为依据之一。在编制课堂教学过程评价标准时,要遵循以下内容所揭示的规律。

1. 教学原则

它是概括长期教学实践经验、依据教学客观规律提出的指导教学活动的准则。教学原则有一个发展的历史过程。我国古代大教育家孔子在教学中就有"因材施教"、"温故而知新"等思想。17世纪捷克大教育家夸美纽斯(Comenius)提出了直观性、量力性等教学原则。随着教学实践和心理学等有关学科的发展,教学原则的内容日益丰富,并得到科学的论证和说明。但是,由于中外教育家的认识论、方法论不同,所面对的教学目标和教学实践的课题不同,对教学过程规律的理解和认识不同,对教学原则的概括也各不相同。我国在总结教学经验、批判继承历史遗产和外国教学经验的基础上,根据中国特色社会主义学校的教学目标和马克思主义教学论揭示的教学过程的客观规律,学校教学一般遵循的主要教学原则有:科学性与思想性相结合原则、知识积累与智能发展相结合原则、在教师主导下发挥学生自觉性、独立性与创造性原则等。

2. 教学过程中的三项任务

一是传授科学文化知识和基本技能;二是挖掘学生潜力,培养学生善于动脑、动手的能力以及创新精神和实践能力;三是培养学生形成科学世界观和良好道德品质以及全面发展学生个性。

3. 课堂讲授的基本要求

教学目的明确、讲授要有科学性、讲授要有思想性等。

4. 课堂讲授的一般结构

一是讲授开始:复习、导入,明确新课讲授目的;二是系统讲授:讲清要点、突出重点、分解难点;三是讲授结束:进行概括、小结、布置作业;等等。课的结构不是一成不变的,现代教学论、教育心理学和教学手段的发展,为对其进行新的研究提供了条件。

(四)教学实践积累的经验

根据本章第二节中阐述的对 ZG 中学领导和学生的访谈提纲以及第三章第一节中对教师访谈的问题进行访谈调查,获取他们积累的经验。下面叙述对 ZG 中学领导和学生访谈的信息,教师访谈信息见第三章第一节中的"教育评价方案案例"。

学校领导认为:第一,课堂教学评价的目的是促进教师业务水平的提高,同时,为学校人事制度改革提供第一手资料。第二,要让教师理解和领会学校的办学理念,并且通过运用适当的方法和策略,有效设计课堂教学方案,使学生与教师形成互动,学生倍感兴趣、思维活跃、相互争辩、质疑、课堂气氛和谐,在潜移默化中得到有效提高。第三,重点是评价教师,教师如何培养学生能力,挖掘学生潜力。在课堂上运用恰当方法,从概念的提出,引导学生发散思维,提出质疑,在掌握概念的同时应变能力得到提高,培养和提高学生的学习能力,并使课堂教学有计划性、基础性、灵活机动,形成真正的校本课堂。同时,授课要让学生感兴趣,除知识传授外,感情上也要投入,鼓励和表扬学生,让学生成为课堂的主体,使评价的外界压力内化为教师的内需,以促进课堂教学良性发展。

学生认为:第一,较受欢迎的课表现在:教师有责任心,对待每个学生都十分公平、公正;教学内容新颖,如课外选修课,能让学生扩展知识面;教师的文化蕴涵很好;通过灵活的授课方式活跃课堂气氛,如自由讨论等;教师注重自身仪表;有较强的表达能力,上课较生动。第二,不受欢迎的课表现在:教师上课死板,不幽默,无法营造课堂气氛;教师授课较为严肃,不亲切、不随和;讲不完就随意拖堂,并没有得到学生的同意;板书不整洁,字写得不清楚;教学思路不清晰,语言表述不清楚,如带方言;对学生不公平,不能一视同仁,对某些学生有偏见;只讲授课本上的内容,很少给学生互相讨论、交流的学习机会。第三,教师应多听听专家的讲座或参加一些专业培训,提高自身教学的能力;教师要让学生主宰一堂课,使其成为教学的主体;教师上课不要总批评学生;教师要加强对学生的教育,保持良好的课堂纪律。

(五)评价对象及与之有关的人、财、物等的实际情况

ZG中学共有在校生近一千人,课堂教学评价已实践了多年,具有一定的基础,因此,制定课堂教学过程评价标准要考虑到这一点。

## 二、评价标准的背景描述

1. 关于指标体系设计和确定

具体过程见本章第二节中的"设计指标体系的程序和基本方法"。

2. 关于权重的计算

我们采用定量统计法,算得指标的权重,见表5-8。

3. 关于评定标准类型的选择

在此我们选择评定等级标准,因为这种形式的评定等级标准结构简单,易于判断,适用于一学期后学生评价教师课堂教学质量的情形,评价结果的信度和效度较高。

## 三、指标体系、权重和评定标准

具体内容见表3-1。另外,为了把定量评价和定性评价有机结合起来,我们

还编制了定性标准,其具体内容见第三章第一节中的"教育评价方案案例"。

## 【本章小结】

由于评价标准由指标体系和评定标准两个要素所组成,因此本章分别阐述了指标体系的设计和评定标准的制定。首先,根据教育目标、与评价有关人员的愿望及需要和意图、现有的各种规章制度、相关的科学理论、评价对象和条件,提出初拟指标体系;其次,按照规定的流程依次筛选和修订指标,即征询意见→理论论证→专家评判→实验修订,并且对于运用定量方法处理的指标,还要算出权重;最后,根据设计出来的指标体系,选择评定标准类型,再按照规定的流程依次制订评定标准,即拟定评定标准初稿→对于草拟评定标准进行论证→征询群众意见→定稿试行。

## 【文献导读】

1. 张祥明.教育评价的理论与实践[M].第二版.福州:福建教育出版社,2005.
2. 刘本固.教育评价的理论与实践[M].杭州:浙江教育出版社,2000.
3. 姜凤华.现代教育评价[M].广州:广东人民出版社,1997.
4. 周海华,周煦.教育评价及评价体系[M].南宁:广西教育出版社,1989.
5. 〔美〕布卢姆,等.教育评价[M].上海:华东师范大学出版社,1987.
6. 吴钢.确定教育评价指标体系权集的一种方法[J].教育测量与评价,2009(10).

## 【问题讨论】

1. 编制教育评价标准的依据是什么?
2. 为什么说编制教育评价标准是教育评价工作的基础?
3. 试设计一个评价对象的评价指标体系。
4. 简化指标体系的实际意义是什么?
5. 评分标准的优点和缺点是什么?
6. 请编制一个评价对象的评价标准。

# 第六章  教育评价信息搜集

**【本章概要】**

本章阐述三个方面的内容：一是教育评价的信息来源；二是当教育评价信息源总体数量较多时，为了使搜集评价信息可操作和能持续进行，可运用科学方法确定样本数量，通过研究样本特性来推断总体的情况；三是具体搜集评价信息的方法。

**【学习目标】**

学习本章后，你应该能够：
1. 了解教育评价信息的来源。
2. 掌握确定样本数量的方法和常用抽样技术。
3. 初步应用常用的搜集评价信息方法。

有了评价标准，就有一个如何依照评价标准搜集评价信息的问题。所谓评价信息搜集，就是评价者运用科学方法，按照评价标准，系统地、全面地和准确地搜集评价信息。这些信息将作为分析评价对象的主要素材。要搜集评价信息，首先，要明确评价信息源。其次，要确定信息源的数量。当信息源的数量不多时，可采用逐一搜集评价信息的方法；当信息源的数量较多时，可运用抽样技术，确定评价信息源。最后，要选择搜集评价信息的具体方法。

## 第一节  教育评价信息的主要来源

教育评价信息源与评价目的、评价对象是有密切关系的，评价目的和评价对象不同，评价信息源也可能不一样。一般来说，评价信息源有自我评价、群众评价、同行评价、领导评价、社会评价以及有关的各种资料和数据等。

### 一、自我评价

自我评价是经常碰到的评价信息源，它的长处、不足和作用前面已作过阐述。在评价活动中，要科学运用自我评价信息。就目前而言，当评价活动以奖惩为主要目的时，自我评价结果不太客观；当评价活动以诊断为直接目的时，自我评价结果较为客观。

## 二、群众评价

在这里,群众是相对于领导来说的。一个单位的群众具有以下特点:第一,他们对本单位、本部门的情况十分熟悉,对实际工作进行的状况有充分了解。第二,他们了解社会对单位的特殊需要,了解本单位在社会中的地位与作用,因而在形成正确判断方面处于优势地位。对于判断教育价值的教育评价来说,需要真正了解社会实际的知情者。第三,他们是教育活动的实际执行者,从评价活动获取改进工作的信息,只有得到他们的理解和支持,才能得到切实贯彻和执行。正因为群众有上述特点,因此在评价活动中,一般从群众那里获得的评价信息较为客观和准确。

鉴于上述情况,评价组织者要根据评价标准,有意识地组织或用抽样技术从群众中抽取一定数量的样本,对有关评价对象进行评价。

## 三、同行评价

在教育事业中,同行有两方面的涵义:一是指单位内的同行;二是指单位外的同行。一般来说,同行评价比较切合实际,这是因为同行评价既是相互评价的过程,又是取长补短、互相学习的过程。从理论上说,在各种评价信息源中,同行评价的信度和效度较高。这是由于同行较为熟悉本行情况、工作和发展方向,评价失真度小。但是,要求同行参与评价,要强调评价者具备良好的职业道德和判断能力,以免同行嫉妒或千篇一律,影响评价结果的信度和效度。

## 四、领导评价

领导评价在评价活动中分为两个层次:一是指上级管理部门与社会力量结合的评价组织的评价;二是指单位内部领导对本单位的评价。从理论上说,领导是不能参与评价活动的,这是因为领导往往就是决策者,如果他们参与评价活动,就会不知不觉地把将要作出决策的倾向性意见带入评价活动,从而影响评价结果的信度和效度。但就我国的现状来说,要完全取消领导评价是不现实的。只有等到完善的社会评价机构建立起来以后,领导评价才有可能逐步退出。

目前,领导评价具有相当的权威性,评价结果往往直接影响着被评价者的声誉和地位,也影响管理决策,它是一种关键性和实质性的评价,因此,必须要有严肃和认真的态度,组织熟悉评价对象同时具有公正品质的领导参加,这样才能使领导评价结果客观和有效。

领导同志对于宏观信息掌握较多,相对而言,微观信息知道得较少,为此,微观信息需要自我评价、同行评价和群众评价作补充。可见,领导评价不宜单独进行,必须在综合评价中实现。切忌领导评价先行,定框框、定基调,使其他评价无法实施。

### 五、社会评价

社会评价是较为重要的外部评价,这种评价信息较为客观和公正。就目前我国教育评价发展水平来说,社会评价是较为重要的信息源,值得高度重视。目前,社会评价实现途径大致有以下五个方面:一是聘请社会知识界的有关专家、学者组成社会评价组织,进行评价工作。二是借助进一步完善后的现有社会评价机构进行评价工作。三是征集用人单位的意见。四是征集学生家长的意见。随着教育制度改革的深入发展,家长要负担孩子一定数量的教育费用,由此,他们比以往任何时候都关心自己孩子的教育问题,因此,要重视家长对学校和教师教学的评价意见。五是对毕业生本人的调查。

### 六、有关的各种资料和数据

各种与评价对象有关的资料和数据也是重要的评价信息源,譬如,以往的个人小结、评价报告档案资料和考试成绩等。在搜集评价信息时,一定要全面考虑各种评价信息源,有效搜集评价信息。

## 第二节 确定教育评价信息源数量的抽样技术

所谓抽样技术,就是用总体中一部分样本的特性作为代表去推断总体特性的方法。当评价信息源数量较大时,运用抽样技术不仅能省时、省物和省力,而且还能减少评价信息的误差,从而提高评价信息的质量。

### 一、抽样的方法

#### (一)简单随机抽样

它是按随机原则直接从总体 $N$ 个单位中抽取 $n$ 个单位作为样本,抽样时既不分组,也不排列,使总体中的单位有均等被抽取的机会,常用的方法是抽签法、随机数表法等。运用时要注意:第一,它只适用于总体单位数目不大的情况。否则编码和搜集的工作量过大就失去应用价值。但是,单位容量较小时又失去代表性,因此要求尽可能采用取样在 30 个以上(最好 50 个以上)的大样本,以确保抽样精度。第二,总体内单位之间差异较大时不宜采用这种方法,因为抽取的样本不容易保证其确实具有代表性,使抽样结果失真。

## （二）等距抽样

这是将全部总体按某一标志排列，然后以固定顺序和间隔来抽选单位的一种抽样方法。运用时应注意：第一，等距抽样要对总体内所有单位进行编码，需要搜集总体名单，工作量较大，所以，不适用于大容量的总体。第二，当研究的总体个案类别间数量悬殊时，抽选样本经常缺乏代表性。第三，抽样间隔接近研究总体个案类别的分布间隔时，会形成周期性偏差。这种方法较为适合于学校使用，如抽取一定数量的学生开座谈会等，这是因为学生都有学号，对学生进行编号的工作就可以省去了。

**例 6-1** ZG 中学高一(1)班有 50 名学生，采用等距抽样方法抽取 10 名学生开座谈会，了解教师课堂教学的情况。

具体操作步骤是：

（1）运用抽样间隔计算公式(6-1)，确定抽样间隔。

$$抽样间隔 = 总体数(N)/样本数(n) \tag{6-1}$$

即，已知调查总体 $N=50$，样本数 $n=10$，故抽样间隔$=50/10=5$。

（2）确定起抽号。用 5 张卡片，从 1 号至 5 号编号，然后从中随机抽取 1 张作为起抽号，如 2 号。

（3）确定被抽取单位。计算方法是：$2;2+5=7;2+5\times2=12;\cdots 2+5\times9=47$。

## （三）分层抽样

它是先对总体各单位按主要标志加以分组（或分层），然后再从各组中按随机原则抽选一定单位构成样本。运用时应注意：第一，要尽量缩小层次内的差异，增大层次间的差异。第二，分层不宜过多，以免使层内单位数过少而无法抽样。第三，在划分层次时，做到分类明确，不发生混淆或遗漏。

分层抽样具体形式有两种：

### 1. 等比例分层抽样

即按各个层中的单位数量占总体单位数量的比例分配各层的样本数量。

**例 6-2** 承接例 6-1 的问题，按学生学业分数高低进行分类，其中学业分数高（80~100 分）的学生为 10 名，占总体的 20%；学业分数中等（60~79 分）的学生为 30 名，占总体的 60%；学业分数低（60 分以下）的学生为 10 名，占总体的 20%。则各分层应抽取的样本单位数为：

（1）分数高的样本单位数目为：$10\times20\%=2$。

（2）分数中等样本单位数目为：$10\times60\%=6$。

（3）分数低的样本单位数目为：$10\times20\%=2$。

## 2. 分层最佳抽样

它不是按各层中单位数占总体单位数的比例分配样本单位,而是根据其他因素(如各层样本标准差大小),调整各层样本单位数,其计算公式为:

$$n_i = n \times \frac{N_i S_i}{\sum N_i S_i} \tag{6-2}$$

式中:$n_i$ 为各分层应抽选的样本单位数;$n$ 是样本单位总数;$N_i$ 为各类型的调查单位数;$S_i$ 是各分层调查单位的样本标准差。

**例 6-3** 以例 6-2 为例。各层样本标准差(可按学生的学业分数算得)分布为高是 30;中等为 20;低为 10。见表 6-1。

表 6-1 调查单位数与样本标准差乘积计算表

| 各层次 | 各层调查单位数($N_i$) | 各层样本标准差($S_i$) | 乘积 $N_i S_i$ |
|---|---|---|---|
| 高 | 10 | 30 | 300 |
| 中 | 30 | 20 | 600 |
| 低 | 10 | 10 | 100 |
| $\sum N_i S_i$ | | 1000 | |

按照分层最佳抽样计算公式 6-2,得出各分层抽选的样本单位数为:
(1) 分数高的样本单位数目为:$10 \times (300/1000) = 3$。
(2) 分数中等样本单位数目为:$10 \times (600/1000) = 6$。
(3) 分数低的样本单位数目为:$10 \times (100/1000) = 1$。

## 二、样本数量的确定

### (一)样本平均数的抽样分布

(1) 由概率论和数理统计知识可知,已知总体方差 $\sigma^2$,当总体为正态分布时,平均数的抽样分布也呈正态分布,与样本容量大小无关;当总体为非正态总体但样本容量较大($n > 30$)时,平均数的抽样分布近似服从正态分布,而且容量 $n$ 越大,近似程度越高。

在上述两种情况下,样本平均数的平均数等于总体的平均数 $\mu$,它们的标准差 $\sigma_x$ 等于总体标准差 $\sigma$ 除以样本容量 $n$ 的算术平方根,于是,平均数 $\overline{X}$ 的抽样分布服从平均数为 $\mu$、标准差为 $\sigma/\sqrt{n}$ 的正态分布,即 $\overline{X} \sim N(\mu, \sigma^2/n)$。若将变量 $\overline{X}$ 标准化,那么反映平均数离差的随机变量 $Z$ 服从或近似服从标准正态分布,即

$$Z = \frac{\overline{X} - \mu}{\frac{\sigma}{\sqrt{n}}} \sim N(0, 1) \tag{6-3}$$

(2) 当总体方差 $\sigma^2$ 未知时,我们只能用样本方差 $S^2$ 估计 $\sigma^2$。但研究表明,

需在原标准差 $S$ 上乘以校正系数 $\sqrt{\dfrac{n}{n-1}}$。

### (二)确定样本数量的基本方法

1. 简单随机抽样

平均数估计中的抽样误差是样本均值 $\overline{X}$ 和总体均值 $\mu$ 的差的绝对值,即 $|\overline{X}-\mu|$。由于在实际中总体标准差 $\sigma$ 多是未知的,故一般用样本标准差 $S$ 的校正值 $S'$ 代替,即

$$S' = \sqrt{\dfrac{n}{n-1}} \cdot S \qquad (6\text{-}4)$$

对于无限总体,平均数的标准差和样本容量的关系是:

$$\sigma_x = \dfrac{S'}{\sqrt{n}} \qquad (6\text{-}5)$$

对于有限总体来说,还应在公式 6-5 基础上加以修正,是:

$$\sigma_x = \sqrt{1-\dfrac{n}{N}} \cdot \dfrac{S'}{\sqrt{n}} \qquad (6\text{-}6)$$

式中:$N$ 为总体所含个体的数量。这里 $n/N$ 称为抽样比。一条经验规则是,只要抽样比不超过 5% 就可以采用公式 6-5。

由概率论和数理统计知识可知,样本平均数抽样分布对大样本以及总体方差已知的正态总体来说有:

$$Z_{a/2} = \dfrac{|\overline{X}-\mu|}{\sigma_x} \qquad (6\text{-}7)$$

这里的变量 $Z$ 服从标准正态分布,其概率值可以通过查正态分布表得到。

为了确定样本数量,一般应给定所需精度,即最大允许误差 $d=|\overline{X}-\mu|$。由前面的论述可知:$\sigma_x = \dfrac{\sigma}{\sqrt{n}}$,所以由公式 6-7 可得:

$$Z_{a/2} = \dfrac{d}{\dfrac{\sigma}{\sqrt{n}}} \qquad (6\text{-}8)$$

由公式 6-8 变换可得:

$$n = \left(\dfrac{Z_{a/2} \cdot \sigma}{d}\right)^2 \qquad (6\text{-}9)$$

如果抽样比不是太小,即大于 5% 时,平均数的标准差应该加以修正,由公式 6-6 和公式 6-8 得:

$$Z_{a/2} = \dfrac{d}{\dfrac{\sigma}{\sqrt{n}} \cdot \sqrt{\dfrac{N-n}{N}}} \qquad (6\text{-}10)$$

由公式 6-10 变换可得：

$$n = \frac{N \cdot Z_{\alpha/2}^2 \sigma^2}{Nd^2 + Z_{\alpha/2}^2 \sigma^2} \tag{6-11}$$

可见，样本数量主要由三个量确定：一是总体方差。若 $\sigma$ 未知，可用样本标准差校正值取代，或者用以往的统计资料，或者用试验性调查资料来估计。二是最大允许误差 $d$，这可以事先给定。三是 $Z_{\alpha/2}$，它应由设计者预先提出置信的概率要求决定，一般取 $\alpha$ 为 0.05 或 0.01，在 $\alpha=0.05$ 时，查正态分布表（见附表1）得 $Z_{\alpha/2}=1.96$；当 $\alpha=0.01$ 时，$Z_{\alpha/2}=2.58$。这样，便可求得样本容量。表 6-2 给出一组数据，供计算时选用。

表 6-2 常用可信度系数和可信度对照表

| 可信度系数($Z_{\alpha/2}$) | 可信度($1-\alpha$) |
| --- | --- |
| 1 | 0.6826 |
| 1.5 | 0.8664 |
| 1.96 | 0.9500 |
| 2 | 0.9545 |
| 3 | 0.9973 |

**例 6-4** 对 30000 名毕业生考核调查。经小规模试验调查，$\sigma=10$，最大允许误差为 0.75，当可信度要求 95.45% 时，由表 6-2 得：$Z_{\alpha/2}=2$，求：(1) 在重复抽样或无限总体条件下的抽样数量；(2) 在不重复抽样或有限总体条件下的抽样数量。

已知：$N=30000, \sigma=10, d=0.75, Z_{\alpha/2}=2$，求抽样数量 $n$。

**解** (1) 在重复抽样或无限总体条件下，运用公式 6-9 得：

$$n = \frac{2^2 \times 10^2}{0.75^2} = 711 (人)。$$

(2) 在不重复抽样或有限总体条件下，运用公式 6-11 得：

$$n = \frac{2^2 \times 30000 \times 10^2}{0.75^2 \times 30000 + 2^2 \times 10^2} = 695 (人)。$$

**2. 等距抽样**

可按简单随机抽样确定抽样数量的公式进行。

**3. 分层抽样数量的确定**

仅需将公式 6-9 和公式 6-11 中 $\sigma^2$ 改为 $\overline{\sigma^2}$（$\overline{\sigma^2}$ 为各层组内标准差平方的平均数）。

## 第三节 搜集教育评价信息的主要方法

由教育评价的涵义可知,评价信息可靠与否直接影响评价结果的信度和效度。要使搜集到的评价信息符合评价对象实际情况和评价标准,评价者必须熟练地掌握常用搜集评价信息的方法:测量法、问卷法、访谈法、观察法、文献法和网络法等。

### 一、测量法

这是指用各种测量工具(教育、心理测验和其他量表)测定评价对象的某些重要特性,从而搜集到有关评价信息的方法。所谓测量,就是按照一定的法则和程序给事物属性和特征分配数值。而测验是对行为团体或个体进行客观、科学和标准化测量的系统程序。测量常常通过量表来完成。按所测得数值的种类和特点,量表一般可分为四种:一是名义量表。它的测值表示彼此不同的事物,用以区别研究对象的某一特征,只允许进行次数运算。二是顺序量表。它的测值表示事物的相对关系,允许按次序统计,但不能作加减乘除运算。三是间距量表。它的测值可作加减运算,但不允许作乘除运算。四是比率量表。它的测值可进行加减乘除四则运算。在设计测量工具时,应注意以下四个指标。

#### (一)信度

信度是指测验的可靠性、一致性和稳定性程度的指标。它大体包括内部一致性信度和稳定性信度。前者是同一测验内部部分之间相关的程度;后者是指同一测验先后两次在同一被测总体中实施,两次测验结果的相关程度,即稳定相关系数。一般大型测验要求信度系数在 0.9 以上,学校自作测验有人认为信度系数不能低于 0.6。

求测验的内部一致性信度的具体步骤是:

(1) 按题号的奇、偶性或采用随机挑选的办法,把测验分成两组。

(2) 求这两组题目每人得分的相关系数。其公式为:

$$r=\frac{N\sum X_1 X_2-(\sum X_1)(\sum X_2)}{\sqrt{N\sum X_1^2-(\sum X_1)^2}\sqrt{N\sum X_2^2-(\sum X_2)^2}} \quad (6\text{-}12)$$

式中:$r$ 为对半相关系数;$X_1$、$X_2$ 分别为被试者的两组测验题目的得分;$N$ 为被试人数。

(3) 信度 $r_{tt}$(即整个测验的信度)的求法。由于 $r$ 是对半相关系数,而整体测验的长度是其两倍。为估计整个测验的信度,人们一般采用美国学者斯皮尔曼(Spearman)和布朗(Brown)提出的校正公式:

$$r_{tt}=\frac{2r}{1+r} \quad (6\text{-}13)$$

## (二)效度

效度是指测验的有效性或准确性,即测验对其所要测试的特性准确测量的程度。一般常用的有内容效度和效标关联效度。

1. 内容效度

它是指实际测验内容与预定测验内容之间的一致性程度。提高测验内容效度的方法一般采用编制双向细目表,来保证测验取样的合理性。下面以设计测试学生学业成绩的试卷为例,来说明编制双向细目表的步骤:

(1) 根据课程标准、教学内容和所预期的教学目标要求,分别列出考试内容的各项要点和所要测量的教学目标。

(2) 考试内容的各项要点和所要测量的教学目标要以其相对重要性来加权。相对权重一般可根据教学时各项要点的教学时数和学科专家的意见等来决定。

(3) 编制双向细目表(见表 6-3)。表中左侧列出考试内容的各项要点,顶行列出所要测量的教学目标,表中数字(即分值)代表各考试内容和各层次教学目标的相对权重。

依据双向细目表编制试题,所编制的试题越是符合双向细目表各细格所占的比重,则内容效度越高。

表 6-3 高一年级化学学年测验的双向细目表

| | 识记 | 理解 | 应用 | 分析 | 综合 | 评价 | 分数/题量 |
| --- | --- | --- | --- | --- | --- | --- | --- |
| 物质与物质的量 | 3 | 5 | 5 | 3 | 2 | 2 | 20/8 |
| 卤素 | 2 | 5 | 5 | 3 | | | 15/6 |
| 硫、硫酸 | 2 | 2 | 4 | 2 | | | 10/4 |
| 碱金属 | 2 | 2 | 4 | 2 | | | 10/4 |
| 原子结构、元素周期表 | 2 | 5 | 6 | 3 | 6 | 3 | 25/10 |
| 化学实验 | 4 | 6 | 6 | 2 | 2 | | 20/8 |
| 分数/题量 | 15/6 | 25/10 | 30/12 | 15/6 | 10/4 | 5/2 | 100/40 |

2. 效标关联效度

这是指测验分数与效标之间的一致性程度。所谓效标,即衡量测验有效性的外在参照标准,它是指测验所要测量或所要预测的行为特质,这一行为特质通常以另一种测验分数或活动来表示。

## (三)难度

难度是指测验的难易程度。它一般可分为客观性测验难度和主观性测验难度两种。

1. 客观性测验难度

客观性测验题目的答案只有两种结果,即不是完全对就是完全错,对得满分,错得零分。其难度的计算方法通常有:

(1) 基本公式法

客观性测验的难度通常用答对某题目人数的百分比来表示,其计算公式为:

$$P = \frac{R}{N} \tag{6-14}$$

式中:$P$ 为难度值;$R$ 为某题目答对人数;$N$ 为总人数。

这里需要注意两个问题:一是要分清难度值和难度之间的关系。测验的难度值越大,则测验难度越小;测验的难度值越小,则测验难度越大。二是要分清测验题目难度和测验难度。题目难度是指某一题目的难度;测验难度是指测验中所有题目的平均难度。

(2) 极端分组法

如果被测者较多,可以用公式 6-15 计算题目的难度值:

$$P = \frac{R_h + R_l}{N} \tag{6-15}$$

式中:$R_h$、$R_l$ 分别为高分组和低分组答对该题的人数;$N$ 为两组被测者人数之和。

具体计算步骤为:

① 从被测者中随机抽取一个样本,把他们按成绩由高分到低分排列。
② 把处于前 27% 的被测者作为高分组,后 27% 的被测者列为低分组。
③ 分别求出高分组和低分组被测者答对该题的人数。
④ 代入公式 6-15 便得到该题的难度值。

这里会涉及样本大小问题。样本太大,失去了抽样的意义;样本太小,代表性差。根据测量学专家的意见,可以把 370 人的成绩作为样本,这样以 27% 作为分组标准,进入高分组和低分组的人数正好各 100 人,这对计算题目难度值比较方便。

2. 主观性测验难度

主观性测验题目的难度可用公式 6-16 计算:

$$P = \frac{\overline{X}}{W} \tag{6-16}$$

式中:$P$ 为题目的难度值;$\overline{X}$ 为被测者在该题得分的平均数;$W$ 为该题的满分值。

在设计测验时,题目的难度多大合适,可视测验目的而定。在常模参照性测验中,题目的平均难度值在 0.5 左右比较合适,也就是说全部题目中应有 2/3 的题目难度值在0.3~0.7之间,各题目难度值大部分分布在平均难度值附近,这样产生的分数会参差不齐,表现出差异性,有较高的信度,有利于鉴别被测者的水平高低。在目标参照性测验中,题目难度可不受限制。如果学习内容比较简单,则题目可以容易些;如果学习内容比较难,则题目可以难一些。一般而言,人们把难度值为0.0~0.2的题目称为难题;难度值为0.3~0.7的题目称为中等题;难度值为0.8~1.0的题目称为易题。各种常见测验整卷难度值一般均在0.5~0.8之间。

### (四) 区分度

这是指某题目对于不同水平的被测者加以区分的能力。如果在某题目上得高分的被测者实际能力水平也高,得低分的被测者实际能力水平也低,那么该题目就具有较高的区分度。

1. 客观性测验题目的区分度

题目的区分度可用公式6-17计算:

$$D = \frac{R_h - R_l}{n} \tag{6-17}$$

式中:$D$为区分度值;$R_h$、$R_l$分别为高分组和低分组答对该题的人数;$n$为每一组人数。

2. 主观性测验题目的区分度

这种区分度可用公式6-18求得:

$$D = \frac{S_h - S_l}{n(最高分 - 最低分)} \tag{6-18}$$

式中:$D$为区分度值;$S_h$、$S_l$分别为高分组和低分组在该题的得分总和;$n$为每一组人数。

依据区分度值的大小,一般对题目可作出评价,见表6-4。

表6-4 题目区分度的评价标准表

| 区分度值($D$) | 评 价 |
| --- | --- |
| 0.4以上 | 非常良好 |
| 0.3~0.39 | 良好,如能改进更好 |
| 0.2~0.29 | 尚可,用时需作改进 |
| 0.19以下 | 劣,必须淘汰或做修改以提高区分度后方可使用 |

以上这些方法,对于科学地编制学业测验是较为有效的,对于编制人格测验、智力测验等,则要用到其他一些方法,读者可参看教育与心理测量方面的专著。

测量法的主要优缺点:第一,测量法的优点。测量法具有效率高(每单位时间可得到最多的信息),获得信息的种类较为广泛和便于作定量处理。由于被测者愿意无保留地表现其最高水平,应试动机较强,因此,测量结果比较客观、可靠。第二,测量法的缺点。测量往往是根据被测者对测验题目所作出的反应,推断出其知识、技能和人格等方面的发展状况,具有间接性。此外,在进行书面测验时,对测验工具的编制要求较高;在进行操作测验时,对主试的要求较高。

## 二、问卷法

问卷法是以精心设计的书面调查项目或问题,向评价信息的提供者搜集信息的方法。它既可以了解评价对象的态度、动机、兴趣、需要、观点等主观情况,也可以了解评价对象的客观性基本概况。

### (一)问卷的类型

根据回答问卷的方式,问卷可分为结构式和非结构式两种。结构式问卷提供备择答案,供被调查对象进行选择或排序。非结构式问卷则要求被调查对象写出自己的情况或看法。在实际运用时,这两种类型常常结合起来,以结构式问题为主,辅以若干非结构式问题,以便搜集到更加全面、完整的信息。

### (二)问卷的设计

1. 结构式问卷的项目类型

结构式问卷项目主要用于对评价对象的预期反应能较为准确把握的场合。其基本形式是在列出调查项目的同时,提供若干备择答案,供被调查者选用。有时也可增加其他一栏,以便包括被调查对象的非预期反应。它的项目或问题可归纳为:选择式、量表式、排列式等几种类型。

(1)选择式

选择式项目要求被调查对象从问卷所提供备择答案中选择符合自己想法的一项。备择项可以是两项(是/否、同意/不同意等),也可以是多项。

(2)量表式

量表式项目采用教育与心理测量中的量表形式,以了解被调查者特定反应的程度。经常使用的量表有利克特量表(Likert Scale)等。

(3)排列式

排列式项目要求被调查者按照一定的标准(如重要性或时间序列等),对问卷所提供的备择答案排出等级或序列。

2. 非结构式问卷的项目类型

非结构式问卷项目的特点是只提出问题,不列出可能的答案,适用于答案不易收敛,或需要深入了解的场合。它的问卷项目可归结为填空式、自由回答式两种类型。

(1) 填空式

填空式项目要求被调查对象在有关栏目后填入实际情况或看法。由于所填写的内容只是几个词或一句话,程度有限,因此,又称为有限制的反应。

(2) 自由回答式

自由回答式项目让被调查对象畅所欲言,自由发表意见。因对答案的长度不作限定,故又称为无限制的反应。

### (三) 编制问卷的基本原则

判断问卷编制成功与否有两条基本标准:一是问卷能搜集到调查者所希望了解的信息;二是被调查者乐于回答。因此,在编制问卷时应当遵循以下一些基本原则。

1. 重点突出

问卷中所提的问题应与调查目的一致,突出调查的重点。除了少数背景性问题外,不应列入可有可无的问题。

2. 结构合理

问卷中所提的问题应当符合逻辑顺序和被调查者的思维程序。一般的安排是先易后难,先简后繁,先一般后具体。一些被调查者可能不愿回答的敏感性问题,可放在问卷的最后。

3. 问题明确,措辞得当

问卷中问题应当简明扼要,明确而无歧义。措辞力求通俗易懂,尽量不使用专业术语。语气要亲切,使被调查者愿意合作,乐于回答。不要避免使用带有导向性的问题。

4. 问题的数量适当

对问卷的长度要进行控制,问题的数量应适当。问题数量过多,被调查者容易产生厌烦情绪,影响调查的质量;问题数量过少,则不能获得基本的信息。实践表明,回答问卷的时间一般不要超过 30 分钟。

5. 便于处理

鉴于问卷调查所获取的信息量很大,通常要利用计算机进行处理。因此,问卷的编制应当有利于调查资料的编码、录入、汇总和处理。

### (四) 问卷法的主要优缺点

1. 优点

(1) 取样具有广泛性和代表性。(2) 调查时间灵活、效率高、费用低、简便省时。(3) 格式比较客观统一、标准化,调查信息易作量化分析。(4) 实施简便,对使用者不必进行特别培训。(5) 可匿名调查,减少顾虑。(6) 具有间接性,被调查者可就不便当面交流的问题,更加开放、真实地反映自己的态度和观点。

## 2. 缺点

(1) 限制发挥、不够灵活。(2) 无法控制填写时的情境，不能进行正确引导。(3) 搜集的信息容易流于表面，难以深入了解内心的想法。(4) 被调查者需有一定的文化程度。(5) 回收率较低（尤其是通讯调查）。(6) 难以了解数据缺失的原因。(7) 被调查者在回答时会受到趋中现象、随机反应、社会性要求定势等因素的干扰，影响答案的可靠性。

### （五）问卷法案例

在上海市 KN 小学的领导、教师和学生对学生的学习能力进行评价以后，为了检验领导、教师和学生对评价结果的认同度，我们开展了再评价活动。①

首先，我们设计了学生学习能力再评价的调查问卷，见表 6-5。

表 6-5　学生学习能力评价的再评价调查问卷

| 序号 | 问题 | 征询意见 | | | |
|---|---|---|---|---|---|
| 1 | 您对评价结果 | 满意 | 较满意 | 不太满意 | 不满意 |
| 2 | 您认为此次评价 | 科学 | 较科学 | 不太科学 | 不科学 |

其次，把评价结果反馈给学校领导、教师和学生，并搜集他们对评价结果的反馈信息。我们抽取了参与评价的校领导和教师 15 人以及学生、未直接参与评价的教师 20 人作为调查样本。在评价结果反馈一周后，对评价结果的认同度和科学性两方面进行调查，共发放问卷 35 份，其中有效问卷 35 份，统计结果见表 6-6。

表 6-6　对评价结果认同度统计结果表

| | 满意或较满意 | 不太满意 | 不满意 |
|---|---|---|---|
| 人数（人） | 24 | 7 | 4 |
| 百分比（%） | 68.57 | 20.00 | 11.43 |

表 6-7　评价结果认同度 $\chi^2$ 检验表

| | view |
|---|---|
| Chi-Square(a) | 19.943 |
| $df$ | 2 |
| Asymp. Sig. | .000 |

运用 $\chi^2$ 检验，对表 6-6 中评价结果三种认同度人数之间的差异性进行检验。经过计算，$\chi^2 = 19.943$，$df = 2$，则 $\chi^2 > \chi^2_{.001}$。由此表明：对评价结果，认为

---

① 丁敏参加了此项调查。

"满意或较满意"、"不太满意"、"不满意"的人数之间存在高度显著差异。绝大多数领导、教师和学生对评价结果满意或较满意。

表 6-8 对评价的科学性再评价统计结果表

|  | 科学或较科学 | 无意见 | 不科学 |
|---|---|---|---|
| 人数（人） | 20 | 12 | 3 |
| 百分比（%） | 57.14 | 34.29 | 8.57 |

表 6-9 评价的科学性 $\chi^2$ 检验表

| view | |
|---|---|
| Chi-Square(a) | 12.400 |
| $df$ | 2 |
| Asymp. Sig. | .002 |

运用 $\chi^2$ 检验，对表 6-8 中评价活动三种认可度人数之间的差异性进行检验。经过计算，$\chi^2=12.400$，$df=2$，则 $\chi^2 > \chi^2_{.01}$。由此表明：对评价活动，认为"科学或较科学"、"不太科学"、"不科学"的人数之间存在高度显著差异。绝大多数领导、教师和学生认为评价活动科学或较科学。

### 三、访谈法

访谈法又称谈话法，它是通过与被调查对象进行交谈而获取有关信息的方法。访谈法具有双向交流的特点。它与问卷法同属基本的调查方法，但更适用于调查对象较少的场合。访谈法对访谈人员的能力要求较高。

#### （一）访谈法的类型

根据被访谈的人数不同，访谈法一般可分为个别访谈法和集体访谈（座谈会）法两种。两者各有所长，个别访谈容易减少顾虑，谈得比较深入。而座谈会则有利于相互启发、补充和核实。座谈会的人数一般控制在 6~12 人为宜，并把座谈的主题提前告诉与会者，以便做好准备。

#### （二）访谈设计

访谈设计包括访谈对象和内容的确定。首先，要确定访谈的对象。毋庸置疑，被访谈者必须是知情者，能提供评价所需的信息。选择访谈对象时还要做到点面结合，既有典型性，又有代表性，以便全面获取信息。其次，要根据评价目的以及评价对象数量和质量要求确定访谈内容，拟定适当的访谈提纲、访谈表和访谈工作细则。访谈内容大致可分为：一是事实调查。要求被访谈者提供所了解的情况。二是意见征询。征求被访谈者的看法、意见和建议。三是了解被访谈者的个人情况和具体特征。

### (三)访谈人员的选择和培训

首先,访谈的成功与否取决于访谈人员的基本素质,包括学识、处事经验、性格、品德等方面的特性。研究表明:访谈人员必备的基本条件包括仪表端正、举止得当;知识丰富、口才流利;诚实灵活、客观公正。应当根据这些要求选择好访谈人员。

其次,访谈的成功与否取决于访谈人员的访谈技巧。因此,在访谈前,还必须做好访谈人员的培训。培训内容包括访谈注意事项、访谈表的内容、访谈技巧和具体要求。了解被访谈者的背景,根据被访谈者的不同特点设计多种访谈方案。

### (四)访谈的实施和记录

访谈法是一项专业性较强的工作。首先,要编排好访谈的问题,先提出一些简单的、容易激发兴趣的问题,再逐步深入到复杂问题,最后涉及较为敏感的问题。其次,要善于控制访谈的过程,措辞得当,有分寸。要注意掌握发问技术:一是直接法,即开门见山;二是间接法,即问的是甲,实际想了解的是乙;三是迂回法,即从各个不同侧面了解一个实质性的问题。第三,要有良好的人际关系协调技能,善于消除被访谈者的疑虑,建立融洽的访谈氛围,并能根据情境作灵活调整。

访谈的记录一般采用当场速记的方式进行。记录要突出重点,尽可能保持访谈的原貌。也可采用两名访谈人员参加访谈的方式,其中一人主要做记录。在访谈对象同意的情况下,可采用录音的方式,事后根据录音进行整理。

### (五)访谈法的优缺点

1. 优点

(1)访谈法简便易行,便于双向交流信息,主客双方有交互作用。(2)实施程序比较灵活,也便于控制,既可随时澄清问题,纠正被访谈者对问题理解的偏差,又可随时变换问题或方式,捕捉新的或深层次的信息。(3)可以有效地防止(在问卷调查中经常出现的)问题遗漏不答的现象。(4)访谈法的适用面广,能有效地搜集关于态度、价值观、意见等信息。(5)能在交谈的同时进行观察。(6)能建立主客双方的融洽关系,消除顾虑,反映真实的想法。(7)团体座谈时,可相互启发,促进问题的深入。

2. 缺点

(1)时间和精力花费较大,访谈样本小,需要较多训练有素的访谈人员,成本较高。(2)访谈者的特性(价值观、信念、偏向、表情态度、交谈方式等)会影响被访谈者的反应。(3)访谈者需要事先接受较严格和系统的培训。被访谈者的言不符实,或对某些问题的偏见会导致所获得信息的失真。此外,对访谈结果的处理和分析也比较复杂。

### (六)访谈法案例

这是一个在编制小学心理辅导活动课课堂教学评价标准过程中,为了搜集与该评价活动有关人员的教学实践经验,对某校领导和部分教师进行的集体访谈和个别访谈的实例。[①]

1. 背景描述

(1)时间:2002年6月3日下午1:00—1:20。

(2)地点:某小学心理活动室。

(3)任课教师:汪老师。

(4)主题:快乐天使。

(5)教学对象:一年级(1)班。

(6)教具:录音机、计算机、投影仪等。

2. 授课过程

(1)引入:小朋友做"小鱼儿"游戏,谈谈感受。

(2)过程:自由发言,说说自己快乐的事情,找好朋友说说自己开心的事;老师参与,以几种情境引出小朋友不快乐的心事,然后,前排和后排小朋友相互讨论,帮他们快乐起来。

(3)结束:师生一起跳快乐体操,把快乐带到课后。

3. 评课过程

(1)对该校龚校长和吕副校长的集体访谈

- 问:你们认为这节课上得怎样?
- 答:上得挺好。
- 问:你们从哪些方面作出这一结论的?
- 答:从一年级的接受能力看,形式可以;教案设计适合孩子的特征,环节衔接好;教师的态度、语言切合孩子的特点;恰到好处的点拨;结束时孩子快乐地离开等,这节课上得很成功。
- 问:你们认为这节课有没有突出的特点?有没有明显的不足?如果有,表现在哪里?
- 答:最突出的特点是师生关系融洽,教案设计较好;不足是没有照顾到全体学生,我们注意到几个特殊的孩子没来,这很遗憾;还有一点,情境创设方面,

---

① 吴红梅参加了此次访谈。

不要事先给出不快乐的例子或事情,让孩子说说自己遇到的不愉快的事情,我们一直反对加条条框框。

(2) 对听课教师的集体访谈

- 问:你们认为这节课上得怎样?
- 答:很清新、本色。譬如,游戏安排恰当、采访感受、共同寻找快乐小点子等。
- 问:你们从哪些方面作出这一结论的?
- 答:首先是选材比较生活化,适合孩子年龄特征和符合心理课特点;其次是设计过程,从"小鱼儿"这一游戏引入到结束时的"快乐体操",首尾呼应和贴近主题,其间的小组交流也不错;情境创设富有童趣,师生间呈弧形状的坐形,给学生平等的感觉,也给了学生自己的空间;最后是实效性。
- 问:你们认为这节课有没有突出的特点?有没有明显的不足?如果有,表现在哪里?
- 答:突出的特点表现在主题突出,"快乐"这一主题贯穿始终,符合孩子的特点;不足表现在:如果结束前让孩子谈谈本节课的感受和体会就更好了,还有一点,所选音乐需再显童趣些,但我们学校用的大多是高雅音乐。

(3) 与汪老师的个别访谈

- 问:您本节课的主题是如何选取的?
- 答:因为一年级选材不广,孩子不像高年级的学生能讲出自己的感受,但他们对于快乐是能体会到的,所以选取了这一主题。
- 问:您认为您这节课有没有突出的特点?有没有明显的不足?如果有,表现在哪里?
- 答:我觉得这节课最突出的特点是孩子确实感到快乐,我一直参与其中;不足之处是我又上他们语文课,感觉孩子似乎没有平时语文课上那么能表达自己。

## 四、观察法

观察法是指评价者在一定时间内,对评价对象在自然状态下的特定行为表现进行观察、考察和分析,而获得第一手事实材料的方法。它最适用于了解评价对象的行为、动作技能、情感反应、人际关系、态度、兴趣、个性和活动情况等。通常采用轶事记录、行为描写、检核表、评定量表等方式记录观察结果。

### (一) 观察法的类型

观察法一般分为自然观察法和实验观察法。前者是被观察者的活动和行为的产生,不受任何人为因素的影响,所观察到的是各种活动场景中的真情实景;后者是事前确定观察范围,在严密的条件控制下,促使被观察者作出反应,以获取所需信息。

### (二) 观察设计

观察设计包括确定观察对象和内容、选择观察方式和工具、培训观察人员。首先,要确定观察对象、时间和地点,观察的具体内容,即回答观察什么。其次,要确定观察方式并制订观察提纲和记录表格,即回答怎样观察。最后,对观察人员进行培训。包括对被观察对象、观察条件的了解、感知力、注意力、理解力的训练和记录表的熟悉等。

### (三) 观察记录

观察结果常以一定的方式记录下来。记录要力求真实,并标明时间、地点、事件发生的条件等。随着多媒体技术的发展,目前在观察时还经常采用录像技术。记录方式主要有对行为或事件的描述和按记录表记录两种。

1. 行为或事件的描述

描述的主要形式包括:日记描述、轶事记录和连续记录等。描述方式所获得的信息一般做定性分析。

2. 按记录表记录

记录表是一种事先拟定了各种需要观察项目的表格,可供观察者详细记录事件或行为是否出现或者出现的次数。有时,记录表还带有评定、判断栏目,要求观察者对观察到的现象进行价值判断。该方式所获得的资料通常可作定量处理。

### (四) 观察信息的整理

观察后,观察者应当及时整理、补充或修正记录,若发现有遗漏或记录有误时,应尽可能凭借记忆或参考其他观察者的记录进行补充和修正。在采用描述性记录方式时,观察者常常采用速记或简略、潦草的记录方式,此时,及时整理尤为重要。整理记录的时间若延迟太久,会因遗忘、难以辨认等原因造成信息的失真。观察信息整理时还可附注上观察者临时想到的解释和受到启发的问题,以便供以后分析时参考。但观察到实际情况的原始记录和观察者的推论应当明确分开。

### (五) 观察法的优缺点

1. 优点

(1) 观察是在现场进行的,具有直接感受性。(2) 一般不需要通过任何其他中介环节,主要依靠观察者的感官和思维。(3) 可获得评价对象不愿意或没能报告的行为表现,以及短时出现的情况。(4) 通常不会妨碍被观察者的日常学习和工作。(5) 在行为发生的现场做即时记录,全面、准确、生动,具有真实性和客观性。

2. 缺点

(1) 取样较小,观察对象项目多且分散时较难应用。(2) 有时会对被观察者产生干扰。(3) 依赖观察者的能力和心理状况,会因主观因素的干扰而引起失真。(4) 观察者需经过严格的培训。(5) 时间和精力花费较大,实施成本高。(6) 信息记录和整理较难系统化,结论较难类推或判断因果关系。(7) 有时观察项目归类的推论性太强,从而影响调查的信度。

## 五、文献法

这是依靠搜集和分析记载评价对象情况的现成资料而获得所需信息的方法。与上述其他搜集信息方法不同,文献法使调查者与被调查者在时空上完全隔离开来,不会产生相互作用,因而是一种相对隐蔽的搜集信息方法。

### (一) 文献类型

1. 按文献的外在形式分类

文献可分为:(1) 书面文献。即用文字记载的资料。(2) 音像文献。即用声音或图像记载的资料。(3) 实物文献。即用实物记载的资料。

2. 按文献的内容分类

文献可分为:(1) 政府、机构、组织、团体的文件和档案。(2) 社会研究文献。(3) 个人材料。

3. 按文献的加工程度分类

文献可分为:(1) 一次文献。作者本人根据所见所闻而记录的材料。(2) 二次文献。它是对一次文献进行初步加工整理的文献。(3) 三次文献。在二次文献基础上继续进行加工整理的文献。

### (二) 文献法的实施

近年来,由于计算机技术的发展,不少教育机构都十分重视教育信息管理的科学化和规范化,把众多的教育文献输入计算机,并实现计算机管理,从而减轻了教育评价中搜集有关文献资料的负担。文献调查的实施步骤主要为:

1. 编写文献调查大纲

根据评价目的和评价对象数量和质量的要求,事先要拟定查阅资料、文件的范围,提出明确的要求和人员安排,科学做到分工查阅,有分类,有统计,避免重复劳动。

2. 筛选和分类

筛选就是根据评价目的和评价对象数量和质量的要求,从众多的文献中选择有用的材料。分类则是对选定材料根据所涉及的主题进行分类。

3. 复印或摘录

为了便于分析和讨论,评价者可对一些重要的档案材料复印后分发给评价小组的各位成员。对一些篇幅较长的材料可以摘录其要点,以便作集中讨论,节省时间,提高评价工作的效率。

4. 文献核实和汇总

为了使评价结论建立在可靠的材料基础之上,评价者还要对选定的材料进行核实,去粗取精,去伪存真。重要的结论一定要汇总来自不同渠道的材料,在相互验证的基础上才能得出,决不能根据孤证就草率地得出结论。

5. 分析研究材料,写成报告

对汇总和核实了的材料进行分析研究,得出明确结论,并且写成报告,以便较好地引用。

### (三) 文献法的主要优缺点

1. 优点

(1) 不受时空的限制。评价者可通过文献了解不能亲自获得的材料。(2) 没有反应性问题。消除了被调查对象在访谈和观察时可能出现的掩饰或改变行为等反应性问题,文献也不会因为评价者的主观偏见而改变。(3) 方便和节省。可随时查询和摘录,费用不高。(4) 可克服评价者亲自调查的局限性。可扩大视野,进行更全面的分析和概括。

2. 缺点

(1) 现有的文献材料主要并不是为评价而特意准备的,具有不完全性,不能满足评价者的特定需要。(2) 原始材料可能带有原记录者的个人偏见和虚假成分,需要评价者认真地核实和甄别。

## 六、网络法

这种方法就是利用计算机网络(即用通信介质把分布在不同地理位置的计算机和其他网络设备连接起来,实现信息互通和资源共享的分布式系统)搜集和处理评价信息,并且,传输各种评价信息和结论。在教育评价活动中,常用的计算机网络有以下两种。

### (一) 局域网

这是一种在学校内部或办公楼范围内通过高速传输线路连接计算机与终端、终端与终端的网络。它一般包括主机、工作站或PC机、文件服务器、打印服务器、通讯服务器、传真服务器、数据库服务器、网络硬件(网卡、网线、网络通讯设备等)、网络软件(网络操作系统、网络服务器软件等)等。这种计算机技术可以用于在计算机机房中搜集评价信息,譬如,在学生评价教师课堂教学活动中,由于学生数量和一学期开设的学科较多,评价信息的数量也较多,于是,在运用计算机处理评价信息时,把学生的评价信息输入计算机就成了一项较为繁重的工作。为了减轻这项工作,提高评价工作的效率,可以利用局域网搜集学生的评价信息。具体操作步骤是:可以把评价标准显示在计算机屏幕上,让学生对教师一学期的课堂教学工作进行评价,评价信息很快在主机上生成,这样既可免掉把学生的评价信息输入计算机的繁重工作,又能减少评价误差,提高了评价工作的质量。若把评价信息的统计处理软件和评价结果的输出软件安装在主机上,那么,学生评价教师课堂教学的结果就会很快出来,主管领导和教师本人就能较早地知道学生评价教师课堂教学的结果,尽快作出决策或改进工作,有利于教学质量的提高。这种搜集评价信息的方式,最大的优点是可以面对学生作宣传,较有效地控制学生的评价过程,使得评价结果可信和有效。

### (二) 因特网(Internet)

它诞生于 1969 年,是美国国防部一项实验的产物,最初是由美国政府出资将国家实验室和大学的计算机互联而成的阿帕网(ARPAnet),其宗旨是为教育、科研工作者提供先进的计算机网络环境,加强信息交流,促进资源共享和科技合作。20 世纪 80 年代初,美国国家科学基金会(NSF)对阿帕网进行重建,同时将大量的学术、教育、研究和非营利机构并入网内,并将网络改称为 NSFnet。随着计算机、远程通信技术的发展和社会对信息交流与共享需求的增长,大批各种各样的网络连接到 NSFnet 上,人们将这个以 NSFnet 为主干并连接了大量具有不同硬软件计算机的网络称为因特网。这种网络在诞生 20 年后热度骤升,主要得益于两大技术:一是在因特网上建立了万维网(WWW,即 World Wide Web,又叫 Web);二是出现了浏览器(browser)软件。万维网是 1989 年由欧洲粒子物理实验室(CERN)提出的一种新型信息传播与处理技术,其目标是为高能物理界提供一种通报研究成果和交流各种观点、想法的手段,它是因特网诸项功能中最具特色和发展最快的一种信息传递方式。浏览器是一种在客户机端上用以访问万维网服务器的工具软件。有了它便可从自己的计算机向万维网服务器进行检索、查询和采掘,获取各种信息。事实上,在最初几年里,万维网发展并不快,关键是缺少浏览器。1993 年底,美国伊里诺斯大学超级计算机应用中心(NCSA)的开发人员发表了一个叫"马赛克"(Mosaic)的软件。这个软件就是万维网的一种浏览器,是一种在 Windows 环境中运行的用户端软件。运用因特网技术也能较有效地搜集和处理评价信息,与局域网技术所不同的是因特网可以搜集距离较远的评价信息,譬如,远程教育课堂教学评价可以采用因特网技术。利用这种技术搜集评价信息往往不能与学生面对面进行宣传和监控,因此,管理上较为麻烦,譬如,在网上进行评价时,学生不仅要输入学生证号,而且,还必须要有一个密码等,这样才能保证评价信息的可信性。

### (三) 网络法案例

在此以 ZG 中学的学生评价教师课堂教学为例。[①] 先将该系统安装到服务器端,安装完毕后立刻就可以在客户端的浏览器上进行评价操作。

进入 ZG 中学的课堂教学评价系统主界面(图 6-1)后,再点击进入 ZG 中学课堂教学过程评价界面(图 6-2)就可以实施评价工作了。

---

[①] 李春黎参加了此项研究。

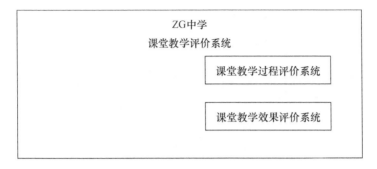

图 6-1　课堂教学评价系统主界面图

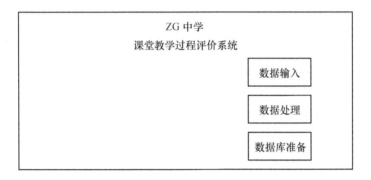

图 6-2　课堂教学过程评价系统界面图

1. 数据库准备

在进行评价之前,管理员必须做好数据库准备工作。此时,管理员应当点击图 6-2 中的"数据库准备"按钮,系统会做出响应,询问密码,如图 6-3。

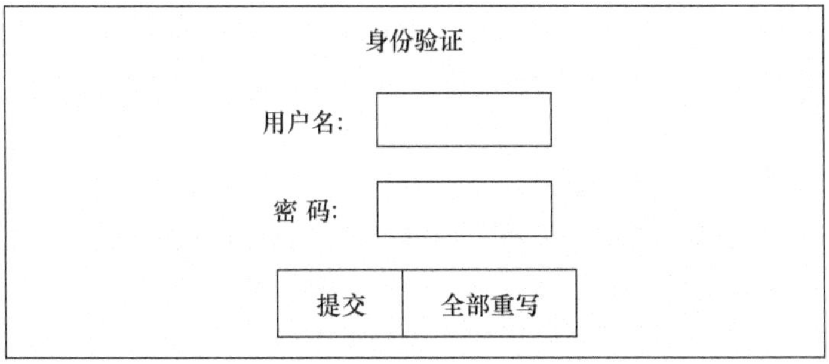

图 6-3　身份验证界面图

管理员输入密码进入后出现一个选择界面,如图 6-4。

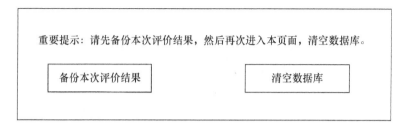

图 6-4　管理员选择界面图

此时按照图 6-4 中提示要求依次点击按钮,先备份好上次评价的数据后,再回到该页面清空数据库即可,成功操作后屏幕会给予提示,如成功清空数据库后会出现这样一段话:"记录删除成功!数据库已被清空,现在可以开始新一轮的教学评价工作。"

2. 数据输入

在课堂教学过程评价系统界面上,任何评价主体要进行评价时只要点击"数据输入"按钮即可。点击"数据输入"后系统会显示如图 6-5 所示的选择画面。

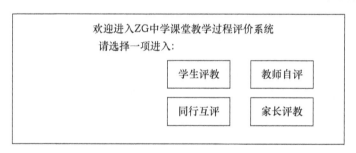

图 6-5　评价主体选择界面图

在该窗体中点击"学生评教"按钮,即可进入学生评教子系统。学生输入密码后,首先看到的是评价指导语。点击"下一页",进入评价标准页面,其由四部分组成。

第一,评价对象的基本信息。包括教学班级、课程名称和教师姓名。全部以下拉菜单的形式出现,供学生选择。此处需要特别说明的是,这些信息不能由学生自己输入,必须以选择的形式出现,否则会造成输入信息混乱,无法归类,给后续的数据处理造成困难,甚至会因为大量数据的作废而使评价工作无效。

第二,定量评价界面。以表格的形式出现,见表 3-1。所有评定等级的原始值都是 0,学生只需要把所选项改为 1 即可。

第三,定性评价界面。以问题的形式出现,需要学生自己输入回答内容。进行定性评价,可以作为定量评价的补充。

除了以上三个主要部分,页面上还有查看说明、提交和重置等按钮。评价标准页面程序的特点是:(1)一次提交。定性评价与定量评价放在同一个页面上,学生只要按一次提交按钮就可以提交全部内容,避免了重复操作。另外,对同一门课程进行定量评价后马上进行定性评价,也符合学生思维的连贯性。(2)具有强大的纠错功能。如果学生对基本信息填写不全、输入过程中出现了两个或两个以上的1或未输入1等,系统都会予以提示并拒绝提交。该功能充分保证了所得数据的有效性。(3)无评价主体信息。提交的数据中没有学生的姓名、学号等信息,为评价主体保密,使评价过程客观、公正,保证了数据的真实性。

要进行教师自评、同行评教或家长评教时,只要分别点击图6-5中相应的按钮即可,各评价过程和程序特点与学生评价相似,在此不再赘述。

3. 数据处理与显示

当所有的评价主体输入数据完毕后,按照传统的评价程序,就应当进入复杂又耗时的数据处理阶段了,而对于这个系统来说,管理员只需在界面上轻点"数据处理"按钮,就可以立即显示出处理结果。首先,在图6-2中点击"数据处理"按钮后,需要管理员输入用户名和密码,然后显示如图6-6所示数据处理选择界面。

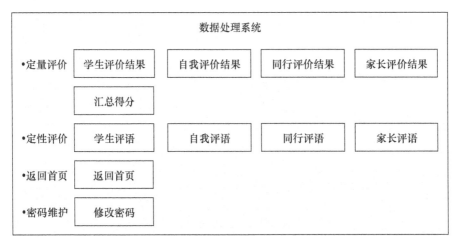

图6-6 数据处理选择界面图

(1)显示单项定量评价结果。管理员只要点击定量评价中学生评价结果、自我评价结果、同行评价结果或家长评价结果中的任意一项,就可以显示出对应的单项评价结果。根据ZG中学的要求,以表格的形式显示,所有结果按照总得分顺序由高到低排列。为方便裁剪后反馈给每位教师,每一门课程的上方均显示标题行(即缩写后的指标内容)。表格中包含每门课的课程编号、投票人数、每门课单项指标得分和每门课总得分(见表 6-10)。定量评价结果以分数表示,分数值的取值区间是[1,4],满分为 4 分。所有数据处理过程都由后台程序自动完成。

该页面包含的主要功能如下:

表 6-10　ZG 中学学生评价教师课堂教学过程定量评价结果表(摘要)

| 排序 | 课程编号 | 投票人数 | 1.教学激情 | 2.作业批改 | 3.指导学习 | 4.学生基础 | 5.公正公平 | 6.解答问题 | 7.掌握双基 | 8.探究欲望 | 9.语言表达 | 10.板书整洁 | 11.教学互动 | 12.教学内容 | 13.课堂调控 | 14.教学工具 | 总得分 |
|---|---|---|---|---|---|---|---|---|---|---|---|---|---|---|---|---|---|
| 1 | 七(4)班;信息科技 | 33 | 3.9394 | 3.9394 | 3.9697 | 3.9697 | 3.9697 | 3.9697 | 3.9394 | 4 | 3.9697 | 4 | 3.9697 | 4 | 4 | 3.9697 | 3.9711 |

(2) 显示汇总定量评价结果。汇总定量评价结果是指将学生评价结果、同行评价结果、教师自评结果和家长评价结果四者结合起来,运用公式 7-4 求出总的评价结果。这四个评价主体的权重,采用对偶比较法算得(见表 6-11)。这个数据处理过程由后台程序自动完成,管理员只需点击数据处理选择页面上的"汇总得分"按钮,即可显示出四类评价主体汇总后的总得分。

表 6-11　ZG 中学课堂教学过程评价四个评价主体权重表

| 评价主体 | 学生 | 同行或领导 | 教师自我 | 家长 | 合计 |
|---|---|---|---|---|---|
| 权重 | 0.6 | 0.1 | 0.1 | 0.2 | 1 |

(3) 显示定性评价结果。分别点击学生评语、同行评语、自我评语、家长评语,就能看到相应的定性评语,相同课程编号的评语集中在一起,按输入时间的先后顺序排列。可以直接打印,也可以复制为.doc 文件或.xls 文件进一步编辑。

表 6-12　ZG 中学学生评价教师课堂教学过程定性评价结果表(摘要)

| 课程编号 | 定性评价结果 | 时间 |
|---|---|---|
| 七(4)班;信息科技 | 思路清晰、表达清楚、教学态度好、幽默、教学方法灵活。 | 2006-1-6 13:11:08 |
| 七(4)班;信息科技 | 喜欢,表达清楚。希望能较多地结合生活实际。 | 2006-1-6 13:17:06 |

4. ZG 中学学生评价教师课堂教学过程结果的分析和利用

(1) 评价人员可以把表 6-10 和表 6-12 结合起来分析,制成表 6-13,便于反馈给每一位教师或作为档案保存。这样做一方面能让教师及时知道自己课堂教学的情况,尽早有针对性地改进自己的教学,满足学生的学习需求,有效提高课堂教学质量;另一方面作为档案保存,当资料累积到一定程度时,对教师课堂教学过程水平是可以做出较为准确判断的,以作为教师职称晋升和评优等的依据。

表 6-13  ZG 中学学生评价教师课堂教学过程定量评价和定性评价结果表

| 指标<br>对象 | 名次 | 1.<br>教学<br>激情 | 2.<br>作业<br>批改 | 3.<br>指导<br>学习 | 4.<br>学生<br>基础 | 5.<br>公正<br>公平 | 6.<br>解答<br>问题 | 7.<br>掌握<br>双基 | 8.<br>探究<br>欲望 | 9.<br>语言<br>表达 | 10.<br>板书<br>整洁 | 11.<br>教学<br>互动 | 12.<br>教学<br>内容 | 13.<br>课堂<br>调控 | 14.<br>教学<br>工具 | 总<br>得<br>分 |
|---|---|---|---|---|---|---|---|---|---|---|---|---|---|---|---|---|
| 七(4)<br>班;信息<br>科技 | 1 | 3.9394 | 3.9394 | 3.9697 | 3.9697 | 3.9697 | 3.9697 | 3.9394 | 4 | 3.9697 | 4 | 3.9697 | 4 | 4 | 3.9697 | 3.9711 |
| | 长处 | 思路清晰、表达清楚、教学态度好、幽默、教学方法灵活。 | | | | | | | | | | | | | | |
| | 建议 | 希望能较多地结合生活实际。 | | | | | | | | | | | | | | |

(2) 可以对表 6-13 作以下分析:第一,利用图形显示定量数据,迅速分析出某教师某一条指标评价结果的分布情况,再参照表 3-2,确定出每一条指标所获得的评价等级。每一位被评教师能较清楚地看出自己教学的长处和不足。第二,比较各个被评教师之间的定性评语,可以看出各个被评教师教学的长处和不足,同时获得学生的具体意见和建议。第三,了解学生对学习的需求。

(3) 完成评价报告,如第三章第三节中的"评价报告案例"。可以对学校教师整体教学情况进行分析和把握,使得主管学校教学工作的领导能有的放矢地进行教学决策,提高学校课堂教学质量。

**【本章小结】**

本章在系统阐述自我评价、群众评价、同行评价、领导评价、社会评价、有关的各种资料和数据等六大教育评价信息来源的基础上,论述了确定教育评价信息源样本数量的方法和简单随机抽样、等距抽样、分层抽样三种常用的抽样技术,随后,全面叙述了常用的搜集教育评价信息的六种方法,即测量法、问卷法、访谈法、观察法、文献法和网络法。

**【文献导读】**

1. 马永霞.教育评价[M].北京:当代世界出版社,2001.
2. 陈向明.质的研究方法与社会科学研究[M].北京:教育科学出版社,2000.
3. 叶澜.教育研究方法论初探[M].上海:上海教育出版社,1999.
4. 裴娣娜.教育研究方法导论[M].合肥:安徽教育出版社,1995.
5. 陈绥.普通教育评价[M].北京:北京师范大学出版社,1991.
6. 陈谟开.高等教育评价概论[M].长春:吉林教育出版社,1988.

**【问题讨论】**

1. 教育评价信息可通过哪些途径获得?在领导进行评价时应该注意什么?
2. 在教育评价搜集信息过程中,目前来自于自我、群众、同行、领导和社会等五个方面的评价信息,你认为哪方面的信息比较客观?哪方面的信息不太客观?为什么?

3. 就目前而言,评价学校教育质量的社会评价信息主要来自哪些方面?

4. 为什么在搜集教育评价信息中有时也要运用抽样技术?

5. 用网络法搜集教育评价信息,有何优势和不足?

6. 请谈谈你所在单位(或部门)在教育评价活动中是如何搜集评价信息的,运用所学的知识指出存在的不足和改进的方法。

# 第七章　教育评价信息处理

**【本章概要】**

本章阐述了两大类教育评价信息的处理方法,即定性处理方法和定量处理方法,并且主要论述了哲学分析法、系统分析法、逻辑分析法三种定性处理方法和累积分数法、统计分析法、模糊数学法三种定量处理方法。

**【学习目标】**

学习本章后,你应该能够:

1. 理解定性和定量处理方法的概念。
2. 掌握常用的定性和定量处理方法。
3. 解决教育评价实践中基本的处理评价信息问题。

教育评价信息搜集以后,存在着如何处理评价信息的问题。所谓评价信息处理,就是用科学的方法,对搜集得到的评价信息进行整理、分类、统计和分析,理出头绪,寻找规律,使评价信息能系统而完整地反映评价对象的基本特征,进而得出有充分说服力的评价结论,并提出建议。搜集到的评价信息一般有两种:一是定性评价信息;二是定量评价信息。对于不同的评价信息,应该采用不同的方法来处理,因此,处理评价信息的基本方法也有两种:一是定性处理方法;二是定量处理方法。但是,从教育评价发展的趋势来看,应该把定性处理方法和定量处理方法有机地结合起来。

## 第一节　教育评价信息的定性处理方法

所谓评价信息的定性处理方法,就是指在处理评价信息中不采用数学的方法。其处理对象是不能定量化的评价信息,或者是评价信息定量化之前的定性分析和描述,或者是对评价信息定量处理结果的定性分析和解释。具体说来,譬如,对评价对象优缺点的详细描述,对典型个案的深入研究,评价对象内隐的观念和意识分析等。在处理评价信息过程中,往往运用思辨的方法对评价信息进行分析、归纳、综合和推断,用语言形式表述评价结果。常用的方法有以下三种。

### 一、哲学分析法

哲学分析法就是用马克思主义哲学的基本原理和方法来处理评价信息。人们生活在世界上,无时无刻不在接触周围世界的各种各样的事物和现象。慢慢地,他们对所接触到的事物和现象就有了一定的了解,形成了一定的看法。开始是对个别的、具体的事物和孤立的、分散的现象有了一定的看法,随后,眼界逐渐开阔,最后终于对世界的本质和各种事物之间的联系以及人与周围世界的关系等问题,形成了一个总的看法,即世界观。世界观是人人都有的,只不过许多人没有把它系统化,没有自觉地用哲学语言把它表达出来。当人们把世界观加以系统化,上升为理论,形成一定的理论体系后,就成为哲学学说了。可见,哲学是系统化和理论化的世界观。用不同的世界观去分析事物和现象,将会得到不同的结论。

马克思主义哲学是辩证唯物主义和历史唯物主义,它是人类哲学思想和科学知识发展的最高成果。辩证唯物主义认为,事物的矛盾运动是绝对的,一个矛盾解决以后,就会产生新的矛盾。正因为矛盾是绝对的,因而事物的发展也是绝对的。它揭示了许多规律,如对立统一规律、量变质变规律和否定之否定规律,等等。历史唯物主义是关于人类社会发展普遍规律的学说,它把辩证法和唯物论的原理应用于研究社会生活、社会现象和社会发展,具体地说,主要研究人类社会是由什么构成的,社会性质是由什么决定的,社会形态更替的原因是什么,社会发展的动力是什么,人民群众在历史上起什么作用,等等。由于马克思主义哲学是科学的世界观和方法论,因此,用这种世界观和方法论来分析事物和现象,就会得出科学、客观和准确的结论。

在处理评价信息中,运用辩证唯物主义和历史唯物主义,评价者能透过现象认识并揭示事物的本质,把认识从事物的外部深入到内部,并从偶然性事件中发现必然的规律,以获取真知和科学的结论。

## 二、系统分析法

所谓系统分析法,就是指运用系统科学的原理和方法来处理评价信息。系统科学是研究系统的特征和演化规律的科学。所有的教育活动可视为一个系统,它的运行遵循着系统演化的规律。如果评价者认识了这些规律,就可以较为科学地分析评价信息,推断评价结论了。研究系统科学(包括系统论、信息论、控制论,以及耗散结构论、协同学、突变论等)可以得出以下三条基本原理。

### (一)整体原理

这条原理的涵义是任何系统的整体功能 $E(整)$,等于系统内各部分功能的总和 $\Sigma E(部)$ 加上各部分相互联系形成结构产生的功能 $\Sigma E(联)$,即可表述为:

$$E(整) = \Sigma E(部) + \Sigma E(联) \tag{7-1}$$

式中:$\Sigma E(联) > 0$ 或 $\Sigma E(联) < 0$。由于 $\Sigma E(联) = 0$ 的概率极小极小,所以,

$E(整)\neq\Sigma E(部)$。

在古代，亚里士多德(Aristotel)曾提出过：整体大于各孤立部分之总和。譬如，三个臭皮匠，赛过一个诸葛亮，这就是指一个系统在 $\Sigma E(联)>0$ 时的情形。但是，如果各部分组合成一个彼此冲突的结构，产生内耗，整体功能就可能小于各部分功能的总和。譬如，一个和尚挑水吃，两个和尚抬水吃，三个和尚没有水吃，这是指一个系统在 $\Sigma E(联)<0$ 时产生的结果。整体原理告诉我们：不仅应注意发挥各部分的功能，更重要的是要发挥各部分相互联系形成结构的新功能。

### (二) 反馈原理

反馈原理是指一个控制系统的控制部分既有控制信息输入到受控部分，受控部分也有反馈信息回送到控制部分，形成一个闭合回路。没有反馈信息的非闭合回路，不可能实现控制。控制部分正是根据反馈信息的量才能比较、纠正和调整它发出的控制信息的量，从而实现控制。根据这一原理，我们往往把系统的输出信息，返回到输入端，从而对系统的输入和再输出施加影响，使系统能稳定保持在某种状态或按照一定路径达到预定目标。反馈有正反馈和负反馈之分，起到增强输入作用的为正反馈，起削弱原来输入作用的是负反馈。无论是正反馈还是负反馈，都被人们所需要，它们各有各的用途，这就需要把握住它们的特点，适当地运用。譬如，新的结构、模式和形态在开始时总是弱小的，需要靠系统的自我放大(自我激励)机制才能生长和壮大。这就是正反馈机制。但新结构不能一直生长下去，到一定程度就应稳定下来，不再增大规模，即系统应有自我抑制(自我衰减)机制。这就是负反馈机制。正反馈和负反馈适当结合起来，才能实现系统的自我组织。运用反馈来调节和控制一个系统时，应注意解决好以下六个问题：第一，要确定出明确的目标变量。第二，要确定出可靠的政策变量。第三，反馈的速度要快。第四，反馈的路径要短。第五，要注意防止反馈过度的问题。第六，要考虑输出端的反应对输入端的变化在时间上有一个滞后特性。

### (三) 有序原理(也称自组织原理)

它的基本涵义是，一个系统只有在开放、远离平衡和内部不同元素或子系统之间存在非线性相互作用(或协同合作)的条件下，通过涨落放大才可能以自组织的方式，从混沌到有序，或者从低级有序到高级有序。所谓自组织，就是不存在外部的作用力或指令，系统内部不同元素或子系统按照某种特定的规则和条件形成一定的结构，协调地运行。[①] 这种理论是现代科学技术发展的产物，它虽然产生于自然科学，但是在社会科学领域里也得到了广泛应用，并取得了很大的成效。

由有序原理可知，一个系统必须满足以下四个条件，才有可能形成新的有序

---

① 吴钢.自组织理论在学校管理中的运用[J].教育探索,2000(7).

结构:第一,系统必须是开放的。任何系统内部均存在着熵产生,当它达到极大值时,系统就处于无序状态。而开放系统由于与环境有物质、能量和信息的交流,它的熵由两部分组成:

$$系统的熵(dS) = 熵产生(diS) + 熵流(deS) \qquad (7\text{-}2)$$

式中:$diS \geq 0$(热力学原理保证熵产生为非负量);$deS$ 反映的是系统与环境之间熵的交换,这部分可正、可负,也可为零。在熵流是负的情况下,只要它足够强,这样除了可以抵消掉系统内部的熵产生外,还能够使系统的熵减少,从而使系统进入有序状态。第二,系统必须远离平衡态。处在平衡态和近平衡态的系统总倾向是趋于无序的,只有当环境驱动开放系统越出非平衡线性区,到达远离平衡态的非线性区域时,系统才有可能发生非平衡相变,形成新的稳定有序的结构。这就是普利高津(I. Progogine)所说的"非平衡是有序之源"论断的含意。第三,系统内部不同元素或子系统之间存在非线性相互作用(或协同合作)。系统内部不同元素或子系统之间的相互作用大体分为合作和竞争两种形式,它们都是系统产生自组织行为的动力。没有系统内部不同元素或子系统之间的合作,没有系统与环境之间的合作,就不会有新结构的出现。同样,没有系统内部不同元素或子系统之间的竞争,特别是没有系统与环境中其他系统的竞争,也不会有新结构的出现。合作与竞争本质上是非线性的。线性的相互作用至多能产生平庸的自组织,真正的自组织只能出现在非线性系统中,而且要有足够强的非线性才行。第四,系统有涨落放大,形成"巨涨落"。涨落的特点是随机生灭,或大或小。按其来源,有内涨落和外涨落之分;按其规模,有小涨落、大涨落、巨涨落之分。一切真实的系统都存在涨落,它在自组织中起着极为重要的作用。系统通过涨落去触发旧结构的失稳,探寻新结构;系统在分叉点上靠涨落实现对称破缺选择,建立新结构。

### 三、逻辑分析法

逻辑分析法就是用逻辑学的基本原理和方法来处理评价信息。常用的有以下几种方法。

#### (一)归纳和演绎

归纳是从个别事实推出一般结论的思维方法,大致相当于认识运动中从个别到一般的阶段。它又分为完全归纳和不完全归纳两种:一是完全归纳,即考查了一类对象的所有个体,根据它们具有或不具有某种属性而推出的该类对象都具有或不具有某种属性的一般结论。二是不完全归纳,即根据因果规律的特点,在前后相伴发生的一些现象中,通过其相关变化,如同时出现、同时不出现或同时成比例地发生变化等事实,归纳出现象间的因果联系。此法又分为简单枚举法和直觉法。前者指根据某类一些事物具有某种属性而未发现与此相矛盾的情况而推出该类全部事物都有此属性;后者指从感觉资料中运用洞察力直观本质,如从月亮发光一面总对着太阳而推论月亮发光是由于太阳光反射所致。归纳法在认识评价信息中主要具有两个方面的作用:一是帮助人们实现从感性认识到理性认识的飞跃。理性认识是对事物本质的认识。归纳法是从大量的个别事实得出一般性结论的推理,它提供的是共性知识。虽然关于共性的认识不一定都是关于本质的认识,但是,本质的东西,却一定是某种共性的东西。因此,运用归纳法,从个别上升到一般,就缩小了寻找本质的范围,有助于把握本质,形成概念。二是帮助人们在研究大量感性材料的基础上,发现自然规律。

演绎是从一般结论推出个别的思维方法,大致相当于认识过程中从一般到个别的阶段。它的结论带有必然性,因为结论蕴涵在前提之中,如果前提是真,结论必然为真。运用此法研究问题,首先要正确掌握作为指导思想或依据的一般原理和原则。其次要全面了解所要研究的课题、问题的实际情况和特殊性。最后才能推导出一般原理用于特定事物的结论。

归纳和演绎是互相密切联系的两个方面。不仅归纳是演绎的基础,演绎是原有归纳的补充,而且演绎是新的归纳过程的前导,归纳也是演绎的补充。

### (二) 分析和综合

分析是把认识的对象在思维中分解成各个组成部分,然后对它们进行细致的研究,即把一个整体分解成若干部分然后逐个研究。它的研究结果是对认识对象各个部分提供具体知识。分析方法的好处是可以比较精细和具体地了解事物的各个组成部分,避免泛泛的空洞了解。而且,对于一个混沌不清的对象进行分析,就有可能发现矛盾。但是,由于着眼于局部研究,人的眼光可能局限在狭隘的领域里,把本来互相联系的东西暂时割裂开来,容易孤立和片面地看问题。

综合是在思维活动中将分析所得的关于客观对象各个部分、方面、特征和因素的认识联结起来,形成对客观对象的整体认识。这种方法不是任意的拼凑,而是按客观事物的本质联系进行。它能把握事物本来的联系及其中介,能揭示出事物在分割状态下不曾呈现出来的特性。

分析和综合是两种不同的、相反的理性认识方法,但是,它们又相互依存、不可分割。它们统一的客观依据是事物本身都是由若干部分和方面组成的统一体,事物既有多样性和复杂性,又有统一性和简单性。具体表现在:第一,分析是综合的前提,没有分析就没有综合。综合的成果要提供对事物整体真实而全面的知识,就必须以分析为基础。没有分析为基础的综合认识是抽象空洞的认识。第二,综合是分析的发展和提高。认识的任务不能仅仅限于分析,还必须有综合。这是因为事物虽可分成若干组成部分,但它本身是统一的整体;事物虽相对独立,但它本身又是普遍联系着的。如果只有分析,到分析就停止了,那就会使完整的事物在我们头脑中被肢解,不能完整地认识事物。必须在分析之后,把分析所得的关于事物各部分的具体知识综合起来,并且,这种综合不是把各方面和各部分知识简单地堆积、凑合,而是一个去粗取精的过程,与分析相比,综合更接近于对事物本质、规律性和整体的认识。因此,综合是分析的发展和提高。

在处理评价信息过程中,要综合运用上述三种方法。作为实例,在此摘录某督导报告的部分内容:

- 通过对学校有关干部进行专访,对师生、家长进行问卷调查以及查阅学校的《三年规划》、《工作计划》、《工作总结》等书面资料,我们认为学校领导班子成员虽然都很年轻,担任行政工作时间不长,但他们能主动进取,不断开创工作新局面。
- 学校能根据《中小学德育管理规程》、《小学德育纲要》开展德育工作,确实抓住了一个"实"字,取得了实效。
- 学校能严格执行《课程计划》,安排科学合理,活动课程也能开齐、开足。教学流程管理各个环节都有具体要求,教导处定期检查反馈,做到定性与定量分析相结合。

## 第二节  教育评价信息的定量处理方法

所谓评价信息的定量处理方法,就是指在处理评价信息中采用数学的方法。其处理对象是能定量化的评价信息。它的特点:一是受分析人员的主观影响相对较少,客观性强,处理结果有说服力;二是可借助计算机等现代化手段完成分析,效率较高,便于普及。常用的定量处理方法有:累积分数法、统计分析法和模糊数学法。

### 一、累积分数法

这是评价者按照评价标准对评价对象逐项进行评分,然后将各项所得的分数相加起来,就得出评价对象应得总分的方法。它的应用非常广泛,是一种既简单,又实用的方法。其计算公式有以下两个。

(一)当指标没有相对应的权重时

计算公式为:

$$S = \sum_{i=1}^{n} S_i \quad (7\text{-}3)$$

式中:$S$ 为累积分数;$S_i$ 为评价对象第 $i$ 个指标的评定值。

## （二）当指标有相对应的权重时

计算公式为：

$$S = \sum_{i=1}^{n} \omega_i S_i \tag{7-4}$$

式中：$S$、$S_i$ 同上；$\omega_i$ 为对应于指标 $i$ 的权重。

**例 7-1** 从甲乙两位学生中选拔一名学生参加全市数学竞赛。根据运算能力、逻辑思维能力、空间想象能力三项指标对他们进行测评，其结果是：甲学生运算能力 100 分、逻辑思维能力 35 分、空间想象能力 20 分和乙学生运算能力 70 分、逻辑思维能力 50 分、空间想象能力 45 分，请用累积分数法对以上数据进行处理（规定：谁累积分数高，谁参加）。第一问：哪位学生应参加全市数学竞赛？若三项指标的权重分配分别是 0.5、0.25、0.25，第二问：甲乙两位学生中，谁能参加全市数学竞赛？

解：（1）由公式 7-3 得：

∵ $S_{甲} = 100 + 35 + 20 = 155$

$S_{乙} = 70 + 50 + 45 = 165$

∴ 乙学生应参加全市数学竞赛。

（2）由公式 7-4 得：

∵ $S_{甲} = 100 \times 0.5 + 35 \times 0.25 + 20 \times 0.25 = 63.75$

$S_{乙} = 70 \times 0.5 + 50 \times 0.25 + 45 \times 0.25 = 58.75$

∴ 甲学生应参加全市数学竞赛。

**例 7-2** ZG 中学某班学生某学期末对某一位教师的课堂教学过程进行评价。运用表 3-1 搜集到某班 50 名学生对某教师的评价信息，经初步统计结果如表 7-1。

表 7-1 ZG 中学学生对某一位教师课堂教学过程的评价信息初步统计结果表

| 指标体系 | 评定标准 | | | |
|---|---|---|---|---|
| | A | B | C | D |
| 1. 教学富有激情与智慧，教学形式灵活多样，能激发学生兴趣 | 20 | 30 | 0 | 0 |
| 2. 作业或体育锻炼的质与量适度，认真批改并及时分析指导 | 19 | 31 | 0 | 0 |
| 3. 教学中注意培养学生良好的思维方式，传授、指导解决问题的方法 | 8 | 40 | 2 | 0 |
| 4. 教学能考虑到学生原有的基础和循序渐进的提高 | 11 | 35 | 4 | 0 |
| 5. 对待学生公平、公正，评价积极恰当 | 24 | 26 | 0 | 0 |
| 6. 能耐心、细致地解答学生提出的问题 | 9 | 35 | 6 | 0 |
| 7. 学生理解掌握了该课程的基本知识和基本技能 | 12 | 32 | 6 | 0 |
| 8. 教学中有拓展，能引发学生对本课程相关问题的探究欲望 | 9 | 37 | 4 | 0 |
| 9. 授课通俗易懂，语言表述清晰、简练 | 7 | 35 | 8 | 0 |

续表

| 指标体系 | 评定标准 A | B | C | D |
|---|---|---|---|---|
| 10. 板书整洁、清晰明了、重点突出,便于理解记忆(或教师示范动作易于理解和接受) | 9 | 40 | 1 | 0 |
| 11. 教学互动强,学生勇于表达自己的见解,参与意识强 | 10 | 30 | 10 | 0 |
| 12. 教学内容组织恰当,容量适中,节奏、进度安排合理 | 8 | 40 | 2 | 0 |
| 13. 课堂组织、调控能力强,准时上下课 | 12 | 32 | 6 | 0 |
| 14. 根据需要,合理、有效地使用多媒体或教具(或执教者动作准确规范,合理选用场地,注意教学安全) | 9 | 40 | 1 | 0 |

根据表 7-1 中的统计结果,如何算出每条指标的得分呢?又如何算出这个教师课堂教学过程学生评价的总得分呢?

解:要计算表 7-1 中每条指标的得分,首先应该对 A、B、C、D 四个等级进行量化。根据第五章第二节中的相关内容,定量化 A、B、C、D 后,由表 7-1 中的统计数据就可以计算出每条指标的得分了。其计算公式为:

$$S_i = \frac{A_i \times 4 + B_i \times 3 + C_i \times 2 + D_i}{A_i + B_i + C_i + D_i} \tag{7-5}$$

式中:$S_i$ 为第 $i$ 条指标的得分;$A_i$、$B_i$、$C_i$、$D_i$ 分别为第 $i$ 条指标 A、B、C、D 等级的统计值。

再运用表 3-1 中的权重和公式 7-4 算出这个教师课堂教学过程学生评价的总得分,见表 7-2。

表 7-2 这个教师课堂教学过程学生评价每条指标的得分和总得分表

| 指标体系 | 指标的得分 | 总得分 |
|---|---|---|
| 1. 教学富有激情与智慧,教学形式灵活多样,能激发学生兴趣 | 3.40 | |
| 2. 作业或体育锻炼的质与量适度,认真批改并及时分析指导 | 3.38 | |
| 3. 教学中注意培养学生良好的思维方式,传授、指导解决问题的方法 | 3.12 | |
| 4. 教学能考虑到学生原有的基础和循序渐进的提高 | 3.14 | |
| 5. 对待学生公平、公正,评价积极恰当 | 3.48 | |
| 6. 能耐心、细致地解答学生提出的问题 | 3.06 | |
| 7. 学生理解掌握了该课程的基本知识和基本技能 | 3.12 | |
| 8. 教学中有拓展,能引发学生对本课程相关问题的探究欲望 | 3.10 | 3.1717 |
| 9. 授课通俗易懂,语言表述清晰、简练 | 2.98 | |
| 10. 板书整洁、清晰明了、重点突出,便于理解记忆(或教师示范动作易于理解和接受) | 3.16 | |
| 11. 教学互动强,学生勇于表达自己的见解,参与意识强 | 3.00 | |
| 12. 教学内容组织恰当,容量适中,节奏、进度安排合理 | 3.12 | |
| 13. 课堂组织、调控能力强,准时上下课 | 3.12 | |
| 14. 根据需要,合理、有效地使用多媒体或教具(或执教者动作准确规范,合理选用场地,注意教学安全) | 3.16 | |

由公式 7-5 和公式 7-4 可知,每条指标的得分和总得分均在 1~4 之间,若在数轴上表示出来,它们就是 1~4 闭区间上的连续点,因此,它们不仅有量的涵义,也有质的解释。如果把每条指标的得分和总得分分别乘以 25,则它们的乘积均在 25~100 之间。每条指标的得分和总得分经过放大后,它们量的涵义就十分明显。至于质的解释,只要把每条指标的得分和总得分分别标在数轴上就清楚了,如图 7-1 所示,这个教师课堂教学过程学生评价总得分在数轴上的位置。

**图7-1　这个教师课堂教学过程学生评价总得分在数轴上的位置图**

由图 7-1 可知,如果 4、3、2、1 代表优、良、中、差的话,那么这个教师课堂教学过程学生评价结果是优良,更精确一点说是介于优良之间,略偏向于良。一般,得到 3.5 以上的评价结果是较为突出的;大多数教师课堂教学过程学生评价结果均在 2.5~3.5 之间;评价结果在 2.5 以下的教师急需认真反思和改进自己的教学工作。

## 二、统计分析法

这种方法就是在处理评价信息中采用数理统计的方法。在教育现象中存在着许多数量,其中有一些是随机性数量,这种数量需要用统计分析法来处理。常用的有:平均数、方差、标准分数、相关系数、Z 检验、t 检验、F 检验和 $x2$ 检验,等等。除此而外,多元统计分析法在教育评价中的应用已呈现一种趋势。因为教育现象是由多种因素决定的,对其价值进行判断,势必要对与教育相关的各种因素进行分析和推断,这是单变量统计分析法远不能解决的,所以,要用多元统计分析法来解决。常用的有:主成分分析法、因子分析法和聚类分析法等。随着电子计算机的进一步普及,多元统计分析法在教育评价中应用的优势将会变得越来越明显。为了便于读者能把数理统计方法较好地运用于教育评价中,特在此举一些经常碰到的例子,仅供参考。另外,通过学习这些实例,融会贯通,勇于创新。

### (一)百分等级

百分等级是常用的表示评价结果的方法之一。一个分数的百分等级可定义为:在常模团体(即由具有某种共同特征的人所组成的一个群体或群体的一个样本)中低于该分数的人数百分比。譬如,在一次算术测验中,有一半人分数低于 80 分,那么这个原始分数就相当于 50 百分等级。百分等级高于 50,表示高于一般水平,低于 50 意味着水平较低。25 和 75 百分等级代表分配中最低和最高 1/4 部分的分界点。可见，百分等级指出的是个体在常模团体中的相对位置，百分等级越低，个体所处的地位越差。

在计算百分等级时需要决定在常模团体中分数低于某一值的人数比例。首先列出频数分布表，然后算出低于某一特定分数的累积频数，将此累积频数除以样本总人数，便可得到低于此分数的累积比例，再将这个比例乘以 100，即可将分数换成百分等级。

百分等级的意义是无论测验分数的分布形态如何，都可以用百分等级表示某学生在团体中的相对位置；可以用百分等级来比较一个学生两次测验的成绩；可以比较两个团体的测验成绩。

### （二）正态分布

正态分布曲线是一种两头低中间高的单峰对称曲线。它是一种重要的连续性分布，不仅在自然现象中大量存在，而且在包括教育在内的社会现象中也很普遍。譬如，身高、体重、人的智力、能力等都服从或近似服从正态分布。正态分布亦称"常态分布"、"高斯分布"。这种分布最初为德·莫佛尔（D. Moivre）发现，德国数学家高斯（Gauss）等人对其推导也作过很大贡献。如图 7-2 所示正态分布曲线下的面积与平均数（$\overline{X}$）、标准差（$\sigma$）的关系。

由图 7-2 可知，正态分布曲线至少具有以下两条性质：

(1) 正态分布曲线近似界于 $\overline{X}-3\sigma$ 和 $\overline{X}+3\sigma$ 之间；

(2) 过平均数作数轴的垂线，这条垂线就是正态分布曲线的对称轴，即正态分布曲线的左、右两边关于这条垂线对称。

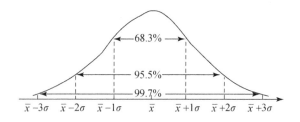

图 7-2　正态分布曲线下的面积与平均数、标准差的关系图

作为正态分布的一个应用，在此研究五级评定法、三级评定法和四级评定法中各个等级的比例分配。

第一，五级评定法。由正态分布曲线的性质可知，只要以标准差为单位，作适当划分就能科学地得到五级评定法中各等级所占的比例。通常的划分是在 $5\sigma$ 范围内以 $1\sigma$ 为单位分配优秀、良好、中等、及格、不及格，或者 A、B、C、D、E。如图 7-3 所示。

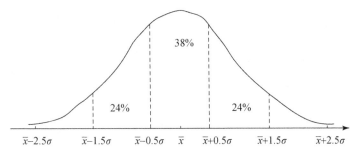

图 7-3 五等级评定法的划分图

由图 7-3 可知,在平均数 $\overline{X}\pm 0.5\sigma$ 范围之内的为中等,约占总体的 38%;在 $\overline{X}+0.5\sigma\sim\overline{X}+1.5\sigma$ 之内为良好,约占总体的 24%;在 $\overline{X}+1.5\sigma\sim\overline{X}+2.5\sigma$ 之内为优秀,约占总体的 7%(区间右端可以延伸至 $\overline{X}+3\sigma$,以覆盖整个正态分布曲线,产生的误差较小,可以忽略);在 $\overline{X}-1.5\sigma\sim\overline{X}-0.5\sigma$ 之内为及格,约占总体的 24%;在 $\overline{X}-2.5\sigma\sim\overline{X}-1.5\sigma$ 之内为不及格,约占总体的 7%(区间的左端可以延伸至 $\overline{X}-3\sigma$,以覆盖整个正态分布曲线,产生的误差较小,可以忽略)。

根据图 7-3 的划分,对于任意个体数较多的群体,只要其个体属性理论上服从正态分布,并且,算出平均数和标准差,就可以较为科学地采用五等级评定法判断该群体是否遵从正态分布。另外,运用五等级评定法,可以对群体中的个体进行较为科学的相对评价。

第二,三级评定法。只要在 $6\sigma$ 范围内以 $2\sigma$ 为单位分配好、中、差,或者 A、B、C,由图 7-2 可知,好约占总体的 16%;中约占总体的 68%;差约占总体的 16%。

第三,四级评定法。只要在 $6\sigma$ 范围内以 $1.5\sigma$ 为单位分配好、较好、不太好、不好,或者 A、B、C、D,由图 7-3 可知,好约占总体的 7%;较好约占总体的 43%;不太好约占总体的 43%;不好约占总体的 7%。

**例 7-3** 判断某学科 176 名学生考试成绩是否服从正态分布。已算出某次考试的平均分($\overline{X}$)是 74.5,标准差($\sigma$)为 10.2。

**解**:由已知条件和图 7-3 可得表 7-3。

由表 7-3 可知,176 名学生考试成绩五个等级分配中的百分比,与正态分布曲线上的理论数据 7、24、38、24、7 很接近,因此,这些学生的考试成绩近似服从正态分布。

表 7-3  学生考试成绩五等级划分标准表

| 等级划分标准 | 分数 | 等级 | 人数 | 百分比 |
|---|---|---|---|---|
| $\overline{X}+2.5\sigma$ | 100 | | | |
| $\overline{X}+1.5\sigma$ | 89.8 | 优秀 | 12 | 7 |
| $\overline{X}+0.5\sigma$ | 79.6 | 良好 | 46 | 26 |
| $\overline{X}-0.5\sigma$ | 69.4 | 中等 | 67 | 38 |
| $\overline{X}-1.5\sigma$ | 59.2 | 及格 | 38 | 22 |
| $\overline{X}-2.5\sigma$ | 49 | 不及格 | 13 | 7 |

**例 7-4**  假设一个中学有 100 位教师,每个学期期末开展学生评价教师课堂教学活动,已进行了三次,评价等级为四等级:优、良、合格、不合格,评价得分由高到低排列见表 7-4,那么如何建立评价得分常模呢?

表 7-4  三次课堂教学评价活动评价得分由高到低排列表

| 教师序号 | 第一次评价得分 | 第二次评价得分 | 第三次评价得分 | 常模 |
|---|---|---|---|---|
| 1 | 3.88 | 3.90 | 3.85 | |
| 2 | 3.86 | 3.88 | 3.82 | |
| ⋮ | | | | 优等≥3.6 |
| 7 | 3.60 | 3.61 | 3.59 | |
| ⋮ | | | | |
| 100 | 1.92 | 2.10 | 1.90 | |

**解**:在这里以建立优等常模为例,其他等级的常模可参照制定。由上述可知,四等级的比例分配为:优约占总体的 7%;良约占总体的 43%;合格约占总体的 43%;不合格约占总体的 7%。当数据积累到三个周期以上时,就可求出各等级的常模了。由表 7-4 可求得第四次评价得分优等常模:优等≥(3.60＋3.61＋3.59)÷3＝3.6。这个常模可作为第四、五次评价得分优等标准,但是到了第六次评价,这个常模要更新,这是因为教师的教学水平在变化,学生的评价能力也在变化。一般来说,每评两个周期就要更新一下常模,依此循环下去,使得常模趋于科学和客观。更新这个优等常模的具体方法是:把这优等常模与第四、五次评价第七名的得分值取一个平均值,这个平均值就是新的优等常模。第三章第三节中"评价报告案例"的指标和总得分常模就是用这种方法建立的。

### (三)标准分数

人们一般总认为语文的 80 分等价于数学的 80 分,数学的 85 分就比物理的 75 分高。其实并不然,语文的 80 分和数学的 80 分只说明学生分别做对了语文试卷和数学试卷中 80% 的题目。可是,试题有难、有易,若语文试题比数学试题难,则应该说语文的 80 分比数学的 80 分好。可见,数学的 85 分未必比物理 75 分高。不少学校把学生期中和期末考试的各科成绩合成总分进行排序的做法是不妥当的。这主要原因是没有统一试题的难易程度。由前面的论述可知,试题的难度是由在特定的团体中做对试题人数多少来衡量的,换句话说,各门学科的试题施测于同一团体,学生分数高的学科试题就较易,学生分数低的学科试题就较难,即在标准差相近的情况下,平均分数高的学科试题较易,平均分数低的学科试题较难。另外,由教育和心理测量的知识可知,中等难度水平的试卷,学生得分标准差较大;较易或较难水平的试卷,学生得分标准差较小。因此,试题的难度与该试题学生得分的平均数和标准差有密切关系,将原始分数转换成标准分数,即统一各科学生分数的平均数和标准差,就能把各科学生分数看成来源于具有同一难度的试题而进行比较。所谓原始分数,就是学生接受测验后,按评分标准对其反应直接评出的卷面分数。标准分数有多种不同的表示方式,主要有以下几种。

1. $Z$ 分数

$Z$ 分数是平均数为零,标准差为 1 的标准分数。$Z$ 分数是最典型的标准分数,其他形式的标准分数一般都由 $Z$ 分数派生而成。其计算公式为:

$$Z = \frac{X - \overline{X}}{S} \tag{7-6}$$

式中:$X$ 为原始分数;$\overline{X}$ 为原始分数的平均数;$S$ 为原始分数的标准差。

原始分数为正态分布,转换后的 $Z$ 分数仍为正态分布,而且是标准正态分布。由图 7-2 可知,在直角坐标系中,平均数左右三个标准差的范围内包含了群体中 99% 的个体,可见,$Z$ 分数的数值范围大致在 $-3 \sim +3$ 之间。

将原始分数转换成 $Z$ 分数的原因之一,是为了使不同测验中的分数能够进行比较。但是,用公式 7-6 导出的 $Z$ 分数只能在分布形态相同或相近时才能进行比较,若两个分布的偏斜方向不同,或一个为正态,一个为偏态,那么相同的 $Z$ 分数可能代表不同的百分等级,因此对两个测验分数仍无法比较。为了能将来源于不同分布形态的分数进行比较,可把偏态分布的测验分数转变成正态分布。将分数正态化有一个前提条件,那就是只有所测特质的分数原本应该是正态分布,只是由于测验本身的缺陷或取样误差而使分数稍有偏斜时,才能计算正态化 $Z$ 分数。我们应该知道,正态化 $Z$ 分数是个理论值,它与用公式 7-6 导出的 $Z$ 分数有区别。原始分数越接近正态分布,正态化 $Z$ 分数与用公式 7-6 导出的 $Z$ 分数越接近。在一般情况下,应尽可能通过调整测验题目的难度水平以获得原始分数的正态分布,而不是事后去把偏态的分布正态化。

2. $T$ 分数

由于在 $Z$ 分数中经常出现小数点和负数,而且单位过大,计算和使用很不方便,所以常常把它转换成 $T$ 分数,$T$ 分数这个词最早是由麦柯尔(W. A. Mecall)在 1922 年提出的,含有对推孟和桑代克二氏尊敬之意。其计算公式为:

$$T = 10Z + 50 \tag{7-7}$$

$T$ 分数是由 $Z$ 分数直接转换而来的,它不仅具备 $Z$ 分数的所有优点,而且克服了 $Z$ 分数的缺点。$T$ 分数没有负数,它的数值范围为 20~80,比较接近百分制的记分习惯,并且,计算也不繁琐。

**例 7-5** 甲、乙两名学生六门课程的原始分数和合成总分、团体平均分和标准差如表 7-5 所示,试求出他们的 $Z$ 分数、$T$ 分数和合成总分,并且与他们的原始分数合成总分作比较分析。

表 7-5 甲、乙两名学生六门课程的原始分数和合成总分、团体平均分和标准差表

| 分数\学生 课程 | 语文 | 数学 | 英语 | 政治 | 物理 | 化学 | 合计 |
|---|---|---|---|---|---|---|---|
| 甲学生的原始分数 | 76 | 85 | 71 | 70 | 78 | 71 | 451 |
| 乙学生的原始分数 | 70 | 79 | 86 | 66 | 85 | 70 | 456 |
| 团体平均分 | 73 | 75 | 53 | 59 | 58 | 58 | |
| 团体标准差 | 6 | 12 | 16 | 10 | 16 | 13 | |

解:根据公式 7-6 和公式 7-7,由表 7-5 得:

表 7-6 甲、乙两名学生六门课程的 $Z$ 分数、$T$ 分数和合成总分表

| 分数\学生 课程 | 语文 | 数学 | 英语 | 政治 | 物理 | 化学 | 合计 |
|---|---|---|---|---|---|---|---|
| 甲学生的 $Z$ 分数 | 0.5 | 0.83 | 1.13 | 1.1 | 1.25 | 1 | 5.81 |
| 乙学生的 $Z$ 分数 | −0.5 | 0.33 | 2.06 | 0.7 | 1.69 | 0.92 | 5.2 |
| 甲学生的 $T$ 分数 | 55 | 58.3 | 61.3 | 61 | 62.5 | 60 | 358.1 |
| 乙学生的 $T$ 分数 | 45 | 53.3 | 70.6 | 57 | 66.9 | 59.2 | 352 |

分析比较表 7-5 和表 7-6 可知,根据原始分数合成总分,乙比甲好。若录取分数线为 455 分,那么甲被淘汰,而录取乙。根据 $T$ 分数合成总分,甲比乙好。若录取分数线是 355 分,那么乙被淘汰,而录取甲。由上述分析可以判定,依据 $T$ 分数合成总分评价甲、乙两学生六门课程的综合成绩较为科学。

另外,还有其他一些标准分数,如美国大学入学考试委员会所采用的 CEEB(College Entrance Examination Board)分数,其计算公式为:

$$\text{CEEB 分数} = 100Z + 500 \tag{7-8}$$

美国著名的 TOEFL 考试是按公式 7-9 计算成绩的[①]。

$$\text{TOEFL 分数} = 70Z + 500 \tag{7-9}$$

---

① 郑日昌.考试的教育测量学基础[M].北京:高等教育出版社,1990:98.

### (四) 应用实例

1. 学生多学科学业成绩累加方法[①]

(1) 原始分数单位加权方法的缺陷及其改进

在教学实践中，对学生多学科学业成绩的累加一般采用单位加权的方法，即将各个变量(题目、分测验或测验)直接相加而得到一合成分数：$X_c = X_1 + X_2 + \cdots + X_n$ (这里 $X_c$ 为合成分数，$X_1, X_2, \cdots, X_n$ 为各个变量)。这种方法的缺陷是：没有统一各学科试卷的难易程度，将各个变量等价看待。由上述分析可知，只要将原始分数转化为标准分数，就可以把各科学生分数看成来自于具有同一难度试卷而进行累加了。另外，为了使来源于不同分布的分数进行比较，要把服从偏态的分数进行正态化，得到正态化的标准分数后，才能较准确地进行比较。下面详细介绍原始分数正态化过程，拿学生的英语测验成绩来说明，请看表 7-7。

表 7-7 英语成绩正态化过程

| 原始分数 | 频数 ($f$) | 累积频数 ($cf$) | 累积频数的中点 ($cf$ 中) | 累积频数中点的百分位数 ($p$) | 正态化的 $Z$ 分数 | 正态化的 $T$ 分数 |
|---|---|---|---|---|---|---|
| 86 | 1 | 48 | 47.5 | 0.990 | 2.33 | 73 |
| 71 | 1 | 47 | 46.5 | 0.969 | 1.87 | 69 |
| 70 | 1 | 46 | 45.5 | 0.948 | 1.63 | 66 |
| 69 | 1 | 45 | 44.5 | 0.927 | 1.46 | 65 |
| 67 | 3 | 44 | 42.5 | 0.885 | 1.20 | 62 |
| 65 | 2 | 41 | 40 | 0.833 | 0.97 | 60 |
| 64 | 3 | 39 | 37.5 | 0.781 | 0.78 | 58 |
| 63 | 5 | 36 | 33.5 | 0.698 | 0.52 | 55 |
| 62 | 1 | 31 | 30.5 | 0.635 | 0.35 | 54 |
| 61 | 2 | 30 | 29 | 0.604 | 0.26 | 53 |
| 60 | 3 | 28 | 26.5 | 0.552 | 0.13 | 51 |
| 59 | 1 | 25 | 24.5 | 0.510 | 0.03 | 50 |
| 58 | 1 | 24 | 23.5 | 0.490 | −0.03 | 50 |
| 56 | 1 | 23 | 22.5 | 0.469 | −0.08 | 49 |
| 55 | 2 | 22 | 21 | 0.438 | −0.16 | 48 |
| 54 | 1 | 20 | 19.5 | 0.406 | −0.24 | 48 |
| 52 | 1 | 19 | 18.5 | 0.385 | −0.30 | 47 |
| 50 | 1 | 18 | 17.5 | 0.365 | −0.35 | 47 |
| 48 | 1 | 17 | 16.5 | 0.344 | −0.40 | 46 |
| 47 | 2 | 16 | 15 | 0.313 | −0.49 | 45 |
| 45 | 1 | 14 | 13.5 | 0.281 | −0.58 | 44 |
| 43 | 2 | 13 | 12 | 0.250 | −0.68 | 43 |
| 41 | 1 | 11 | 10.5 | 0.219 | −0.78 | 42 |

---

[①] 吴钢.学生多学科学业成绩累加方法的探讨[J].学科教育，1995(2).

续表

| 原始分数 | 频数(f) | 累积频数(cf) | 累积频数的中点(cf中) | 累积频数中点的百分位数(p) | 正态化的Z分数 | 正态化的T分数 |
|---|---|---|---|---|---|---|
| 40 | 1 | 10 | 9.5 | 0.198 | −0.85 | 41 |
| 36 | 1 | 9 | 8.5 | 0.177 | −0.93 | 41 |
| 33 | 2 | 8 | 7 | 0.146 | −1.05 | 39 |
| 32 | 1 | 6 | 5.5 | 0.115 | −1.20 | 38 |
| 30 | 2 | 5 | 4 | 0.083 | −1.39 | 36 |
| 27 | 1 | 3 | 2.5 | 0.052 | −1.63 | 34 |
| 25 | 1 | 2 | 1.5 | 0.031 | −1.87 | 31 |
| 0 | 1 | 1 | 0.5 | 0.010 | −2.33 | 27 |
| $\overline{X}=53$  $S=16$ | 48 | 自下而上地累积 | $\dfrac{cf_{上}+cf_{下}}{2}$ | $\dfrac{cf_{中}}{N}$ | 从正态分布表①中查到 | $\overline{T}=50$  $S_T=10$ |

为了便于比较,根据表 7-7 中的数据画出原始分数和正态化 T 分数频数分布直方图,见图 7-4 和图 7-5。

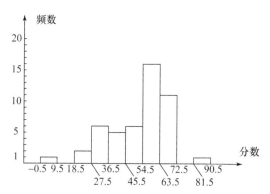

图 7-4　学生英语成绩原始分数分布直方图

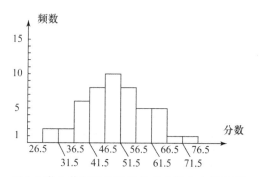

图 7-5　学生英语成绩正态化 T 分数分布直方图

---

① 见附表 1。

由图 7-4 和图 7-5 比较看出,图 7-5 较接近正态分布。从单学科看,正态化的标准分数和原始分数在次序上是相同的,只是正态化标准分数改变了原始分数之间的距离。

下面从表 7-7 中的 48 名学生样本中抽取 10 名学生,把他们的学业测验原始分数、标准 T 分数与正态化 T 分数作一番比较,见表 7-8。

由表 7-8 可知,10 号学生原始分数排列的名次为 1,而正态化 T 分数排列的名次为 4;1 号学生原始分数排列的名次为 5,而正态化 T 分数排列的名次为 1。这就说明了原始分数经过正态化,其不仅分数值会改变,而且名次也可能变动。

**表 7-8  学生测验的原始分数、标准 T 分数与正态化 T 分数对照表**

| 学生 \ 分数类型 \ 科目 | 语文 | 数学 | 英语 | 政治 | 物理 | 化学 | 原始分数总分 | 原始分数名次 | T 分数总分 | T 分数名次 | 正态化 T 分数总分 | 正态化 T 分数名次 |
|---|---|---|---|---|---|---|---|---|---|---|---|---|
| 1 | 81 | 93 | 45 | 64 | 82 | 74 | 439 | 5 | | | | |
|   | 63 | 65 | 45 | 55 | 65 | 62 | | | 355 | 3 | | |
|   | 64 | 73 | 44 | 54 | 69 | 65 | | | | | 369 | 1 |
| 2 | 84 | 82 | 67 | 70 | 75 | 66 | 444 | 3 | | | | |
|   | 68 | 56 | 59 | 61 | 61 | 56 | | | 361 | 1 | | |
|   | 69 | 52 | 62 | 60 | 59 | 56 | | | | | 358 | 3 |
| 3 | 72 | 76 | 56 | 70 | 79 | 60 | 413 | 10 | | | | |
|   | 48 | 51 | 52 | 61 | 63 | 52 | | | 327 | 9 | | |
|   | 47 | 48 | 49 | 60 | 64 | 49 | | | | | 317 | 10 |
| 4 | 73 | 73 | 67 | 65 | 80 | 74 | 432 | 6 | | | | |
|   | 50 | 48 | 59 | 56 | 64 | 62 | | | 339 | 7 | | |
|   | 49 | 44 | 62 | 56 | 66 | 65 | | | | | 342 | 7 |
| 5 | 85 | 85 | 58 | 63 | 64 | 73 | 428 | 7 | | | | |
|   | 70 | 58 | 53 | 54 | 54 | 62 | | | 351 | 5 | | |
|   | 73 | 56 | 50 | 52 | 53 | 62 | | | | | 346 | 6 |
| 6 | 76 | 85 | 71 | 70 | 78 | 71 | 451 | 2 | | | | |
|   | 55 | 58 | 61 | 61 | 63 | 60 | | | 358 | 2 | | |
|   | 56 | 56 | 69 | 60 | 62 | 60 | | | | | 363 | 2 |
| 7 | 78 | 91 | 67 | 61 | 68 | 57 | 422 | 8 | | | | |
|   | 58 | 63 | 59 | 52 | 56 | 49 | | | 337 | 8 | | |
|   | 58 | 67 | 62 | 50 | 54 | 47 | | | | | 338 | 8 |
| 8 | 77 | 86 | 63 | 57 | 75 | 82 | 440 | 4 | | | | |
|   | 57 | 59 | 56 | 48 | 61 | 69 | | | 350 | 6 | | |
|   | 57 | 59 | 55 | 48 | 59 | 73 | | | | | 351 | 5 |

续表

| 原始分数 T 分数 正态化 T 分数 \ 科目 \ 学生 | 语文 | 数学 | 英语 | 政治 | 物理 | 化学 | 原始分数 | | T 分数 | | 正态化 T 分数 | |
|---|---|---|---|---|---|---|---|---|---|---|---|---|
| | | | | | | | 总分 | 名次 | 总分 | 名次 | 总分 | 名次 |
| 9 | 71 | 87 | 60 | 52 | 79 | 69 | 418 | 9 | | | | |
| | 47 | 60 | 54 | 43 | 63 | 59 | | | 326 | 10 | | |
| | 45 | 63 | 51 | 44 | 64 | 57 | | | | | 324 | 9 |
| 10 | 70 | 79 | 86 | 66 | 85 | 70 | 456 | 1 | | | | |
| | 45 | 53 | 71 | 57 | 67 | 59 | | | 352 | 4 | | |
| | 43 | 51 | 73 | 57 | 73 | 59 | | | | | 356 | 4 |

(2) 标准分数单位加权方法的缺陷及其改进

然而,这种正态化方法仍然存在着缺陷,把原始分数化为标准分数虽然克服了把各科试题的难易水平等价看待的问题,但是,仍然存在把各科的重要性程度(依据教育目标)等同看待的问题,即没有把各科在综合评价中所占的权重考虑进去。我们知道,对于具体的教育目标来说,学科有重要和次要之分,如对于要为高等学校计算机专业输送的学生来说,数学、物理和英语相对来说要重要些。另外,通过学科与学科之间的关系对比,学科也有重要和次要之分,如一门学科和其他学科的相关程度均较高,则我们说该学科要重要些。根据上述分析,可采用以下几种方法来弥补缺陷。

① 专家确定权重法。由专家根据各学科重要性程度,分别确定它们的权重,然后,拿权重分别去乘相应的各学科的分数(T 分数或正态化 T 分数),把它们的积相加,就得一个学生的各学科成绩的累加总评分 $\bar{S}=\sum \alpha_i T_i$(其中 $\alpha_i$ 为第 $i$ 门学科的权重,$T_i$ 为第 $i$ 门学科的正态化 T 分数)。

② 目标参照性法。任何教育目标的实现都必须通过给学生授课等方式来达到,由于各学科的性质、目的、任务和作用各不相同,各科授课时数差异很大(如中学高三年级语文周课时数是 5,数学周课时数是 5,英语周课时数是 4,政治周课时数是 2,物理周课时数是 4 和化学周课时数是 3),授课时数的多少在一定程度上反映了该课程在一个阶段里对教育目标的相对重要性。再说学生在一个阶段要想取得同等的知识水平,所付出的劳动代价是不一样的,因此,可把周课时数作为学科的权重。具体做法是:在某一年级的范围内,把一门学科每学期的周课时数相加,再除以学期数,所得的商可作为这门学科的权重,如高三年级是高中的最高年级,高中期末考试内容包括了高中阶段学生所学的全部内容,因此,语文的权重应为 $\frac{5\times 6}{6}=5$,数学的权重也为 5,英语的权重为 $\frac{4\times 5+2\times 4}{6}=4.7$,政治的权重为

$\frac{2\times6}{6}=2$,物理的权重为$\frac{4\times4+2\times3}{6}=3.7$,化学的权重为$\frac{3\times6}{6}=3$(按 1986 年 4 月修订的《上海市全日制六年制普通中学教学计划》规定的高中周课时数算得),然后将这些权重进行归一化处理,最后计算出每个学生各科的累加总评分。

③常模参照性法。由前述可知,根据学科与学科之间的相关性程度,也可区分为重要和次要,因此,权重也应有差异。针对这种情况,可用多元统计分析的主成分分析法确定权重,然后算出累加总评分。

④综合确定权重法。这就是把目标参照性法和常模参照性法结合起来,即既考虑到目标的要求,又注意了学科与学科相互搭配的需要,这样就能较科学地确定权重,然后算出累加总评分。

作为例子,运用综合确定权重法,先确定各门学科的权重,然后算出累加总评分,最后再把它与原始分数的平均分、正态化 $T$ 分数的平均分进行比较。由前述可得,语文、数学、英语、政治、物理和化学的权重分别为 0.21、0.21、0.20、0.09、0.16 和 0.13(运用目标参照性法求得)。这些权重反映了这六门学科相对于教育目标的重要性程度。

根据学科与学科之间相关关系的大小,可用主成分分析法来确定权重,以表示学科之间的相对重要性程度。对 48 名学生样本成绩,用主成分分析法在计算机上进行计算处理,得到以下结果,见表 7-9 和表 7-10。

表 7-9 学生成绩的特征值表

| 综合学科序号 | 特征值 | 每个特征值占总体的百分比(%) | 累积百分比(%) |
| --- | --- | --- | --- |
| 1 | 2.4140 | 40.23 | 40.23 |
| 2 | 1.2024 | 20.04 | 60.27 |
| 3 | 0.8656 | 14.43 | 74.70 |
| 4 | 0.6234 | 10.39 | 85.09 |
| 5 | 0.5586 | 9.31 | 94.40 |
| 6 | 0.3360 | 5.60 | 100.00 |

表 7-10 学生成绩的特征向量表

| 综合学科序号\学科序号 | 1 | 2 | 3 | 4 | 5 | 6 |
| --- | --- | --- | --- | --- | --- | --- |
| $A_1$ | 0.3799 | 0.2663 | −0.6341 | −0.3741 | −0.4714 | 0.1433 |
| $A_2$ | 0.4764 | −0.2701 | −0.3320 | 0.4856 | 0.1150 | −0.5838 |
| $A_3$ | 0.4478 | 0.0541 | 0.5402 | −0.5596 | −0.0239 | −0.4370 |
| $A_4$ | −0.0579 | 0.8263 | −0.1348 | 0.0492 | 0.4974 | −0.2140 |
| $A_5$ | 0.5122 | −0.1890 | −0.0389 | −0.1082 | 0.6139 | 0.5585 |
| $A_6$ | 0.4031 | 0.3669 | 0.4198 | 0.5449 | −0.3737 | 0.3000 |

根据主成分分析的原理,运用公式:

$$\alpha_i = \frac{\sum_{j=1}^{6} \lambda_i |\beta_{ij}|}{\sum_{j=1}^{6} \lambda_j} \qquad (7\text{-}10)$$

式中:$i=1,2,\cdots,6$;$\lambda_i$ 为综合学科相对应的特征值,$\beta_{ij}$ 为第 $j$ 综合学科第 $i$ 门学科的权重(1 为语文,2 为数学,3 为英语,4 为政治,5 为物理,6 为化学)。可算得语文、数学、英语、政治、物理、化学的权重分别为 0.17,0.12,0.20,0.17,0.15,0.19。把用目标参照性法算出的各门学科的权重分别与用常模参照性法算得的各门学科的权重相加,再除以 2 就得到用综合确定权重法算得的权重,用该权重再算出各门学科正态化 $T$ 分数的累加总评分,见表 7-11(为了叙述方便,采用表 7-8 所列的 10 名学生成绩的原始分数)。

由表 7-11 可知,1 号学生正态化 $T$ 分数平均分排列第三,而他的正态化 $T$ 分数的累加总评分排列第一,2,3,4,5,6,7,8,9,10 号学生的正态化 $T$ 分数平均分的排列名次与他们累加总评分的排列位置也有所不同。从上述分析来看,正态化 $T$ 分数的累加总评分能较科学地反映学生的学业成绩。

表 7-11 学生成绩原始分数平均分、正态化 $T$ 分数平均分和正态化 $T$ 分数累加总评分对照表

| 学生 | 原始分数 | | 正态化 $T$ 分数 | | 正态化 $T$ 分数 | |
|---|---|---|---|---|---|---|
| | 平均分 | 名次 | 平均分 | 名次 | 累加总评分 | 名次 |
| 1 | 73.17 | 5 | 59.17 | 3 | 61.18 | 1 |
| 2 | 74 | 3 | 60.17 | 1 | 59.99 | 3 |
| 3 | 68.83 | 10 | 54.5 | 9 | 52.28 | 10 |
| 4 | 72 | 6 | 56.6 | 7 | 56.78 | 8 |
| 5 | 71.33 | 7 | 58.5 | 5 | 57.93 | 6 |
| 6 | 75.17 | 2 | 59.67 | 2 | 60.68 | 2 |
| 7 | 70.33 | 8 | 56.17 | 8 | 57 | 7 |
| 8 | 73.33 | 4 | 58.33 | 6 | 58.49 | 5 |
| 9 | 69.33 | 9 | 54.33 | 10 | 53.97 | 9 |
| 10 | 76 | 1 | 58.67 | 4 | 59.38 | 4 |

2. 学生学科成绩总评分的计算方法

(1) 发展性目标评价法

1632 年,捷克著名教育家夸美纽斯最早在《大教学论》中提出了班级授课制,这种教学方式具有教学效率高,有利于发挥集体教育作用促进学生发展等的优点,[①] 但是在教学过程中,如果对学生学业成绩的评价方法只考虑学生达到预

---

① 顾明远.教育大辞典(简编本)[Z].上海:上海教育出版社,1999:7.

定目标的程度,那么对于班级里原有基础中等偏下的学生,每一次测验或考试过后,如果他们的成绩仍然处于中等偏下,自信心可能会受到打击,长此以往,对学生的成长不利。目前我国中小学普遍使用评价学生某一学科成绩优劣的方法是主要对学生的平时、半期和期末成绩进行综合评价,一般地将平时测验平均成绩的30%、半期考试成绩的30%、期末考试成绩的40%相加得到一个学期总评分,或者把一学期各项测验或考试的分数全部相加平均得到总评分。① 总之,就是赋予平时、半期和期末考试成绩以一定的权重,按比例折算相加得到一个学期总评分。有学者把这种评价方式称为目标模式。② 为了便于叙述,笔者把这种评价方式叫做目标评价法。它没有考虑到学生各自起点不同,一学期后其进步程度的不同。于是,可能会出现这样的情况:一个学业成绩中等的学生一学期中始终处于这一水平,或许还略有退步;而一个原来学业成绩较差的学生,经过努力成绩上升到中下等位置,虽然其最终的成绩评定仍低于前者,但却有很大进步。现行计算学生一学期总评分的方法对上述情况不敏感,由此,取得进步的学生可能会丧失信心,失去学习的动力;而成绩中等的学生容易产生满足情绪和松劲思想。为此,应开发一种评价方法,使之既考虑学生的原有学习基础,又注意到学生学习的进步因素,突出每个学生起始水平的差异,不是把学生所取得的成绩与预定目标相比,而是与各自的起始水平相比,看进步情况如何。笔者把这种评价方法叫做发展性评价法。在这种方法中,学习基础差,起步晚的学生,通过自己的努力,在原有基础上取得一定进步,哪怕离预定目标还相差很远,也可能取得较好显示发展度的成绩,因此,发展性评价法能较有效地增强学习基础较差学生的信心,提高他们的学习积极性和志向水平,促使他们不断进取。当然发展性评价法也可能使学习成绩较差的学生盲目乐观,学习成绩较好的学生会感到不公平,这是因为对学习成绩较差的学生来讲,离预定目标可能还有相当大的差距,但其也可能取得较好显示发展度的成绩,于是,他们就可能认为自己学得相当不错了,往往会忽视自己的不足;对一些学习成绩较好的学生来讲,他们基本达到了预定目标的要求,而且始终处于较高水平,于是,发展度不可能很大,显然对他们就不公平了。通过上述分析,目标评价法和发展性评价法各有优缺点,而且又是互补的。为了利用两种评价方法的优点,克服各自的缺点,可以把两者有机结合起来,提出发展性目标评价法,即同时用目标达成度和发展度两个尺度来对学生的学业成绩作出价值判断的方法。

(2) 操作的程序和方法

① 把原始分数换算成为 $Z$ 分数

用发展性目标评价法计算学生一学科学期总评分时,要将学生一学期中某

---

① 吴钢,李勤.学生学业成绩评价的一种理论和方法[J].上海教育科研,1994(6).
② 吴维宁.略论学业评价模式[J].教育学报,2005(3).

一学科的若干次测验或考试成绩转换成 $Z$ 分数,在此以上海市某高中一年级某班三十五名学生为例,表 7-12 中的数据为 35 名学生中随机抽出 15 名学生八次测验或考试成绩的 $Z$ 分数,其中"第一章"表示第一章测验分数转换成的 $Z$ 分数;"第二章 1"为第二章第一次测验分数转换成的 $Z$ 分数;"半期"是半期考试分数转换成的 $Z$ 分数;其余依此类推。把学生某一学科的若干次测验或考试成绩转换成 $Z$ 分数,可以近似地看成统一了若干次测验或考试试卷的难易程度。这样就能通过比较学生每次测验或考试所得的 $Z$ 分数,判断其学业成绩是进步了,还是退步了。若后次测验或考试所得的 $Z$ 分数比前次高,说明进步了;若后次测验或考试所得的 $Z$ 分数比前次低,表示退步了,以此可以较为科学地计算出学生学业成绩的进步量值。

表 7-12　上海市某高中一年级某班 15 名学生某学期数学八次测验或考试成绩的 $Z$ 分数表

| 数值\项目<br>学号 | 原始分数的 $Z$ 分数 | | | | | | | |
|---|---|---|---|---|---|---|---|---|
| | 第一章 | 第二章 1 | 第二章 2 | 半期 | 第三章 | 第四章 1 | 第四章 2 | 期末 |
| 1 | 0.8369 | 0.6464 | 0.5742 | 1.3553 | 1.4616 | 0.5995 | 0.0267 | −0.0498 |
| 2 | 1.1977 | −0.4506 | 0.9381 | 0.9044 | 1.3247 | 1.4988 | 0.8894 | 1.2341 |
| 3 | 1.2698 | 1.2371 | −0.2263 | 0.7241 | 0.3658 | 1.0791 | 0.3404 | 0.0257 |
| 4 | 1.1977 | −0.6194 | −1.0269 | 0.7241 | 0.7767 | 0.2998 | −1.5420 | 0.5544 |
| 5 | −1.6883 | −0.1131 | −0.6630 | −0.7186 | −1.1411 | −0.5396 | 0.1051 | 0.6299 |
| 6 | −0.5339 | −0.4506 | 1.1565 | 0.9946 | 0.9822 | 0.6595 | 2.1443 | −0.7296 |
| 7 | −0.6061 | 0.5620 | 0.0648 | 0.0027 | −0.3192 | 0.5396 | 0.8894 | 0.9320 |
| 8 | −0.1010 | −0.2819 | 0.1376 | 0.8142 | −0.7986 | −0.6595 | 0.3404 | −0.1254 |
| 9 | 0.9812 | 1.9122 | 1.0104 | 1.1749 | 1.2562 | −0.0600 | −0.3655 | 1.2341 |
| 10 | −0.2453 | 0.7308 | 0.0648 | 0.5437 | −0.1137 | 0.2998 | 0.2620 | 0.2523 |
| 11 | 1.3420 | 1.9122 | 1.1565 | 0.6339 | 1.1192 | 0.3597 | 1.2031 | 1.0076 |
| 12 | 0.4618 | 0.4776 | 0.6470 | 0.2732 | 0.2288 | 1.5588 | −0.9145 | −0.4275 |
| 13 | −1.1833 | 0.4776 | 0.2103 | −1.8909 | 0.2288 | 0.5995 | −0.2871 | −0.5030 |
| 14 | 0.5483 | 0.6464 | 0.4287 | −0.0875 | −0.3192 | −0.2998 | 0.8894 | 0.1767 |
| 15 | 0.4040 | 0.5620 | −0.8814 | 0.0027 | −0.3877 | 1.0791 | 0.4973 | 0.2523 |

② 计算学生学业成绩的进步率

所谓学生学业成绩的进步率,就是指在一个学期当中,衡量学生某一学科若干次测验或考试后成绩上升或下降的度量值。其可以运用公式 7-11[①] 求得。

$$\hat{\beta}_i = \frac{\sum_{j=1}^{k}(j \cdot Z_{ij}) - \frac{1}{K}(\sum_{j=1}^{k}j)(\sum_{j=1}^{k}Z_{ij})}{\sum_{j=1}^{k}j^2 - \frac{1}{K}(\sum_{j=1}^{k}j)^2} \tag{7-11}$$

式中:$\hat{\beta}_i$ 是学生学业成绩的进步率;$K$ 为一学期内进行的测验或考试次数;$Z_{ij}$ 为

---

[①②] 王孝玲.教育统计学[M].上海:华东师范大学出版社,2002:282-283,280.

学生 $i$ 在第 $j$ 次测验或考试中成绩的 $Z$ 分数。公式 7-11 是用最小二乘法（即在配制回归线时，采用回归系数的确定原则使散布图上各点距回归线上相应点的纵向距离平方和为最小的方法[②]）求一元回归方程中自变量系数的公式。由于自变量表示测验或考试的顺序量，因变量代表测验或考试的分数，它们之间变化的几何意义是十分明显的。当自变量的系数为正时，测验或考试的顺序量值越大，测验或考试的分数也就越高，并且，随着该系数的增大，它们之间的变化幅度也增大；反之，这两个变量就朝着相反的方向变化。可见，用这个系数表示学生学业成绩进步程度是可取的。进一步分析公式 7-11 可知，进步率估计值的精准程度不仅与学生的测验或考试成绩有关，而且与测验或考试的次数也有关系。当计算两次学生的测验或考试成绩的进步率时，由于两点决定一条直线，此时计算出的学生学业成绩的进步率较为精确；当学生的测验或考试多于两次时，除非学生的测验或考试分数的坐标点都落在同一条直线上，否则计算出的学生学业成绩的进步率就是一个近似值，并且随着测验或考试次数的增加，计算出的进步率估计值也就越精确。但是，无论怎样，测验或考试次数对于每一个学生来说是一样的，就这一点来说，计算出来的进步率估计值是公平公正的。表 7-13 中的 $\hat{\beta}_i$、$\hat{\beta}_i(12)$、$\hat{\beta}_i(23)$、$\hat{\beta}_i(34)$、$\hat{\beta}_i(45)$、$\hat{\beta}_i(56)$、$\hat{\beta}_i(67)$、$\hat{\beta}_i(78)$ 就是按照表 7-12 中数据，运用公式 7-11 计算出的 15 名学生学业成绩的进步率估计值，其中 $\hat{\beta}_i$ 是学生八次测验或考试成绩的进步率估计值；$\hat{\beta}_i(12)$ 是学生第一次与第二次测验或考试成绩的进步率估计值；其余依此类推。

**表 7-13　十五名学生某学期数学八次测验或考试成绩的进步率估计值表**

| 数值\项目\学号 | 学生测验或考试成绩的进步率估计值 | | | | | | | |
|---|---|---|---|---|---|---|---|---|
| | $\hat{\beta}_i$ | $\hat{\beta}_i(12)$ | $\hat{\beta}_i(23)$ | $\hat{\beta}_i(34)$ | $\hat{\beta}_i(45)$ | $\hat{\beta}_i(56)$ | $\hat{\beta}_i(67)$ | $\hat{\beta}_i(78)$ |
| 1 | −0.1086 | −0.1905 | −0.0722 | 0.7811 | 0.1064 | −0.8621 | −0.5729 | −0.0765 |
| 2 | 0.1078 | −1.6483 | 1.3888 | −0.0337 | 0.4202 | 0.1741 | −0.6094 | 0.3447 |
| 3 | −0.1147 | −0.0327 | −1.4635 | 0.9504 | −0.3583 | 0.7134 | −0.7387 | −0.3147 |
| 4 | −0.0605 | −1.8171 | −0.4075 | 1.751 | 0.0526 | −0.4769 | −1.8417 | 2.0963 |
| 5 | 0.2056 | 1.5752 | −0.5499 | −0.0556 | −0.4224 | 0.6015 | 0.6447 | 0.5248 |
| 6 | 0.1203 | 0.0833 | 1.6071 | −0.1619 | −0.0124 | −0.3227 | 1.4848 | −2.8739 |
| 7 | 0.1608 | 1.1681 | −0.4973 | −0.0621 | −0.3219 | 0.8587 | 0.3498 | 0.0426 |
| 8 | −0.0127 | −0.1808 | 0.4194 | 0.6767 | −1.6129 | 0.1392 | 0.9999 | −0.4658 |
| 9 | −0.1518 | 0.931 | −0.9013 | 0.164 | 0.0812 | −1.3161 | −0.3055 | 1.5996 |
| 10 | 0.0141 | 0.9761 | −0.666 | 0.4789 | −0.6574 | 0.4135 | −0.0378 | −0.0097 |
| 11 | −0.0928 | 0.5702 | −0.7558 | −0.5226 | 0.4853 | −0.7595 | 0.8434 | −0.1956 |
| 12 | −0.048 | 0.9394 | 0.1694 | −0.3738 | −0.0445 | 1.33 | −2.4733 | 0.487 |
| 13 | 0.0503 | 1.6609 | −0.2673 | −2.1012 | 2.1197 | 0.3708 | −0.8866 | −0.2159 |
| 14 | −0.0453 | 0.0981 | −0.2177 | −0.5161 | −0.2317 | 0.0194 | 1.1892 | −0.7127 |
| 15 | 0.0489 | 0.158 | −1.4434 | 0.8841 | −0.3904 | 1.4668 | −0.5819 | −0.245 |

③ 计算出学生学习的发展分数

计算学生学业成绩进步率的目的在于对于进步的学生给予适当的奖励分数（称为进步分数），而对于退步的学生也要酌情扣除分数（即退步分数），这样才能起到激励作用。在实际操作时，要根据实际情况，确定整个班级学生进步分数和退步分数的限度，即发展分数的变动区间。譬如，进步最大的学生奖励 10 分，退步最多的学生扣除 5 分（这两个分数的确定，教师可以根据班级学生学业成绩的分布情况和自己的教学经验，或采用"专家讨论"的方式来逐步解决。一般地，最低退步分数和最高进步分数的变动范围不要超过 20 分）。然后，找出进步率最大和最小的两个数：$\hat{\beta}_{max}$ 和 $\hat{\beta}_{min}$。根据 $a \cdot \hat{\beta}_{max} = 10$ 和 $b \cdot \hat{\beta}_{min}$（假设 $\hat{\beta}_{max} > 0$、$\hat{\beta}_{min} < 0$）两式子分别求出 $a$、$b$ 的值，随后再利用公式 7-12：

$$\begin{cases} \beta_i^* = a \cdot \hat{\beta}_i & (\hat{\beta}_i \geqslant 0) \\ \beta_i^* = b \cdot \hat{\beta}_i & (\hat{\beta}_i < 0) \end{cases} \quad (7-12)$$

求得每个学生的发展分数 $\beta_i^*$。譬如，表 7-13 中找出 $\hat{\beta}_i$ 的最大值 $\hat{\beta}_{max}$ 为 0.2056 和最小值 $\hat{\beta}_{min}$ 为 $-0.1518$，计算得：$a = 48.68$，$b = 32.94$；再用公式 7-12 算出所有学生学习的发展分数，即表 7-14 中的 $\beta^*$。同理可以找出最大值 $\hat{\beta}_{max}(12)$、$\hat{\beta}_{max}(23)$、$\hat{\beta}_{max}(34)$、$\hat{\beta}_{max}(45)$、$\hat{\beta}_{max}(56)$、$\hat{\beta}_{max}(67)$、$\hat{\beta}_{max}(78)$ 以及与其相对应的最小值，然后建立各自的计算学生学习的发展分数的公式，算出所有学生学习的发展分数。再根据每次测验或考试重要性程度，确定每个学生这七个发展分数的权重，累加成综合发展分数。作为例子，表 7-14 中 $\beta^*$（综）的计算方法为：在一学期中半期和期末考试相对来说是较为重要的考试，应赋予较大权重，为此分别给 $\beta_i^*(34)$、$\beta_i^*(78)$ 赋予权重 0.3 和 0.5，其余发展分数的平均值权重为 0.2，把它们累加起来就可求得 $\beta^*$（综）。由此可以看出，这里确定进步最大学生的奖励分数和退步最多学生的扣除分数时，是带有一定主观性的，它给定了学生发展分数的最大差距，但是，其余学生的发展分数都是依据公式 7-12 计算出来的，具有较高的客观性，这也充分体现了教育评价内涵的主观性和客观性共存的特征，因此，该方法是较为科学和合理的。

表 7-14　十五名学生某学期数学学习的发展分数和总评分对照表

| 数值\项目\学号 | 发展分数 $\beta^*$ | 综合发展分数 $\beta^*$（综） | 目标评价法 $N^*$ | 名次 | 发展性目标评价法 $N^* + \beta^*$ | 名次 | $N^* + \beta^*$（综） | 名次 |
|---|---|---|---|---|---|---|---|---|
| 1 | $-3.6$ | 1.1 | 75 | 4 | 71.4 | 9 | 76.1 | 5 |
| 2 | 5.2 | 0.9 | 81.3 | 2 | 86.5 | 1 | 82.2 | 2 |
| 3 | $-3.8$ | 1.3 | 73.2 | 6 | 69.4 | 11 | 74.5 | 6 |
| 4 | $-2$ | 7.6 | 72.7 | 7 | 70.7 | 10 | 80.3 | 3 |
| 5 | 10 | 1.8 | 65.8 | 14 | 75.8 | 6 | 67.6 | 14 |
| 6 | 5.9 | $-2$ | 70 | 10 | 75.9 | 5 | 68 | 13 |
| 7 | 7.8 | 0.5 | 73.5 | 5 | 81.3 | 2 | 74 | 7 |

续表

| 数值＼项目 学号 | 发展分数 $\beta^*$ | 综合发展分数 $\beta^*(综)$ | 目标评价法 | | 发展性目标评价法 | | | |
|---|---|---|---|---|---|---|---|---|
| | | | $N^*$ | 名次 | $N^*+\beta^*$ | 名次 | $N^*+\beta^*(综)$ | 名次 |
| 8 | −0.4 | 0.9 | 68.8 | 12 | 68.4 | 12 | 69.7 | 10 |
| 9 | −5 | 4.1 | 81.4 | 1 | 76.4 | 4 | 85.5 | 1 |
| 10 | 0.7 | 1 | 71.6 | 8 | 72.3 | 8 | 72.6 | 8 |
| 11 | −3.1 | −0.2 | 80.0 | 3 | 76.9 | 3 | 79.8 | 4 |
| 12 | −1.6 | 1.3 | 67.7 | 13 | 66.1 | 14 | 69 | 11.5 |
| 13 | 2.4 | −0.6 | 58.9 | 15 | 61.3 | 15 | 58.3 | 15 |
| 14 | −1.5 | −0.6 | 69.6 | 11 | 68.1 | 13 | 69 | 11.5 |
| 15 | 2.4 | 1.4 | 70.1 | 9 | 72.5 | 7 | 71.5 | 9 |

④ 求出学生学业成绩的总评分

用公式 7-13 计算出每个学生的总评分。

$$N = N^* + \beta^* (或 \beta^*(综)) \tag{7-13}$$

这里 $N^*$ 是用目标评价法算出的总评分。

在表 7-14 中，把用目标评价法算出的总评分与用发展性目标评价法算出的总评分进行比较研究，可以看出，学生在两组名次中的先后次序有了变化。9 号学生退步最大，被扣除发展分数 5 分后，名次由第一名降为第四名，而该学生由于半期和期末考试成绩不错，均比前次考试成绩好，故得到综合发展分数为 4.1 分，据此名次还是维持第一名。3 号学生是退步较为明显的，扣去发展分数 3.8 分后，名次从中等偏上落到了中等偏下的位置。这位学生虽然没有垫底，但发展性目标评价法能清楚地揭示其退步的程度和在群体中所处的位置，这必然会引起该学生的注意，告诫其在学习上不进则退，促使其加倍努力，在原有基础上取得更大成绩，而该学生由于半期和期末考试成绩没有出现较大波动，故得到综合发展分数为 1.3 分，由此名次还是维持第六名。5 号学生在本学期数学学习中进步最大，得发展分数 10 分。在目标评价法中名列第十四，在这 15 名学生中处于中等偏下的位置，加入发展分数后，跃居第六名，在该群体平均成绩之上，而该学生的半期和期末考试成绩并不出色，故得到综合发展分数为 1.8 分，排名还是维持在第十四名。6 号学生也是进步明显的，加入发展分数后，其名次由原来的第十名上升至第五名，而由于该学生关键的半期和期末考试成绩均出现下降，故扣除综合发展分数 2 分后，其名次由原来的第十名下降至第十三名。另外，对于 2 号、8 号、10 号、11 号、12 号、13 号、14 号和 15 号学生来说，用两种计算进步率的方法得出的结果大致相同，但他们进步与否、程度怎样，都能从表 7-14 中清楚地看到，对自己能作个自我评定，同时，对其他同学也能有所了解，使他们明白，别人的进步对自己是一个鞭策，应该努力赶上。由上述分析可知，根据一学期学生测验或考试成绩，计算其进步率的方法不同，最后得到学生学业成绩的发展性目标评价结果也不同,而且对某些学生来说评价结果有明显的差距。通过比较上述两种计算学生学业成绩进步率的方法,笔者认为在一学期中先由公式 7-11 算出所有相邻的两次学生测验或考试成绩的进步率,再运用公式 7-12 得到与进步率相对应的每个学生学业成绩的发展分数,然后根据这些发展分数的重要性程度赋予不同的权重,最后把它们累加成为综合发展分数的方法较为科学和合理,其理由为:一是运用公式 7-11 计算两次学生测验或考试成绩的进步率估计值较为精确,误差很小,由这些进步率算得的发展分数也较为精确;二是比较相邻两次学生测验或考试成绩的进步率,就能及时发现学生学习中存在的问题,能尽早加以解决,最大限度地提高学生一学期的学习效率,努力提高他们一学期的学习成绩;三是根据相邻两次学生测验或考试成绩的进步率,还可以给予学生一定的奖励或惩罚(算得发展分数),在学生的学习过程中激发他们的学习积极性,促使他们提高自己的学业成绩;四是赋予相邻两次学生测验或考试成绩的发展分数以一定的权重,然后算得学生一学期学业成绩的综合发展分数,这种做法富有弹性,使用者可以根据实际情况进行调整和控制,较好地体现了主观性和客观性相结合的教育评价内涵的特征,也可以把形成性评价和终结性评价较好地结合起来。

(3) 实施中遵循的原则

① 正确对待量与质的辩证关系

质是一事物成为它自身并区别于另一事物的内在规定性;量表示事物存在的规模、程度、速度以及构成事物要素在空间中的排列组合等的数量规定性。事物的量与质是统一的,它们在度中得到体现。度是保持事物质的稳定性的数量的界限,即事物的限度、幅度和范围,度的两端叫关节点或临界点,超出度的范围,一个事物就转化为其他事物。度的这一哲学范畴告诉我们,在认识和处理问题时要掌握适度的原则,无论过度,还是不及,事物都达不到最佳状态。在运用发展性目标评价法时,不要把统计分析看成是单纯的量的运算。在统计分析前,应该弄清楚数据的性质和它们之间的量化转换关系等,譬如,原始数据转换成 Z 分数、最高发展分数和最低发展分数的差距以及赋予相邻两次学生测验或考试成绩的发展分数以权重的大小等。并且,要注意质变界限和因素,这样才能做到科学地分析,得出有说服力的结论。

② 坚持过程与效果的辩证统一

发展性目标评价法是在汲取目标评价法和发展性评价法优点的基础上,开发得到的一种新的评价方法,其既考虑到评判学生的预定目标,又注意到激励学生最大限度地提高他们的学业成绩两个因素。目标达成与发展激励是辩证统一的,发展激励的最终目的是要让学生达到预定目标,而为了让更多学生达到预定目标,在教学过程中要有效激励学生,使他们离预定目标的距离逐步趋近于零。

它们之间的关系就像过程评价和结果评价一样,是既互相区别,又互相联系、互为因果,在一定条件下可以相互转化,具体地说,教育成果既是教育过程发展的自然结果,又是新教育过程的必要前提,因此,它们是统一的,任何试图把它们对立起来的行为都是错误的。

③ 追求客观与真实的有机结合

客观就是超越理性与直觉的绝对真理。从哲学上来讲,这个绝对真理有可能存在,但是暂时还无法被人类所全部认知,只能不断地去逐步认识它。而真实有两层意思:一是信息层面的真实,即与现象相印证,是一种诚实品质的展现;二是指内心感受的真实,这是个体内心的态度。为此,在评价过程中一定要让数据说话,让事实说话,决不能修改原始数据,甚至发现不合逻辑的信息,也要在分析结果中反映出来。并且,要设法寻找造成这种现象的原因,这对提高评价质量是极为有益的。当然,对于数据的统计结果,还要结合其他非数量化事实资料进行定性分析,以弥补统计分析方法的不足。另外,由于评价结果是建立在主观判断基础之上的,因此,统计分析得到的数据结果还必须回到实践中去经受检验。

### 三、模糊数学法

所谓模糊数学法,就是在处理教育评价信息中应用模糊数学的方法。模糊数学是研究和处理模糊性现象的数学,它对事物的不确定性质状态作数量描述,目的还是要从模糊中求精确,以能获取与事物本来面目相接近一致的参数。这里介绍模糊综合评判法在处理评价信息中的运用。可预先将评定等级标准划分为 $n$ 个水平,不妨设 $n=4$,如在表 3-1 中,评定等级标准划分为"A"、"B"、"C"、"D"四个等级,则这四个评价等级组成了评价集:

$$V = \{v_1, v_2, v_3, v_4\}$$

若评价对象的评价指标体系中有 $m$ 个指标,则这些指标就组成了因素集:

$$U = \{u_1, u_2, \cdots, u_m\}$$

对评价对象的每一个评价指标 $i$ 评定的结果为评价集 $V$ 上的一个模糊子集:

$$B_i = \{b_{i1}, b_{i2}, \cdots, b_{i4}\}$$

分别对评价对象的 $m$ 个评价指标进行评定后,可以得到评价集 $V$ 上的 $m$ 个模糊子集,它们构成了模糊矩阵:

$$B = \begin{bmatrix} b_{11} & b_{12} & \cdots & b_{14} \\ b_{21} & b_{22} & \cdots & b_{24} \\ \cdots & \cdots & \cdots & \cdots \\ b_{m1} & b_{m2} & \cdots & b_{m4} \end{bmatrix}$$

假设与评价对象的评价指标体系相对应的权集为:

$$A=\{a_1,a_2,\cdots,a_m\}$$

于是,可得综合评价结果:

$$C=A\circ B=\bigcup_m (a_{\min}\cap b_{mj})=(c_1,c_2,c_3,c_4) \qquad (7\text{-}14)$$

式中:符号"∘"表示合成运算;符号"∪"为取并集;符号"∩"为取交集。

随后,对 $C$ 作归一化处理,得:

$$D=\left(\frac{c_1}{p},\frac{c_2}{p},\cdots,\frac{c_4}{p}\right)=(d_1,d_2,\cdots,d_4)$$

其中:$p=c_1+c_2+c_3+c_4$。

若评价集 $V=\{v_1,v_2,v_3,v_4\}$ 相对应的权集为:

$$\alpha=\{\alpha_1,\alpha_2,\cdots,\alpha_4\}$$

则综合评价值为:

$$S=\alpha_1 d_1+\alpha_2 d_2+\alpha_3 d_3+\alpha_4 d_4 \qquad (7\text{-}15)$$

由于综合评判采用(∩,∪)运算,即"先取小,后取大",因此,可能会失掉一些信息,在解释综合评判结果时,应抱着谨慎的态度。

**例 7-6** 由表 7-1 得 ZG 中学学生对某一位教师课堂教学过程的评价信息,可构成一个模糊矩阵 $B$。另外,14 个指标的权重如表 5-8 所示分别为 0.0790、0.0777、0.0768、0.0751、0.0744、0.0731、0.0725、0.0714、0.0712、0.0710、0.0688、0.0678、0.0640、0.0572。请用模糊综合评判法求出该教师课堂教学综合评价结果。若评定标准中的"A"为 100 分,"B"为 75 分,"C"为 50 分,"D"为 25 分,该教师课堂教学的综合评价值又是多少?

$$B=\begin{pmatrix} 0.40 & 0.60 & 0.00 & 0.00 \\ 0.38 & 0.62 & 0.00 & 0.00 \\ 0.16 & 0.80 & 0.04 & 0.00 \\ 0.22 & 0.70 & 0.08 & 0.00 \\ 0.48 & 0.52 & 0.00 & 0.00 \\ 0.18 & 0.70 & 0.12 & 0.00 \\ 0.24 & 0.64 & 0.12 & 0.00 \\ 0.18 & 0.74 & 0.08 & 0.00 \\ 0.14 & 0.70 & 0.16 & 0.00 \\ 0.18 & 0.80 & 0.02 & 0.00 \\ 0.20 & 0.60 & 0.20 & 0.00 \\ 0.16 & 0.80 & 0.04 & 0.00 \\ 0.24 & 0.64 & 0.12 & 0.00 \\ 0.18 & 0.80 & 0.02 & 0.00 \end{pmatrix}$$

解：由公式 7-14 得：

$C = (0.0790, 0.0777, 0.0768, 0.0751, 0.0744, 0.0731, 0.0725, 0.0714,$
$0.0712, 0.0710, 0.0688, 0.0678, 0.0640, 0.0572)$。

$$C \begin{pmatrix} 0.40 & 0.60 & 0.00 & 0.00 \\ 0.38 & 0.62 & 0.00 & 0.00 \\ 0.16 & 0.80 & 0.04 & 0.00 \\ 0.22 & 0.70 & 0.08 & 0.00 \\ 0.48 & 0.52 & 0.00 & 0.00 \\ 0.18 & 0.70 & 0.12 & 0.00 \\ 0.24 & 0.64 & 0.12 & 0.00 \\ 0.18 & 0.74 & 0.08 & 0.00 \\ 0.14 & 0.70 & 0.16 & 0.00 \\ 0.18 & 0.80 & 0.02 & 0.00 \\ 0.20 & 0.60 & 0.20 & 0.00 \\ 0.16 & 0.80 & 0.04 & 0.00 \\ 0.24 & 0.64 & 0.12 & 0.00 \\ 0.18 & 0.80 & 0.02 & 0.00 \end{pmatrix} = (0.0790, 0.0790, 0.0751, 0)$$

因此，综合评价结果为：$D = (0.3389, 0.3389, 0.3222, 0)$。

再由公式 7-15 得：

$S = 100 \times 0.3389 + 75 \times 0.3389 + 50 \times 0.3222 + 25 \times 0 = 75.42$。

## 【本章小结】

本章阐述了处理教育评价信息的两大类方法，即定性处理方法和定量处理方法，由于定性处理方法读者较为熟悉，因此把叙述的重点放在定量处理方法上。本章共阐述了累积分数法、统计分析法和模糊数学法等三种定量处理方法，其中累积分数法是处理评价信息的基本方法，在这基础上，通过实例介绍了一些常用的统计分析法，主要涉及两方面的内容：一是运用正态分布的理论，演绎出评定等级标准中常用的三等级、四等级和五等级评定法的各等级比例分配的理论值，其不仅能较科学地指导三等级、四等级和五等级评定法的应用，而且还能根据运算出来的评价结果建立评价常模，从而进行常模分析；二是运用统计分析法中的平均数、标准差和标准分数等，对学生的学业成绩进行科学分析，力求寻找规律性的东西，以科学诊断和推测学生学业水平的发展趋势，由此在科学和客观评价学生学业水平的同时，能较有效指导学生的学习。

**【文献导读】**

1. 张厚粲,徐建平.现代心理与教育统计学[M].北京:北京师范大学出版社,2008.
2. 何向东.逻辑学教程[M].北京:高等教育出版社,1999.
3. 胡中锋,李方.教育测量与评价[M].广州:广东高等教育出版社,1999.
4. 李秀林,王于,李淮春.辩证唯物主义和历史唯物主义原理[M].北京:中国人民大学出版社,1982.
5. 吴钢.学生多学科学业成绩累加方法的探讨[J].学科教育,1995(2).
6. 吴钢,李勤.学生学业成绩评价的一种理论和方法[J].上海教育科研,1994(6).

**【问题讨论】**

1. 为什么在处理教育评价信息中要注意定性方法和定量方法的结合?
2. 哲学分析法、系统分析法和逻辑分析法三种教育评价信息处理方法的异同是什么?
3. 学生学业成绩标准分数的意义是什么?
4. 用原始分数累加、T 分数累加、正态化 T 分数累加三种方法评价学生学业成绩有什么区别?哪种方法较为科学?
5. 用目标评价法和发展性目标评价法计算学生学科成绩的总评分有什么区别?从激励学生不断提高学业成绩来看,哪种方法起的作用较大?
6. 用目标评价法和发展性目标评价法计算学生学科成绩的总评分有什么区别?从激励学生不断提高学业成绩来看,哪种方法起的作用较大?
7. 模糊数学法与累积分数法、统计分析法相比,最大的特点是什么?

# 第八章 教育评价的再评价

**【本章概要】**

本章阐述了教育评价再评价的必要性、方法和实施过程,其中教育评价再评价的方法是重点,常用的有:调查分析法、效度鉴定和信度鉴定。

**【学习目标】**

学习本章后,你应该能够:
1. 认识教育评价再评价的必要性。
2. 领会教育评价再评价的实施程序。
3. 掌握教育评价再评价的方法。

与其他专业活动一样,教育评价活动在其实施过程中不可避免地会出现一些偏差:一是提出不适当的评价问题;二是对评价结论解释不当;三是得出不明确或有争议的结论;四是评价信息得不到充分的利用;等等。这些偏差的存在不仅使评价活动所花费的时间、人力、物力等不能收到应有的成效,而且更为严重的是,低劣的评价还可能提供错误的信息,产生误导。因此,评价活动自身也应成为评价对象,以保证评价工作的质量。在再评价工作的实施过程中,应按照评价原理的要求,从再评价的方案准备到再评价方案的实施等都应精心设计、严格完成。若发现评价工作中存在偏差,甚至是错误,应及时纠正,以免造成大错。

## 第一节 教育评价再评价的必要性

科学、规范和正确的教育评价活动对于教育事业发展起着促进作用,反之就会流于形式,走过场,有时甚至还会干扰教育事业发展,起消极作用。造成后一种结果的原因很多,但很重要的一点是长期忽视评价的再评价工作。由于再评价的理论和方法研究还很薄弱,因而在实践上显得苍白,有必要对其进行研究和实践。

### 一、再评价是完善评价活动的需要

由前面所述的评价和实践的关系可知,评价结论要接受评价实践的检验,其涵义是:一是把评价现有的研究成果,即评价理论和方法运用于实践,接受实践的检验。对于实践证明是科学的理论和方法,应该保留,并继续运用;对于实践证明是不科学的理论和方法，我们要加以修正或扬弃；二是评价结果要接受实践的检验。这种检验主要从三方面来观察：其一是价值客体的发展水平是否与评价结果相一致；其二是价值主体需要的满足程度；其三是评价主体的主观愿望是否实现。要实现这个目标，再评价是有效手段。譬如，从泰勒模式到发展性目标评价模式，经历了由泰勒模式到评价活动，由评价活动到再评价，再由再评价到新评价模式提出的历程，这种历程轨迹周而复始，螺旋式上升，使评价模式逐步趋于科学化，从而有力指导评价实践，提高评价质量。

## 二、再评价是评价对象复杂性和特殊性的要求

教育活动是一种比物理、化学运动更为高级的主要研究人的社会运动形式，除了物的因素之外，还有人的意志、心理情感的介入，使得教育现象愈加错综复杂与不确定。人的主观能动性因素的代入，使教育系统内部的非线性相互作用更为错综复杂，难以测度。如果要对它的价值状况进行观察和判断，仅仅从一次评价活动是难以科学地考察的。它需要进行系统调查，需要对评价活动进行再评价。评价方案的核心是评价标准，这是因为评价结果来源于人的判断，而判断无法在无标准的条件下进行。评价标准必须能为与评价对象有关人员所接受，但不同的人又有着不同的价值标准，有着对同一现象不同的看法和态度。要满足他们的需要，有必要对评价活动进行再评价，以达到逐步满足他们需要的目的。

## 三、再评价是提高评价结果的信度和效度以及评价活动效益的需要

评价结果的信度和效度如何，直接影响着根据评价结果作出的决策或改进工作的实际效果等。这就好比医生给病人看病，如果误诊，那么有可能会延误病情，严重的甚至会危及生命。通过再评价能发现评价活动中存在的不足，及时加以纠正，以免造成不必要的错误、损失、浪费或矛盾。譬如，我们对 ZG 中学已实践了若干年的课堂教学评价进行反思。原先主要采用定性评价方法，实施几年以后，发现各指标的评价结果与最终评价结论的一致性较难把握，致使评价结论的信度和效度不高，依此进行的决策在某些方面引起了不必要的争议或失误。于是，我们进行了一些改进，主要运用定量评价方法，较好地克服了各指标的评价结果与最终评价结论的一致性较难把握的弱点，取得了一定成效，但是，对于较难用定量方法处理的指标，这种评价方法较难适用。即便召开学生座谈会作为补充，也因为调查提纲内容针对性不强，形式不够规范和统一，起的作用不大。最为关键的一点是，上述两个阶段的评价实践没有设计出科学的和切合实际的评价方案，这就很难做到评价程序科学、规范和公正，评价结果也不能令人信服。针对上述存在的问题，我们积极寻找应对措施，完善评价活动。另外，还要考察

评价报告反馈后对工作的促进程度,及时总结经验,为以后的评价活动开展提供宝贵的资料。譬如,对 ZG 中学课堂教学评价进行再评价,可得到三个在今后的评价实践活动中应值得特别注意的要点:第一,新的课堂教学评价实践活动开始之前,其原来的评价标准要根据实际情况加以修订或补充,这是因为实际情况在发生变化,原先不具备条件进行评价的指标,可能由于条件发生变化,从而使依据这种指标进行评价的方案变为现实,如"根据需要,合理、有效地使用多媒体或教具"这一指标,在多媒体教室能满足教师需求的条件下,是可以作为评价指标的,这也是现代课堂教学的要求。另外,经评价实践检验不科学、不客观和不有效的指标或评定标准要删除或进行修改,如当评价结果非常接近时,可适当增加评定标准的档次等。第二,要注意做好评价方案的宣传工作,特别要让与评价有关人员了解和熟悉评价目的和评价标准,这样才能保证评价结果的高信度和高效度。第三,尽可能降低评价实践成本,提高操作性。要搞好评价实践工作,离不开计算机的运用。现在我们所进行的评价实践,基本上做到了搜集和处理评价信息计算机软件化,这不仅能缩短搜集和处理评价信息的时间,而且能提高评价结果的准确性,减少误差。这样做既可以降低评价成本、缩短评价时间,又可以提高评价的操作性、时效性,减少操作误差。

## 第二节  教育评价再评价的方法

再评价和评价一样,要遵守评价的一般原理。在方法上,要做到定性方法和定量方法的结合;多种评价类型的结合;灵活运用前面所论述过的各种评价方法等。除此而外,还要注意选择运用以下方法。

### 一、调查分析法

评价活动完成以后,为了了解评价结论是否被接受和评价工作的效益等,可以采用这种方法。具体做法为:一是当评价报告接受者较多时,可以设计问卷,对评价报告的接受者进行问卷调查,随后进行统计分析,作出结论。二是当评价报告接受者较少时,往往可以采用开座谈会和访谈等方式,对他们进行调查,听取各方面的意见,分析问题产生的原因,抓住本质,及时解决。譬如,我们对 ZG 中学学生评价教师课堂教学进行了反馈后的再评价[①]:

#### (一)再评价目的

检测 ZG 中学学生评价教师课堂教学的效果。

---

① 李春黎参加了此次调查。

## （二）再评价时间

对 ZG 中学学生评价教师课堂教学进行再评价，是在把评价结果反馈给教师后的一周时间内进行。

## （三）再评价信息来源

ZG 中学的部分领导、教师和学生。

## （四）再评价方法

采用调查分析法，共发放调查问卷 163 份，回收有效问卷 150 份，回收率 92%，其中领导 17 份、教师 73 份、学生 60 份。问卷分为单选题和开放题。

## （五）调查问卷内容

1. 您是否认为评价标准科学、合理？　　　　　　　　　　　　（　　）
   - A. 合理　　　　　　　　　B. 较合理
   - C. 不太合理　　　　　　　D. 不合理
2. 您认为整个评价过程规范吗？　　　　　　　　　　　　　　（　　）
   - A. 规范　　　　　　　　　B. 较规范
   - C. 不太规范　　　　　　　D. 不规范
3. 您是否认为评价结果客观地反映了实际情况？　　　　　　　（　　）
   - A. 客观　　　　　　　　　B. 较客观
   - C. 不太客观　　　　　　　D. 不客观
4. 您认为评价结果对课堂教学有促进作用吗？　　　　　　　　（　　）
   - A. 作用大　　　　　　　　B. 作用较大
   - C. 作用不太大　　　　　　D. 作用不大
5. 您是否认为教师通过这次评价能找到在教学中有待改进的地方？（　　）
   - A. 找到很多　　　　　　　B. 找到较多
   - C. 找到不太多　　　　　　D. 找到不多
6. 您对运用计算机搜集评价信息的方式感到满意吗？　　　　　（　　）
   - A. 满意　　　　　　　　　B. 较满意
   - C. 不太满意　　　　　　　D. 不满意
7. 您认为评价前后，教师对评价的态度是否发生变化？　　　　（　　）
   - A. 一直是积极参与的　　　B. 由被动接受到主动参与
   - C. 对评价的期望值逐渐降低　D. 一直是被动接受的
8. 您对这次评价活动感到满意吗？　　　　　　　　　　　　　（　　）
   - A. 满意　　　　　　　　　B. 较满意
   - C. 不太满意　　　　　　　D. 不满意

9. 谈谈你对这次课堂教学评价的看法。

## （六）统计结果

我们用 SPSS12.0 统计软件处理再评价信息，得表 8-1。从中可以看出，认为评价标准合理和较合理的人数共占样本总人数的 97.4%；认为整个评价过程规范和较规范的占 92.7%；认为评价结果客观和较客观地反映了实际情况的占 70.7%；对运用计算机搜集评价信息的方式感到满意和较满意的占 85.4%；对这次评价活动感到满意和较满意的占 88.7%。这几项指标反映出本次评价活动的效果得到了三分之二以上人数的认可。第四、第五和第七个问题前两个选择项统计结果之和也均超过了 60%，可见，本次评价活动的效果是比较好的。但是，我们不难发现，第三、第四、第五和第七个问题后两个选择项统计结果之和也占到 30% 或 40% 左右，这说明还有三分之一或三分之一强的被调查者对本次评价活动有看法，为了了解到这些被调查者的真实想法，我们要采用科学的抽样方法，抽取一定数量的被调查者，通过召开座谈会等方式了解他们的意见和建议，这些信息不仅能为科学和客观地解释评价结果提供信息，而且能为下次评价活动提供经验或教训。

表 8-1　ZG 中学学生评价教师课堂教学再评价调查统计结果表

| 调查问题 | 选项(%) | | | |
|---|---|---|---|---|
| 评价标准科学、合理 | 合理 | 较合理 | 不太合理 | 不合理 |
| | 26.7 | 70.7 | 2.6 | 0 |
| 评价过程规范 | 规范 | 较规范 | 不太规范 | 不规范 |
| | 22.7 | 70 | 6 | 1.3 |
| 评价结果客观 | 客观 | 较客观 | 不太客观 | 不客观 |
| | 14.7 | 56 | 28.7 | 0.6 |
| 评价结果对课堂教学的促进作用 | 作用大 | 作用较大 | 作用不太大 | 作用不大 |
| | 13.3 | 46.7 | 33.3 | 6.7 |
| 通过这次评价能为教师找到教学中有待改进的地方 | 找到很多 | 找到较多 | 找到不太多 | 找到不多 |
| | 14 | 48.7 | 31.3 | 6 |
| 对运用计算机搜集评价信息的方式 | 满意 | 较满意 | 不太满意 | 不满意 |
| | 24.7 | 60.7 | 13.3 | 1.3 |
| 教师对评价的态度 | 一直主动 | 被动到主动 | 期望降低 | 一直被动 |
| | 19.3 | 42.7 | 27.3 | 10.7 |
| 对这次评价活动感到满意 | 满意 | 较满意 | 不太满意 | 不满意 |
| | 20 | 68.7 | 10.7 | 0.6 |

## 二、效度鉴定

评价效度是判断评价质量的重要技术指标。它是指评价结果的有效性或准确性,即评价对其所要评判的特性准确评价的程度。换言之,评价效度要求评价结果应当符合评价目的,并且与评价对象的实际情况相一致。如果评价效度很低,其实际效果必然不佳。因此,再评价者必须十分重视对评价效度进行鉴定。

### (一) 评价指标体系的效度鉴定方法

评价指标体系的有效性主要表现在两个方面:一是能够充分覆盖所要评价的内容,能够准确地反映评价对象的本质特性;二是评价结果符合制定指标体系的理论构想。前者是指标体系的内容效度,后者为指标体系的结构效度。

内容效度鉴定一般采用逻辑分析方法,常用专家判断的方式来实现。如表6-3列出的双向细目表就是一个很好的例子,如果把它与若干学科专家设计的双向细目表进行对照,两者的一致性程度越高,评价效度也就越高。其优点是可在评价实施前进行,根据判断结论及时进行修订,使评价指标具有较高的内容效度;其缺点是容易受专家主观经验的影响,且缺乏可靠的数量指标,妨碍了各种指标之间的相互比较。

指标体系的结构效度分析一般采用因子分析法。这是一种常用的多元统计分析方法,1904年心理学家斯皮尔曼提出这种方法用来解决智力测验得分的统计分析。其主要用途是从众多变量的交互相关中找出起决定作用的少数几个基本因素,适合于异质性样本,具体做法是:按照例8-1所给出的条件,我们运用因子分析法,对表11-6和表11-7中的40条指标做结构效度分析。因子分析显示,Kaiser-Meyer-Olkin(KMO)统计量$=0.977$,Bartlett球形检验$P=0.000$,表明各变量存在潜在因子结构和相关性,非常适合因子分析。经过初步因子分析,应用主成分法提取公因子,前3个公因子的方差累计贡献率达到$79.802\%$,公因子的方差比都在0.7以上,旋转前因子1在所有原始指标上有较大的载荷,其他因子的意义不明显;对公因子作方差最大化旋转,旋转后因子能够很好解释3个公因子,并且各指标在相应因子上的因子负荷均大于0.5(见表8-2),说明该评价指标体系的结构效度清晰良好。我们分别把表11-6、表11-7与表8-2进行对比,发现设计完成的幼儿园教育质量评价指标体系与运用问卷调查所获数据计算得到的结构效度基本一致:一是提取的3个公因子与3个一级指标一致;二是根据因子1的指标内涵,可以称为教育条件,包括10条三级指标;根据因子2的指标内涵,可以称为教育过程,包括9条三级指标;根据因子3的指标内涵,可以称为教育效果,包括21条三级指标。

表 8-2　主成分正交旋转因子负荷量表

| 指标 | 因子 1 | 因子 2 | 因子 3 | 单独贡献率（%） | 累计贡献率（%） |
| --- | --- | --- | --- | --- | --- |
| 教育经费 | 0.947 | | | 41.352 | 41.352 |
| 场地园舍 | 0.947 | | | | |
| 人员配置 | 0.947 | | | | |
| 规章制度 | 0.946 | | | | |
| 生活设施 | 0.946 | | | | |
| 保健设备 | 0.939 | | | | |
| 教育设施 | 0.939 | | | | |
| 活动设施 | 0.920 | | | | |
| 办公设备 | 0.574 | | | | |
| 档案管理 | 0.555 | | | | |
| 营养膳食 | | 0.913 | | 22.183 | 63.535 |
| 师幼互动 | | 0.845 | | | |
| 活动组织 | | 0.824 | | | |
| 课程教学 | | 0.811 | | | |
| 家园联系 | | 0.805 | | | |
| 教育评价 | | 0.796 | | | |
| 教育计划 | | 0.747 | | | |
| 安全防病 | | 0.732 | | | |
| 健康检查 | | 0.633 | | | |
| 身体发育 | | | 0.973 | 16.267 | 79.802 |
| 运动兴趣 | | | 0.973 | | |
| 大动作 | | | 0.973 | | |
| 精细动作 | | | 0.954 | | |
| 倾听方面 | | | 0.954 | | |
| 表达方面 | | | 0.939 | | |
| 饮食方面 | | | 0.939 | | |
| 进餐方面 | | | 0.892 | | |
| 交往习惯 | | | 0.892 | | |
| 文明礼貌 | | | 0.892 | | |
| 生活自理 | | | 0.892 | | |
| 睡眠方面 | | | 0.885 | | |
| 排泄方面 | | | 0.885 | | |
| 洗漱方面 | | | 0.810 | | |
| 用眼方面 | | | 0.810 | | |
| 责任意识 | | | 0.810 | | |
| 基本知识 | | | 0.810 | | |
| 思考探索 | | | 0.743 | | |
| 学习习惯 | | | 0.743 | | |
| 感受与体验 | | | 0.743 | | |
| 表现与创造 | | | 0.743 | | |

## (二) 评价结果的效度鉴定方法

评价结果的效度检验既可以采用定性方法,也可以采用定量方法。

1. 最常用的定性方法是三角互证法,即用不同来源的定性材料来证实同一结论

譬如,在评价教师时,不少学校采用教师自我评价、同行评价、领导评价相结合的方式,有些学校还参照学生和家长评价的意见。这些针对特定教师的、不同来源的评价信息之间的一致程度越高,评价结论的效度就越高。同样,也可以通过搜集信息的不同方法(如查阅学校档案、与教师面谈、观察学生)进行效度互证,寻找信息的会聚点,来验证评价结论的真实性。

2. 常用的定量方法是自身一致法

先分别求出每一部分评价指标与整个评价指标体系的等级相关系数,然后根据各部分指标与整体评价指标体系的等级相关系数综合判断评价结果的效度。为了便于说明,不妨设:

(1) 评价指标体系划分为三大类指标:条件指标、过程指标、效果指标。评价总分是这三类指标得分的总和。

(2) 评价者共有 $n$ 人。

(3) 第 $i$ 个评价者($i=1,2,\cdots,n$)按照三大类评价指标给评价对象打得分数分别为 $X_i$、$Y_i$、$Z_i$;总分为 $S_i$。

把各评价者打分情况列表如下:

表 8-3 评价者评价结果表

| 评价者序号 | 条件指标 | | 过程指标 | | 效果指标 | | 总分 | | 等级之差 | | |
|---|---|---|---|---|---|---|---|---|---|---|---|
| | $X_i$ | $R_x$ | $Y_i$ | $R_y$ | $Z_i$ | $R_z$ | $S_i$ | $R_s$ | $D_{xs}$ | $D_{ys}$ | $D_{zs}$ |
| 1 | | | | | | | | | | | |
| 2 | | | | | | | | | | | |
| ⋮ | | | | | | | | | | | |
| $n$ | | | | | | | | | | | |

表 8-3 中 $R_x$、$R_y$、$R_z$、$R_s$ 分别是各评价者的四个给分,在全体评价者中按由高到低排列的等级(用 $1,2,\cdots,n$ 表示),对给分相同者赋以平均等级。如有两位评价者均给条件指标 28 分,它们的等级顺序应排于 5,6 两级,则均为 5.5 级。表 8-4 中 $D_{xs}$、$D_{ys}$、$D_{zs}$ 分别是各评价者在三大类指标给分的等级顺序 $R_x$、$R_y$、$R_z$ 与总分相应的等级 $R_s$ 之差,即:

$$D_{xs} = R_x - R_s$$
$$D_{ys} = R_y - R_s$$
$$D_{zs} = R_z - R_s$$

随后，根据表 8-3 中的数据，运用斯皮尔曼等级相关系数公式 8-1：

$$r = 1 - \frac{6\Sigma D^2}{n(n^2-1)} \tag{8-1}$$

式中：$r$ 为等级相关系数；$D$ 为各位评价者按照指标给评价对象打得分数的等级顺序与总分相应的等级之差；$n$ 为评价者数。

可分别求得：

（1）条件指标得分与总分的等级相关系数：

$$r_{xs} = 1 - \frac{6\Sigma D_{xs}^2}{n(n^2-1)} \tag{8-2}$$

（2）过程指标得分与总分的等级相关系数：

$$r_{ys} = 1 - \frac{6\Sigma D_{ys}^2}{n(n^2-1)} \tag{8-3}$$

（3）效果指标得分与总分的等级相关系数：

$$r_{zs} = 1 - \frac{6\Sigma D_{zs}^2}{n(n^2-1)} \tag{8-4}$$

上述三部分指标得分与总分的等级相关系数，分别反映了三部分评价指标与评价指标体系整体的一致性程度。若这三类指标的权重分别为 $a_x$、$a_y$、$a_z$，那么效度系数为：

$$r = a_x \cdot r_{xs} + a_y \cdot r_{ys} + a_z \cdot r_{zs} \tag{8-5}$$

它可以鉴定按照该指标体系评价所得结果的效度，一般要求在 0.4 以上。

**例 8-1** 运用自身一致法计算指标体系的效度系数。

设计完成幼儿园教育质量评价指标体系以后，怎么来计算它的效度系数，以验证其质量呢？下面以表 11-6 和表 11-7 中的 40 条三级指标为例，运用自身一致法计算由它们组成的指标体系的效度系数。把这 40 条指标编制成类似于表 5-3 的"幼儿园教育质量评价指标体系征询意见表"，对其判断等级分为五档，即"很重要""重要""一般""可要可不要""不要"。在计算效度系数时，这五个等级的赋值分别为 5、4、3、2、1。作为例子，让各 30 位幼儿园园长和幼儿家长对这 40 条指标进行评判，然后算得：$r_{xs}=0.655$、$r_{ys}=0.891$、$r_{zs}=0.163$。由此可以得到效度系数为：$r=0.2605\times 0.655+0.6334\times 0.891+0.1061\times 0.163\approx 0.75$。这说明 40 条三级指标组成的指标体系的效度是较高的。

### （三）影响评价效度的因素

实践表明，对评价效度产生较大影响的因素有：

1. 评价指标的科学性

评价指标体系的科学、合理、针对性和可操作性,是有效评价的基本前提。为此,评价指标在正式使用前,须进行多次试用和修订。

2. 评价实施的质量

评价实施质量包括评价是否严格按照预定的程序进行;是否选择了适当的时间和场合进行;是否排除了各种人为因素的影响和干扰等方面。要科学、规范、客观地实施评价,再评价的组织者应采取有效的培训和监控措施,提高评价者的自身素质,鼓励被评价者积极参与。

3. 被评价者的特性和样本的代表性

被评价者的兴趣、动机、情绪、态度和身体状况等对效度也有重要影响,应当予以充分的重视。在进行抽样评价时,还应当注意样本的代表性,这样有助于提高评价的效度。

### 三、信度鉴定

评价信度也是判断评价质量的重要技术指标。它是指评价指标的可靠性、一致性和稳定性程度。评价如果信度很低,其结果就缺乏可靠性。因此,再评价者必须十分重视对评价信度进行鉴定。

#### (一)评价信度鉴定的方法

1. 斯皮尔曼等级相关公式法

这种方法适用于两人评多项指标,或一人先后两次评多项指标;两人评同一评价对象中的多个个体,或一人先后两次评同一评价对象中的多个个体;多人评两类指标;等等。

例 8-2 甲、乙两个评价者按照十项指标对评价对象进行评价,将每一指标所评分值和等级对应排列(见表 8-4),试计算他们评价结果的信度系数,并作出判断。

表 8-4 两位评价者的评价结果表

| 指标 ($n=10$) | 评价分 | | 等级次序 | | 等级之差 $D_1$ | $D_2$ |
|---|---|---|---|---|---|---|
| | 甲评分 | 乙评分 | 甲等级 | 乙等级 | | |
| 1 | 94 | 93 | 1 | 1 | 0 | 0 |
| 2 | 90 | 92 | 2 | 2.5 | $-0.5$ | 0.25 |
| 3 | 86 | 92 | 3.5 | 2.5 | 1 | 1 |
| 4 | 86 | 70 | 3.5 | 7 | $-3.5$ | 12.25 |
| 5 | 72 | 82 | 5 | 4 | 1 | 1 |

续表

| 指标<br>($n=10$) | 评价分 | | 等级次序 | | 等级之差<br>$D_1$ | $D_2$ |
|---|---|---|---|---|---|---|
| | 甲评分 | 乙评分 | 甲等级 | 乙等级 | | |
| 6 | 70 | 76 | 6 | 5.5 | 0.5 | 0.25 |
| 7 | 68 | 65 | 7 | 9 | −2 | 4 |
| 8 | 66 | 76 | 8 | 5.5 | 2.5 | 6.25 |
| 9 | 64 | 68 | 9 | 8 | 1 | 1 |
| 10 | 61 | 60 | 10 | 10 | 0 | 0 |
| | | | | | | $\Sigma D^2=26$ |

解：运用公式 8-1(在这里 $D$ 为两位评价者对同一指标所评的等级之差；$n$ 为指标数)可得：

$$r=1-\frac{6\times 26}{10(10^2-1)}=1-\frac{156}{990}=1-0.16=0.84$$

检验：取统计量 $t=\frac{r\sqrt{n-2}}{\sqrt{1-r^2}}=\frac{0.84\sqrt{10-2}}{\sqrt{1-0.84^2}}=4.379$，

判断：$df=n-2=10-2=8$，查 $t$ 分布表(见附表 2)，得：$t_{0.01}(8)=3.355$。

因为 $t>t_{0.01}(8)$，所以无显著差异，即甲、乙两位评价者的评价结果较为一致，评价结果可信。

2. 肯德尔和谐系数法

这种方法适用于三人以上评多项指标；三人以上按照某一项指标评同一评价对象中的多个个体；等等。计算公式如下：

$$W=\frac{\sum\limits_{i=1}^{N}(\sum\limits_{j=1}^{K}R_{ij})^2-\frac{(\sum\limits_{i=1}^{N}\sum\limits_{j=1}^{K}R_{ij})^2}{N}}{\frac{1}{12}K^2(N^3-N)} \quad (8-6)$$

式中：$K$ 为评价者数；$N$ 为评价对象数(或指标数)；$R_i$ 为 $j$ 个评价者对同 $i$ 个评价对象(或指标)所给予的等级顺序数。

**例 8-3** 三位评价者对七名教师的工作成绩进行评价，并以名次来表示评价结果。评价结果如表 8-5 所示。问这三位评价者的评价结果是否一致？

表 8-5 三位评价者的评价结果表

| 教师 $N$ | 1 | 2 | 3 | 4 | 5 | 6 | 7 |
|---|---|---|---|---|---|---|---|
| 评价者 1 | 3 | 6 | 5 | 1 | 4 | 2 | 7 |
| 评价者 2 | 5 | 6 | 4 | 1 | 3 | 2 | 7 |
| 评价者 3 | 2 | 7 | 5 | 1 | 4 | 3 | 6 |
| $\sum_{j=1}^{3} R_{ij}$ | 10 | 19 | 14 | 3 | 11 | 7 | 20 |
| $(\sum_{j=1}^{3} R_{ij})^2$ | 100 | 361 | 196 | 9 | 121 | 49 | 400 |

$$\sum_{i=1}^{7}\sum_{j=1}^{3} R_{ij} = 84$$

$$\sum_{i=1}^{7}(\sum_{j=1}^{3} R_{ij})^2 = 1236$$

解：运用公式 8-6，得：

$$W = \frac{1236 - \frac{84^2}{7}}{\frac{1}{12} \times 3 \times (7^3 - 7)} = \frac{228}{252} = 0.9$$

检验：因为 $S = \sum_{i=1}^{7}(\sum_{j=1}^{3} R_{ij})^2 - \frac{(\sum_{i=1}^{7}\sum_{j=1}^{3} R_{ij})^2}{7} = 228$，由 $W$ 显著性检验时 $S$ 的临界值表（见附表 3）查得：$S_{0.05} = 157.3$，$S_{0.01} = 185.6$，$S > S_{0.05}$，所以，$W$ 达显著水平，即三位评价者对七名教师工作成绩评价结果一致的可能性为 95%；$S > S_{0.01}$，$W$ 达极显著水平，即三位评价者对七名教师工作成绩评价结果一致的可能性为 99%。可见，这三位评价者的评价结果信度相当高。

在计算肯德尔和谐系数时，若各个评价者对于同一评价对象都评有相同等级时，求 $W$ 的公式为：

$$W = \frac{S}{\frac{1}{2}K^2(N^3 - N) - K\sum_{i=1}^{k} T_i} \tag{8-7}$$

式中：$T_i = \frac{\Sigma(n^3 - n)}{12}$，$n$ 是相同等级的个数。

**例 8-4** ZG 中学的领导、同行、教师自我、学生、学生家长对某一位教师课堂教学过程评价结果如表 8-6。假设指标共有四项：一是教学内容；二是教学方法；三是教学态度；四是教书育人。评定标准为四级评定等级标准：好、较好、一般、尚需努力，并分别赋予 4、3、2、1 值。试问这五方面评价主体对该教师课堂教学过程评价结果是否一致?

表 8-6  五方面评价主体对某一位教师课堂教学过程的评价结果表

| 评价者\评等指标 | 一 | 二 | 三 | 四 |
|---|---|---|---|---|
| 领导 | 较好(3) | 很好(4) | 较好(3) | 一般(2) |
| 同行 | 很好(4) | 很好(4) | 较好(3) | 较好(3) |
| 教师自我 | 较好(3) | 较好(3) | 一般(2) | 一般(2) |
| 学生 | 很好(4) | 较好(3) | 很好(4) | 较好(3) |
| 学生家长 | 较好(3) | 很好(4) | 较好(3) | 较好(3) |
| $\sum_{j=1}^{5} R_{ij}$ | 17 | 18 | 15 | 13 |
| $(\sum_{j=1}^{5} R_{ij})^2$ | 289 | 324 | 225 | 169 |

$$\sum_{i=1}^{4}\sum_{j=1}^{5} R_{ij} = 63$$

$$\sum_{i=1}^{4}(\sum_{j=1}^{5} R_{ij})^2 = 1007$$

解:先计算 $S$、$T_i$ 和 $\Sigma T_i$:

$$S = 1007 - \frac{63^2}{4} = 1007 - 992.3 = 14.7,$$

$$T_1 = \frac{2^3 - 2}{12} = \frac{6}{12} = 0.5,$$

$$T_2 = \frac{2^3 - 2}{12} + \frac{2^3 - 2}{12} = 1, 同样 T_3、T_4 均为 1,$$

$$T_5 = \frac{3^3 - 3}{12} = 2,$$

$\Sigma T_i = 0.5 + 1 + 1 + 1 + 2 = 5.5,$

再由公式 8-7,得:

$$W = \frac{14.7}{\frac{1}{12} \times 5 \times (4^3 - 4) - 5 \times 5.5} = \frac{14.7}{\frac{1}{12} \times 1500 - 27.5} = \frac{14.7}{125 - 27.5} = 0.15$$

检验:因为 $S=14.7$,查附表 3 得 $S_{0.05}=62.6$,$S < S_{0.05}$,所以,$W$ 未达显著水平。

由以上计算结果可知,这五方面的评价主体对该教师课堂教学过程的评价结果不一致。这种不一致的情况,到底是由哪项指标的评定分歧引起的,这可以从指标离均差的平方和来判定:

指标一：离均差 $= (\sum_{j=1}^{5} R_{ij})^2 - \dfrac{(\sum_{j=1}^{5} R_{ij})^2}{5} = 59 - \dfrac{17^2}{5} = 1.2$；

指标二：离均差 $=1.2$；

指标三：离均差 $=2$；

指标四：离均差 $=1.2$。

以上计算结果表明，指标三的评价结果有分歧，应重新进行评价。

从上面叙述可以看出，斯皮尔曼等级相关公式法和肯德尔和谐系数法由于不涉及评价信息数据的分布形态，因此，应用比较广泛，并且计算简单，实用性强。但是，它们也存在不足之处：一是不适合对等级间距不相等的数据；二是如果某一指标评定结果相同等级过多，计算出来的结果就会有很大误差，此时精确度较差；三是由于把精确的数据化为等级，会损失较多信息，且排列等级也较麻烦，因此，若评价信息数据过多，又非等级判定时，计算出来的结果也会有很大误差。

3. 分组折线图检验法

这种方法的主要依据是对于一个公正、客观的评价者在评价时，要么评得比较松，要么评得比较严，一视同仁。

具体操作步骤如下：

(1) 评价者分组

如果评价者较多，为了制表方便，可将其按综合评价的总分高低分成若干组，每组评价者的人数不一定相等。分组时运用公式 8-8，算出评价者所给总分的两极差，或称全距。

$$R = \text{Max}(X) - \text{Min}(X) \tag{8-8}$$

式中：$R$ 为全距；$\text{Max}(X)$、$\text{Min}(X)$ 分别为数据中的最大值和最小值。

然后，拿两极差除以拟分的组数，所得的商作为组距，最后，按组距进行分组。如果评价者数不是很多（如在 10 名以内）时，也可不分组，把每名评价者作为一组看待。

(2) 计算每组评价者对评价对象中每一个体的评价值

一般用该组评价者评定分数的平均值作为一组评价者的评价值。如果未进行分组，则以每名评价者对评价对象中每一个体的评价值为准。

(3) 根据每组评价者的评价值，画出分组折线图

一般以纵坐标作为评价对象获得的评价值，横坐标作为评价对象所处的位置。

例 8-5 有 15 名评价者，对 ZG 中学六名教师的公开课进行评价。根据所得评价总分的高低，将 15 名评价者分成三组：一组综合评价总分在 500 以上；

二组综合评价总分在 430～499 之间；三组综合评价总分在 429 以下。计算得各组评价值如表 8-7 所示。

表 8-7　各组评价值表

| 评价值＼教师序号＼组序 | 1 | 2 | 3 | 4 | 5 | 6 |
|---|---|---|---|---|---|---|
| 一组 | 85 | 86 | 86 | 88 | 82 | 90 |
| 二组 | 81 | 82 | 83 | 85 | 74 | 94 |
| 三组 | 70 | 71 | 71 | 73 | 70 | 64 |

试检验评价者对六名教师公开课评价结果的信度。

解：根据表 8-7 中的数据，画出折线，如图 8-1。

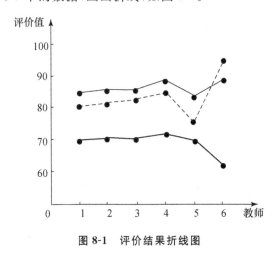

图 8-1　评价结果折线图

由图 8-1 可知，对第六名教师的评价分歧较大，应重新进行评价。

4. α 系数公式法

克朗巴赫在 1951 年发表的《α 系数和测验的内在结构》一文中提出作为估计内在一致的可靠性指标的 α 系数公式：

$$\alpha = \frac{m}{m-1}\left(1 - \frac{\Sigma S_i^2}{S_T^2}\right) \tag{8-9}$$

式中：$\Sigma S_i^2$ 反映每一个评价小组成员给各项评价指标所评分数的离异程度；$S_T^2$ 反映各评价小组成员给整个指标体系所评分数的离异程度，它受各项指标所评分数离异程度的影响。

公式 8-9 可用于估算评价的信度系数。具体方法如下：

设：(1) 评价指标共有 $m$ 项。

(2) 评价小组共有 $n$ 人。

(3) 第 $j$ 个评价小组成员($j=1,2,\cdots n$)对第 $i$ 项评价指标($i=1,2,\cdots,m$)给评价对象的分数为 $X_{ij}$，按照整个评价指标体系给评价对象的总分为 $Y$，显然有 $Y_j = \sum_{j=1}^{m} X_{ij}, (j=1,2,\cdots,n)$。

(4) 评价对象的评价结果：第 $i$ 项指标实得分为 $X_i = \sum_{j=1}^{n} X_{ij}$，实得总分为 $Y = \sum_{i=1}^{m} X_i$。

根据以上假设，可求得：

第一，第 $i$ 项评价指标得分的方差为：

$$S_i^2 = \frac{1}{n} \sum_{j=1}^{n} (X_{ij} - \overline{X}_i)^2 \tag{8-10}$$

第二，评价结果总分的方差为：

$$S_T^2 = \frac{1}{n} \sum_{j=1}^{n} (Y_j - \overline{Y})^2 \tag{8-11}$$

把 $S_i^2$、$S_T^2$ 代入公式(8-9)，得：

$$\alpha = \frac{m}{m-1} \left[ 1 - \frac{\sum_{i=1}^{n} S_i^2}{S_T^2} \right] \tag{8-12}$$

由公式 8-9 不难看出：$0 \leqslant \dfrac{\sum_{i=1}^{n} S_i^2}{S_T^2} \leqslant 1$，因此，当指标数 $m$ 较大时，可以保证 $0 \leqslant \alpha \leqslant 1$。$(S_i^2/S_T^2)$ 项既反映对评价指标体系的每一指标评价过程中随机因素的大小，又反映整个评价指标体系评价结果中的随机因素的大小。当评价标准越明确，量化结果越准确，各个评价小组成员对评价标准、量化方法和量化结果理解越一致，评价就越客观，随机因素越小，$(S_i^2/S_T^2)$ 项的值随之就越小，$\alpha$ 值就越大，反映评价结果的可靠性和稳定性就越高。

一般来说，$\alpha$ 系数愈高，评价指标体系的信度也愈高。在基础性研究中，信度系数至少应达到 0.80 才可接受；在探索性研究中，信度系数只要达到 0.70 就可以接受了，而低于 0.35 则为低信度，必须予以拒绝。

**例 8-6** 运用 $\alpha$ 系数公式法计算指标体系的信度系数。

按照例 8-1 所给出的条件，算得：$\sum_{i=1}^{n} S_i^2 = 5.6353, S_T^2 = 41.4122$，则 $\alpha =$

$\frac{40}{39}(1-\frac{5.6353}{41.4122}) \approx 0.89$。由此可知这四十条三级指标组成的指标体系具有较高信度。

### (二) 影响评价信度的因素

从总体看,评价对象和评价者的状态、评价指标、评价过程等因素均会引起随机误差,导致评价结论不一致,降低评价信度。了解影响评价信度的主要因素可帮助评价者采取相应的措施,提高评价的可靠性,并对评价信度作出合理的解释。影响评价信度的因素可简要归纳如下:

1. 评价对象和评价者的状态

由前面的论述可知,评价者和被评价者在评价过程中的心理状况会直接影响评价结果的信度,因此,在评价时评价者和被评价者应保持良好的身心状态。

2. 评价指标

评价指标是评价的内容,即评价时对评价对象的观测点。因此,评价指标的科学、客观、有效以及可行与否也直接影响评价结果的信度。要提高评价结果的信度,必须按照编制评价标准的依据和设计指标体系的原则等,设计好指标体系。

3. 评价方案实施过程中的各种因素

在评价方案实施过程中,也会出现一些导致误差的因素。譬如,评价环境和氛围;评价者的素质、评价者和评价对象的关系;被评价者的动机、态度、情绪、身体状况;意外的干扰等。评价者应当注意创设良好的评价环境,对可能产生评价误差的各个环节要密切监控,出现问题,及时纠正。

## 第三节 教育评价再评价的实施

再评价的实施与原评价活动基本相似,但也有其自身的特点,认识这些特点,对于搞好再评价活动,无疑是必要的。由前面所述可知,再评价有反馈前的再评价和反馈后的再评价,在实施过程中也要区别对待。

### 一、再评价的内容和形式

#### (一) 再评价的内容

如前所述,评价方案准备、评价方案实施、评价报告编写和评价结论反馈四个环节是评价工作流程的重要环节,环环相扣,缺一不可。这四个环节的工作好坏,对评价工作质量有直接的影响。用系统的观点来看,仅仅在评价报告完成以后进行再评价的做法是不充分的。当然,评价结论反馈后进行的再评价也有其积极意义,它可以总结评价工作的经验教训,检验根据评价结论作出决策的正确性或与评价对象有关人员改进工作的有效性,以提高评价工作的效益。但是,亡羊补牢不如未雨绸缪。评价的组织者或评价者应当在评价工作的各个环节经常进行内部或外部的检查,以便及时解决评价工作中可能出现的种种偏差。具体内容有以下四个方面。

1. 评价方案设计完成后进行的再评价

对评价方案设计进行再评价是为了确保评价方案设计的科学性、规范性和可行性,以有效指导评价方案的实施。这种再评价是十分重要的,因为评价方案设计的好坏会直接影响评价结果的信度和效度。具体要求是:评价目的正确;评价对象范围界定清楚;评价标准科学、客观和可行;评价组织健全,评价过程中的纪律规定严肃、合理,评价者符合要求;评价方法选择得当;评价报告完成的时间和评价报告的接受者明确等。

2. 评价方案实施过程中进行的再评价

对评价方案实施过程进行再评价是为了检查评价方案的实施是否出现偏差,以便及时纠正偏差,确保在规定的时限和预算内完成各项评价任务。必要时,还可以对评价方案作相应调整,这也是发展性目标评价模式所要求的。具体要求为:评价的组织者或评价者按评价方案要求推进评价工作;搜集到的评价信息全面和真实;处理评价信息方法科学、得当,评价结果信度和效度较高;在实施评价方案过程中严格遵守若干纪律规定;能根据实际情况及时调整评价方案等。

3. 对评价报告编写和评价结论反馈进行的再评价

对评价结论和报告质量进行再评价是为了确保评价结论的可靠性、准确性和报告的科学性、规范性以及评价结论反馈方式的合理性。具体要求是:由评价结果推断而得到的评价结论客观、可靠和有效;评价结论有充分依据、解释清晰和合理;评价报告科学、规范、简洁,能指明评价对象的长处和不足,并提出相关建议;评价报告反馈及时和反馈方式合理等。

4. 对评价工作效益进行的再评价

对评价工作效益进行再评价是为了检查根据评价结论作出决策的正确性或与评价对象有关人员改进工作的有效性,为以后的评价活动开展提供有效资料,以提高评价工作的效益。具体要求为:评价达到了预定目的;评价资源(主要指人力、物力、时间等)安排和使用得当,效率高;评价结论被认可和接受;评价功能能较好地发挥等。

(二)再评价的形式

再评价的形式主要有自我复查和他人审核两种。所谓自我复查,就是原评价的组织者或评价者自己对自己所做过的评价工作进行复查;所谓他人审核,就是没有参与原评价工作的各级行政领导、同行(包括各方面的专家)和社会专业评价机构人员等对原评价工作的审核。

自我复查是由原评价的组织者或评价者负责实施。在评价工作的各个环节,评价的组织者或评价者可以采用论证会、召开座谈会、举办讨论会、问卷调查或个别访谈等形式,向与评价对象有关人员征求意见,及时了解他们对评价方案设计和实施过程等的看法和建议,并且,做好详细记录,认真整理和分析,发现问题及时解决,同时所有资料全部归档保存,为他人审核提供良好基础。

他人审核是由没有参与原评价工作的人员负责实施的。他们一般是具有一定的从事评价工作经验,且与该评价无直接利害关系的各级行政领导、同行(包括各方面的专家)和社会专业评价机构人员等。这种形式的再评价能起到自我复查起不到的作用,相对来说比较客观和公正,具有较强的权威性。再评价者一般通过现场观察、个别访谈、开座谈会、问卷调查、对评价对象进行各种测试和查阅有关资料等方式,充分了解有关评价方案设计、评价方案实施过程、评价报告内容、评价结论反馈后的效应和评价档案资料等,在此基础上,再评价者对评价工作质量作出独立的判断,并提出相应的、有针对性的改进建议。

### (三) 再评价的要求[①]

#### 1. 可靠性和准确性

一项评价活动的可靠性是用评价信度加以刻画的,它反映了对评价的非系统误差控制的程度。信度高则说明评价的结果是稳定可靠的,否则评价的一致性较差,可靠程度不高。评价的准确性或称为有效性则是用评价的效度加以刻画的,它反映了对评价的系统误差的控制程度。效度高说明评价正确,较好地实现了评价目的,否则评价的准确性差。评价效度包括评价的方案设计效度、评价的实施效度和结论效度。对评价的信度和效度的考察,即对评价的准确性和可靠性的具体要求,主要包括:一是评价目的明确;二是评价内容和标准的理论、法规和实践依据合理;三是评价信息搜集和处理在方法、技术和工具方面是完善的;四是多人评价或一人的多次评价结果有较好的一致性;五评价结果能准确有效地反映评价的实际情况,有较高的效度。

#### 2. 适用性和可行性

具体要求是:一是评价的各环节、步骤要求明确;二是对于既定的评价范围有较好的通用性;三是评价标准要求明确,内容简练有较好的代表性;四是评价有较强的操作性,方法科学可行,便于评价者掌握,并易于评价对象理解和接受;五是评价具有节俭性,资金、人力、物力方面耗费低。

#### 3. 实效性和合理性

具体要求是:一是评价有较好的正确导向作用,有利于教育方针的贯彻和教

---

[①] 侯光文.教育评价概论[M].石家庄:河北教育出版社,1996:468-469.

育质量的提高;二是实现了评价目的,达到了预先设计的要求,较好地发挥了评价功能;三是评价结论正确,并得到评价对象认可,对评价对象的工作和学习有明显的促进作用,有利于评价对象的健康发展,产生了良好的效果;四是评价者有良好的职业道德和社会责任感,注意保护评价对象的合法权益。

## 二、再评价实施的基本程序

实施再评价要遵循基本的程序,这是再评价科学、规范进行的必要保证。这种程序与原评价的一般过程较为相似。

### (一)明确再评价的内容

再评价进行之前,首先要明确再评价的内容,即是反馈前的评价,还是反馈后的评价。其次,要进一步明确再评价的具体内容,即反馈前的评价着重评哪些内容,反馈后的评价又重点评什么。

### (二)选择再评价者

再评价的组织者应当根据需要和可能,选择最合适的再评价人员。他们既可以是内部成员,即原评价者等,也可以是外部人员,即与原评价工作无关的专业评价人员等。对他们的素质要求与对评价者的素质要求一样。

### (三)获得实施再评价的授权

再评价人员应当以协议或合同的方式获得再评价组织者的授权,以便合法地实施再评价。再评价的组织者应当向与再评价对象的有关人员公开宣布这一授权,并要求他们进行合作,共同搞好再评价工作。

### (四)再评价方案的设计和实施

再评价方案的设计过程和方法与原评价方案基本相同,在此不作详细叙述。再评价方案设计完成以后,就必须按照方案进行再评价工作。要逐一对原评价方案、实施过程、评价报告、评价结论反馈的效应和评价工作效益进行评价,发现问题,及时解决或写入再评价报告,有效提高评价结果的信度和效度,保证评价结论的正确性,或者为以后开展的评价工作提供有效信息,使其少走弯路,顺利完成。

## 三、当前再评价发展需要解决的主要问题

尽管近年来各国教育评价领域十分重视再评价,但是,严格实施再评价,就是在美国也不多见。从总体看,由于多数评价尚未进行较为正规的再评价,原评价所得出的结论便成为定论。即使有些评价进行了再评价,但大多数再评价是由原评价者实施的,往往采用自我复查的形式,再评价结果的可靠性和权威性较低,因此,这种情况必须得到改进。再评价在理论上得到重视,实践中推行不力

的脱节现象普遍存在。产生这些现象的主要原因可大致归结如下：

### （一）评价者和被评价者对再评价的重要性缺乏足够的认识

尽管评价会对被评价者产生重要影响，但由于评价者的地位和身份一般较高，被评价者大多被动地接受了评价结论，很少对评价工作的质量提出质疑。而另一方面，评价者大多认为自己是专业人员，所进行的评价是经过充分准备的、正确的，有敝帚自珍的感觉，不太愿意再让别人来评价自己的工作。这两种态度都影响着再评价的正常开展。事实上，开展再评价工作能有效确保评价结果的正确性以及提高评价工作的效益，譬如，我们在 ZG 中学学生评价教师课堂教学过程中，每次评价工作完成和评价报告反馈以后，都要对所做的工作进行评价，以便及时纠正偏差，提高评价结果的准确性，或者为以后开展评价工作提供有效信息，如修订评价标准等，使评价工作趋于科学和完善。

### （二）对教育评价进行再评价尚未真正形成制度

根据系统论的观点，任何工作都可能会出现偏差，只有进行及时而有效的监控，才能纠正偏差，使工作有序、正常地进行。评价也不例外。只有通过再评价对评价进行监控，才能提高评价质量，使评价真正发挥积极的作用。要做到这一点，由发展性目标评价模式可知，必须要有评价制度作保证。我们在第四章中已较为系统地和前瞻性地阐述了评价制度，有关再评价的监控内容应作为评价制度的一个部分。

### （三）缺乏再评价的资源

评价与再评价都需要充分的资源才能进行。再评价的资源同样包括人力和物力两个方面。在人力方面，存在的主要问题是缺乏合格的再评价专业工作者；在物力方面，存在的主要问题是：大多数评价者在设计评价方案时，常常只考虑评价工作所需的各种资源，未把再评价所需的资源列入评价预算。就人力和物力两者而言，后者似乎更加重要。因为即使没有专业的外部再评价者，还可以由非专业的、内部的人员实施再评价。而如果在评价方案设计时就把再评价置于脑后，再评价是很难进行的。

根据上述分析，要改变再评价重理论、轻实践的现状，必须做到以下四个方面：第一，评价者和被评价者双方都应该从义务和权利两方面明确自己的责任。就被评价者而言，他们不仅有配合评价的义务，也有得到高质量评价的权利，因此，被评价者应当增强自我保护意识，要求进行再评价，以提高评价的质量，从而保证得到客观而公正的评价结论；就评价者而言，他们有实施评价的权利，也有公正、客观进行评价的义务，因此，评价者应当抱着对评价委托者和评价对象负责的态度，不断检查、反思自己的工作，自觉、主动地进行再评价，以纠正各种偏差,提高评价质量、声誉和实效。第二,在有关教育评价的法规中应明确规定,任何一项评价工作都应进行再评价,从法规上确立再评价的地位和作用。在建立再评价制度时,除了把再评价作为评价工作必不可少的有机组成部分外,还应当建立对评价内容、过程和结论持不同看法者的申诉制度和仲裁制度等,以防止评价权力的滥用,造成不良影响。第三,确立好再评价人员的素质结构和专业结构。针对再评价一般有实际工作第一线的人员、评价专业人员和有关专家学者等负责实施,要有计划地做好再评价人员的培训工作,以保证再评价工作所需的人力资源。第四,再评价是一项长期的系统工程,要注重社会评价。正如前面所述,社会评价是较为重要的外部评价,这种评价信息较为客观和公正。就目前我国教育评价发展水平来说,社会评价是较为重要的信息源,值得高度重视。最终检验评价结论和评价工作的效益是实践,只有被实践证明是正确的,我们才能对评价结论和评价工作效益作出最后判定。因此,再评价是一项长期的工作,在具体实施时理应重视社会评价。

【本章小结】

  教育评价的再评价方案准备和实施以及再评价报告编写和反馈类似于原教育评价,只不过评价的对象有所不同,教育评价再评价的对象是原教育评价,而不是其他评价对象。其评价内容有两个:一是在原评价报告反馈前进行的再评价,主要目的是检查原评价方案准备、实施和评价报告编写中是否有错误,如果有就需要及时改进,以提高评价工作的质量;二是在原评价报告反馈后进行的再评价,主要目的是证实评价结论是否被与评价有关人员所接受,同时观察与评价有关人员根据评价结论改进工作的效果,为以后开展教育评价活动提供有益经验。

【文献导读】

  1. 向德全.教育评价的技术与方法[M].西安:西北大学出版社,2006.
  2. 肖远军.教育评价原理及应用[M].杭州:浙江大学出版社,2004.
  3. 程书肖.教育评价方法技术[M].北京:北京师范大学出版社,2004.
  4. 金娣,王钢.教育评价与测量[M].北京:教育科学出版社,2003.
  5. 王蓓.基础教育评价 理论·实践[M].北京:文化艺术出版社,1996.
  6. 林昌华.学校教育评价[M].成都:四川大学出版社,1990.

【问题讨论】

  1. 什么是教育评价的再评价?你对于再评价的重要性是如何认识的?试结合你的切身体会,加以说明。
  2. 你认为教育评价再评价的内容和标准应该是什么?

3. 你认为应该如何实施教育评价的再评价？
4. 你认为如何对教育评价方案进行再评价？
5. 你认为如何对教育评价结果进行再评价？
6. 当前在教育评价再评价工作中存在哪些问题？应该如何解决？

# 运 用 篇

本篇包含四章内容：
- 教师工作评价
- 学生学习评价
- 学校教育评价系统
- 和谐学校评价

上述四章内容阐述了发展性目标评价模式及其与之相配套的方法和技术在学校内部和学校层面上的运用，这些内容均是教育行政部门的领导、学校领导、教师、学生和家长共同关心的问题。

# 第九章 教师工作评价

**【本章概要】**

本章阐述了教师工作评价的三个主要内容,即课堂教学工作评价、班主任工作评价和教师科研成果评价,其中课堂教学工作评价是核心内容。

**【学习目标】**

学习本章后,你应该能够:

1. 认识教师工作评价的重要性。
2. 理解教师工作评价的主要内容。
3. 掌握课堂教学工作评价、班主任工作评价和教师科研成果评价的方法和技术。

在学校教育中,教师工作主要包括课堂教学工作、班主任工作等。做好这些工作,对于有效实施素质教育具有重要作用。要保证这些工作的质量,就必须有效地对其进行评价,通过反馈评价结论,使教师自觉改进工作,或者通过教学决策对教师工作施加影响,以提高工作质量。

## 第一节 课堂教学工作评价

学校是培养人才的"主渠道",课堂又是学校育人的主要场所,课堂教学质量如何,直接影响着学校培养目标的实现。因此,几乎所有的学校都研究过或正在继续研究如何提高课堂教学质量的问题,作为课堂教学信息反馈和调控以及课堂教学质量鉴定手段的教学评价,无疑是这些学校主攻的课题。

### 一、中小学课堂教学评价的现状分析

目前开展的课堂教学评价活动与新课程改革要求还是有不小的差距,具体表现为:一是新课程理念提倡诊断和改进的评价目的,而现行课堂教学评价较为注重鉴定和甄别的评价目的;二是新课程强调对学生学习的全面评价,而现行课堂教学评价看重学生的学业成绩;三是新课程提出课堂教学评价以教师自我评价为主,而现行课堂教学评价较多实施他人评价;四是新课程指出课堂教学评价要建立"校长、教师、学生、家长共同参与的评价制度",而现行课堂教学评价主体较为单一。我们知道,课堂教学评价的最终目的是为了帮助教师了解自身教

学情况和学生学习状态,诊断存在的问题,找到改进的措施,不断提高教学质量。要达到这个目的,学校领导、教师、学生和家长要定期或非定期(日常性)地对课堂教学进行评价,及时发现问题,有效调整教学策略,提高课堂教学效率,如果这一点都做不到,评价的诊断和改进功能很难会得到有效发挥,换言之,如果教师教学或学生学习有问题,等到一学期后再发觉,为时已晚,这时一门学科的教学或学习基本结束,很难进行补救,再说一个教师或学生在其教学生涯或学习生活中,总会遇到对其教学效果或学习水平进行鉴定的评价活动,这是不可避免的,如果没有日常性的评价信息的积累,教师教学效果或学生学习水平的鉴定性评价结果很难达到客观和准确,使人信服。然而,现行的课堂教学评价状况较难达到这一境地,教师自己想要对其教学进行多元化评价,由于要耗费较多时间和精力,只能望而却步;学校制度规定的评价一般一学期进行一到两次,也是由于要消耗较多的人力、财力和时间而不能成为日常性的评价活动,从而不能为教师改进教学提供充分的信息,也不能为课堂教学的鉴定性评价提供有力的佐证。要使课堂教学评价变得方便、快捷和有效,真正发挥诊断和改进的功能,促进新课程改革的顺利进行,建立课堂教学评价系统是一种积极的选择。

## 二、课堂教学评价系统探析[①]

### (一)教学评价的概念界定

当前我国教学评价研究文献对教学评价概念的界定并不一致,归纳起来有三种情况:第一种是将教学评价等同于学生评价,认为教学评价是教学中对学生知识、技能、情感、价值观等方面学习与发展的评价;第二种认为教学评价同时涵盖对学生的评价和对教师教学的评价;第三种认为教学评价指对教师教学工作、特别是课堂教学的评价。在此所讨论的教学评价接近于上述第二种情况,笔者认为课堂教学评价实质上是对课堂教学的价值作出判断的过程,其涉及的范围主要有两个方面:一是学生和教师听课的满意度以及家长由孩子反馈和变化得出的满意度;二是对学生学习成绩的评价,其主要包括对学生学业成绩、学习能力以及情感态度和价值观评价。

### (二)课堂教学评价系统的要素分析

所谓课堂教学评价系统,就是指在学校教学过程中,为了达到预定目标,而

---

① 吴钢.中小学课堂教学评价系统探析[J].课程·教材·教法,2010(11).

建立起来的学生评教、同行和领导评教、家长评教、教师自我评教以及学生学习成绩评价的有机综合体。[①] 它是由评价对象(即课堂教学)、评价标准(包括试卷)、评价主体(即学生、教师和家长)、计算机软件(便于搜集和处理评价信息)等要素所组成,这些要素相互联系、相互作用形成了一个系统,其运作目标是对学校中的每一位教师的课堂教学进行评价和诊断,发现问题及时反馈,有效提高课堂教学质量,同时又能根据这些评价和诊断的信息,对每一位教师一个阶段的课堂教学进行鉴定。

1. 评价对象

在中小学课堂教学评价系统中,评价对象是教师的课堂教学,它是指上课这一特定时间段内教师与学生在教室中开展的教学活动。中外学者对教学含义的解释并不一致,英国学者赫斯特(P. Hirst)与彼得斯(R. Peters)认为,教学是一种审慎的、系统的传授;美国学者布鲁纳(J. S. Bruner)认为:"教学是通过引导学习者对问题或知识体系循序渐进地学习来提高学习者正在学习中的理解、转换和迁移能力。"[②]当代中国学者有的认为教学是教师教和学生学的统一活动;也有学者认为教学是教师依据学习原理和原则,运用适当的教学技术和方法,刺激、指导、鼓励学生自主学习,以达成教学目标的活动。2001年,教育部颁布的《基础教育课程改革纲要(试行)》(以下简称《纲要》)提出新课程的"三维教学目标",即"知识与技能""过程与方法""情感态度与价值观",要求课堂教学不仅要重视学生知识与技能的掌握,而且更要关注他们学习能力的发展和人格的完善。为此,笔者认为教师的课堂教学质量主要包括两方面内容:一是课堂教学的过程,即上课准备、授课、批改作业等情况;二是课堂教学的效果,主要指"三维教学目标"的达成度。

2. 评价标准

课堂教学评价标准是对课堂教学活动质量或数量要求的规定。随着学校教育的不断发展,课堂教学评价标准的内容经历了不断演变过程,大致先后出现了两种不同特征的评价标准[③]一是以教论教的课堂教学评价标准。它形成于20世纪80年代初期,注重以教师"教"的效果来评价课堂教学的效果。其内容一般包括教学目标、内容、方法、过程和效果等方面,它主张教师要钻研教材和设计教学过程,自觉提高自己的教学素养;提倡"教师有条不紊地讲解"和"学生安安静静地听讲"的课堂教学秩序;导向教师以教材为中心来认识和组织学生的学习活

---

① 吴钢.中小学课堂教学评价系统分析及其开发策略[J].上海师范大学学报(基础教育版),2006(4).
② 顾明远.教育大辞典(简编本)[Z].上海:上海教育出版社,1999:186.
③ 吴钢.中小学课堂教学评价的实践与反思[J].现代中小学教育,2010(4).

动。二是以学论教的课堂教学评价标准。它大致始于2001年教育部颁布《新课程标准》以后,注重以学生"学"的效果来评价课堂教学的效果。其内容主要涉及学生在课堂学习中呈现的情绪、交往、思维和目标达成状态,它主张以学生发展为本的教育理念;提倡"学生主动参与"和"师生互动"的课堂教学秩序;导向教师应从注重课堂教学状态着手,关注学生的学习过程,以此来调整教学行为。由于评价对象涉及课堂教学过程和效果两个方面,因此,评价标准也应是与此相对应的两个标准。在课堂教学过程评价标准中,由于评价主体的不同,可细分为供学生、教师或家长评价时用的不同标准;在课堂教学效果评价标准中,"知识与技能"达成度评价主要通过考试的方法来实现,编制高质量试卷将是一项严肃而关键的工作;"过程与方法"和"情感态度与价值观"两个目标的达成度评价主要通过评价标准与观察相结合的方式实现,因此,供学生、教师或家长评价时用的不同标准也是不可缺少的。

3. 评价主体

在课堂教学活动中,学生和教师是这个活动的直接参与者和亲身体验者,对整个课堂教学活动情况较为了解,也就较有发言权。另外,当前学生家长对自己孩子的学习十分关心,通过孩子的作业、考试成绩、交流信息以及在家里的表现等了解学校课堂教学活动的情况,对学校课堂教学活动的价值也能作出较为客观和有效的判断。

(1) 学生。他们是课堂教学活动的对象,是教学活动的出发点和归宿。在整个课堂教学活动中,他们作为受教育者,较能体会到教师的教学是否满足了自己的学习需求;他们作为学习者,较能认识和觉察到自己和同学在课堂上的各种学习表现和效果。与教师和家长相比,学生知道的"面"较宽,一学期、一学年或更长的时间里,他们都在教师的主导下学习,对教师的课堂教学过程较了解,体验较深。因此,评教结果具有一定的客观性。但是也会产生偏差,其主要原因有:一是师生间的感情因素。在课堂教学中,由于师生间的接触和互动,相互之间会产生一定的感情,这种感情因素带到评价活动中来会使评价结果造成一定程度的偏差;二是学生能力的局限性。学生评教标准是教师课堂教学数量或质量要求的具体体现,由于学生能力的不同对其认识和理解的程度有所差异,这种差异性在一定程度上会影响评价结果的准确性;三是评价环境因素影响。学生并非完全理性的评价主体,比较容易受教学条件、课程性质、评价环境以及学习状态和动机等因素的影响,从而会在一定程度上降低评价结果的信度和效度。为此,学校领导和教师可以利用评价结果为学校教学决策或改进课堂教学服务,切不能以此给教师课堂教学效果排名次、分档次。

(2) 教师。在课堂教学评价系统中,主要指教师自我、校内外同行和领导。

首先，教师自己对自己的课堂教学活动进行评价，能激发教师的自尊心和自信心。这是因为教师对自己的情况较了解，如果态度端正，会有较高的准确性，同时，也可为他人评价提供丰富的自我评价信息和资料，便于评价工作顺利进行，减轻工作负担。但是，这种评价缺乏外界参照体系，不便进行横向比较，主观性较大，容易出现评价偏高或偏低的趋向，甚至报喜不报忧。其次，一般来说，同行评价比较切合实际，这是因为同行评价既是相互评价的过程，又是取长补短、互相学习的过程。从理论上说，在各种评价主体中，同行评价的信度和效度较高。这是由于同行较为熟悉本行情况、工作和发展方向，评价失真度小。但是，由于工作时间的限制，同行在一学期只能相互听一节或若干节课，了解的是教师课堂教学活动"点"上的情况，评价结果的全面性较为缺乏。第三，从理论上说，领导是不能参与评价活动的，这是因为领导往往就是决策者，如果他们参与评价活动，就会不知不觉地把将要作出决策的倾向性意见带入评价活动，从而影响评价结果的客观性。就我国目前的现状来说，要完全取消领导评价是不现实的。只有等到完善的社会评价机构建立起来以后，领导评价才有可能逐步退出。目前，领导评价具有相当的权威性，评价结果往往直接影响着评价对象的声誉和地位，也影响管理决策，它是一种关键性和实质性的评价，因此，必须严肃谨慎地对待。

（3）家长。随着教育制度改革的深入发展，家长要负担孩子一定数量的教育费用，由此，他们比以往任何时候都关心自己孩子的教育问题，因此，要重视家长对教师课堂教学的评价意见。虽然家长不直接听教师讲课，但是由于他们几乎每天或经常检查自己孩子的作业或试卷，观察孩子学习的变化，并且与孩子沟通在学校学习的情况以及教师课堂教学的情况，为此家长较为了解教师课堂教学活动"线"上的情况，其评价结果大多数学校作为教师教学工作考核的依据之一。家长评价课堂教学活动对教师提高课堂教学质量，学校加强教学管理起到了积极的作用，但是也引起了一些争议，其焦点主要有：一是家长不了解教师课堂教学的过程，只是根据孩子的作业、考试成绩和一面之词来评价，其结果是不全面的；二是家长评价带有感情因素，对平时与自己关系较好的教师评价较高，对有意见分歧的教师，可能会借机发泄不满，评价较低；三是家长自身的素质参差不齐，从而影响评价的信度和效度。

4. 计算机软件

计算机网络技术的出现，为课堂教学评价系统的运作提供了非常有效的技术支持。目前全国几乎所有的中小学正在开展或曾经开展过课堂教学评价活动，但是较为成功的案例不多，究其原因是多方面的，笔者认为评价信息搜集和处理的工作量太大是一个非常重要的原因。而计算机网络技术正好能帮助我们解决这个问题。运用这种技术编制计算机软件使搜集和处理评价信息可以在机房里的计算机上进行,譬如,在学生评价教师课堂教学活动中,由于学生数量和一学期开设的学科较多,评价信息的数量也较大,于是,在运用计算机处理评价信息时,把学生的评价信息输入计算机就成了一项较为繁重的工作。为了减轻这项工作,提高评价工作的效率,可以利用计算机网络在机房里的计算机上搜集学生的评价信息,并进行及时处理。这种搜集和处理评价信息的方式,最大的优点是可以面对学生做宣传,较有效地控制学生的评价过程,使得评价结果可信、可靠和有效。

### (三) 课堂教学评价系统的结构分析

由前面所述,课堂教学评价包含课堂教学过程评价和课堂教学效果评价两大内容(具体结构见图9-1),其中课堂教学过程评价由四个子模块来实现,即教师自评、学生评价、同行评价、家长评价,每个模块均有评价标准录入、评价信息收集和处理等技术支持;课堂教学效果评价表现为三个方面,即"知识与技能"达成度评价、"过程与方法"达成度评价、"情感态度与价值观"达成度评价。"知识与技能"达成度评价由两个子模块来实现,即学生学业成绩评价和试卷分析。学生学业成绩评价是对学生的考试分数进行较为科学的分析,不仅可以从中发现问题,及时调整教学策略,而且对学生的学业成绩能做出客观的评定;试卷分析就是先对试卷或题目的信度、效度、难度和区分度进行分析,然后把学生易做错的题目放入习题库中,有针对性地让学生练习,以提高学生的学业成绩,同时把质量较高的题目按不同难度和区分度归类,放入试题库内,供学校或教师出题时选用。其他二维教学目标的达成度评价也由四个子模块来实现,即学生自评、学生互评、教师评价、家长评价,可与课堂教学过程评价模块共用,只是评价主体和标准有相应变化。为了落实新课程改革的精神,课堂教学评价系统将实现两大类评价活动:一是教师自行组织的评价,即教师根据自己教学的需要进行课堂教学评价,反思自己的教学,以自觉改进课堂教学中存在的不足;二是学校制度规定的评价,即学校管理层为了监控、规范教师的课堂教学,而定期进行的课堂教学评价。

1. 教师自行组织的评价

教师根据自己的教学情况制定评价标准,可以有目的、有针对性地去组织评价,获取评价信息,诊断教学中存在的问题,自觉改进教学的不足。这种评价的特征为:一是自主性。在课堂教学过程中,教师自觉自愿地组织同行(包括教师自我)、学生和家长对自己的课堂教学进行评价,旨在发现教学中存在的问题,以及时加以改进。二是针对性。教师根据自己所教学科的特点和学生的实际情况,编制评价标准(或试卷),并付诸实施,从而可以获得自己教学有针对性的信息,有效调整或改进教学的状态。三是日常性。由于这种评价活动是教师自觉自愿的行为,它可以经常进行,这对于及时发现问题是十分有效的。四是发展性。这种评价是以诊断和改进教师课堂教学为直接目的的,能较好地促进教师的专业发展。教师要搞好这种评价活动,不仅要有较强的评价意识,而且还要具备教育学、心理学以及教育测量和评价等方面的知识。不言而喻,新课程改革要顺利进行,教师整体素质的提高是必不可少的。

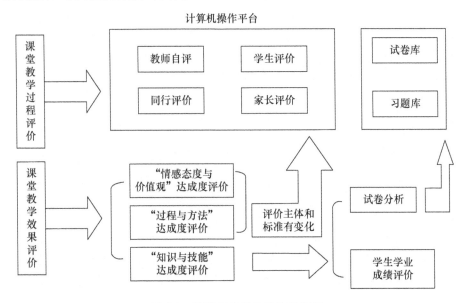

图 9-1　课堂教学评价系统结构图

2. 学校制度规定的评价

目前,中小学为了提高课堂教学质量往往以制度的形式规定要对教师的课堂教学进行评价,由于受到学校人力、物力、财力和时间的限制,这种评价活动一学期一般进行一到二次,其特征为:一是规定性。它是以制度形式规定的,定期进行的评价活动。二是统一性。评价标准一般具有不同学科课堂教学的共性要素,适合于评价不同学科教师的课堂教学,具有较好的统一性和可比性。三是教育性。评价结果一般反馈给每一位被评价者,他们可以根据不同评价主体的评价信息,改进自己的教学或学习,以提高自己的教学或学习效率。四是鉴定性。学校把每一次评价结果保存起来,当积累到一定程度时,就能较客观地对被评价者一段时间里的教学或学习状况进行鉴定,其理由为课堂教学评价是价值判断,每次评价结果好比一个点,当评价结果积累到一定程度时,这些点的分布会呈现出一定的规律性,这种特性就是客观鉴定的依据。

### (四) 课堂教学评价系统的功能分析

**1. 诊断和改进教师课堂教学或学生学习问题的功能**

无论是教师自行组织的评价，还是学校制度规定的评价，最终目的是为了诊断和改进教师课堂教学或学生学习问题，以有效提高教师的教学质量或学生的学习水平，只不过教师自行组织的评价对于诊断和改进目的更为直接。由于计算机操作平台作为课堂教学评价系统的技术支持，操作起来较为方便，好比使用"傻瓜相机"，教师运用它能够快速诊断出自己教学或学生学习中存在的问题，以及时改进自己的教学。就是对于学校制度规定的评价，虽然评价的直接目的不一定是诊断和改进，但是评价结果能为教师或学生以后的教学或学习指明方向，少走弯路。

**2. 鉴定和甄别教师课堂教学或学生学习效果的功能**

课堂教学评价系统不仅能对教师的课堂教学过程进行评价，而且还能对教师的课堂教学效果进行鉴定。通过对学生考试分数的统计分析，可以做出"知识与技能"达成度评价，除此而外，通过多元评价主体的日常观察和部分测量的方法，还能对"过程与方法"和"情感态度与价值观"的达成度进行评价。对"过程与方法"、"情感态度与价值观"的达成度评价学校教师可以根据实际情况编制评价标准，在对学生实施发展性评价的过程中，逐步深入了解和认识学生，从而能较为客观地评价学生"过程与方法"和"情感态度与价值观"的达成度。

**3. 为学校和上级教育行政部门领导决策服务的功能**

课堂教学评价系统能把评价结果方便地像档案袋一样保存在电脑里，既便于随时检索学校每一位教师以往课堂教学表现或学生学习成绩的记录，又有利于对学校全体教师课堂教学或学生学习的评价信息进行较为全面和深入的分析，揭示教师课堂教学或学生学习水平的本质规律，以有效指导教师课堂教学或学生学习行为的提升或有说服力地对教师的课堂教学或学生的学习进行鉴定。作为学校领导能运用课堂教学评价系统提供的信息进行决策，在遇到评选教学骨干、教学能手、先进教师以及绩效工资发放等工作时，不用搞"急功近利"、会引起较大矛盾的评价活动，而是可以根据课堂教学评价系统提供的信息，做出科学和有说服力的决断；作为学校上级教育行政领导部门，可以根据自己所管辖地区学校课堂教学评价系统提供的信息，归纳总结取得的成绩，揭示其内在本质的规律，逐步予以推广；分析诊断存在的问题，寻找有效对策，及时加以解决。

### 三、中小学课堂教学评价系统开发策略[①]

前面对课堂教学评价系统的要素及其相互关系作了较为全面的分析，为开

---

① 吴钢. 中小学课堂教学评价系统分析及其开发策略[J]. 上海师范大学学报(基础教育版), 2006(4).

发课堂教学评价系统奠定了良好的基础,但是,在具体开发这个评价系统时还要注意以下策略。

**(一)开发计算机软件作为课堂教学评价系统运作的技术平台**

由上述可知,课堂教学评价活动之所以得不到可持续和有效开展,关键是没有一个切合学校实际、操作简单、修改方便的技术平台,现有的计算机网络技术使建立这种技术平台变为可能,运用计算机网络开发技术,建立浏览器/服务器架构下课堂教学评价系统运作的技术平台不妨是一种可行的尝试,其具体目标是:在一个能容纳五六十人的计算机机房内,开发一个软件,使每台计算机(具有评价标准或数据输入界面)与主机连接,评价主体或评价人员只要在界面上点击符号或输入文字或数据,提交后主机的数据库就会保存这些数据或文字,通过计算机运算或人工文字处理就能得到课堂教学评价结果或学生学习成绩分析、诊断和评价结果,这些评价结果均按既定表格打印输出。有了这种技术平台,在评价教师课堂教学过程时,无论学生评价主体有多少,评价信息的搜集和处理都能既迅速又准确地完成;在评价教师课堂教学效果时,不论对学生学业成绩进行数量分析,还是对学生的学习能力和学习心理品质进行评价,都能较有效地得出结论。可见,这种课堂教学评价系统技术平台,不仅能够快速、准确地搜集和处理评价信息,而且还能够较好地规范评价过程,使评价结果客观、让人信服。

**(二)课堂教学评价标准制定的思路**

运用发展性目标评价模式指导下的教育评价标准编制方法来制定课堂教学评价标准不失为一种较好的选择。

1. 课堂教学过程评价标准的制定

由于学生、教师和家长对课堂教学了解的程度不同以及对教师课堂教学质量的认识差异等,他们对教师课堂教学评价的标准也不同。学生评价教师课堂教学过程的标准应该着眼于学生学习的体验,譬如,是否有机会参与到教师的教学中、师生是否能交融情感、听课注意力能否集中、能否独立思考提出独到见解、能否发现问题多角度地加以解决问题、是否更喜欢上这一类课了等方面;教师评价课堂教学过程的标准应该注重教师的教学技巧,譬如,教学目标的设立、教材的处理、多媒体技术的运用、教师教学的基本功、对学生学习的指导等内容;家长评价教师课堂教学过程的标准应该聚焦教师指导学生练习的情况,譬如,批改作业或试卷是否认真和到位、是否指导学生有效订正作业或试卷、作业题或试题是否有梯度、作业量是否合适、是否有效指导学生学习习惯的养成等项目。

2. 课堂教学效果评价标准的制定

在学科教学中,对学生学习的评价可以在三个层面上展开:一是对学生掌握学科基础知识和基本技能的评价,主要采用测验或考试的方法,这是评价学生学习成绩的传统做法。只用这种方法评价学生的学习成绩已经不能适应现代社会发展对人才素质的要求,现代社会发展对学生"过程与方法"和"情感态度与价值观"的达成度要求日益提高。二是对学生"过程与方法"的达成度评价。这种评价一般运用观察、定性描述和适当测量的方法。传统的考试方法对于这种评价不敏感,如果我们一味用传统方法评价学生的学习成绩,那么就会导向学生去死记硬背或强化练习可能要考到的东西,这对学生"过程与方法"的达成是不利的。诚然,学生要继续学习,必须要掌握一定的学科知识和技能,这是学习的基础,但是,当学生的学科知识和技能积累到一定程度时,教师要注重培养学生主动学习新知识、新技能和分析问题、解决问题的学习能力,让学生受益终生。三是对学生"情感态度与价值观"的达成度评价。学生"情感态度与价值观"的养成,不仅能够促进学生学业成绩的提高,而且还能使学生形成科学世界观和良好道德品质,以全面提高学生的综合素质。

### 四、教师课堂教学评价案例

正如上述可知,课堂教学评价主要包括课堂教学过程评价和课堂教学效果评价两个内容。课堂教学过程评价的案例已在第六章第三节(原评价)和第八章第二节(再评价)中作了阐述;课堂教学效果评价将在第十章中作全面介绍。

为了进一步研究课堂教学评价,我们从 ZG 中学高一、高二、高三各年级中随机抽取一个班级,对某学期学生期末考试前学生评价教师的结果与期末考试的学生学业成绩进行相关分析。为了统一各学科试卷的难易程度,我们把学生期末考试成绩化为标准分数,以便对课堂教学评价进行合理有效的分析。

(一)高一年级语文、数学、英语教师得分分别与这些学科学生期末考试成绩的相关分析[①](见表9-1)

表9-1　三门学科教师得分与学生期末对应学科考试成绩相关系数统计表

| 评教结果 | 学生考试成绩标准分数 | 语文 | 数学 | 英语 |
|---|---|---|---|---|
| 语文、数学或英语教师得分 | | 0.828 | 0.854 | 0.865 |

由表9-1可见,语文、数学和英语教师的学生评教得分分别与这些学科的学生期末考试成绩的标准分数呈正相关。

---

① 薛佳参加了此次的数据收集和统计。

## (二) 高二年级语文、数学、英语教师得分分别与这些学科学生期末考试成绩的相关分析①(见表 9-2)

表 9-2　三门学科教师得分与学生期末对应学科考试成绩相关系数统计表

| 评教结果＼学生考试成绩标准分数 | 语文 | 数学 | 英语 |
|---|---|---|---|
| 语文、数学或英语教师得分 | 0.819 | 0.796 | 0.937 |

由表 9-2 可见,语文、数学和英语教师的学生评教得分分别与这些学科的学生期末考试成绩的标准分数呈正相关。

## (三) 高三年级语文、数学、英语教师得分分别与这些学科学生期末考试成绩的相关分析②(见表 9-3)

表 9-3　三门学科教师得分与学生期末对应学科考试成绩相关系数统计表

| 评教结果＼学生考试成绩标准分数 | 语文 | 数学 | 英语 |
|---|---|---|---|
| 语文、数学或英语教师得分 | 0.687 | 0.784 | 0.823 |

由表 9-3 可见,语文、数学和英语教师的学生评教得分分别与这些学科的学生期末考试成绩的标准分数呈正相关。

综上所述,通过评价结果与学生学业成绩的相关分析,可以得出结论:各个年级语文、数学和英语学科的每一位被评教师得分分别与这些学科的学生学业成绩呈正相关,这说明学生评教结果具有较好的客观性,它对教师的课堂教学有积极的促进作用。

## (四) 把上述三个班级的数据合在一起,做每位教师 14 条指标得分与该学科学生学业成绩的回归分析,揭示各个指标得分对学生学业成绩的贡献程度③

1. 语文 14 条学生评教指标得分($Z$)与语文期末考试成绩标准分数($Y$)之间的回归分析

表 9-4　方差分析表

| Model | | Sum of Squares | $df$ | Mean Square | $F$ | Sig. |
|---|---|---|---|---|---|---|
| 5 | Regression | 66968.625 | 5 | 13393.725 | 127.657 | 0.000(e) |
| | Residual | 3462.350 | 33 | 104.920 | | |
| | Total | 70430.974 | 38 | | | |

e Predictors: (Constant), $Z_1, Z_2, Z_7, Z_8, Z_{12}$　　f Dependent Variable: 语文期末考试标准分数

---

①②③　薛佳参加了此次的数据收集和统计。

表 9-5　回归系数表

| Model | | Unstandardized Coefficients | | Standardized Coefficients | $t$ | Sig. |
|---|---|---|---|---|---|---|
| | | $B$ | Std. Error | Beta | | |
| 5 | (Constant) | 22.470 | 12.288 | | 1.829 | 0.077 |
| | $Z_1$ | 64.956 | 31.499 | 0.176 | 2.062 | 0.047 |
| | $Z_2$ | 114.511 | 38.031 | 0.313 | 3.011 | 0.005 |
| | $Z_7$ | 81.014 | 26.958 | 0.186 | 3.005 | 0.005 |
| | $Z_8$ | 81.608 | 30.057 | 0.223 | 2.715 | 0.010 |
| | $Z_{12}$ | 67.738 | 38.034 | 0.166 | 1.781 | 0.084 |

a Dependent Variable：语文期末考试标准分数

方差分析中 $F=127.657$，并引入 $Z_1$、$Z_2$、$Z_7$、$Z_8$、$Z_{12}$ 变量，$P=0.000$，可以认为它们与 $Y$ 有直线关系。回归分析中回归系数 $t$ 检验的 $t$ 值等于 1.829，各 $P_{均}<0.1$，可以认为回归系数均有显著性意义，并且，可得多元回归方程为：

$$Y=22.470+64.956Z_1+114.511Z_2+81.014Z_7+81.608Z_8+67.738Z_{12}$$

2. 数学 14 条学生评教指标得分（$Z$）与数学期末考试成绩标准分数（$Y$）之间的回归分析

表 9-6　方差分析表

| Model | | Sum of Squares | $df$ | Mean Square | $F$ | Sig. |
|---|---|---|---|---|---|---|
| 7 | Regression | 11149.347 | 5 | 2229.869 | 179.521 | 0.000(e) |
| | Residual | 285.687 | 23 | 12.421 | | |
| | Total | 11435.034 | 28 | | | |

e Predictors：(Constant)，$Z_3$，$Z_4$，$Z_9$，$Z_{11}$，$Z_{14}$　　f Dependent Variable：数学期末考试标准分数

表 9-7　回归系数表

| Model | | Unstandardized Coefficients | | Standardized Coefficients | $t$ | Sig. |
|---|---|---|---|---|---|---|
| | | $B$ | Std. Error | Beta | | |
| 7 | (Constant) | 21.178 | 6.162 | | 3.437 | 0.002 |
| | $Z_3$ | 30.777 | 7.909 | 0.177 | 3.891 | 0.001 |
| | $Z_4$ | 63.931 | 13.483 | 0.315 | 4.742 | 0.000 |
| | $Z_9$ | 54.367 | 13.633 | 0.289 | 3.988 | 0.001 |
| | $Z_{11}$ | 28.440 | 12.256 | 0.148 | 2.320 | 0.030 |
| | $Z_{14}$ | 50.274 | 25.491 | 0.191 | 1.972 | 0.061 |

a Dependent Variable：数学期末考试标准分数

方差分析中 $F=179.521$,并引入 $Z_3$、$Z_4$、$Z_9$、$Z_{11}$、$Z_{14}$ 变量,$P=0.000$,可以认为它们与 $Y$ 有直线关系。回归分析中回归系数 $t$ 检验的 $t$ 值等于 3.437,各 $P$ 均$<0.1$,可以认为回归系数均有显著性意义,并且,可得多元回归方程为:

$$Y=21.178+30.777Z_3+63.931Z_4+54.367Z_9+28.440Z_{11}+50.274Z_{14}$$

3. 英语 14 条学生评教指标得分($Z$)与英语期末考试成绩标准分数($Y$)之间的回归分析

表 9-8　方差分析表

| Model | | Sum of Squares | $df$ | Mean Square | $F$ | Sig. |
|---|---|---|---|---|---|---|
| 4 | Regression | 276.721 | 4 | 69.180 | 110.288 | 0.000(d) |
| | Residual | 21.327 | 34 | 0.627 | | |
| | Total | 298.048 | 38 | | | |

d Predictors:(Constant),$Z_2$,$Z_9$,$Z_{10}$,$Z_{12}$　　f Dependent Variable:英语期末考试标准分数

表 9-9　回归系数表

| Model | | Unstandardized Coefficients | | Standardized Coefficients | $t$ | Sig. |
|---|---|---|---|---|---|---|
| | | $B$ | Std. Error | Beta | | |
| 4 | (Constant) | 17.080 | 0.858 | | 19.906 | 0.000 |
| | $Z_2$ | 9.117 | 2.703 | 0.384 | 3.373 | 0.002 |
| | $Z_9$ | 6.132 | 2.287 | 0.258 | 2.682 | 0.011 |
| | $Z_{10}$ | 4.736 | 2.028 | 0.167 | 2.336 | 0.026 |
| | $Z_{12}$ | 6.097 | 2.730 | 0.230 | 2.233 | 0.032 |

a Dependent Variable:英语期末考试标准分数

方差分析中 $F=110.288$,并引入 $Z_2$、$Z_9$、$Z_{10}$、$Z_{12}$ 变量,$P=0.000$,可以认为它们与 $Y$ 有直线关系。回归分析中回归系数 $t$ 检验的 $t$ 值等于 19.906,各 $P$ 均$<0.05$,可以认为回归系数均有显著性意义,并且,可得多元回归方程为:

$$Y=17.080+9.117Z_2+6.132Z_9+4.736Z_{10}+6.097Z_{12}$$

4. 物理 14 条学生评教指标得分($Z$)与物理期末考试成绩标准分数($Y$)之间的回归分析

表 9-10　方差分析表

| Model | | Sum of Squares | $df$ | Mean Square | $F$ | Sig. |
|---|---|---|---|---|---|---|
| 4 | Regression | 348.276 | 4 | 78.352 | 198.482 | 0.000(d) |
| | Residual | 36.518 | 42 | 0.729 | | |
| | Total | 361.462 | 46 | | | |

d Predictors:(Constant),$Z_4$,$Z_8$,$Z_{10}$,$Z_{13}$　　f Dependent Variable:物理期末考试标准分数

表 9-11　回归系数表

| Model | | Unstandardized Coefficients | | Standardized Coefficients | $t$ | Sig. |
|---|---|---|---|---|---|---|
| | | $B$ | Std. Error | Beta | | |
| 4 | (Constant) | 29.763 | 0.684 | | 25.495 | 0.000 |
| | $Z_4$ | 12.547 | 4.572 | 0.526 | 5.487 | 0.001 |
| | $Z_8$ | 8.463 | 3.540 | 0.358 | 3.589 | 0.028 |
| | $Z_{10}$ | 5.384 | 2.563 | 0.198 | 2.543 | 0.022 |
| | $Z_{13}$ | 6.988 | 3.225 | 0.286 | 2.846 | 0.031 |

a Dependent Variable：物理期末考试标准分数

方差分析中 $F=198.482$，并引入 $Z_4$、$Z_8$、$Z_{10}$、$Z_{13}$ 变量，$P=0.000$，可以认为它们与 $Y$ 有直线关系。回归分析中回归系数 $t$ 检验的 $t$ 值等于 25.495，各 $P_{均}<0.05$，可以认为回归系数均有显著性意义，并且，可得多元回归方程为：

$$Y=29.763+12.547Z_4+8.463Z_8+5.384Z_{10}+6.988Z_{13}$$

5. 化学 14 条学生评教指标得分（$Z$）与化学期末考试成绩标准分数（$Y$）之间的回归分析

表 9-12　方差分析表

| Model | | Sum of Squares | $df$ | Mean Square | $F$ | Sig. |
|---|---|---|---|---|---|---|
| 1 | Regression | 254.262 | 4 | 324.262 | 164.702 | 0.021(d) |
| | Residual | 56.190 | 62 | 0.906 | | |
| | Total | 60.452 | 63 | | | |

d Predictors：(Constant)，$Z_3$，$Z_6$，$Z_{11}$，$Z_{13}$　　f Dependent Variable：化学期末考试标准分数

表 9-13　回归系数表

| Model | | Unstandardized Coefficients | | Standardized Coefficients | $t$ | Sig. |
|---|---|---|---|---|---|---|
| | | $B$ | Std. Error | Beta | | |
| 1 | (Constant) | 11.365 | 0.655 | | 22.085 | 0.000 |
| | $Z_3$ | 5.739 | 5.952 | 0.341 | 4.160 | 0.025 |
| | $Z_6$ | 6.256 | 7.428 | 0.366 | 5.540 | 0.020 |
| | $Z_{11}$ | 4.826 | 2.226 | 0.266 | 2.168 | 0.034 |
| | $Z_{13}$ | 9.422 | 8.250 | 0.354 | 7.651 | 0.015 |

a Dependent Variable：化学期末考试标准分数

方差分析中 $F=164.702$，并引入 $Z_3$、$Z_6$、$Z_{11}$、$Z_{13}$ 变量，$P=0.021<0.05$，可以认为它们与 $Y$ 有直线关系。回归分析中回归系数 $t$ 检验的 $t$ 值等于

−22.085，各 $P_{均}$<0.05，可以认为回归系数均有显著性意义，并且，可得多元回归方程为：

$$Y=11.365+5.739Z_3+6.256Z_6+4.826Z_{11}+9.422Z_{13}$$

6. 政治 14 条学生评教指标得分(Z)与政治期末考试成绩标准分数(Y)之间的回归分析

表 9-14　方差分析表

| Model | | Sum of Squares | $df$ | Mean Square | F | Sig. |
|---|---|---|---|---|---|---|
| 1 | Regression | 354.400 | 3 | 354.400 | 105.373 | 0.024(c) |
| | Residual | 4089.600 | 62 | 65.961 | | |
| | Total | 4444.000 | 63 | | | |

c Predictors：(Constant),$Z_7$,$Z_9$,$Z_{12}$　　f Dependent Variable：政治期末考试标准分数

表 9-15　回归系数表

| Model | | Unstandardized Coefficients | | Standardized Coefficients | $t$ | Sig. |
|---|---|---|---|---|---|---|
| | | $B$ | Std. Error | Beta | | |
| 1 | (Constant) | 66.400 | 4.369 | | 15.198 | 0.000 |
| | $Z_7$ | 15.874 | 8.857 | 0.335 | 1.542 | 0.038 |
| | $Z_9$ | 29.548 | 14.568 | 0.423 | 2.005 | 0.025 |
| | $Z_{12}$ | 43.956 | 18.963 | 0.282 | 2.318 | 0.014 |

a Dependent Variable：政治期末考试标准分数

方差分析中 $F=105.373$，并引入 $Z_7$、$Z_9$、$Z_{12}$ 变量，$P=0.024<0.05$，可以认为它们与 Y 有直线关系。回归分析中回归系数 $t$ 检验的 $t$ 值等于 15.198，各 $P_{均}$<0.05，可以认为回归系数均有显著性意义，并且，可得多元回归方程为：

$$Y=66.400+15.874Z_7+29.548Z_9+43.956Z_{12}$$

7. 生物 14 条学生评教指标得分(Z)与生物期末考试成绩标准分数(Y)之间的回归分析

表 9-16　方差分析表

| Model | | Sum of Squares | $df$ | Mean Square | F | Sig. |
|---|---|---|---|---|---|---|
| 1 | Regression | 497.616 | 4 | 497.616 | 254.136 | 0.046(d) |
| | Residual | 7459.494 | 62 | 120.314 | | |
| | Total | 7957.109 | 63 | | | |

d Predictors：(Constant),$Z_5$,$Z_6$,$Z_8$,$Z_9$　　f Dependent Variable：生物期末考试标准分数

表 9-17　回归系数表

| Model | | Unstandardized Coefficients | | Standardized Coefficients | $t$ | Sig. |
|---|---|---|---|---|---|---|
| | | $B$ | Std. Error | Beta | | |
| 1 | (Constant) | 43.108 | 6.403 | | 36.732 | 0.000 |
| | $Z_5$ | 23.246 | 19.564 | 0.221 | 1.542 | 0.038 |
| | $Z_6$ | 34.542 | 24.825 | 0.325 | 1.856 | 0.035 |
| | $Z_8$ | 18.863 | 14.368 | 0.156 | 1.084 | 0.042 |
| | $Z_9$ | 55.711 | 27.394 | 0.250 | 2.034 | 0.024 |

a Dependent Variable：生物期末考试标准分数

方差分析中 $F=254.136$，并引入 $Z_5$、$Z_6$、$Z_8$、$Z_9$ 变量，$P=0.046<0.05$，可以认为它们与 $Y$ 有直线关系。回归分析中回归系数 $t$ 检验的 $t$ 值等于 36.732，各 $P_{均}<0.05$，可以认为回归系数均有显著性意义，并且，可得多元回归方程为：

$$Y=43.108+23.246Z_5+34.542Z_6+18.863Z_8+55.711Z_9$$

8. 历史 14 条学生评教指标得分($Z$)与历史期末考试成绩标准分数($Y$)之间的回归分析

表 9-18　方差分析表

| Model | | Sum of Squares | $df$ | Mean Square | $F$ | Sig. |
|---|---|---|---|---|---|---|
| 1 | Regression | 1293.517 | 3 | 92.394 | 432.064 | 0.034(c) |
| | Residual | 626.690 | 14 | 44.764 | | |
| | Total | 1920.207 | 28 | | | |

c Predictors：(Constant), $Z_9$, $Z_{12}$, $Z_{13}$　　f Dependent Variable：历史期末考试标准分数

表 9-19　回归系数表

| Model | | Unstandardized Coefficients | | Standardized Coefficients | $t$ | Sig. |
|---|---|---|---|---|---|---|
| | | $B$ | Std. Error | Beta | | |
| 1 | (Constant) | 14.753 | 20.096 | | 0.237 | 0.816 |
| | $Z_9$ | 10.008 | 57.287 | 0.048 | 0.175 | 0.864 |
| | $Z_{12}$ | −31.021 | 63.000 | −0.210 | −0.492 | 0.630 |
| | $Z_{13}$ | 39.235 | 61.078 | 0.214 | 0.642 | 0.531 |

a Dependent Variable：历史期末考试标准分数

方差分析中 $F=432.064$，并引入 $Z_9$、$Z_{12}$、$Z_{13}$ 变量，$P=0.034<0.05$，可以认为它们与 $Y$ 有直线关系。回归分析中回归系数 $t$ 检验的 $t$ 值等于 36.732，各 $P_{均}<0.05$，可以认为回归系数均有显著性意义，并且，可得多元回归方程为：

$$Y=14.753+10.008Z_9-31.021Z_{12}+39.235Z_{13}$$

9. 地理 14 条学生评教指标得分($Z$)与地理期末考试成绩标准分数($Y$)之间的回归分析

表 9-20　方差分析表

| Model | | Sum of Squares | $df$ | Mean Square | $F$ | Sig. |
|---|---|---|---|---|---|---|
| 1 | Regression | 658.963 | 3 | 75.354 | 255.912 | 0.021(c) |
| | Residual | 76.342 | 34 | 0.906 | | |
| | Total | 59.437 | 54 | | | |

c Predictors：(Constant)，$Z_8$，$Z_9$，$Z_{13}$　　f Dependent Variable：地理期末考试标准分数

表 9-21　回归系数表

| Model | | Unstandardized Coefficients | | Standardized Coefficients | $t$ | Sig. |
|---|---|---|---|---|---|---|
| | | $B$ | Std. Error | Beta | | |
| 1 | (Constant) | 35.226 | 1.564 | | 15.065 | 0.000 |
| | $Z_8$ | 15.435 | 7.865 | 2.123 | 8.542 | 0.025 |
| | $Z_9$ | 8.420 | 3.978 | 0.651 | 4.450 | 0.037 |
| | $Z_{13}$ | 12.080 | 5.356 | 1.543 | 6.850 | 0.029 |

a Dependent Variable：地理期末考试标准分数

方差分析中 $F=255.912$，并引入 $Z_8$、$Z_9$、$Z_{13}$ 变量，$P=0.021<0.05$，可以认为它们与 $Y$ 有直线关系。回归分析中回归系数 $t$ 检验的 $t$ 值=-15.065，各 $P_{均}<0.05$，可以认为回归系数均有显著性意义，并且，可得多元回归方程为：

$$Y=35.226+15.435Z_8+8.420Z_9+12.080Z_{13}$$

由上述回归分析可以看出，不同学科影响学生学业成绩的主要因素指标存在一定的差异性，由于各个学科本身的性质不同，它们对学生学业成绩等各方面提高的作用也不同，同时，每个班级学生的基础和教师课堂教学的质量也都存在一定的差异，这是可以被充分理解的，也是完全符合实际情况的，所以，我们应该找到学生评教指标中影响程度较大的因素进行分析，以提高学生学业成绩。不同学科对学生学业成绩提高起较大促进作用的评价指标见表 9-22。

表 9-22 对学生学业成绩提高起较大作用的评价指标汇总表

| 学科名称 | 影响指标 |
| --- | --- |
| 语文 | $Z_1$、$Z_2$、$Z_7$、$Z_8$、$Z_{12}$ |
| 数学 | $Z_3$、$Z_4$、$Z_9$、$Z_{11}$、$Z_{14}$ |
| 英语 | $Z_2$、$Z_9$、$Z_{10}$、$Z_{12}$ |
| 物理 | $Z_4$、$Z_8$、$Z_{10}$、$Z_{13}$ |
| 化学 | $Z_3$、$Z_6$、$Z_{11}$、$Z_{13}$ |
| 政治 | $Z_7$、$Z_9$、$Z_{12}$ |
| 生物 | $Z_5$、$Z_6$、$Z_8$、$Z_9$ |
| 历史 | $Z_9$、$Z_{13}$ |
| 地理 | $Z_8$、$Z_9$、$Z_{13}$ |

注：表中指标的具体内容可以参见表 3-1。

由表 9-22 可统计出各条指标在不同学科中出现的频数（见表 9-23），以寻找学生评教指标中影响程度较大的因素，便于深入分析。

表 9-23 14 条指标在不同学科中出现的频数表

| 指标 | 频数 | 学科 |
| --- | --- | --- |
| $Z_9$ | 6 | 数学、英语、政治、生物、历史、地理 |
| $Z_8$ | 4 | 语文、物理、生物、地理 |
| $Z_{13}$ | 4 | 物理、化学、历史、地理 |
| $Z_{12}$ | 3 | 语文、英语、政治 |
| $Z_2$ | 2 | 语文、英语 |
| $Z_3$ | 2 | 数学、化学 |
| $Z_4$ | 2 | 数学、物理 |
| $Z_6$ | 2 | 化学、生物 |
| $Z_7$ | 2 | 语文、政治 |
| $Z_{10}$ | 2 | 英语、物理 |
| $Z_{11}$ | 2 | 数学、化学 |
| $Z_1$ | 1 | 语文 |
| $Z_5$ | 1 | 生物 |
| $Z_{14}$ | 1 | 数学 |

根据表 9-23，对指标内容与学生学业成绩提高之间的关系作一分析：

（1）出现频数最多的是指标 9："课堂教学富有激情与智慧，教学形式灵活多样，能激发学生兴趣"，它几乎出现在性质各异的大部分学科中，我们认为此指标所涉及的评价内容对大部分学科的教师课堂教学质量都有重要影响，因此，教师要注重采用灵活的课堂教学形式来激发学生的学习兴趣，从而使课堂教学富有更深刻的内涵,在一定程度上促进学生学业成绩的提高。

(2) 指标12:"教学互动强,学生勇于表达自己的见解,参与意识强",在语文、英语和政治中出现频数相对较多。显然,语文和英语是语言类学科,政治是培养人良好思想品德的学科,它们都是注重培养学生语言表达和思想形成的学科,因此,更加重视课堂教学中教师的"教"和学生的"学"之间的一种交流沟通,从互动中产生火花,并逐步提高学生的参与意识,通过表达自己的想法来促进思想形成和品德的塑造,即侧重修养和素质的提高。此外,在语文和英语教学中要注意"教学内容组织恰当,容量适中,节奏、进度安排合理"(指标2);语文和政治教学中要强调"课堂组织、调控能力强,准时上下课"(指标7)。语文和英语是语言类学科,因而要更加注重对课堂节奏、教学内容的把握,而语文和政治相对会更注重对教师课堂调控能力的要求,因此,我们应从这些方面去改善,有针对性地提高相应学科的课堂教学质量。

(3) 指标3、指标4、指标6、指标11都较多地出现在数学、化学和物理这些逻辑性较强,培养学生空间想象能力和逻辑思维能力的学科,如指标3:"教学中注意培养学生良好的思维方式,传授、指导解决问题的方法",即重视培养学生正确的思维方式和解决问题的能力;指标4:"教学能考虑到学生原有的基础和循序渐进的提高",在一定程度上揭示了在这些学科教学中要注重每个学生起点的高低,根据学生原有基础的不同,有针对性地逐步提高和改善学生的学业成绩,这是符合科学理论和学科特点的,同时要结合指标11:"作业或体育锻炼的质与量适度,认真批改并及时分析指导订正"和 指标6:"对待学生公平、公正,评价客观恰当"所涉及的评价内容,让学生在良好的学习氛围中逐步提高学业成绩。

综上所述,不同指标对于不同性质的学科有完全不同的影响程度。通过以上分析,可以认识到:我们应该注重对各个学科教学影响较大的指标内容进行深入分析,以采取有针对性的改进措施,对不同学科课堂教学的各环节进行改善,进一步促进课堂教学质量的提高,从而在一定程度上逐步提高学生的学业成绩。

## 第二节 班主任工作评价

班主任是指学校中全面负责和主持班级各项具体工作的教师,是一个班的组织者、领导者和教育者,是联系本班各科任教师的纽带,是沟通学校、家庭和社会的桥梁。班主任工作的水平高低和工作质量的优劣,对学生的全面发展和学校管理水平的提高起着重要作用。在此,以上海市 PN 小学为例,探讨小学班主任工作评价。

## 一、编制班主任工作评价标准的依据

### （一）小学班主任工作目标

《中小学班主任工作规定》[①]明确规定班主任的职责和任务：一是全面了解班级内每一个学生，深入分析学生思想、心理、学习、生活状况。关心爱护全体学生，平等对待每一个学生，尊重学生人格。采取多种方式与学生沟通，有针对性地进行思想道德教育，促进学生德智体美全面发展。二是认真做好班级的日常管理工作，维护班级良好秩序，培养学生的规则意识、责任意识和集体荣誉感，营造民主和谐、团结互助、健康向上的集体氛围。指导班委会和团队工作。三是组织、指导开展班会、团队会（日）、文体娱乐、社会实践、春（秋）游等形式多样的班级活动，注重调动学生的积极性和主动性，并做好安全防护工作。组织做好学生的综合素质评价工作，指导学生认真记载成长记录，实事求是地评定学生操行，向学校提出奖惩建议。四是经常与任课教师和其他教职员工沟通，主动与学生家长、学生所在社区联系，努力形成教育合力。

### （二）国家对小学班主任工作的规定

1. 《中华人民共和国教师法》[②]提出对教师进行考核：一是学校或者其他教育机构应当对教师的教育思想、业务水平、工作态度和工作成绩进行考核。二是考核应当客观、公正、准确，充分听取教师本人、其他教师以及学生的意见。

2. 《中小学班主任工作规定》指出对教师进行考核和奖励：一是教育行政部门建立科学的班主任工作评价体系和奖惩制度。对长期从事班主任工作或在班主任岗位上作出突出贡献的教师定期予以表彰奖励。选拔学校管理干部应优先考虑长期从事班主任工作的优秀班主任。二是学校建立班主任工作档案，定期组织对班主任的考核工作。考核结果作为教师聘任、奖励和职务晋升的重要依据。对不能履行班主任职责的，应调离班主任岗位。

### （三）相关科学理论

1. 评价内容

巩航军和周静在《班主任工作的考核评价》[③]一文中，把育人思想、履行职责、工作能力和工作效果等作为班主任工作的评价内容。李明森则主张把主题班会课、教育活动、文体卫生、学习成绩、家庭联系、班级手册以及竞赛获奖等作

---

① 教育部.教育部关于印发《中小学班主任工作规定》的通知[Z].教基一[2009]12号.
② 全国人民代表大会常务委员会.中华人民共和国教师法[Z].1993年10月31日中华人民共和国主席令第十五号.
③ 巩航军,周静.班主任工作的考核评价[J].交通职业教育,2003(2).

为班主任工作评价内容。[1] 崔庆魏认为,班主任工作评价指标的构成应该分为三个方面:其一是素质标准(30%),主要包括班主任政治思想、职业道德、业务能力和心理品质方面的素质;其二是职责标准(40%),主要从班主任承担工作的职责和完成任务的情况来确定评价标准,包括常规管理印象、上下班频率、个别谈心、班会开展、出操情况、参加活动和常规评比成绩等;其三是效能标准(30%),着重常规检查成绩、各项活动成绩和各方面衡量评价。[2] 魏福贵、杨柞挺和魏福善在《中学班主任的工作常规及评价》中指出,班主任工作常规包括日常规、周常规、月常规以及期初、期中和期末常规,因此主要从德育工作、班风班纪建设、班级集体成绩、财产管理及完成任务、工作态度能力和班级特色、学生特长来评价班主任工作。[3] 郭书林认为,班主任工作评价指标体系应当包括工作过程(40%),具体有奋斗目标(包括班集体目标与建设以及个人目标与实现程度)、班干部的作用(包括团支部、班委会的建设以及班干部的工作能力与表率作用)和班务工作(包括工作计划与落实情况、对团支部和班委会的工作指导、与各任课教师的联系、与学生家长的联系以及个别思想工作与心理辅导);工作效果(40%),具体有班风建设(包括健全规章制度、团结向上的氛围、班集体舆论、关心他人、班集体荣誉感、校规校纪以及爱护公物)、学风建设(包括学习目的与学习态度、学生文化课成绩、学科小组活动以及自学能力)和文体卫状况(包括文艺活动、体育锻炼与体质状况以及劳动卫生状况);素质发展(20%),具体有班主任个人发展计划与措施(包括个人提高计划以及个人实现程度)和业绩与成果(包括个人荣誉以及科研成果)。[4]

2. 评价方法

朱红波在《走向人本——小学班主任工作评价方式的实践与思考》中介绍了民主评议推荐、量化考核和模糊性多元评价三种方式相结合的评价方式。[5] 韩曼茹认为可将哈佛大学心理学家戴维·麦克莱兰(D. McClelland)教授提出的胜任力来对班主任进行评价,这种评价方式可以更好地选择和培养具有胜任力的不同层次的班主任。[6] 马松、苗长兵在对班主任工作评价的现状进行了分析之后,认为应该尝试建立一种评价双方互相信任、重过程轻结论、以班主任自评为主,以及肯定个性化差异的发展性评价体系。[7] 张文斌也认为应该从传统的奖惩性评价向发展

---

[1] 李明森.班主任工作评价探索[J].教学与管理,2003(5).
[2] 崔庆魏.班主任工作评价体系的构建[J].新课程导学,2011(22).
[3] 魏福贵,杨祚挺,魏福善.中学班主任的工作常规及评价[J].教学与管理,2003(25).
[4] 郭书林.中学班主任工作评价标准研究[D].华中师范大学学位论文,2004:30.
[5] 朱红波.走向人本——小学班主任工作评价方式的实践与思考[J].江苏教育,2005(3).
[6] 韩曼茹.胜任力方法在班主任评价中的运用[J].晋中学院学报,2006(1).
[7] 马松,苗长兵.职业学校发展性班主任工作评价体系的构建[J].职业技术教育,2011(23).

性评价转变,在发展性评价理念指导下,因地制宜,不断地探索与创新。[①]

3. 评价结果的利用

巩航军和周静在《班主任工作的考核评价》一文中提出班主任的综合测评结果分值在 90 分及以上为"优",80~89 分为"良",70~79 分为"中",70 分以下为"差",凡是被评为"差"的班主任要解聘。而崔庆魏则认为学校不仅可以通过对班主任工作进行评价鼓励先进,而且还可以去约束和修正违背教育规律的班主任工作行为,包括在具体实践过程中发现有为了片面追求评价标准的指标数量,甚至为了达到指标而违反法律法规,违背教育管理根本宗旨的行为。

**(四)班主任工作实践积累的经验**

为了了解教师、学生和家长对"一个好班主任"的看法,我们对上海市 PN 小学的教师、学生和家长进行了访谈调查:首先,对学校负责班主任考核的管理者和四位担任班主任工作的教师进行了深度访谈;其次,对五位家长就班主任工作的相关情况进行了电话交流;最后,采用分层抽样的方法从每个年级选取一名学生进行座谈。

对教师访谈的问题主要涉及:在担任班主任工作期间的相关情况、学校是否对班主任工作进行考核、一个好的班主任应该是什么样的、班主任工作评价标准应该包括哪些内容、开展班主任工作评价最大的困难是什么等。教师认为:一是从担任教师工作开始就一直做班主任工作,直到现在。与其他任课教师相比,班主任不仅要进行日常管理,解决学生在课堂上和课间发生的意外情况,还要关注学生的课堂表现、成绩以及特色行规,并且要与学科教师协调好相关事宜。除此之外,班主任还要进行工作的计划、小结,落实好家访;三至五年级还有家务本、假日小队活动之类的事情,学校每学期都会开展的读书节、英语节、音乐节等活动。从某种程度上说,班主任就是对学生"从头管到脚"的"特殊"教师。二是学校对班主任工作是有评价的,主要是运用评分表,由德育主任、德育组长以及校方共同对班主任的日常表现、计划小结、学生行规、比赛荣誉、科研等方面进行打分考评,并评出等第,每学期进行一次,大部分班主任都能获得 B 等及以上的等第。三是一个好的班主任首先必须是一位好老师,要有爱心、责任心和耐心,做到心里有学生,工作任劳任怨。另外,日常管理工作要"拿得出手",不仅要做好与家长、学生、任课教师及校方的协调和沟通,而且所带的班可以进行开课和展示,还要有自己的德育思考,能起到示范和引领作用。四是对班主任工作进行评价,不仅学校对班主任工作能起到监督和督促的作用,而且还能为班主任提升自身能力提供直接参考。在评价活动开展时,收集班主任工作成果的相关信息有

---

[①] 张文斌.高职院校班主任工作评价问题研究[J].消费导刊,2008(12).

一定困难,这可能是现行班主任工作的评价标准比较模糊,不够清晰造成的

对家长访谈的问题主要包括:是否参与过班主任工作评价的过程、一个好的班主任应该是什么样的、班主任工作评价是否有必要等。家长认为:一是知道学校对班主任工作进行过评价,但自己未参与过评价活动。二是一个好的班主任具有的素质有很多。应该首先是公平公正的,并且具有良好的品德,班主任良好的素质修养会对学生的日常生活和成长产生一定的影响。其次,班主任要关注孩子的思想品德,重视学生学习习惯的养成,不片面追求学业成绩。作为学生成长的引路人,还要时刻关心学生的生活、心理变化,同学之间如何相处等。须有高度的责任感。一个好的班主任应该是真心爱孩子的,能够关注到班级里每一个孩子的成长,了解其优缺点、兴趣爱好,挖掘他们的潜在能力,充分发挥孩子的能动性,能够有针对性地指导学生的学习。再次,班主任还应该能与家长、任课教师交流沟通。三是班主任工作评价非常重要,而且很有必要,公正合理地对班主任工作进行评价,不仅有利于调动班主任工作的积极性,而且还能对班主任有所监督,让其从中查找不足,有利于工作的改进与提高。但是,开展班主任工作评价活动困难很多,譬如,如何衡量评价结果的有效性;班主任工作评价标准如何确立;等等。为此建议要把班主任自评、学校评价、家委会评价结合起来,同时评价内容要简单扼要,抓住重点,摆脱烦琐。

对学生的座谈主要围绕"我心目中的班主任是什么样的"而展开的。学生认为,班主任要能公正公平地对待班级中的所有学生,不会单纯以考试成绩去评价他们,而且要有耐心,不随意批评学生,如果学生有不懂的问题,班主任能反复教导而不是推卸责任;时刻关注学生,当学生有困难时能够帮助解决,尤其是碰到摔伤、磕伤等偶发事件,班主任要做到及时处理;一个好的班主任还要愿意倾听学生内心的想法,不随意打断学生,能够了解每一个学生的个性,并提出不同要求,同时能够以身作则,言传身教。

**(五)评价对象和条件**

上海市PN小学是国家现代学校制度实验区中的一所普通小学。学校以"第一次就把事情做好"为核心理念,努力建构"零缺陷"服务质量文化,从一所"城中村"小学校逐步发展成为上海市"新优质学校"。PN小学现行的班主任工作考评项目,由德育主任具体负责,对各个班主任工作进行考评。以2014学年第二学期为例,考评内容主要包括:一是材料部分(30%),其中计划与总结(10%)、家长征文(10%)、学生手册(5%)以及学生评语(5%);二是本学期学校类、德育类、少先队活动(30%);三是行规教育与班级文化建设(20%);四是承担德育类任务(10%),其中包括开课、展示、区级获奖,学校活动策划与组织等;五是承担学校重点研究工作项目(10%)。可见,PN小学开展班主任工作评价已

经有了一定的基础,但是评价标准还不尽完善,评价对班主任的促进作用和激励作用还有待于进一步提高。

## 二、班主任工作评价标准[①]

根据上述制定评价标准的五大依据,提出二十三条初拟指标体系,然后经过征询意见、理论论证、专家评判和实验修订,得到表 9-24 中的指标体系,随后根据 PN 小学的实际情况,制定了能让被评价教师"跳一跳,摸得着"的评定标准。至于评价结果计算,先算出评定标准中每个要求被评价教师做到的百分比(以 100 为单位,若指标体系的四条评定要求被评价教师都做到,则该指标得 A 等第,做到三条为 B 等第,做到两条为 C 等第,做到一条或四条都没做到为 D 等第),然后运用公式 7-5(将 A、B、C、D 各等第分别赋予 4、3、2、1 分值)算出评价对象每条指标的得分,最后采用公式 7-4 算出评价对象的总得分。

表 9-24　小学班主任工作评价标准表

| 评价对象 | 指标体系<br>(权重) | 评定标准 | 评价主体 | 如果做到就<br>打"√",否<br>则就空着 |
|---|---|---|---|---|
| 小学班主任工作 | 计划总结<br>(0.1637) | ①学期有班级工作计划 | 主管领导 | ( ) |
| | | ②学生知晓工作计划并付诸实施 | 班主任和学生 | ( ) |
| | | ③及时反馈班级计划的实施情况并进行有效调整 | 学生 | ( ) |
| | | ④每学期有班级工作总结 | 主管领导 | ( ) |
| | 日常管理<br>(0.1841) | ①确保教室器材和设备能正常使用 | 该班任课教师 | ( ) |
| | | ②班级布置独特、优美和整洁,适合学生学习 | 学生和任课教师 | ( ) |
| | | ③根据 CIC 行规指导学生养成行为规范 | 学生和任课教师 | ( ) |
| | | ④认真指导班委会和少先队工作 | 大队辅导员和班委 | ( ) |
| | 沟通交流<br>(0.1722) | ①经常与任课教师互通情况,配合教育学生 | 该班任课教师 | ( ) |
| | | ②做好家访工作,有问题及时与家长联系 | 学生家长 | ( ) |
| | | ③经常听取学生的意见和建议,改进班级工作 | 学生 | ( ) |
| | | ④保质保量按时完成上级领导布置的任务 | 主管领导 | ( ) |

---

① 冯慧参加了此项研究.

续表

| 评价对象 | 指标体系（权重） | 评定标准 | 评价主体 | 如果做到就打"√"，否则就空着 |
|---|---|---|---|---|
| 小学班主任工作 | 组织活动（0.1800） | ①积极组织学生参加学校的各项活动 | 学生和相关教师 | （　） |
| | | ②每个学生均有机会参加学校的各项活动 | 学生 | （　） |
| | | ③班级活动形式多样，有吸引力 | 学生 | （　） |
| | | ④学生实践意识较强，自觉进行实践活动 | 学生家长和学生 | （　） |
| | 班级风气（0.1571） | ①班级课堂纪律良好 | 该班任课教师 | （　） |
| | | ②班干部能起带头作用 | 学生和任课教师 | （　） |
| | | ③班级学生学习风气浓厚 | 学生和任课教师 | （　） |
| | | ④班级学生整体学业水平处于同年级中上水平 | 主管领导 | （　） |
| | 获得奖项（0.1429） | ①所带班集体获得校级以上荣誉奖项 | 主管领导 | （　） |
| | | ②班主任个人获得校级以上荣誉奖项 | 主管领导 | （　） |
| | | ③所在班有10%以上的学生获得校级以上荣誉奖项 | 班主任 | （　） |
| | | ④班主任有在研校级以上德育课题 | 班主任 | （　） |

另外，请回答以下问题：
对被评价教师的工作有何意见和建议？

## 第三节　教师科研成果评价

如果教师的教育科研工作做得好的话，就能较好地促进教师的教育工作，为此做好教师科研成果评价也是一项必不可少的工作。这里介绍上海 GS 学校的"科研成果评价标准"[①]，供读者运用时参考。

---

① 吴钢.公共事业评价[M].上海：上海教育出版社，2003：285-286.

## 一、指标体系和评定标准

表 9-25　出版教材(译著)和专著、发表论文等的分值表

| 分值　级别　种类 | 全国 | | 省市 | | 校内 |
|---|---|---|---|---|---|
| | 公开发表 | 内部 | 公开发表 | 内部 | |
| 教材(译著) | 75 | 25 | 50 | 15 | 15 |
| 专著 | 100 | 75 | | | |
| 论文 | 50 | 15 | 25 | 10 | 3 |

表 9-26　发表论文的字数系数表

| 字数 $x$ | $x \geqslant 4000$ | $3000 \leqslant x < 4000$ | $2000 \leqslant x < 3000$ | $1000 \leqslant x < 2000$ | $500 \leqslant x < 1000$ | $x < 500$ |
|---|---|---|---|---|---|---|
| 系数 | 1 | 0.9 | 0.8 | 0.7 | 0.6 | 0.5 |

注：对部分专业、某些学科的论文，由评价工作小组讨论确定。

表 9-27　编写专著、教材、讲义等的系数表

| 字数 $x$ | $x \geqslant 20$ 万 | $15$ 万 $\leqslant x < 20$ 万 | $10$ 万 $\leqslant x < 15$ 万 | $5$ 万 $\leqslant x < 10$ 万 | $x < 5$ 万 |
|---|---|---|---|---|---|
| 系数 | 1 | 0.9 | 0.8 | 0.7 | 0.6 |

表 9-28　科研成果的指导意义

| 等级 | 评价内容 | 系数 |
|---|---|---|
| 1 | 在全国、省市获奖 | 1.2～1.5 |
| 2 | 在本系统、本单位、本专业、本学科具有指导意义 | 1.1 |
| 3 | 学术性、指导性或应用推广性一般 | 1 |

表 9-30　科研达标标准(A 级标准和最低标准)

| 教师职称 | | 科研论文或成果的累计分值 |
|---|---|---|
| A 级教师 | | $\geqslant 150$ |
| 高级讲师 | 专任教师 | $\geqslant 40$ |
| | 兼任教师 | $\geqslant 20$ |
| 讲师 | 专任教师 | $\geqslant 25$ |
| | 兼任教师 | $\geqslant 12$ |
| 助讲及以下 | 专任教师 | $\geqslant 7$ |
| | 兼任教师 | $\geqslant 3$ |

## 二、奖惩办法

表 9-30　科研达标和能绩工资发放标准

| 达标情况 | 教师级别 | 职称 | | |
| --- | --- | --- | --- | --- |
| | | 高级讲师 | 讲师 | 助教 |
| 科研达标者 | 课堂教学 A 级 | 31 元/节 | 28 元/节 | 25 元/节 |
| | 课堂教学 B 级 | 22 元/节 | 20 元/节 | 18 元/节 |
| 科研未达标者 | 课堂教学 A 级 | 28 元/节 | 25 元/节 | 22 元/节 |
| | 课堂教学 B 级 | 21 元/节 | 19 元/节 | 17 元/节 |

注：1. 兼任教师指有教师资格的人员；
　　2. 教师科研未达标者，则每月能绩工资下浮 5%；
　　3. 科研 A 级人员一次性奖励 6000 元；
　　4. 参加科研系列评定的教师，其所在岗位的评定系列必须达到 B 级。

【本章小结】

本章阐述了课堂教学工作评价、班主任工作评价和教师科研成果评价等三个教师工作评价的主要方面。课堂教学工作评价主要有两个内容：一是课堂教学过程评价，即学生和教师听课的满意度以及家长由孩子反馈和变化得出的满意度；二是课堂教学效果评价，即对学生学习成绩的评价，其主要包括对"知识与技能"、"过程与方法"和"情感态度与价值观"的达成度评价；班主任工作评价主要是通过学生和教师（包括教师自我、同行和领导）两个评价主体，对班主任工作质量进行评价；教师科研成果评价论述了学校教师科研成果的计量方法以及相配套的奖惩办法。

【文献导读】

1. 支敏.教育评价的基本原理与运用[M].贵阳：贵州人民出版社，2006.
2. 吴钢.公共事业评价[M].上海：上海教育出版社，2003.
3. 刘志军.课堂评价论[M].桂林：广西师范大学出版社，2002.
4. 唐晓杰等.课堂教学与学习成效评价[M].南宁：广西教育出版社，2001.
5. 吴钢.中小学课堂教学评价的实践与反思[J].现代中小学教育，2010(4).
6. 吴钢.中小学课堂教学评价系统探析[J].课程·教材·教法，2010(11).

【问题讨论】

1. 什么是课堂教学评价？其包含的主要内容有哪些？
2. 当前,我国中小学课堂教学评价存在哪些问题？应采取什么对策？
3. 什么是课堂教学评价系统？其要素有哪些？结构和功能是什么？
4. 在开发课堂教学评价系统时应注意些什么？
5. 结合工作实际,请谈谈班主任工作评价的指标体系？
6. 结合工作实际,请谈谈教师科研成果评价的体会和认识？

# 第十章　学生学习评价

**【本章概要】**

本章论述学生学习成绩评价,其主要包括"知识与技能"、"过程与方法"和"情感态度与价值观"达成度评价三个内容,并且阐述了"过程与方法"和"情感态度与价值观"达成度评价标准,在此基础上进一步研究了"过程与方法"、"情感态度与价值观"达成度评价结果分别与"知识与技能"达成度评价结果之间的关系。

**【学习目标】**

学习本章后,你应该能够:
1. 认识"过程与方法"和"情感态度与价值观"二维教学目标的内涵。
2. 理解"过程与方法"和"情感态度与价值观"达成度评价标准。
3. 掌握"知识与技能"达成度常用评价方法。

学生学习成绩评价包含三个方面的内容:一是"知识与技能"达成度评价;二是"过程与方法"达成度评价;三是"情感态度与价值观"达成度评价。

## 第一节　"知识与技能"达成度评价

在学科教学中,"知识与技能"的达成度主要表现为学生的学业成绩。所谓学业成绩,就是指在学科教学过程中学生掌握学科知识和技能的程度。对学生学业成绩评价,目前学校大都借助考试和测验手段,一般以数字或极简短的文字作符号表示学生的学业成绩。我国古代学校采用等级记分法,如汉代太学评定学业成绩分"及格"、"不及格"两等;唐代中央各学和宋代太学三舍均分"上""中""下"三等。1902年兴办近代学校后,清朝政府规定采用百分制记分,但仍把一定分数折合为"最优等"、"优等"、"中等"、"下等"和"最下等"五等,"最下等"为不及格。后来一般学校采用百分制记分,60分为及格;或采用"优""良""中""可""劣"五个等级记分,"劣"等为不及格;或采用"甲""乙""丙""丁"四个等级记分,"丁"等为不及格。现在我国一般学校大多采用百分制记分,也有采用五级记分法或"优""良""及格""不及格"四级记分法的。

## 一、学生学业成绩的测验

### （一）确定测验的目的和对象

测验可以具有不同的目的，其目的不同，编制测验的技术也应有所不同。同样，测验对象的特征也影响到测验的编制。被测者的年龄、智力水平和受教育程度不同，所采用的编制技术也应有所不同。

### （二）规定测验的内容和形式

在学业成绩测验中，还应涉及确定考核学科内容范围，这是保证试卷高效度的前提条件。此外，还要考虑测验的形式，主要涉及两方面的内容：一是测试被测者的形式，如书面、操作、口试等；二是测验题目的类型，如单项选择题、多项选择题、填空题、简答题、论述题等，这是影响试卷信度的因素之一。

### （三）设计命题双向细目表

在编制测验前，要设计好命题双向细目表。这一环节极为重要，关系到测验能否体现测验目的，是否有效和可靠，评价者应当认真对待。命题双向细目表具有两个维度：一维是考核学科知识内容要点；另一维是考核的能力层次（认知水平）。这两个维度体现了考核的整体要求。

### （四）命题组卷

目前，我国大规模的校外考试（如高考等）已开始采用征集题目和命题相结合的方式进行命题组卷，即按照测验双向细目表的意图，制定出命题的范围和要求，向有关人士广泛征集试题，形成初步的试题素材库，然后，再由专业命题人员选择和修改，并命制一些新题，组合成试卷。校内测验编制一般都采用有关教师在考前临时命制的方式。由于各种因素（如时间、经验、专业素质等）的制约，命题质量与大规模的校外考试存在较大的差距。不过教师只要严格按照上述命题步骤进行命题组卷，试卷的基本质量还是能够得到保证的。

### （五）制定评分细则

评分细则的制定是测验编制的最后环节。命题者应当较详尽地列出评分的要点，给分的原则。评分细则应当具有较强的规范性和可操作性，以便为阅卷和评分者提供统一的标准，尽量减少评分误差。

## 二、学生学业成绩测验结果分析和评价

根据学生的测验分数，通常用以下主要方法分析和评价学生学业成绩。

### （一）排列名次

这是根据学生的测验分数，按由高到低的规则排列，高的就好。它主要涉及两

个内容：一是单科测验分数排列名次；二是多学科测验分数累加结果排列名次。

### （二）转换成五等级评定、三等级评定或四等级评定

根据上述排名，对其进行五等级、三等级或四等级评定。

### （三）计算标准分数

这是把学生的测验分数转换成 $Z$ 分数和 $T$ 分数，然后累加 $Z$ 分数或 $T$ 分数，高的就好。这种方法从理论上来说，比用原始分数累加结果进行比较要好，因为它基本统一了试题的难易程度。但是，如果原始分数不服从正态分布，用累加 $Z$ 分数或 $T$ 分数的结果进行比较也存在较大误差，这就要求我们把原始分数转化为正态化的 $Z$ 分数或 $T$ 分数，再进行累加比较。

### （四）总评分

它是依据学生某学科的平时成绩、半期测验成绩和期终测验成绩，按照一定的比例计算得到的分数。这种方法最大缺点是把整个班级学生的学科基础等同看待，致使会挫伤学科基础较差学生学习的自信心，从而会在很大程度上影响这部分学生学业成绩的提高。要克服这个缺点，必须考虑学生学业成绩提高的幅度，用目标达成度和发展度两个尺度来对学生的学业成绩作出价值判断，具体操作过程详见第七章第二节中的"学生学科成绩总评分的计算方法"。

### （五）班级平均分和标准差

在比较班级之间学生学业成绩时，往往采用班级学生单科成绩的平均分数和标准差两个指标。平均分数高、标准差小的班级，学生的学业成绩就好。

## 第二节 "过程与方法"达成度评价

根据教育部颁布的《纲要》的精神，"过程与方法"这维目标主要突出了让学生"学会学习"，使学生获得知识的过程同时成为获得学习方法和能力发展的过程。为此，在学科教学中，"过程与方法"的达成度主要凝聚为学生学习能力的发展水平。

### 一、学生学习能力概述

学习能力，顾名思义是学生学习时应该具备的能力。首先考察一下有关学习的认识论背景。学习这一概念在我国由来已久，"学而时习之，不亦说乎？"是把"学"和"习"两个字一起使用的最早记载。真正把"学"和"习"两字联结在一起使用的是《礼记·月令》篇中的"鹰乃学习"，在这里"学"指模仿，"习"指鸟频频飞起，"学习"二字虽然已有复合词的痕迹，但仍然是两个词，在古代，"学"的基本含

义是获得知识和技能,主要是指接受感性知识与书本知识,同"思"、"行"相对称,但有时也兼具"思"的含义;"习"的基本含义是巩固所获得的知识和技能,相当于今天所说的复习巩固和练习应用。"习"一般具有三种含义:温习、实习、练习,有时也兼具"行"的意思。因此,"学习"实质上是学、思、习和行的总称,与我们现在所讲的"学习"一词的含义稍有不同。学习这一概念古已有之,相比较而言,学习能力的提出要"年轻"得多了,对这一概念的界定也是仁者见仁和智者见智的。

学习能力既不是知识和技能和策略本身,也不是知识和技能、策略之外的特殊之物,而是实实在在的专门化的知识、技能和策略结构系统。[①] 概括地说,学习能力包括以下三个方面的内容:

第一,自我确定学习目标的能力。学习目标是学习者对学习活动期望得到的结果,同时又是学习活动的出发点。对于学习的全过程而言,目标无疑是重要的。有了适度而明确的学习目标,不仅可以使学习者在目标引导下展开学习活动并同时调节学习过程,增强学习活动的针对性,而且可以使学习者增强学习的主动性和自觉性,从而使其学习更加努力。尽管如此,因为学习目标是一个多层次、多维度、互相联系和面对未知世界的目标群,对学生而言仍然是一个难题:这也就是"确定目标"之所以是一种能力的原因。

第二,灵活运用学习方法的能力。恰当灵活地选择使用相应的学习策略和方法,是学习能力的重要标志。善于根据任务选择使用学习策略和方法的学习者,可以更少地依赖他人帮助而自主完成学习活动,在学习过程中准确分析学习内容、目标和要求,并据此选择恰当的策略和方法,自觉控制学习过程,即在学习过程中不断检查自己的学习活动,把有关学习要求与学习方法联系起来进行对照思考,检查学习方法与学习要求之间的适应程度,借以估价学习方法能够达到的学习效果,及时调整学习活动的进程,通过反馈和调控,做到策略和方法适合目标要求时就维持并强化原来的学习方法;当学习策略和方法不适合学习目标要求时,就修改补充,或重新选择学习方法,以实现方法与目标的一致性,增强学习效果。

第三,解决问题策略的迁移能力。学习活动的目的归根到底是掌握解决问题的策略和方法,解决问题的策略一方面取决于学习者对有关知识掌握的熟练程度及知识运用的灵活程度,另一方面取决于对解决问题策略的掌握水平。因此,解决问题策略的迁移能力是学习能力强弱的重要标志。学习能力强的学生一方面表现出对知识的综合概括和结构性掌握,另一方面对于知识所蕴涵的解决问题的策略能够举一反三,触类旁通,具有较强的迁移能力。[②]

学习能力是一种综合能力,由多种因素按照一定的结构组合而成,是静态结

---

① 毕华林.学习能力的实质及其结构构建[J].教育研究,2000(7).
② 刘晋伦.能力与能力培养[M].济南:山东教育出版社,2001:6-9.

构与动态结构在学习活动中的统一。它具有以下特征：

第一，智力因素与非智力因素是制约学习能力发展的心理基础。从学习能力的心理基础来分析，既然学习能力是一种个性特征，它就必然要受到个人的心理因素的影响，也就是说，学习能力的形成和发展不仅是智力因素的函数，也是非智力因素的函数。智力因素主要是由感知、记忆、思维、想象和言语等心理因素构成的，它直接参与客观事物认识的具体操作；而非智力因素通常是指那些不直接参与认识过程，但对认识活动起动力和调节作用的心理因素，如动机、兴趣、情感、意志和性格等。

第二，基本能力和综合能力是学习能力在学习活动中的不同表现形式。学生的学习活动是由内部活动和外部活动两部分构成的，即有两种形式的活动。学习的内部活动即心理活动，它是通过语言、形象和符号对学习对象进行感知、记忆、思维、想象、言语表达等的心理活动，以实现知识的内化和概括化；学习的外部活动，在课堂教学中主要是学生主体的实践操作性活动，如阅读、讨论、练习、交流、制作和实验等，这种直观的外部操作可以加速学生掌握知识的内化过程。学习活动是学生内部活动和外部活动的统一，二者在学习活动中相互转化，从而实现学习主体对知识的系统掌握和学习能力的全面发展。

第三，思维能力和学习策略是学习能力的核心。思维活动是一种指向问题解决的、间接的和概括的认知过程，概括性是思维最基本的特征，也是思维能力发展的基础。所谓概括是指将同类事物共同的和本质的特征联结起来的过程，它是在分析、综合和抽象的基础上进行的。学生的学习能力正是其在获得学科知识、技能和策略的基础上通过不断的概括化和内化而形成的。学习策略是学习者在学习活动中有效学习的规则、方法和技巧及其调控，它具有方法性和自我调控性两大特性。把知识、技能和策略纳入学习能力的构成之中，强调能力的实质是结构化、网络化、程序化的知识、技能和策略，强调学习活动是学习能力形成和发展的重要途径，这一能力观具有非常重要的现实意义。

## 二、学生学习能力评价标准的制定

制定学生学习能力评价标准在四所学校进行，即小学、初中、高中、大学各一所。上海市 KN 小学是一所科技教育特色学校，在实施科技教育过程中培养学生的个性和提高学生的科技素质；ZS 中学作为上海市 150 个课改实验和研究基地之一、卢湾区的窗口学校及"小班化"试点学校，学校在推进二期课改的过程中，灵活结合学生实际，从全局着手，务虚蓄足，务实扎实，以学校传统品牌和龙头课题——"学生实践能力的培养"为抓手，强调创造学生自主探究、自主学习的整体氛围，并以此培养学生的创新精神和处理实际问题的能力；CM 中学是一所现代化的实验性、示范性寄宿制高中，具有精良的师资和良好的校风，学校形成了"务实创新、追求卓越"的校风、"敬业、爱生、严谨、探究"的教风、"诚实、勤奋、求索、进取"的学风,培养了数以万计的优秀人才。学校始终坚持教育创新,形成了鲜明的办学特色——自主教育。现在,CM中学正以科学发展观为引领,坚持以人为本,教育中努力激发学生的自我意识、培养自主能力,健全主体人格,增强学生的主体精神,帮助和促进学生在志向追求上学会自强、在品格修炼上学会自律、在知识探究上学会自主、在生活管理上学会自理,让学生在学会生存、学会学习、学会负责、学会追求的素质教育中锤炼科学精神和人文素养;上海DS电视大学创建于1960年,是一所以运用通讯、广播电视和计算机等现代技术作为重要教学手段进行远程教育的开放性大学。1998年,上海DS大学经教育部批准率先在全国试行"免试入学、宽进严出"的开放办学制度;1999年,又开始实施教育部"中央电大人才培养模式改革和开放教育试点"项目。学校通过教师面授、计算机多媒体光盘、网上课堂、电话答疑、E-mail电子信箱、双向电视授课系统等多种媒体进行教学。根据上海社会经济发展竞争性强、信息化程度高、终身学习需求旺盛等特点,上海DS大学提出了以"三力"为核心的人才培养目标,其内涵是:一是学习力。除了具有学习能力的含义之外,还指学习者具有主动学习、热爱学习的一种动力和心向。二是应用力。不仅仅指学习者将所学知识应用于学习和工作实践的能力,还指学习者系统学习学科基础知识后获得的应对上海国际化大都市变迁快速的一种适应力。三是发展力。指培养学习者具有在信息化社会中进行终身学习,以及在竞争情景中最大限度地调动自身优势和整合可利用的资源,开展合作和竞争,克服挫折,把握机会和创造机会获得成功而表现出的自主发展的能力、实力和心向。在近年的远程开放教育的探索和实践中,逐步形成了"运用现代信息技术,以学习者自主学习为中心、教育者引导学习为前提、多种媒体教学资源和交互手段支助学习为基础的'导学—自学—助学'三维互动的学习模式",使学习者能够达到培养目标的要求。

### (一)制定学生学习能力评价标准的依据[①]

根据发展性目标评价模式,制定学生学习能力评价标准要依据五个方面,即学生学习能力培养目标、上海市二期课改的要求和学习理论、教学实践中积累的经验、评价对象和条件,前三个方面决定着学生学习能力评价的共性指标,后两个方面体现了学生学习能力评价的个性要求。下面以上海市KN小学为例,阐述制定学生学习能力评价标准五个方面的依据。

1. 学生学习能力培养目标

《纲要》指出:"新课程的培养目标应体现时代要求。要使学生具有爱国主义、集体主义精神,热爱社会主义,继承和发扬中华民族的优秀传统和革命传统;

---

[①] 吴钢,丁敏.小学生学习能力发展性评价标准的探析[J].教育科学研究,2007(2).

具有社会主义民主法制意识,遵守国家法律和社会公德;逐步形成正确的世界观、人生观、价值观;具有社会责任感,努力为人民服务;具有初步的创新精神、实践能力、科学和人文素养以及环境意识;具有适应终身学习的基础知识、基本技能和方法;具有健壮的体魄和良好的心理素质,养成健康的审美情趣和生活方式,成为有理想、有道德、有文化、有纪律的一代新人。"

2. 相关的教育政策和法规

为保证学生学习能力培养工作的顺利进行,党和国家根据教育的需要以及教育活动本身的特点制定了一系列方针、政策和法规,用以规范和发展教育及其人才培养,它们既是开展培养工作的指南,又是衡量工作成绩的重要标准,因此,在制定评价标准时要以此作为依据。我们在制定学生学习能力评价标准时主要以《上海市学生综合素质评价手册》、《纲要》和上海市二期课改要求等为依据。

3. 科学理论

对于学生来说最基本的学习能力就是听、说、读、写、计算、思考等学习课业的能力。学习能力涉及的心理过程十分复杂,主要包括学习的注意力、观察力、记忆力、想象力、思维力和操作能力以及学习策略,其中任何一方面发展不足都可能导致学生学习效果不佳。当学生的学习注意力、观察力、记忆力、想象力、思维力等的智力因素达到一定水平时,学习策略对学习效果起着相当重要的作用。由于学生的学习注意力、观察力、记忆力、想象力、思维力等在学业测试成绩中得到了较多地显现,因此,在制定学生学习能力评价标准时,其指标内容应较多地聚焦于学习策略。

4. 实践中积累的经验

这些经验主要通过访谈上海市 KN 小学的领导干部以及部分教师和学生获得。校领导干部认为学生的学习能力主要表现在学习习惯的养成,如独立完成作业等,还有能发现问题并加以解决;要从上课表现、课后作业、平时考查等方面来评价学生是否具有良好的学习能力,其应体现在考试、考查内容之中,而考试、考查的内容应渗透在平时学生学习能力指导之中。两者是紧密联系在一起的,弄清它们之间的关系将更有助于提高学生学习能力,学科考试也会取得较好的成绩;要把学生的平时表现、学习能力评价结果以及最终的考试成绩结合起来。教师认为学习能力强的学生有较强的观察能力,能通过多种途径去搜集相关材料,并能做一些区分和筛选,有一定的创新能力,主动性比较强,而学习能力较弱的学生则不能有意识地进行观察、搜集资料等;上课时多提问,在某一阶段或某个环节让学生上讲台主持,准备发言稿。搜集资料时,给学生一个思路,让他们去充实,这样就可以培养学生的创新思维能力。在这过程中,要有教师的参与,扮演辅导员的角色,比如在素材搜集时,教学生如何有效地搜集资料,搜集完后,指导他们如何归类、如何提炼出所需要的材料,从最初步的教起。具体地说,比如要求学生设计一款环保的服装,那么学生就可以通过浏览网页、去图书馆查阅相关书籍、父母一起去商场、看橱窗里的摆设等途径搜集相关信息,在筛选时,小学生大多按照自己的兴趣爱好来做,老师要指导学生按照题目要求来筛选。对于体育学科来说,特敏性思维能力的培养是比较突出的,以前上课都是老师说什么学生就怎么做,而现在主要让老师引导学生学会技能,如学投垒球之前,就让学生自己扔飞机,使学生积极动脑,考虑飞机怎样才能飞得远。在自然学科上,主要培养学生的知识、技能和情感方面的能力,做小实验、通过环境知识的讲解培养学生的爱国主义情感等,除课堂讲授外,还要引导学生课外能主动积累;学生学习能力评价结果可以作为最终学生学业成绩的一部分。1~3年级学生认为学习能力主要表现在多背诵、多默写,在考试时候放松心情、认真审题;认真做笔记,记录重点内容;把所有的生词写在笔记本上,多阅读、多背诵,并自觉运用到写作中去;每天写一段文字,做作文训练;平时摘录好词好句;上课认真听讲,认真做作业;课外多做习题;上网有效查阅资料;参加科技知识竞赛。4~5年级学生认为通过课堂教学,掌握了一些基本技能,如学会了文字的写法,怎样理解课文,如何写好作文;英语单词的拼法、发音;考试的技巧,平时巩固掌握新知识,心情放松,保证充足睡眠,得到父母的支持、鼓励;平时在训练记忆能力上,会借助一定的工具,如"好记心"等,经常背背默默,多看课外书,扩大阅读面,另外,记忆一些比较难的知识点时,会使用一些策略,如把一些比较难的英语单词集中在一张小纸片上,随时翻看,有的单词可以分成两个单词来记忆,如"pencilbox"等;还可以通过同学之间相互帮助,在实际运用中记忆,如一些问候语;还有一些比较难的汉字,可以通过字意来识记,如"攀"字可以解释为在树林丛中有一些障碍物,要通过大手才能翻越过去(一项非常有创意的解释),还有"休"字可以解释为一个人在树旁休息,并要注意与"体"字相区别;在训练观察能力方面,看科普书,经常到植物馆、科技馆、自然博物馆、昆虫馆参观,通过拍照、用纸笔记录下来,回来后,把资料综合,输入电脑后,进行分类,比如按鸟类、昆虫类分别归类(通过电视节目学得),这些工作都是学生能单独完成的;在记录方面,按照教师上课的板书和重点强调的内容做记录;在动手能力上,制作一些模型;思维能力上,包括听力、阅读、写作能力。

5. KN 小学的实际情况

KN 小学成立于 1993 年。它是一所科技教育特色学校,在实施科技教育的过程中培养学生的个性和提高学生的科技素质。在制定评价标准时要考虑到这一特点。

### (二)学生学习能力评价标准[①]

根据上述依据,我们首先提出初拟指标体系和评定标准,其次运用调查统计法进行筛选和整理,再次对指标体系和评定标准进行理论论证和专家评判,最后

---

[①] 吴钢,丁敏.小学生学习能力发展性评价标准的探析[J].教育科学研究,2007(2).

实验修订,制定了供教师评价、学生自评和互评、家长评价用的四个标准(对于用定量方法处理的指标,我们还用定量统计法算出权重)。下面以上海市 KN 小学学生学习能力评价标准为例。

1. 供教师评价用的标准(见表 10-1)

表 10-1　上海市 KN 小学学生学习能力评价标准表(供教师评价时用)

| 评价对象 | 指标体系 | 权重 | 评定标准 | | 评定等级 |
|---|---|---|---|---|---|
| | | | 等级内容(1~3 年级) | 等级内容(4~5 年级) | |
| 小学生学习能力 | 1. 发散思维方面 | 0.2087 | ①按时按量完成作业<br>②及时订正作业<br>③上课提问和回答问题思路清晰<br>④养成一题多解的习惯 | ①独立按时按量完成作业<br>②养成一题多解的习惯<br>③有独特的构思<br>④积极参加科技小发明活动 | |
| | 2. 提问、质疑方面 | 0.2064 | ①上课认真听讲<br>②课堂上积极举手提问<br>③没听懂的内容,课后主动问老师<br>④能提出与老师不同的想法 | ①课堂上积极动脑提问<br>②没听懂的内容,课后主动问老师<br>③能提出与老师不同的想法<br>④主动发现和研究问题 | |
| | 3. 知识梳理及整合方面 | 0.2018 | ①课前能预习教材<br>②语文和英语单词默写成绩优良<br>③课后能及时复习所学内容<br>④阅读书籍后能记笔记 | ①课前能预习教材,注明不懂之处<br>②能分类记忆语文和英语单词<br>③能较好把握学习重点<br>④兴趣广泛,知识面宽 | |
| | 4. 信息搜集、处理方面 | 0.2003 | ①能按老师的要求搜集有关信息<br>②能与同学交流所搜集到有关信息<br>③能上网查寻<br>④对查寻到的信息能有效选择 | ①能主动搜集与学习内容有关的信息<br>②能与同学交流所搜集到有关信息<br>③能用多种方式搜集信息<br>④对搜集到的信息能分类和综合 | |
| | 5. 书本知识运用于实际方面 | 0.1828 | ①能阅读少儿报刊<br>②上课提问和发言中能运用所学词语<br>③能帮助老师布置教室、出黑板报<br>④能制作电子小报 | ①能阅读报刊<br>②能制作电子小报<br>③能在班级活动中提出合理建议<br>④能在各类竞赛中获奖 | |

填表说明:同表 5-1。

另外,请您回答以下两个问题:
(1) 该学生在学习能力方面具有的优势和不足是什么?
(2) 对学生学习能力培养的期望和建议。

2. 供学生自评用的标准（见表10-2）

表10-2 上海市KN小学学生学习能力评价标准表（供学生自评时用）

| 评价对象 | 指标体系 | 权重 | 评定标准 | | 评定等级 |
|---|---|---|---|---|---|
| | | | 等级内容（1～3年级） | 等级内容（4～5年级） | |
| 小学生学习能力 | 1. 发散思维方面 | 0.2335 | ①上课能听懂老师所讲的内容<br>②能按时按量完成作业<br>③能较清楚地回答老师上课的提问<br>④养成一题多解的习惯 | ①上课能理解老师所讲的内容<br>②独立按时按量完成作业<br>③养成一题多解的习惯<br>④积极参加科技小发明活动 | |
| | 2. 知识梳理及整合方面 | 0.2233 | ①课前能预习教材<br>②能记住学到的新知识<br>③课后能及时复习所学内容<br>④阅读书籍后能记笔记 | ①课前能预习教材，注明不懂之处<br>②与已有知识比较记住新知识<br>③能较好把握学习重点<br>④能有效整理一阶段所学的知识 | |
| | 3. 提问、质疑方面 | 0.2054 | ①上课认真听讲<br>②课堂上积极举手发言<br>③没听懂的内容，课后主动问老师<br>④能提出与老师不同的想法 | ①课堂上积极动脑提问<br>②没听懂的内容，课后主动问老师<br>③能提出与老师不同的想法<br>④主动发现和研究问题 | |
| | 4. 书本知识运用于实际方面 | 0.1754 | ①学了书本知识就想运用<br>②能读懂少儿报刊<br>③与他人交流中能自觉运用所学词语<br>④能独立购买学习用品 | ①能阅读报刊<br>②能阅读中外名著<br>③与他人交流中能自觉运用所学词语<br>④能独立购买常用的生活用品 | |
| | 5. 信息搜集、处理方面 | 0.1624 | ①在家看电视新闻<br>②能上网查寻<br>③能与同学交流所搜集到有关信息<br>④对查寻到的信息能有效选择 | ①能主动搜集与学习内容有关的信息<br>②能与同学交流所搜集到有关信息<br>③能用多种方式搜集信息<br>④对搜集到的信息能分类和综合 | |

填表说明：同表5-1。

另外，请您回答以下问题：
（1）你在学习能力方面具有的优势和不足是什么？
（2）你准备采取什么措施提高你的学习能力？
（3）为了提高学习能力，你希望老师和学校提供哪些支持和帮助？

3. 供学生互评用的标准

定量方法处理的评价标准同供学生自评用的标准一样。

另外，请您回答以下问题：
（1）这位同学学习能力方面具有的优势和不足是什么？
（2）请你给这位同学提高学习能力提些建议？

4. 供家长评价用的标准(见表10-3)

表 10-3 上海市 KN 小学学生学习能力评价标准表(供家长评价时用)

| 评价对象 | 指标体系 | 权重 | 评定标准 | | 评定等级 |
|---|---|---|---|---|---|
| | | | 等级内容(1~3年级) | 等级内容(4~5年级) | |
| 小学生学习能力 | 1. 知识梳理及整合方面 | 0.2159 | ①课前预习教材<br>②能记住学到的新知识<br>③课后能及时复习所学内容<br>④阅读书籍后能记笔记 | ①课前预习教材,注明不懂之处<br>②与已有知识比较记住新知识<br>③能较好把握学习重点<br>④能有效整理一阶段所学的知识 | |
| | 2. 发散思维方面 | 0.2064 | ①能按时按量完成作业<br>②及时订正作业<br>③说话具有较好的条理性<br>④养成一题多解的习惯 | ①上课能理解老师所讲的内容<br>②独立按时按量完成作业<br>③养成一题多解的习惯<br>④积极参加科技小发明活动 | |
| | 3. 提问、质疑方面 | 0.2023 | ①上课能听懂老师所讲的内容<br>②阅读课外书籍能主动与家长交流<br>③能发现老师批改作业中的不足之处<br>④能提出与老师不同的想法 | ①阅读课外书籍能主动与家长交流<br>②能发现老师批改作业中的不足之处<br>③能提出与老师不同的想法<br>④主动发现和研究问题 | |
| | 4. 书本知识运用于实际方面 | 0.1902 | ①经常看少儿报刊<br>②与他人交流中能自觉运用所学词语<br>③能独立购买学习用品<br>④能帮助家人解决困难 | ①能阅读报刊<br>②能独立购买常用的生活用品<br>③能在各类竞赛中获奖<br>④能向小区物业提出合理建议 | |
| | 5. 信息搜集、处理方面 | 0.1853 | ①能把自己的读书用品整理好<br>②在家坚持看电视新闻<br>③能上网查寻<br>④对查寻到的信息能有效选择 | ①能熟练查阅新华字典<br>②能熟练查阅英汉辞典<br>③能用多种方式搜集信息<br>④对搜集到的信息能分类和综合 | |

填表说明:同表5-1。

另外,请您回答以下问题:

(1) 你孩子的学习能力哪些方面较强?哪些方面还存在不足?

(2) 你认为如何才能进一步提高你孩子的学习能力?

(3) 为了提高你孩子的学习能力,希望学校和老师提供哪些帮助?

**(三)小学生至大学生学习能力阶梯形评定标准**

我们运用与发展性目标评价模式相配套的方法体系得出了小学生至大学生学习能力评价的五条指标,即信息搜集和处理、发散性思维、书本知识运用于实际方面、知识整理方面、提出问题方面。这五个方面反映了小学生至大学生学习能力的共性方面:信息搜集和处理、知识整理方面两条指标是对学生学习方法方面的要求;指标"书本知识运用于实际方面"是导向学生自觉提高自己的实践能力;发散性思维、提出问题方面两条指标将督促教师对学生创新精神的培养。由此可见，这里所述及的学习能力已包含了创新精神和实践能力的内容。小学生至大学生学习能力的个性要求如何提出，这将直接关系到评价标准的科学性、可操作性和导向性。提出一个阶梯形的评定标准是我们追求的目标，即根据学生的年龄特征、思维特点、学科教学的要求、社会发展对人才规格的需求等，设计制定小学生至大学生学习能力阶梯形评定标准，供教学第一线的教师和领导选择使用。

1. 指标"信息搜集和处理"的阶梯形评定标准

(1) 上课能认真听讲、积极动脑思考；
(2) 能阅读一些课外书籍；
(3) 能做一些读书笔记；
(4) 能熟练查阅新华字典；
(5) 能熟练查阅英汉辞典；
(6) 具有自觉搜集相关学习信息的好习惯，如剪报、摘抄、建立信息文档等；
(7) 能用计算机网络搜集学习信息，并能分类和选择；
(8) 能对搜集到的信息进行归纳并用自己的语言表述；
(9) 能对搜集到的信息进行初步的统计分析并用自己的语言表述；
(10) 能根据具体问题设计调查问卷，进行信息的搜集和处理。

2. 指标"发散性思维"的阶梯形评定标准

(1) 老师布置的"一题多解"作业都能完成；
(2) 上课回答问题思路清晰、开阔；
(3) "一题多解"考试成绩中等以上；
(4) 能不断修正和完善自己的想法；
(5) 能做对难度较大的"一题多解"的题目；
(6) 上课回答问题的内容能让老师"眼睛一亮"；
(7) 提出的问题能让老师感到有新意；
(8) 有自己独特的思想；
(9) 具有较好的分析问题和解决问题的能力；
(10) 能制定和选择较优的学习和研究方案。

3. 指标"书本知识运用于实际方面"的阶梯形评定标准

(1) 经常看少儿报刊；
(2) 上课提问和发言中能自觉运用所学词语；
(3) 能帮助老师布置教室、出黑板报；
(4) 能制作电子小报；
(5) 能阅读报刊；

(6) 能在班级活动中提出合理建议；
(7) 能在各类竞赛中获奖；
(8) 能积极参加科技小发明活动；
(9) 能在报刊上发表论文；
(10) 获得过科技发明专利。

4. 指标"知识整理方面"的阶梯形评定标准
(1) 语文和英语单词默写成绩优良；
(2) 课前预习，划出课本上不懂之处；
(3) 每一节课后复习学过的知识；
(4) 每一单元后能系统复习学过的知识；
(5) 每一学期结束时能有效整理自己的知识；
(6) 语文和英语单词能分类记忆；
(7) 数学公式记忆能考虑到相互之间的推导关系；
(8) 能在老师的指导下画出"知识结构"图；
(9) 能独立画出"知识结构"图；
(10) 在整理学科知识时，能考虑不同学科知识之间的关系。

5. 指标"提出问题方面"的阶梯形评定标准
(1) 课堂上积极举手提问；
(2) 提出的问题具有一定的质量；
(3) 上课有些内容没听清楚，课后主动询问老师；
(4) 阅读课外参考资料时发现不明白的地方，主动问老师；
(5) 课堂上能向老师提出自己不懂或有疑问的问题；
(6) 能发现老师批改的试卷和作业有不足之处；
(7) 在课堂上能积极参与师生、生生间的讨论；
(8) 在课堂上能对教师或有关权威人士的观点提出质疑；
(9) 能在老师的指导下确立研究课题；
(10) 能独立确立研究课题。

上述小学生至大学生学习能力五条指标的阶梯形评定标准，教学第一线的教师和领导可根据具体情况进行选择和补充。一般选择四条作为评定等级标准。

### 三、学生学习能力评价的实施

制定学科教学中学生学习能力评价标准是评价的一项重要准备工作，评价的实施同样也是关键的一环，实施过程的科学性、规范化也是决定学科教学中学生学习能力评价工作真正有效开展的重要因素。

### (一)学科教学中学生学习能力评价的宣传动员

在开展学科教学中学生学习能力评价活动之前,开展一次广泛、深入和细致的宣传教育动员工作十分必要。通过宣传动员,使参与评价的评价者和被评价者充分了解本次评价的意义和目的;了解评价活动的具体安排,以便于配合与协助;激发参与评价的全体人员的热情和积极性,总之是为了使评价活动能顺利实施,加强评价人员间的沟通,统一思想,协调行动。

### (二)学科教学中学生学习能力评价的信息搜集

1. 组织人员配备与培训。一次大规模的评价需要多个评价组织人员的配合,坚持正确的价值观,坚持实事求是的精神,高度的责任感,掌握规范的操作程序是每位组织人员的应有素质。在这次评价中,我们在 KN 小学领导的支持下,对部分班主任进行了短期培训,在明确以上要求后委托班主任负责信息搜集工作。

2. 组织实施。本次评价采用定性和定量相结合的方式,信息来源主要是教师(包括校领导)、学生和家长三个方面。我们随机抽取两个低年级班和两个高年级班,采用上述制定的评价标准分别对这四个班的学生实施学习能力评价,再将其评价结果与学生本学期语文、数学、英语三门课的总分进行统计学分析。

### (三)学科教学中学生学习能力评价的信息处理

1. 学科教学中学生学习能力评价定量数据的处理

首先,对评价信息进行编号,编号方法由年级(小学低年级,小学高年级)、评价主体(教师、学生自我、同学、家长)、学生三个变量决定;然后依次把定量数据输入 Access 2000 数据库,并运用 Access 2000 数据库中的查询功能进行数据的统计工作。具体步骤如下:

第一,统计每条指标各等级(A、B、C、D)的频数(人数);

第二,给各评定等级赋值:A—4 分,B—3 分,C—2 分,D—1 分;

第三,运用公式 7-5,计算每条指标的得分;

第四,运用公式 7-4,计算总得分(保留四位小数)。

2. 学科教学中学生学习能力评价定性信息的处理

沿用定量数据处理时的编号,将所有定性评价的信息输入计算机,对应各问题把输入的信息进行整合,作有条理的表述。

### (四)学科教学中学生学习能力评价的信息反馈

总结评价结果,撰写评价报告,递交给决策者或被评价对象是反馈信息的有效手段,报告包括两个部分:一是评价结果;二是对评价结果的分析,找出其中的问题,提出改进建议。评价报告表如表 10-4。

表 10-4　某学生学习能力评价报告表

| 学生姓名 | | | | | | 评价日期 | | | | | |
|---|---|---|---|---|---|---|---|---|---|---|---|
| ××× | | | | | | 2006.5.8 | | | | | |
| 校领导、教师评价 | | | | | | 学生自评 | | | | | |
| 提问 | 梳理 | 逻辑 | 搜集 | 实际 | 得分 | 提问 | 梳理 | 逻辑 | 搜集 | 实际 | 得分 |
| 3 | 3 | 3 | 3 | 3 | 3 | 3 | 2 | 4 | 2 | 2 | 2.577 |
| 家长评价 | | | | | | 学生互评 | | | | | |
| 提问 | 梳理 | 逻辑 | 搜集 | 实际 | 得分 | 提问 | 梳理 | 逻辑 | 搜集 | 实际 | 得分 |
| 4 | 4 | 2 | 2 | 2 | 2.2211 | 3.8571 | 3 | 3.5714 | 3.4285 | 2.4285 | 3.2248 |

评价结果　总分 2.7657　等级 中

1. 学习能力情况：
   (1) 优势：
   课后能按时复习，有钻研精神，课后提问积极。
   (2) 问题：
   不善于与同学交流，知识的积累工作不充分，学习的主动性不足，课堂发言不够积极。
2. 希望得到的支持和帮助：
   扩展学习内容。
3. 对提高该生学习能力的建议：
   养成良好的学习习惯，多阅读课外书，参加各类活动。

填表人签名：××××
2006 年 5 月 16 日

## 四、学生学习能力与学业成绩的关系

学生学习能力和学业成绩(最近一次较具有权威性的语文、数学、英语三门学科统考成绩的总分)之间是否有关系,存在怎样的关系,下面以 KN 小学学生为样本,分析学习能力和学业成绩之间的关系。①

### (一)相关分析

从表 10-5 来看,学生学习能力与学业成绩的相关系数为 $0.535(P=0.000<0.001***$,拒绝假设),因此,学生学习能力与学业成绩是强正相关的。

表 10-5  相关分析表

| 学习能力 | | 学业成绩 |
|---|---|---|
| | Pearson Correlation | .535 |
| | Sig. (2-tailed) | .000 |
| | N | 137 |

** Correlation is significant at the 0.01 level (2-tailed).

### (二)回归分析

表 10-6 显示回归分析中的系数:常数项等于-0.102,回归系数等于 0.01085,回归系数的标准误等于 0.001,标准化回归系数等于 0.535;回归系数 $t$ 检验的 $t$ 值等于 7.359,$P=0.000***$,可认为回归系数有显著意义。得直线回归方程:$Y=-0.102+0.01085X$。

表 10-6  回归分析表

| Model | | Unstandardized Coefficients | | Standardized Coefficients | $t$ | Sig. |
|---|---|---|---|---|---|---|
| | | B | Std. Error | Beta | | |
| 1 | (Constant) | -.102 | .369 | | -.275 | .783 |
| | ZONGFEN | $1.085E-02$ | .001 | .535 | 7.359 | .000 |

a Dependent Variable: ABILITY

由此可知,学生学习能力与学业成绩之间存在着密不可分的联系,学习能力的高低将直接影响到学习成绩的高低,因此在学科教学中,注重对学生学习能力的培养是至关重要的,单纯的知识教育并不能产生倍增的力量,不能适应社会发展对我们提出的要求,教育要从知识教育过渡到能力教育,使教育本身产生"生产力",而评价正是一个有效的监控手段,能够在培养的过程中通过信息反馈及

---

① 丁敏参加了此次的数据收集和统计。

时调整策略,加快培养学生良好学习能力的步伐。

### 五、学科教学中学生学习能力评价的再评价

具体内容见第六章第三节中的"问卷法案例"。

## 第三节 "情感态度与价值观"达成度评价

学生科学世界观的形成以及良好个性品质的养成与"情感态度与价值观"的达成度有着密切的关系,而良好的学生"情感态度与价值观"有助于促进学生学业成绩的提高。

### 一、学生的"情感态度与价值观"

在学校学习中,"情感态度与价值观"既可同知识和技能一样看做是学习的内容,又反过来构成高效快速学习的一个必要的心理环境条件,它可以帮助学生选择学习目标,增强学习的主动性和积极性,控制和支配学习行为,使他们能以顽强的意志克服困难,在学习过程中获得成功,体验到愉快的情绪。没有良好的"情感态度与价值观",学生是很难收到理想学习效果的,特别是要想在知识的海洋中进一步深造,步入较高的境界,就必须有一个良好的"情感态度与价值观"。那么学生的"情感态度与价值观"到底是什么呢？钟启泉认为,"情感不仅指学习兴趣、学习热情、学习动机,更是指内心体验和心灵世界的丰富"[1];"态度不仅指学习态度、学习责任,更是指乐观的生活态度,求实的科学态度、宽容的人生态度";"价值观不仅强调个人的价值,更强调个人价值和社会价值的统一;不仅强调科学的价值,更强调科学价值与人文价值的统一;不仅强调人类的价值,更强调人类价值与自然价值的统一,从而使学生从内心确立起对真、善、美的价值追求以及人与自然和谐可持续性发展的理念"。赵德成认为"从横向看,这三个要素具有相对的独立性,他们描述了人的情意领域的完整画面;而从纵向上看,这三个要素具有层次递进性,他们构成了一个由低级到高级的情意发展连续体"[2]。我们认为,情感是一种态度,态度也是一种情感的表象,《纲要》中的"情感"和"态度"很难分开陈述,两个内容本身相互融合,不能准确区分。情感和态度均是价值观形成的基础,"情感态度与价值观"应该作为一个整体来衡量。

---

[1][3] 钟启泉,崔允漷,等.为了中华民族的复兴,为了每位学生的发展——基础教育课程改革纲要(试行)解读[M].上海:华东师范大学出版社,2001:276.

[2] 赵德成.新课程实施中的情感、态度与价值观评价[J].课程·教材·教法,2003(9).

## 二、学生"情感态度与价值观"评价标准

以上海市 TL 中学为例,运用发展性目标评价模式及与之相配套的评价方法制定初中学生"情感态度与价值观"评价标准,不同评价主体使用的评价标准分述如下。

### (一) 供学生自评用的标准(见表 10-7)

表 10-7 供学生自评用的初中学生"情感态度与价值观"评价标准表

| 评价对象 | 指标体系 | 权重 | 评定标准 等级内容 | 评定等级 |
|---|---|---|---|---|
| 初中学生情感态度与价值观 | 1. 学习态度方面 | 0.1866 | ①认为到学校学习是有用的<br>②让自己成为社会有用的人而学习<br>③立志为建设好家乡而学习<br>④为使祖国富强而学习 | |
| | 2. 学习兴趣方面 | 0.1854 | ①对一半以上的学科学习感兴趣<br>②对所有学科学习感兴趣<br>③自觉阅读与学科学习相关的课外书籍<br>④自觉探究自己感兴趣的学科内容 | |
| | 4. 钻研探究方面 | 0.1633 | ①自觉确定学习目的<br>②当天的学习任务当天完成<br>③能认真地将知识类书籍从头读到尾<br>④有信心排除学习中出现的各种困难 | |
| | 5. 祖国意识方面 | 0.1575 | ①了解家乡的历史和人文地理<br>②经常收看收听国内时事新闻<br>③为贫困地区建设捐款捐物<br>④为本地区开展的有益活动做过志愿者 | |
| | 3. 国际视野方面 | 0.1556 | ①喜欢学习英语<br>②喜欢学习世界历史和地理知识<br>③能与英语国家人士进行初步交际<br>④经常收看收听国际时事新闻 | |
| | 6. 科学精神方面 | 0.1516 | ①学习上不懂就问,不装懂<br>②不抄袭作业<br>③考试不作弊<br>④实事求是 | |

填表说明:同表 5-1。

另外,请你回答以下问题:

(1) 你在"情感态度与价值观"方面有哪些优势?存在哪些不足?

(2) 你准备采取什么措施提高自己的"情感态度与价值观"?

（3）为提高自己的"情感态度与价值观"，你希望老师和学校提供哪些支持和帮助？

## （二）供教师评价用的标准（见表 10-8）

表 10-8 供教师评价用的初中学生"情感态度与价值观"评价标准表

| 评价对象 | 指标体系 | 权重 | 评定标准 | |
|---|---|---|---|---|
| | | | 等级内容 | 评定等级 |
| 初中学生情感态度与价值观 | 1. 学习态度方面 | 0.1990 | ①上课不迟到<br>②上课认真听讲<br>③按时完成作业<br>④学习主动和认真 | |
| | 2. 学习兴趣方面 | 0.1962 | ①有较强的求知欲<br>②对学科学习有兴趣<br>③主动询问课本知识延伸的问题<br>④自觉探究自己感兴趣的学科内容 | |
| | 3. 科学精神方面 | 0.1666 | ①不抄袭作业<br>②不讲迷信<br>③不搞不正当的人际关系<br>④诚实可信 | |
| | 4. 钻研探究方面 | 0.1583 | ①碰到难题不急躁<br>②学习上有股韧劲<br>③喜欢钻研较难的题目<br>④较好地完成过课题研究 | |
| | 5. 祖国意识方面 | 0.1455 | ①人缘关系较好<br>②有较强的集体荣誉感<br>③为搞好班级或学校管理提过合理建议<br>④为本地区开展的有益活动做过志愿者 | |
| | 6. 国际视野方面 | 0.1344 | ①能上好英语课<br>②能与英语国家人士进行初步交际<br>③世界历史和地理知识考试成绩优良<br>④参加过与国外学校的校际交流活动 | |

填表说明：同表 5-1。

另外，请您回答以下问题：
（1）对该学生"情感态度与价值观"的总体印象怎样？
（2）对提高该学生"情感态度与价值观"的期望和建议是什么？

## （三）供家长评价用的标准（见表 10-9）

在处理上述三个标准搜集到的评价信息时，我们先给四个等级"A、B、C、D"

分别赋予"4,3,2,1"值,然后运用加权平均法和累积分数法算出每个评价主体的评价值,再根据采用对偶比较法确定的学生自我评价、教师评价、家长评价的权重分别为:0.2,0.7,0.1,运用累积分数法算出总得分。

### 三、学生"情感态度与价值观"评价结果与学业成绩关系分析[①]

我们在上海市 TL 中学随机抽取 60 位学生作为评价对象,共发放评价标准表 300 份,回收有效标准表 285 份,回收率为 95%。把教师、学生和家长对学生评价的总得分作为学生"情感态度与价值观"的评价结果,学业成绩选取最近一个学期期末每一位学生的语文、数学、英语、政治和历史学科的考试总分。

表 10-9 供家长评价用的初中学生"情感态度与价值观"评价标准表

| 评价对象 | 指标体系 | 权重 | 评定标准 | |
|---|---|---|---|---|
| | | | 等级内容 | 评定等级 |
| 初中学生情感态度与价值观 | 1. 学习态度方面 | 0.1887 | ①课前预习,课后复习<br>②回家后先完成学习作业<br>③及时订正作业<br>④独立认真完成作业 | |
| | 2. 学习兴趣方面 | 0.1837 | ①喜欢所学科目<br>②不满足于老师布置的作业<br>③阅读课外书籍<br>④兴趣爱好广泛 | |
| | 3. 钻研探究方面 | 0.1646 | ①学习上遇到问题不烦躁<br>②能主动向父母请教学习上的问题<br>③想方设法解决学习上遇到的难题<br>④能独立解决较难的问题 | |
| | 4. 祖国意识方面 | 0.1629 | ①经常看电视新闻<br>②几乎每天阅读报纸<br>③对国内的重大事件有自己的看法<br>④遵纪守法 | |
| | 5. 国际视野方面 | 0.1514 | ①很想到国外旅游<br>②喜欢阅读国际人文知识文献<br>③关注国际大事<br>④对国际时事有自己独到的见解 | |
| | 6. 科学精神方面 | 0.1487 | ①不抄袭作业<br>②不讲迷信<br>③诚实可信<br>④学习踏实努力 | |

填表说明:同表 5-1。

---

[①] 杨虹参加了数据的收集和统计。

另外,请您回答以下问题:

(1) 您的孩子在"情感态度与价值观"有哪些优势?存在哪些不足?

(2) 您认为如何才能培养孩子的"情感态度与价值观"?

(3) 为了培养您孩子的"情感态度与价值观",希望老师和学校提供哪些支持和帮助?

### (一) 相关分析

表 10-10 显示,教师评价、学生自评和家长评价各自的得分以及他们评价的总得分分别与学生学业成绩总分之间存在高度显著相关,说明学生的情感态度与价值观与学业成绩存在正相关的关系,在一定程度上揭示了学生的"知识"与"人格"之间的内在联系。但是,我们应该清醒地认识到学生知识多,不一定人格就好,为此教师在教学过程中要重视学生的情感态度与价值观的培养,通过提升学生的情感态度与价值观水平来促进他们学业成绩的提高,这才是新课程改革的真正目的。

表 10-10　初中学生"情感态度与价值观"评价结果与学业成绩的相关分析表

**Correlations**

| | | 学生自评 | 家长评 | 教师评 | 评价总分 | 学业成绩 |
|---|---|---|---|---|---|---|
| 学生自评 | Pearson Correlation<br>Sig. (2-tailed)<br>N | 1<br>.<br>55 | .821**<br>.000<br>55 | .564**<br>.000<br>55 | .860**<br>.000<br>55 | .647**<br>.000<br>55 |
| 家长评 | Pearson Correlation<br>Sig. (2-tailed)<br>N | .821**<br>.000<br>55 | 1<br>.<br>55 | .503**<br>.000<br>55 | .858**<br>.000<br>55 | .574**<br>.000<br>55 |
| 教师评 | Pearson Correlation<br>Sig. (2-tailed)<br>N | .564**<br>.000<br>55 | .503**<br>.000<br>55 | 1<br>.<br>55 | .862**<br>.000<br>55 | .912**<br>.000<br>55 |
| 评价总分 | Pearson Correlation<br>Sig. (2-tailed)<br>N | .860**<br>.000<br>55 | .858**<br>.000<br>55 | .862**<br>.000<br>55 | 1<br>.<br>55 | .864**<br>.000<br>55 |
| 学业成绩 | Pearson Correlation<br>Sig. (2-tailed)<br>N | .647**<br>.000<br>55 | .574**<br>.000<br>55 | .912**<br>.000<br>55 | .864**<br>.000<br>55 | 1<br>.<br>55 |

\*\*. Correlation is significant at the 0.01 level (2-tailed).

## （二）回归分析

表 10-11　模型摘要表

**Model Summary[b]**

| Model | R | R Square | Adjusted R Square | Std. Error of the Estimate |
|---|---|---|---|---|
| 1 | .864[a] | .746 | .741 | 53.388 |

a. Predictors：(Constant)，评价总分
b. Dependent Variable：学业成绩

表 10-12　回归系数表

**Coefficients[a]**

| Model | | Unstandardized Coefficients | | Standardized Coefficients | t | Sig. |
|---|---|---|---|---|---|---|
| | | B | Std. Error | Beta | | |
| 1 | (Constant) | −94.101 | 42.452 | | −2.217 | .031 |
| | 评价总分 | 175.518 | 14.079 | .864 | 12.466 | .000 |

a. Dependent Variable：学业成绩

表 10-11 显示的"模型摘要"，其中复相关系数（$R$）为 0.864，判定系数（R square，即 $R$ 方）为 0.746，调整判定系数（Adjusted R Square）为 0.741，这三项数据可以说明拟合度较为理想。从表 10-12 可以看到，一元回归方程的回归系数为 175.518，常数项为 −94.101。经过 $t$ 检验，回归系数 $b$ 的 $P$ 值为 0.000，说明"评价总分"对预测方程有显著作用。根据表 10-12 中的数据则可以列出初中学生的"情感态度与价值观"评价总得分与学业成绩的一元线性回归方程：成绩的估计值 = −94.101 + 175.518 × 评价总得分。这个回归方程只是从统计意义上来谈的，得出成绩的估计值仅供参考。

## 【本章小结】

本章较为系统和全面地阐述了学生学习成绩评价，即学生学业成绩评价、学生学习能力评价、学生"情感态度与价值观"评价。学生学业成绩是指在学科学习过程中学生掌握学科知识和技能的程度。对其进行评价，目前学校大都借助考试和测验手段，一般以数字或极简短的文字作符号表示学生的学业成绩。对学生学习能力和"情感态度与价值观"评价，一般根据评价对象及其环境的具体情况，编制评价标准，然后采用观察法，对评价对象做出价值判断，以数字或极简短的文字作符号表示学生学习能力和"情感态度与价值观"发展水平。另外，对

学生学习能力和"情感态度与价值观"评价得分与学生学业成绩关系的统计学分析可知,学生学习能力和"情感态度与价值观"评价得分分别与学生学业成绩呈正相关关系。

**【文献导读】**

1. 李洪玉,何一粟.学习能力发展心理学[M].合肥:安徽教育出版社,2004.

2. 刘晋伦.能力与能力培养[M].济南:山东教育出版社,2001.

3. 蒋建洲.发展性教育评价制度的理论与实践研究[M].长沙:湖南师范大学出版社,2000.

4. 吴钢,丁敏.小学生学习能力发展性评价标准的探析[J].教育科学研究,2007(2).

5. 毕华林.学习能力的实质及其结构构建[J].教育研究,2000(7).

6. 吴钢,杨虹.初中生"情感、态度与价值观"评价探讨[J].教学与管理,2013(9).

**【问题讨论】**

1. 为什么学生的学业成绩不能代表学生的学习成绩?
2. 什么是学生的学习能力?对此你是如何理解和认识的?
3. 请你谈谈学生学习能力评价实践的体会和认识?
4. 你是如何认识学生学习能力与学生学业成绩关系的?
5. 什么是学生的"情感态度与价值观"?对此你是如何理解和认识的?
6. 请你谈谈学生"情感态度与价值观"评价实践的体会和认识?

# 第十一章　学校教育评价系统

**【本章概要】**
　　本章在阐述系统一般原理的基础上，运用系统原理分析了学校教育评价系统，并且较为全面地介绍了学校教育评价系统开发的个案。

**【学习目标】**
　　学习本章后，你应该能够：
　　1. 了解系统的一般原理。
　　2. 理解和认识学校教育评价系统。
　　3. 初步掌握学校教育评价系统开发策略和方法。

　　用系统科学的理论、方法论和方法来研究教育是21世纪教育发展的要求，也是自捷克著名教育家夸美纽斯的《大教学论》问世以来，教育理论的又一次新的革命。要有效地设计和开发学校教育评价系统，首先必须运用系统科学原理对其进行科学的分析，只有弄清了它的环境特征、要素构成和要素之间的相互关系等，才能建立起运行良好的评价系统。

## 第一节　系统概述

　　要揭示系统演化的规律，必须首先要认识什么是系统、系统具有哪些基本特性、系统的结构和环境等。

### 一、系统的概念

#### （一）系统

　　最早提出系统论的贝塔朗菲（L. Bertalanffy）认为：系统是相互联系、相互作用诸元素的综合体。[1] 我们把贝塔朗菲的上述表述加以精确化，就可得到系统的定义[2]：如果对象集 S 满足以下两个条件：

---

　　[1]　L·贝塔朗菲著，秋同等译.一般系统论：基础、发展、应用［M］.北京：社会科学文献出版社，1987：1.
　　[2]　苗东升.系统科学精要［M］.北京：中国人民大学出版社，1998：26.

1. S中至少包含两个不同对象;
2. S中的对象按一定方式相互联系在一起。

则S为一个系统,称S中的对象为系统的元素,其中主要的元素称为要素。

系统无所不在、无时不有。太阳系就是由太阳和行星等按一定运动规律所组成的一个秩序井然的恒星系统;微观领域的分子、原子、原子核,以及人们认为是至小无内、稍纵即逝的基本粒子,其内部也都有相互联系和相互作用的元素;社会本身就是由生产力和生产关系、经济基础和上层建筑按一定结构方式组成的复杂大系统;整个逻辑思维就是由一系列思维形式、思维方式和思维规律所组成的系统;等等。

### (二) 系统的基本特性

由系统的定义不难看出,它具有以下基本特性:

1. 多元性

最小的系统是由两个元素组成,但是,一般系统均由两个以上,甚至是无穷多个元素组成。

2. 相关性

同一系统的不同元素之间按一定的方式相互联系、相互作用,不存在与其他元素无任何联系的孤立元素,也不可能把系统划分为若干彼此孤立的部分。所谓"一定方式的联系",意在要求元素之间的联系有某种确定性,人们能够据以辨认该系统,并将之与其他系统区分开来。

3. 整体性

多元性加上相关性,产生系统的整体性和统一性。凡系统都有整体的形态、结构、边界、特性、行为、功能、空间占有和时间展开等。所谓系统观点,首先是整体观点,强调考察对象的整体性,从整体上认识和处理问题。但是,系统与整体不是一个概念,系统必为整体,整体不一定是系统。

我国古代《申鉴·时事》中曾记载过这样一个故事:某人到林中见别人布了一张捕雀的大网,捕到的雀都是一个鸟头钻进一个网眼。于是,他回家后,用一截截短绳结成许多互不相连的小绳圈,也准备去网雀。有人问他:"这些小绳圈是做什么用的?"他说:"网雀用的。既然一只雀只钻一个网眼,我这种绳岂不比一张大网省事吗?"不言而喻,此人是一只雀也不会网到的。因为网中的每个网眼并非孤立存在,而是被相互制约地联结在一起,所以网才具有单个网眼所没有的捕雀功能。

### (三) 系统的结构和功能

结构是元素之间相对稳定的、有一定规则的联系方式的总和。结构不能离开元素而单独存在,只有通过元素间相互作用才能体现其客观实在性。在元素众多、结构复杂的系统中,元素之间往往有一种成团现象,这部分元素按某种方式更紧密地联系在一起,具有相对独立性,有自己的整体特性。不同集团的元素之间往往不是直接相互联系,而是通过所属集团联系在一起。这类集团被称为子系统,其定义为:如果它同时满足下列条件,$S_i$ 被称为 $S$ 的一个子系统:

1. $S_i$ 是 $S$ 的一部分,即 $S_i \subset S$;
2. $S_i$ 本身是一个系统。

划分子系统,确定子系统之间的关联方式,是刻画系统结构的重要方法。设系统 $S$ 被划分为 $n$ 个子系统 $S_1, S_2, \cdots, S_n$。正确的划分应满足以下要求:

第一,完备性:$S = S_1 \cup S_2 \cup \cdots \cup S_n$; (11-1)

第二,独立性:$S_i \cap S_j = \Phi(空集), i \neq j$。 (11-2)

在公式 11-1 和公式 11-2 中,完备性和独立性要求是针对按同一标准划分出来的子系统讲的。相对于 $S_i$ 来说,$S$ 可称为母系统。一个系统是否需要划分子系统,主要不在于元素多少,而在于元素种类的多少(元素差异的大小)和联系方式的复杂性。

每个具体的系统都可以看作是从普遍联系的客观事物中相对地划分出来的,与外部事物有千丝万缕的联系,有元素或子系统与外部的直接联系,更有系统作为整体与外部的联系。广义地讲,一个系统之外的一切事物或系统的总和,称为该系统的环境。狭义地讲,一个系统之外的、与该系统有不可忽略联系的事物之总和,称为该系统的环境。系统与环境相互作用、相互联系是通过交换物质、能量、信息实现的。系统能够与环境进行交换的特性,叫做开放性;系统自身抵制与环境交换的特性,称为封闭性。

一个系统可以从外部探知的一切变化,均称为它的行为(子系统的行为包括它相对于母系统做出的变化),它是刻画系统与环境相互关系的概念。系统行为所引起环境中某些事物的有益变化,称为系统的功能。一种流行观点认为,结构与功能有对应关系,结构决定功能。这是一种简化提法,容易引起误解。系统功能的发挥不仅与它的结构有关,而且还与它的元素和环境有关,譬如,元素性能太差,无论结构如何优化,系统的功能也得不到很好地发挥;同一系统对不同功能对象可能提供不同的功能服务或者系统运行的条件、气氛等的不同,可能对系统发挥功能产生有利或不利的影响。

大家还记得田忌赛马的故事吧!说的是战国时代齐威王与大臣田忌经常赛马,比赛时,二人各出上、中、下三马,以上马对上马,中马对中马,下马对下马。因为齐威王每个等级的马都比田忌的强,所以田忌屡屡败北。后来,军事家孙膑给田忌出了个注意,让他以下马对齐威王的上马,再以上马对齐威王的中马,最后以中马对齐威王的下马,结果田忌一负二胜,反操胜券。这一胜负结果,就是由于出场顺序(即结构方式)的不同造成的。

## 二、系统理论

系统的运行是有一定规律的,我们在实际工作中必须遵循这种规律,不然就要受到各种惩罚和挫折。系统理论就是揭示系统运行规律的理论。

### (一) 四对范畴

1. 系统的有序和无序

一般认为有序胜于无序,高级有序优于低级有序。但这些概念远比人们的直观理解要复杂得多,科学至今无法给有序和无序以精确而普适的定义。在这里采用不太严格的通俗说法,把有序理解为事物之间规则的相互联系;把无序理解为不规则的相互联系。纯粹的有序或无序只是理论抽象,真实系统的有序和无序是相对的,如成熟的法制社会也免不了有违法现象等。相反,杂乱无章的堆积物也有某种规则联系,如随机运动存在统计确定性等。有序与无序是对立统一的。系统的有序性是在其形成过程中通过对组分(元素、子系统)的整合建立起来的。诸多事物能够被整合成为一个系统整体,必有互补互利、合作共生的需要和可能,这是产生有序的基础。既为差异物,必定在资源占有上有相互妨碍、竞争排斥的一面,这是产生无序的根源。但是,合作互补可能导致相互依赖,诱发惰性,产生无序性;竞争互碍可能激发主动性、进取性,形成有序性。

2. 系统的静态和动态

系统存续运行中表现出来的状况或态势,如国家的经济状况等,称为系统的状态。这种状态可以用一组称为状态量的参量来表征。如社会经济系统的运行状况用国民经济总产值、国民平均收入、价格比等参量来表征。由于状态量可以取不同的数值,允许在一定范围内变化,故称为状态变量。状态量不随时间而改变的系统状态,称为静态,该系统为静态系统;状态量随时间而改变的系统状态,称为动态,该系统是动态系统。一切实际存在的系统原则上都是动态系统,从适当的时间尺度去观察都可以看到它们的动态特征。静态系统只不过是动态系统的运行过程短暂到可以忽略的极限情况而已。

3. 系统的线性和非线性

因变量与自变量成比例地变化,即变化过程中二者的比值不变,称为线性关系。否则,称为非线性关系。能够用线性数学模型(如线性代数方程、微分方程、差分方程等)描述的系统,称为线性系统。非线性数学模型描述的系统,称为非线性系统。几百年来,科学研究的主要对象是线性系统。依据这些成果,系统科学建立了十分完整而成熟的线性系统理论,获得广泛应用。但现代科学正在转向以非线性系统为主要对象,未来的科学本质上是非线性科学。这种发展趋势要求系统科学提供一套完整而有效的非线性系统理论。描述和处理非线性系统的理论和方法应是系统科学的主体。但是,线性理论的结论和方法对于解决非线性问题有重要应用,它不仅是非线性理论必要的基础性知识准备,而且非线性问题的本质常常要在同线性关系的比较中才能得到深刻理解。

4. 系统的自组织和他组织

组织包括自组织和他组织。组织力来自系统内部的是自组织;组织力来自系统外部的是他组织。自组织有四种形式:一是在没有特定外力干预下系统从无到有的自我创造、自我产生和自我形成的自创生;二是解决从差到好的自我发育、自我完善和自我成熟的自生长;三是系统对环境的适应是靠自己的力量建立和维持的自适应;四是系统在没有特定外作用下产生与自身结构相同的子代的自复制。他组织有三种类型:一是指令式。他组织力是强制性的,系统运行的一切步骤、细节均为外部组织力的严格规定,如行政系统上级对下级的命令等。二是诱导式。组织力不是强制性的,而是指导(或引导,或诱导)式的,如启发式教育等。三是限定边界条件式。不允许系统运行超出设定的边界,只要在边界范围内,系统完全是自治的,如政府通过企业法、劳动法等对企业的规范等。

(二)三条原理

具体内容见第七章第一节中的"系统分析法"。

## 第二节 学校教育评价系统分析

所谓学校教育评价系统,就是学校办学水平的自我评价体系以及学校干部、教师、员工和学生评价以及反馈、咨询和决策机制的有机结合体。目前,我国学校教育系统的环境是一种以市场需求为导向的动态环境。学校要在竞争中站稳市场,立于不败之地,就必须增强自身的实力和竞争力。首先,学校除了加大财力、物力投入外,还必须积极引进优秀干部和优秀教师等;其次,加强对学校的科学管理,充分运用教育评价手段,把形成性评价和总结性评价有机结合起来,对学生的学习和干部、教师、员工的工作实施发展性评价,以寻找他们学习和工作中存在的问题,及时加以解决,提高学习和工作的效率,并在此基础上,对他们一个阶段的学习和工作进行有说服力的鉴定;最后,根据评价结果,对各种系列人员进行反馈和咨询工作以及各种奖励或惩罚,使学校全体成员的学习或工作既有互帮互学的良好氛围,又有一种压力或动力,努力把自己的学习和各项工作做好。因此,建立和完善学校教育评价系统是一项紧迫和重要的任务。

### 一、学校教育系统

所谓学校教育系统,是指学校中的学生、教师、干部、员工以及物、财、信息等相互联系、相互依赖和相互作用结合而成的具有教育功能的有机整体。它是一个较为复杂的系统,其内部结构具有多层次性,即有校领导层、职能部门领导层和教研组基层等;多职能性,即有校长室、教导处、总务处、共青团、少先队、学生会、教育工会等;多系列性,即有干部系列、教师系列、职工系列和学生系列等。每一个职能部门或班级可视为学校教育系统的子系统,这些子系统通过人流、物流、财流和信息流等相互联系、相互制约和相互作用,为实现学校的培养目标,而努力做好学生思想品德教育、教学、体育卫生和后勤工作等。

从学校教育管理的角度来看,学校教育系统由决策中心、执行机构和监控部门等构成。决策中心是由学校校长等组成,其具体职能是:制订学校发展规划和工作计划,决策学校人、财、物等调配的重大问题,听取和分析监控部门反馈的各种信息,修订规划或计划,调控全校工作;执行机构是指学校的职能部门,其职责是根据决策中心的决策,做好本职工作;监控部门有待于进一步完善和科学化处理,目前由于学校党组织起监督保证作用,故此部门由党组织主持,其任务有对学校各类人员的工作和学校整体工作等进行评价以及对毕业生进行追踪调查,把有关信息反馈给决策中心,供决策时参考,并且对决策中心的工作进行监督。

## 二、学校教育的系统原理

### (一)学校教育系统的整体原理

学校教育系统的整体原理是指学校教育系统的整体功能,等于各孤立部分功能的总和加上各部分相互联系形成结构产生的功能。这条原理对于教育实践有重大指导意义,如我们要进行学校教育改革,必须着眼于学校整体,使内部要素之间相互联系形成的结构更加合理和科学,由此产生最大的功能。

### (二)学校教育系统的反馈原理

学校教育系统的反馈原理是指学校要施行科学的和切实有效的管理,必须要有信息反馈通道,与决策中心或有关管理部门形成一个闭合回路。没有反馈信息的非闭合回路,不可能对学校的各项工作实现科学管理和有效控制。根据这一原理,学校要对各项工作实现科学管理和有效控制,必须建立学校管理信息系统。所谓学校管理信息系统,就是在充分运用数据库技术和管理数学模型的基础上,对影响学校发展的环境变化信息和学校系统内部的运行信息进行搜集、整理、处理、分析和存贮的信息系统,目的是为决策者提供决策信息。它主要由以下五个子系统构成:一是环境子系统。该子系统主要包含的信息是社会发展对学生素质要求的变化情况和毕业生在就读学校、工作单位等的表现和变动情况等,这是一个要立足于市场的学校,必须要十分了解和认真分析的信息。

二是教育子系统。它主要包含培养目标的确定、课程的设置以及教育过程管理等的信息。这是科学管理学校的基本信息。三是学校教育评价子系统。它是以学生评价为基础,从办学水平的自我评价信息,到学校全体成员学习和工作评价的信息系统。这是学校运行的监控信息系统。四是人事子系统。它包含学校全体成员基本情况及其变化的信息,是学校的人力资源信息库。五是财物子系统。它主要包含学校财物及其变化的信息,是学校财物资源信息系统。有了这种管理信息系统,决策者就能全面掌握学校教育系统运行和发展中的各种有效信息,能及时诊断和发现学校工作中的各种问题,作出正确决策。

### (三)学校教育系统的有序原理

学校教育系统的有序原理是指只有当学校教育系统是开放的、远离平衡的和内部存在非线性的相互作用(或协同合作)时,通过涨落放大才有可能形成有序结构,或从低级有序到高级有序。

## 三、学校教育评价系统分析

### (一)学校教育评价系统的要素分析

学校教育评价系统是由评价对象(即学校教育)、评价标准(包括试卷)、评价主体(即学生、教师和家长)、计算机软件(便于搜集和处理评价信息)等要素所组成,其中学校教育包含诸多元素,比如培养目标、课堂教学、班主任工作、教育科学研究、管理水平、学生综合素质等,这里主要指课堂教学、班主任工作、教育科学研究工作等要素。由于第九章已对这些要素进行了分析,在此不再赘述。

### (二)学校教育评价系统的结构

一般地,学校教育评价系统是由教师课堂教学评价子系统、班主任工作评价子系统、教育科研评价子系统、管理干部工作评价子系统、员工工作评价子系统、学生综合素质评价子系统、办学水平自我评价子系统等组成。每个子系统内部结构如图9-1,只不过模块和内容有所不同,譬如,管理干部工作评价子系统中的过程评价模块应为自我评价、同行评价、教师评价、学生评价;效果评价内容是学校教育质量的提高程度。学校教育评价系统结构如图11-1所示,其建立和运作的根本目的是提高学校教育质量,换言之,上述七个评价子系统均围绕学校教育质量运行。同样,学校教育评价系统的运作有两种方式:一是教师自行组织的评价。这种评价是由"教师自我评价"演变而来的,教师自我评价就是教师自己对自己的评价,其评价主体和评价客体均是教师本人,显然是单一的评价主体,而教师自行组织的评价的价值主体是教师本人,而评价主体可以是教师本人、其他教师和学生等,它是一种评价主体多元化的评价活动,从这个意义上说,"教师自行组织的评价"要优于"教师自我评价"。二是学校制度规定的评价。这种评价也已在第九章做了阐述,在此不再赘述。

学校教育评价系统中的七个子系统有如下关系:一是它们有"提高学校教育质量"的共同目标;二是教师课堂教学评价子系统处于核心位置,促使教师实现"三维教学目标";三是班主任工作、管理干部工作和员工工作三个子系统主要服务于学生和教师,使教师课堂教学评价子系统发挥最大功能,与此同时,还倡导全员育人的理念,导向教职工对学生思想品德施加影响;四是教育科研评价子系统旨在提高学校教职工队伍的质量,使他们用理性思维和科学态度做好自己工作;五是学生综合素质评价和办学水平自我评价两个子系统在一定程度上能验证其他五个评价子系统的评价结果,向学校全体成员反馈他们教育、管理或学习行为的效果,以有效加以调整。

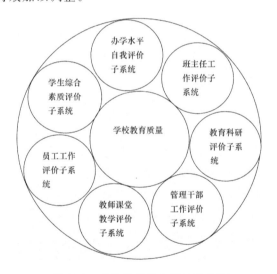

图 11-1 学校教育评价系统结构图

### (三)学校教育评价系统的功能

1. 有效发挥评价系统功能的基本条件

学校教育系统的有序原理揭示了一个系统从混沌到有序的机理,如果用这种理论指导学校教育评价系统的建立和运行,那么教育评价系统就可能有序运行,发挥出最大作用。要做到这一点,我们必须做好以下四个方面的工作[①]:(1)学校教育评价标准的制定要符合社会发展的要求和本校的实际情况,在开放和运行中保持这个标准科学、客观和有效;(2)严格控制教育评价程序,尽可能地减小生理和心理因素造成评价者的主观随意性,确保评价结果科学、客观和有效;(3)要建立领导干部、教职工和学生之间全方位的信息沟通网络,以致教育评价者、教育评价标准和教育评价程序等均能得到学校广大教职员工和学生的监督;(4)建立科学的和切实可行的奖惩制度,把工作绩效与个人利益挂钩,充分调动学校全体成员学习和工作的积极性和创造性,全面推动学校的各项工作。

2. 学校教育评价系统的功能

(1) 学校全体成员能有效认识自己行为的效果

教师课堂教学评价、班主任工作评价、管理干部工作评价、员工工作评价和教育科研评价五个子系统能使教师、干部和员工较为全面地了解和认识自己的教育、管理或科研情况,以有效地进行反思,调整工作策略,提高工作效率;学生综合素质评价子系统不仅能使教师、干部和员工了解自己的工作绩效,而且也能让学生知道自己学得怎样,需要在哪些方面进行改进;办学水平自我评价子系统能使学校领导者获得决策实施后的反馈信息,验证决策的正确性,提高决策质量。

(2) 科学调节学校全体成员之间的合作和竞争

学校教育评价系统中的七个子系统均发挥着各自不同的作用,导向着学校全体成员在各自的岗位上充分发挥自己的潜能,做好本职工作,以实现学校教育的最终目标:提高教育质量。教师课堂教学评价子系统直接指向提高学生教育质量;班主任工作评价子系统主要为教师课堂教学服务;管理干部工作评价子系统主要协调各方成员和资源发挥最大功效;员工工作评价子系统主要导向员工做好直接的后勤保障服务工作;教育科研评价子系统将导向学校全体成员科学和有效地进行教育、管理和服务活动;学生综合素质评价子系统主要鉴定学校各方成员学习和工作的效果;办学水平自我评价子系统将为学校领导正确决策服务。

(3) 能深入对学校整体运行状况的研究与分析

七个评价子系统的正常运作将会得到学校成员工作和学习的信息,长此以往,当这些信息积累到一定程度,对它们做更系统和全面的分析,就能得到更加科学、客观和有说服力的评价结果,并且还能探索评价子系统之间和谐运作的规律,使得各子系统朝着"提高教育质量"的最终目标协调运行,不仅发挥着自己应

---

① 吴钢.用自组织理论指导学校教育评价系统的运作[J].上海师范大学学报哲学、教育、社会科学版,1999(5).

有的功能,而且各系统协同合作所产生的功能达到最大,以求得整个学校教育评价系统的最大功能。

## 第三节 学校教育评价系统开发

根据上述分析,学校教育评价系统包括教师工作评价、干部工作评价、员工工作评价、学生综合素质评价、学校办学水平自我评价、咨询和决策机制、评价系统计算机操作平台等。下面对这些内容分述如下。

### 一、教师工作评价

这是学校教育评价系统的重要内容,具体设计和操作过程见第九章。

### 二、干部工作评价[①]

学校干部的工作对于办好一所学校起着举足轻重的作用,这是因为他们是学校工作的计划者、组织者、协调者和指挥者,同时,他们又是学校全体教职员工在教育和管理活动中的带头人,其平时的一言一行、一举一动影响着广大师生员工的思想和工作积极性。另外,他们也是上级教育行政部门领导和学校群众之间的联系人,因此,对学校干部工作实施监控,督促他们努力工作是非常必要的。在此给读者介绍上海 GS 学校的《中层干部工作评价方案》,其中部分内容作者根据现实情况作了修改。

(一)期限

本方案实施时间从 1998 年 9 月 1 日起至 1999 年 7 月 15 日止。

(二)评价目的

通过实施《中层干部工作评价方案》,调动全体中层干部献身学校改革和发展的积极性,造就一支有高度责任感和事业心、有创新精神和工作实绩,既关心群众,又保持廉洁的干部队伍,为创建名牌学校奠定可靠的组织基础。

(三)评价对象

学校在职的各科、室、教学部的科长、主任、副科长、副主任、科长助理、主任助理和各经济实体法人代表的工作。

---

① 吴钢.公共事业评价[M].上海:上海教育出版社,2003:210-213.

## （四）评价标准

1. 制定中层干部工作评价标准的依据

（1）中层干部工作目标

（2）上级教育行政部门颁布的中专教育评价有关条例

（3）有关的科学理论

（4）中层干部工作已积累的经验

（5）评价对象和条件

2. 评价标准编制的背景描述

（1）关于指标体系的设计

在现代教育评价理论的指导下，根据现代教育思想和上级领导关于加强素质教育的精神，为使中层干部工作评价更具有权威性，学校成立了由校党政领导、教育评价科和相关部门人员组成考核班子，根据编制评价标准的依据和设计指标体系的原则等，提出初拟指标体系，再经过筛选或修订，最后确定了中层干部工作评价指标体系，同时，考虑到经济实体法人代表工作的特殊性，专门制定了经济实体法人代表工作评价指标体系。

（2）关于指标权重的计算

采用定量统计法和对偶比较法算得。

（3）关于评定标准类型选择的说明

根据实践经验，选择评定等级标准较为合适。

（4）指标体系、权重和评定标准

① 中层干部工作评价标准（见表 11-1）。

表 11-1 中层干部工作评价标准表

| 指标体系 | 权重 | 评定标准 | | | | |
|---|---|---|---|---|---|---|
| 1. 工作的事业心和责任感方面 | 0.1144 | 优秀 | 良好 | 中等 | 及格 | 不及格 |
| 2. 抵制不正之风方面 | 0.1087 | 优秀 | 良好 | 中等 | 及格 | 不及格 |
| 3. 工作思路方面 | 0.1060 | 优秀 | 良好 | 中等 | 及格 | 不及格 |
| 4. 带头执行规章制度方面 | 0.1014 | 优秀 | 良好 | 中等 | 及格 | 不及格 |
| 5. 学校下达的重要任务完成情况 | 0.1014 | 优秀 | 良好 | 中等 | 及格 | 不及格 |
| 6. 独立发现和解决问题的能力方面 | 0.1004 | 优秀 | 良好 | 中等 | 及格 | 不及格 |
| 7. 办事公正方面 | 0.0961 | 优秀 | 良好 | 中等 | 及格 | 不及格 |
| 8. 调动下属积极性方面 | 0.0953 | 优秀 | 良好 | 中等 | 及格 | 不及格 |
| 9. 为教师和学生服务的精神 | 0.0936 | 优秀 | 良好 | 中等 | 及格 | 不及格 |
| 10. 工作的创造性方面 | 0.0827 | 优秀 | 良好 | 中等 | 及格 | 不及格 |

注：对指标体系和评定标准的说明：略。

② 经济实体法人代表工作评价标准(见表11-2)。

**(五) 组织实施**

1. 中层干部工作评价由校党政成立专门考核班子,具体工作由学校党委组织部门和教育评价科负责实施

2. 评价过程中的有关纪律规定：略

**(六) 评价方法**

1. 评价信息的来源

(1) 被评干部所在部门和相关服务部门的一般群众至少15人,名单由考核班子随机抽样确定,每学期第十八周之前填写表11-1和表11-2;

(2) 中层干部相互评价,参加总人数至少15人,每学期第十八周之前填写表11-1和表11-2;

(3) 职代会主席团成员评价,每学期第十八周之前填写表11-1和表11-2;

(4) 组织部门评价,每学期第十八周之前填写表11-1和表11-2;

(5) 校长、分管副校长和其他校领导成员评价,每学期第十八周之前填写表11-1和表11-2;

表11-2　经济实体法人代表工作评价标准表

| 指标体系 | 权重 | 评定标准 | | | | |
|---|---|---|---|---|---|---|
| 1. 学校下达的经济指标完成情况 | 0.1791 | 优秀 | 良好 | 中等 | 及格 | 不及格 |
| 2. 做好学校资产的保值和增值方面 | 0.1625 | 优秀 | 良好 | 中等 | 及格 | 不及格 |
| 3. 工作思路方面 | 0.1570 | 优秀 | 良好 | 中等 | 及格 | 不及格 |
| 4. 规范操作和遵守国家财税法规方面 | 0.1295 | 优秀 | 良好 | 中等 | 及格 | 不及格 |
| 5. 清正廉洁方面 | 0.1102 | 优秀 | 良好 | 中等 | 及格 | 不及格 |
| 6. 关心群众思想和生活方面 | 0.1019 | 优秀 | 良好 | 中等 | 及格 | 不及格 |
| 7. 办事公正方面 | 0.0826 | 优秀 | 良好 | 中等 | 及格 | 不及格 |
| 8. 配合学校教学工作方面 | 0.0772 | 优秀 | 良好 | 中等 | 及格 | 不及格 |

注：对指标体系和评定标准的说明：略。

(6) 中层干部工作评价信息源的权重分配表(见表11-3)。

表11-3　中层干部工作评价信息源的权重分配表

| 群众 | 同行 | 职代会、组织部门 | 分管副校长 | 校长 | 其他校领导 |
|---|---|---|---|---|---|
| 0.10 | 0.15 | 0.20 | 0.20 | 0.20 | 0.15 |

2. 评价信息的处理

(1) 采用累积分数法,运用计算机对中层干部工作评价信息进行统计处理;

(2) 按总得分的高低排出名次。输出形式从高分到低分排列，按编号对应出中层干部姓名；

(3) 评价结果的处理。

根据总得分排出名次，将中层干部工作评价结果分为 A、B、C 三个等级：

A 级为优秀，B 级为合格，C 级为不合格。A 级干部占全校干部总数的 40%，C 级干部占全校干部总数的 2%～5%，其余均为 B 级。

### （七）评价报告呈送期限

1. 初评报告呈送时间：1999 年 1 月 28 日；
2. 复评报告呈送时间：1999 年 7 月 15 日。

### （八）评价报告接受者

校领导班子成员各一份，校职代会主席团成员各一份。

## 三、员工工作评价[①]

员工是学校中的一员，他们的工作对于学校教育活动的正常进行也是非常重要的，因此，我们也要加强对学校员工工作评价。在此给读者介绍上海 GS 学校的《员工工作评价方案》，其中部分内容作者根据现实情况作了修改。

### （一）期限

本方案实施时间从 1998 年 9 月 1 日起至 1999 年 7 月 15 日止。

### （二）评价目的

通过实施《员工工作评价方案》，充分体现优者优酬、劣者淘汰的原则，调动全体员工的积极性，训练一支富有工作效率，遵守劳动纪律，讲求团结协作，适应学校改革和发展需要的合格员工队伍。

### （三）评价对象

学校在职的行政科室人员、教辅人员、后勤人员和经济实体人员的工作。

### （四）评价标准

除了员工工作评价指标体系、权重和评定标准外，制订员工工作评价标准的依据和评价标准编制的背景，描述两部分的具体内容类似于在《中层干部工作评价方案》中论述的相应内容，在此就不再赘述。

### （五）组织实施

1. 员工工作评价由学校成立专门考核班子，具体工作由学校人事科和教育

---

[①] 吴钢. 公共事业评价[M]. 上海：上海教育出版社，2003：213-215.

评价科负责实施

2. 评价过程中的有关纪律规定：略

### (六) 评价方法

1. 评价信息的来源

(1) 被评人员在本部门和相关服务部门的群众人数至少 10 人，名单由考核班子随机抽样确定，每学期第十八周之前填写表 11-4；

(2) 分管副校长、主管科长、科长助理和分管班组长每学期第十八周之前填写表 11-4；

(3) 人事部门、校工会委员会每学期第十八周之前填写表 11-4；

(4) 员工工作评价信息源的权重分配表(见表 11-5)。

表 11-4　员工工作评价标准表

| 指标体系 | 权重 | 评定标准 | | | | |
|---|---|---|---|---|---|---|
| 1. 工作效率方面 | 0.1126 | 优秀 | 良好 | 中等 | 及格 | 不及格 |
| 2. 遵守上、下班制度和坚守岗位方面 | 0.1077 | 优秀 | 良好 | 中等 | 及格 | 不及格 |
| 3. 完成上级领导交给的各项任务方面 | 0.1045 | 优秀 | 良好 | 中等 | 及格 | 不及格 |
| 4. 工作相互配合和协作方面 | 0.1038 | 优秀 | 良好 | 中等 | 及格 | 不及格 |
| 5. 工作事故发生方面 | 0.1014 | 优秀 | 良好 | 中等 | 及格 | 不及格 |
| 6. 不侵占学校公物方面 | 0.1014 | 优秀 | 良好 | 中等 | 及格 | 不及格 |
| 7. 遵守道德规范方面 | 0.0965 | 优秀 | 良好 | 中等 | 及格 | 不及格 |
| 8. 为教师和学生服务方面 | 0.0958 | 优秀 | 良好 | 中等 | 及格 | 不及格 |
| 9. 勤俭办事方面 | 0.0949 | 优秀 | 良好 | 中等 | 及格 | 不及格 |
| 10. 工作场所清洁卫生方面 | 0.0814 | 优秀 | 良好 | 中等 | 及格 | 不及格 |

注：对指标体系和评定标准的说明：略。

表 11-5　员工工作评价信息源的权重分配表

| 本部门和服务部门群众 | 分管组长 | 主管科长 | 人事部门和工会委员会 | 分管副校长 |
|---|---|---|---|---|
| 0.25 | 0.15 | 0.25 | 0.10 | 0.25 |

2. 评价信息的处理

(1) 采用加权平均法和累积分数法，运用计算机对员工工作评价信息进行统计处理；

(2) 按总得分的高低排出名次。输出形式从高分到低分排列，按编号对应出中层干部姓名。

以下的评价结果处理、评价报告呈送期限和评价报告接受者三部分内容类似于在《中层干部工作评价方案》中论述的相应内容,在此就不再赘述。

### 四、学生综合素质评价

在此给读者介绍幼儿发展状况评价标准和实施说明。[①]

#### (一) 制定评价标准的依据

1. 幼儿教育目标

1996 年,国家教委颁布的《幼儿园工作规程》明确规定了幼儿园保育和教育的主要目标;2001 年,教育部颁布的《幼儿园教育指导纲要(试行)》指出了健康、语言、社会、科学、艺术等五个领域的教育目标;1999 年上海市教委颁布的《上海市学前教育纲要》的第二部分明确地阐述了教育目标;2004 年上海市教委发布了《上海市学前教育课程指南(试行稿)》,它规定了课程六个方面的具体目标。

从上述四个文件的明文规定来看,归纳起来,幼儿园教育目标的主要内容是:一是促进幼儿身体正常发育,激发参加体育活动的兴趣,在走、跑、跳、爬、钻、投掷、平衡、攀登等活动中,增强动作的协调性、灵敏性与耐力;培养良好的睡眠、排泄、盥洗、饮食等生活卫生习惯,接触衣、食、住、行等基本物品,学会合理利用,形成基本的生活自理能力;传授安全保健常识,使幼儿了解身体器官,学会关心与保护自己身体,能配合疾病的预防和治疗。二是发展幼儿智力,培养幼儿乐观与人交谈;注意倾听对方讲话,能听懂和会说普通话,理解日常用语,并能清楚地说出自己想说的事;喜欢听故事、看图书。能从生活和游戏学习中逐步形成数、形、时空等概念,会进行简单的分类、排序、测量、比较、推理等智力活动;爱护动植物,接触水、土、沙、石、木等自然物质,观察感受风、雨、雷、雪、电等自然现象,了解它们与人们生活的关系,有初步的环保意识。接触不同职业的人,了解他们的职业与自己生活的关系,尊重他们的劳动;了解不同地域、不同种族的人以及他们的风俗和文化;熟悉生活中常见的符号、标志、文字等,基本理解它们所表达的意思。初步了解人类取得的科学成果,尝试用简单的科学方法探究问题,喜欢动手操作与实验,并能用适当的方式表达、交流探索的过程和结果。三是能主动参加各类游戏,爱护玩具和用具,能共同使用和参与整理;在集体生活中情绪安定和愉快,爱老师和同伴,乐意与人交往,学习互助、合作和分享,有同情心;理解并遵守日常生活中基本的社会行为规则;能努力做好力所能及的事,不怕困难,有初步的责任感;乐于参加参观、游览、远足等活动,了解周围自然、文化景观和

---

[①] 吴钢. 对幼儿发展状况评价标准的探讨[J]. 幼儿教育(教育科学校),2012(6).

设施,爱父母长辈、爱家乡、爱祖国。四是培养幼儿能留意和感受生活中的声、形、色及音乐、舞蹈、美术作品中的美;在唱歌、舞蹈、演奏、绘画、制作、构造、戏剧表演、角色游戏等活动中,自然地表达自己的情感;自主地选择各种材料、器具和多种形式进行表达和创造。

2. 有关的各种制度

《幼儿园工作规程》对幼儿园工作人员的任职资格、职责和教育活动等均做了明确的规定;《幼儿园教育指导纲要(试行)》和《上海市学前教育纲要》具体规定了教育活动的组织、实施和评价等。它们既是幼儿教育工作的行动指南,又是衡量幼儿教育质量高低的重要标准之一,所以在制定评价标准时要以此作为依据。

3. 相关的科学理论

由文献研究可以得到两大方面的研究结论。一是评价理念:第一,我国幼儿园幼儿发展状况评价的理念受西方先进教育理念和文化思潮的影响较大,具体说来,发展适宜性教育和后现代主义思潮对我国的影响主要体现在树立以幼儿发展为本的评价观,注重差异性评价;构建多样化与个性化相统一的评价内容;采用个体化的评价标准;倡导以观察和描述为基础的评价方法等。第二,加德纳(H. Gardner)的多元智能理论是目前我国在幼儿发展状况评价中运用最广的理论基础。其评价观认为,人的智能是多元的,每个正常人至少都拥有八种程度不同、且相对独立的智能;评价要帮助识别幼儿的智能强项和弱项,进而在充分肯定其智能强项的基础上,采取有效的补救措施,扬长补短,达到促进幼儿发展的目的。第三,注重主体性评价观的建构主义对我国幼儿发展状况评价的影响。它强调学生的积极参与,以学生自我教育和评价为核心,具有民主性、形成性、开放性和多元性的特点。第四,幼儿发展状况评价从注重结果评价渐渐转向注重过程评价,从关注定量评价到关注定性评价,再到定量与定性相结合。二是评价内容:第一,从注重知识技能方面到重视幼儿发展的其他方面(如积极尝试、独立自信、主动探索的精神,大胆交往和自我表达的能力,爱惜物品、关心他人的情感等)。第二,在幼儿认知和语言的评价内容上,从观察力、注意力、想象力、记忆力、思维力等维度评估幼儿的智力。第三,有关幼儿情绪、社会适应能力、日常行为习惯等方面的评价,傅宏提出了幼儿情绪性思维惯性评价量表、幼儿社会适应能力状况评价量表和幼儿日常行为习惯评价量表。

4. 幼儿发展状况评价实践中积累的经验

这些经验主要通过访谈和问卷调查上海14个区49所幼儿园的园长、教师和家长获得。由于篇幅所限,在此只阐述访谈教师的信息。访谈问题有:第一,在幼儿园里,您心目中的好孩子主要表现在哪些方面?第二,幼儿品德主要表现在哪些方面?第三,在幼儿园里,您认为幼儿学习活动主要有哪些?他们的学习成绩如何评价?第四,在小、中、大班阶段,对幼儿的运动技能有何要求?第五,从小班到大班,幼儿在哪些方面成长较快?变化较大?教师认为:第一,3~4岁的幼儿基本分不出好坏,只有生活自理、适应能力和情感依赖方面的差别;情绪比较稳定,与同学友好交往,愿意表达,自理能力较强,生活习惯、学习习惯较好以及听老师话的就是比较好的。4~5岁的幼儿人际交往能力较好,动手操作能力较强,学习上自觉听话,理解能力较强,语言表达较好,称为好学生。在中班基础上提升,特别是为小学入学有知识上的储备,逐渐有独立自主的精神;大班通过游戏学拼音,学加减法,开一些与小学有关的主题活动;孩子要进小学了,能掌握一定知识,又有一定交际和合作能力;会表达自己的想法,开始思考自己的问题。第二,幼儿品德具体表现在不与人争抢、谦让、礼貌、不大声喧哗等;现在独生子女很多,要教会孩子礼貌待人,学会分享,有同情心,尊重老师和同学。第三,幼儿活动主要有主题教学、特色课程教学、英语教学以及走、跑、跳等运动。学习成绩评价主要通过家长联系册、每月评语、教师和教研组长随机测评;语言、音乐、科学、运动、美工、数活动;不对孩子的成绩进行评价;对能力弱的孩子,以示鼓励,建议家长与幼儿园多沟通交流;孩子的成绩没有分数,只有家长联系手册、每月评语,还有学生作业本上老师会写上孩子一天的状况;幼儿学习活动是一个多元的综合课程,包括语言、数学、人际关系、手工、小组互动、角色扮演等,国际学校有专门的口语测试。第四,对小班幼儿的要求,基本参与运动,走、跑、跳、爬等简单平衡运动,单杠,单脚往上跳;中班幼儿个人活动为主,小组活动开始增多,如排球、跳绳、倒立、走平衡木;大班幼儿集体性游戏增多、合作要求增多,如接抛球等;耐力、速度、竞赛性游戏,运动中学会合作;立定跳远,倒立时间更长;国际幼儿园有体育课,有专门的体育老师,每天都有一个小时的户外活动。第五,幼儿在思维能力、数字概念、生活自理和动手能力方面有很大发展,孩子的主见增强;自主性、合作性、运动量、运动技能、责任心增强;知识上有了一点,交际能力也有明显提高,语言表达能力、独立能力、合作性、接受能力、手部技巧和注意力增强,思维能力得到提高,知识得到增长。

问卷调查的对象主要是教师和家长,其内容主要涉及幼儿园教育质量的主要体现、影响幼儿园教育质量的主要因素等。调查结果显示:第一,教师和家长都认为幼儿园教育质量主要体现在"幼儿发展状况"以及"教师素质和行为"上,而在"教师素质和行为"中教师的责任心和爱心以及教育教学水平尤为重要;第二,有61%以上的教师对幼儿园分等定级评价活动较为认同,但是还有将近30%的教师对此项活动存在一定的看法;幼儿园平时比较注重对教师工作的评价,而对幼儿发展状况评价较为薄弱;家长与幼儿园沟通的渠道较为狭窄,关注的只是"自己孩子在园情况",而且,参与幼儿园教育评价活动的比例不高。

5. 评价对象和条件

2008年上海市教委教研室发布的《上海市幼儿园保教质量评价指南（征求意见稿）》对幼儿园保教质量评价试行的意义、基本要求和评价标准做了阐述，其中评价标准由课程和幼儿发展两个一级指标构成。幼儿发展一级指标又划分为体能（生长发育、运动兴趣、动作协调与平衡）、习惯（生活习惯、学习习惯、文明习惯）、自我意识与自理（自我概念、情感表达、自理与自立）、认知（观察与探索、概念与关系）、语言能力（倾听、表达、前阅读与前书写）、社会性（交往合作、责任感、同情与关爱）、美感与表达（感受与体验、表达表现）七个二级指标和十九个三级指标。三级指标配上了合格标准，并且对其阐述了更为细化的要求。在设计幼儿发展状况评价标准时将考虑现有的基础。

（二）评价标准

根据上述制定评价标准的五大依据，提出二十条初拟指标体系，然后经过征询意见、理论论证、专家评判和实验修订，得到了表11-6中的一、二、三级指标，由于这个结果是在较大范围实证调查基础上获得的，因此是较为稳定的，不易经常改变，并且应用面较宽。而评定标准是针对上海LY幼儿园做的个案，是在访谈该园领导、教师和家长的基础上制作完成的，它是与上海LY幼儿园目前的发展状况相适应的，并且随着上海LY幼儿园的发展，评定标准内容可以随之调整，以引领全园教师教育行为走向。譬如，三级指标"洗漱方面"家长可从较多角度（不吃手指，不咬指甲；早晚刷牙、洗脸；勤洗头发；自觉洗脚；愿意定期修剪指甲；在大人的帮助下定期洗澡；服装整洁；会洗手帕；会洗袜子；等等）评价幼儿，那么为什么选择表11-6中的四条，这是因为上海LY幼儿园目前急需要解决这四个方面的问题。表11-6中的指标体系的权集是用层次分析法算得的。

（三）实施的说明

在运用表11-6评价幼儿发展状况时应注意以下几点说明：

1. 幼儿发展状况评价标准表的使用者是教师和家长，在评价时针对幼儿的实际表现，实事求是地对照指标和评定标准进行判断。

2. 运用公式7-5算出被评幼儿每条指标的得分，然后采用公式7-4算出被评幼儿的总得分。综合分析每条指标的得分和总得分以及定性评价信息，可以较好地诊断幼儿的发展状况，为下一阶段开展教育活动提供有针对性的信息，以有效提高教育质量。若要实施对幼儿发展状况的终结性评价，可以在形成性评价的基础上，统计设定合格线常模，或者调整评定标准中的内容，形成为广大园长、教师和家长认同的标准。

3. 运用学校教育评价系统，幼儿园里的教师可以把自编或他人编的评价标准挂在网上，自觉地开展自己组织的评价活动，较为迅速地把家长、自己和同行对幼儿发展状况的评价信息收集和汇总起来,达到较为客观评价的目的。并且这些评价信息可以较方便地储存在计算机里,当数据积累到一定程度时再对其进行纵向分析,幼儿发展的轨迹就会清晰地展现在我们面前,使他们开展的教育活动会更加有效,与此同时,教师的教育水平也会逐步提高。

表 11-6　幼儿发展状况评价标准表

| 评价对象 | 指标体系（权重） | | | 评定标准 | |
|---|---|---|---|---|---|
| | 一级指标 | 二级指标 | 三级指标 | 教师 | 家长 |
| 幼儿发展状况 | 幼儿的体方面（0.5122） | 1. 运动技能（0.3000） | (1) 身体发育（0.5550） | ① 身高合格 ② 体重合格 ③ 血色素合格 ④ 胸围合格 | ① 坐姿正确 ② 站立正常 ③ 开学初不生病 ④ 无龋齿 |
| | | | (2) 运动兴趣（0.2516） | ① 愉快参加体育活动 ② 及时做好运动准备 ③ 运动较为投入 ④ 运动后适当脱衣,用热毛巾擦脸 | ① 在父母的督促下能锻炼身体 ② 主动叫父母一起锻炼身体 ③ 能持续锻炼身体 ④ 至少爱好一项体育活动 |
| | | | (3) 大动作（0.0967） | ① 走跑跳合格 ② 投掷合格 ③ 攀登合格 ④ 平衡合格 | ① 行走正常 ② 奔跑正常 ③ 能跳绳 ④ 会玩滑滑梯 |
| | | | (4) 精细动作（0.0967） | ① 黏土造型合格 ② 临摹图形合格 ③ 剪图形合格 ④ 穿珠子合格 | ① 会临摹图形 ② 会剪图形 ③ 会折纸 ④ 会穿珠子 |
| | | 2. 卫生习惯（0.3000） | (1) 洗漱方面（0.3333） | ① 不吃手指,不咬指甲 ② 会用纸巾、手帕或毛巾擦嘴、鼻涕或手 ③ 饭后漱口 ④ 会搓洗毛巾 | ① 不吃手指,不咬指甲 ② 早晚刷牙、洗脸 ③ 愿意定期修剪指甲 ④ 在大人的帮助下定期洗澡 |
| | | | (2) 饮食方面（0.3334） | ① 饭前、吃东西前洗手 ② 合理饮水 ③ 不吃不洁食物 ④ 不偏食、不挑食 | ① 饭前、吃东西前洗手 ② 不乱吃零食 ③ 不暴饮暴食 ④ 不偏食、不挑食 |
| | | | (3) 用眼方面（0.3333） | ① 看书时坐直 ② 书本与眼睛保持合理距离 ③ 每次用眼不超半小时 ④ 定时往远处看 | ① 看书、电视和电脑姿势正确 ② 看书、电视和电脑时保持合理距离 ③ 每次用眼不超半小时 ④ 定时望远处看 |

续表

| 评价对象 | 指标体系（权重） | | | 评定标准 | |
| --- | --- | --- | --- | --- | --- |
| | 一级指标 | 二级指标 | 三级指标 | 教师 | 家长 |
| 幼儿发展状况 | 幼儿的体方面（0.5122） | 3. 生活习惯（0.3000） | （1）睡眠方面（0.3333） | ① 午睡前知道大小便 ② 睡觉保持安静 ③ 睡眠姿势正确 ④ 自己盖好被子 | ① 每天按时起床和睡觉 ② 睡眠姿势正确 ③ 自己盖好被子 ④ 无需大人陪伴，哄拍 |
| | | | （2）进餐方面（0.3334） | ① 独立、专心进餐 ② 不剩饭 ③ 保持饭桌干净 ④ 饭后不做剧烈运动 | ① 定时定量吃饭 ② 独立、专心进餐 ③ 保持饭桌干净 ④ 饭后不作剧烈运动 |
| | | | （3）排泄方面（0.3333） | ① 会自己大小便 ② 有规律大便 ③ 大便时不看书 ④ 大小便后洗手 | ① 会自己大小便 ② 有规律大便 ③ 大便时不看书 ④ 大小便后洗手 |
| | | 4. 生活自理（0.1000） | 生活自理（1.0000） | ① 会脱穿鞋、袜和衣裤 ② 会铺床叠被 ③ 取放玩具、图书 ④ 受伤立即告诉老师 | ① 会脱穿鞋、袜和衣裤 ② 会扫地、擦桌椅 ③ 遇到困难会请求大人帮助 ④ 按照自己的计划做事 |
| | 幼儿的智方面（0.2754） | 5. 语言能力（0.6334） | （1）倾听方面（0.2500） | ① 能听懂普通话 ② 喜欢听人讲故事，并理解内容 ③ 别人说话时不随便插嘴，乐意回答别人提出的问题 ④ 能听清指令和要求，顺利完成任务 | ① 能听懂普通话 ② 喜欢听父母讲故事，并理解内容 ③ 别人说话时不随便插嘴，乐意回答别人提出的问题 ④ 能听清指令和要求，顺利完成任务 |
| | | | （2）表达方面（0.7500） | ① 用普通话积极与别人交谈 ② 能用语言表达自己的想法 ③ 能在集体中有表情地朗诵儿歌等 ④ 能连贯讲述自己经历的事和图片内容等 | ① 主动把幼儿园的事告诉父母亲 ② 能与邻居或亲戚交谈 ③ 家庭聚会时大方地朗诵儿歌等 ④ 能连贯讲述自己经历的事和图片内容等 |
| | | 6. 认知水平（0.2605） | （1）基本知识（0.7500） | ① 知道日常空间概念 ② 知道常用时间概念 ③ 知道常见数量概念 ④ 会进行简单的类比和推理 | ① 知道上下、前后、左右、中间等 ② 知道今天、明天、晚上、早晨、上下午等 ③ 知道大小、多少、轻重等 ④ 知道圆形、三角形、正方形、长方形等 |

续表

| 评价对象 | 指标体系（权重） | | | 评定标准 | |
|---|---|---|---|---|---|
| | 一级指标 | 二级指标 | 三级指标 | 教师 | 家长 |
| 幼儿发展状况 | 幼儿的智方面（0.2754） | 6. 认知水平（0.2605） | (2) 思考探索（0.2500） | ① 对新事物好奇，总想动手摸索摸索 ② 用画画等记录观察现象，并能交流展示 ③ 能就地取材制作工具解决遇到的困难 ④ 运用恰当的方法搜寻自己需要的相关信息 | ① 对于自己的疑问，常向父母询问为什么 ② 对新事物好奇，总想动手摸索摸索 ③ 能就地取材制作工具解决遇到的困难 ④ 运用恰当的方法搜寻自己需要的相关信息 |
| | | 7. 学习习惯（0.1061） | 学习习惯（1.0000） | ① 喜欢做游戏 ② 看书写字姿势正确 ③ 发言先举手 ④ 会整理书包 | ① 能专心听父母亲说话 ② 看书写字姿势正确 ③ 爱惜学习用品 ④ 会整理书包 |
| | 幼儿的德方面（0.1377） | 8. 交往习惯（0.6334） | 交往习惯（1.0000） | ① 在集体生活中情绪安定和愉快 ② 愿意与同伴一起玩，分享玩具和材料 ③ 与同伴发生矛盾能协商解决 ④ 不歧视外来儿童 | ① 喜欢上幼儿园 ② 周末乐意与父母出去游玩 ③ 有较为固定的玩伴 ④ 善于结交新朋友 |
| | | 9. 文明礼貌（0.2605） | 文明礼貌（1.0000） | ① 不随地吐痰 ② 不乱扔垃圾 ③ 主动与老师、小朋友打招呼 ④ 按秩序喝水、用厕等 | ① 主动叫爸爸、妈妈 ② 不乱扔果皮纸屑 ③ 走人行横道线 ④ 过马路见到红灯停，绿灯行 |
| | | 10. 责任意识（0.1061） | 责任意识（1.0000） | ① 做值日生态度积极 ② 按时完成老师布置的任务 ③ 能给老师提建议 ④ 犯错时不推卸责任或指责他人 | ① 能完成父母交给的家务 ② 告诉父母老师布置的任务，并努力完成 ③ 不说谎话 ④ 做事较为专注 |
| | 幼儿的美方面（0.0747） | 11. 感受与体验（0.7500） | 感受与体验（1.0000） | ① 愿意参与美术、音乐、故事表演等活动 ② 能模仿自然界中各种动听的声音，如鸟叫、风声等 ③ 有较好的音乐节奏和旋律感 ④ 绘画有较好的颜色搭配和构图 | ① 有自己喜欢听的音乐 ② 看到自己喜欢的图画，能与父母分享 ③ 会自觉学唱自己喜欢的歌曲 ④ 会临摹自己喜欢的图画 |

续表

| 评价对象 | 指标体系（权重） | | | 评定标准 | |
|---|---|---|---|---|---|
| | 一级指标 | 二级指标 | 三级指标 | 教师 | 家长 |
| 幼儿发展状况 | 幼儿的美方面（0.0747） | 12. 表现与创造（0.2500） | 表现与创造（1.0000） | ① 能自然大方地唱歌 ② 能用不同的语气、语调和动作表现不同的故事角色 ③ 能用绘画、剪纸、泥塑等表现自己的想象 ④ 自己演奏乐器 | ① 能自然大方地唱歌 ② 能用不同的语气、语调和动作表现不同的故事角色 ③ 能用绘画、剪纸、泥塑等表现自己的想象 ④ 自己演奏乐器 |

填表说明：同表 5-1。

另外，请您回答以下两个问题：

（1）目前该幼儿得到较好发展的方面是什么？还存在哪些不足？

（2）对该幼儿的培养有何建议？

### 五、学校办学水平的自我评价

在此给读者介绍幼儿园教育质量自我评价标准。由于幼儿园教育质量评价标准由条件标准、过程标准和效果标准组成，而效果标准在表 11-6 中已做了介绍，并且把采用表 11-6 进行评价后得到的结果作为指标教育效果的指标值。下面只阐述条件标准和过程标准（见表 11-7），用层次分析法算得权重（计算教育条件和教育过程两个一级指标的权重时，把教育效果作为与它们同级的指标一同计算权重，算得权重为 0.1061）它们与表 11-6 的效果标准组成了一个完整的幼儿园教育质量评价标准。

表 11-7 幼儿园教育条件和过程评价标准表

| 评价对象 | 一级指标 | 二级指标 | 三级指标 | 评定标准 | |
|---|---|---|---|---|---|
| | | | | 教师 | 家长 |
| 幼儿园教育质量 | 教育条件（0.2605） | 教育经费（0.0475） | 教育经费（1.000） | ① 幼儿园产权明晰 ② 经费来源稳定、合法 ③ 生均教育经费符合要求 ④ 经费能保证园的持续性发展 | ① 幼儿入学收费合理 ② 幼儿学习期间各种收费合理 ③ 幼儿兴趣班的收费合理 ④ 没有不合理收费 |
| | | 场地园舍（0.0807） | 场地园舍（1.000） | ① 生均占地面积达标 ② 绿化覆盖率达标 ③ 建筑与用房符合要求 ④ 美化绿化符合幼儿园特点 | ① 幼儿园建筑较为美观 ② 园内装修、绿化有特色 ③ 幼儿活动区域较为宽敞 ④ 幼儿生活和学习有足够空间 |

续表

| 评价对象 | 一级指标 | 二级指标 | 三级指标 | 评定标准 教师 | 评定标准 家长 |
|---|---|---|---|---|---|
| 幼儿园教育质量 | 教育条件 (0.2605) | 设备设施 (0.1476) | 1. 生活设施 (0.5114) | ① 厨房设备符合安全卫生要求 ② 厨房空间足够 ③ 做幼儿午餐的设备齐全 ④ 对生活设施满意 | ① 厨房间干净整洁 ② 厨房空间足够 ③ 做幼儿午餐的设备齐全 ④ 对生活设施满意 |
| | | | 2. 保健设备 (0.1634) | ① 有保健资料柜 ② 有体检设备 ③ 有消毒设备 ④ 有非处方药品等 | ① 有保健资料柜 ② 有体检设备 ③ 有消毒设备 ④ 有非处方药品等 |
| | | | 3. 教育设施 (0.1262) | ① 每班有符合卫生要求的流水洗手设备等 ② 每班有空气消毒设备和防暑保暖设备 ③ 每班配有钢琴和必要的电化教育设备 ④ 每班有数量适宜的玩具柜、图书柜和各类玩具、图书 | ① 班级有方便幼儿洗手的设备等 ② 班级空气较好,温度适宜 ③ 班级配有钢琴和必要的电子信息设备 ④ 班级有数量适宜的玩具柜、图书柜和各类玩具、图书 |
| | | | 4. 活动设施 (0.1262) | ① 有适合不同年龄幼儿活动的大型器械 ② 有玩水玩沙设施、种植饲养区(角) ③ 有为教育教学服务的各类教具、学具 ④ 有计算机、照相机、摄像机、投影仪等设备 | ① 幼儿活动场地宽敞 ② 活动设施齐全和安全 ③ 活动设施所处位置便于幼儿活动 ④ 有为教育教学服务的各类教具、学具 |
| | | | 5. 办公设备 (0.0728) | ① 教师有办公室和办公家具等 ② 有充足的教育图书资料 ③ 有方便教师使用的电话、计算机(且能上网)、打印机等 ④ 对办公设备满意 | ① 教师办公室宽敞、整洁 ② 有适宜的办公家具 ③ 有方便教师使用的电话、计算机(且能上网)、打印机等 ④ 对办公设备满意 |
| | | 人员配置 (0.2373) | 人员配置 (1.000) | ① 工作人员任职资格符合要求 ② 工作人员与幼儿比例符合要求 ③ 班级规模符合要求 ④ 按规定对所有工作人员进行培训 | ① 工作人员和蔼可亲 ② 无体罚或变相体罚幼儿现象 ③ 班级幼儿数可以接受 ④ 感觉班级幼儿数较少 |

续表

| 评价对象 | 一级指标 | 二级指标 | 三级指标 | 评定标准 教师 | 评定标准 家长 |
|---|---|---|---|---|---|
| 幼儿园教育质量 | 教育条件 (0.2605) | 管理水平 (0.4869) | 1. 规章制度 (0.5000) | ① 组织机构设置精简合理 ② 工作人员岗位职责明确具体,可考核 ③ 园内基本形成规章制度体系 ④ 能调动园内工作人员的积极性 | ① 有较规范的幼儿接送制度 ② 有较规范的幼儿健康检查制度 ③ 有明确合理的家园联系制度 ④ 园工作人员有较高的工作热情 |
| | | | 2. 档案管理 (0.5000) | ① 档案有专人负责管理 ② 有教师岗位职责考核和健康等档案 ③ 有学生学籍和保健档案 ④ 有学生发展状况评价及教师根据评价结果调整教育策略的档案 | ① 能定期收到幼儿在园表现的信息 ② 要求家长定期提供幼儿发展状况的信息 ③ 幼儿园定期有要求家长配合教育的建议 ④ 园向家长提供了评价幼儿发展状况的标准 |
| | 教育过程 (0.6334) | 教育计划 (0.0738) | 教育计划 (1.000) | ① 计划设定的目标,能跳一跳摸得着 ② 计划明确具体 ③ 计划可操作 ④ 计划实施结果能测评 | ① 了解园的教育计划 ② 计划明确具体 ③ 计划可操作 ④ 计划实施结果能测评 |
| | 教育过程 (0.6334) | 教育活动 (0.6434) | 1. 课程教学 (0.1634) | ① 课程目标符合幼儿实际 ② 教学内容易激发幼儿学习兴趣 ③ 课程教学中教师有自主发挥的空间 ④ 能为有特殊需要幼儿调整教学环境的条件 | ① 了解课程目标 ② 课程目标切合幼儿实际 ③ 幼儿常常把在幼儿园学到的东西告诉父母亲 ④ 感到幼儿在幼儿园里学到不少东西 |
| | | | 2. 活动组织 (0.1075) | ① 每班有数量适宜的活动区 ② 供幼儿活动用的材料照顾到了不同民族、性别和年龄特点 ③ 有幼儿的观察、对话记录和作品展示 ④ 定期开展适合幼儿的社会实践活动等 | ① 幼儿在家会复制园内学做的作品 ② 幼儿会主动向父母讲述园内有趣的游戏 ③ 幼儿会主动邀请父母亲做游戏 ④ 幼儿会主动要求父母带其出去玩 |
| | | | 3. 师幼互动 (0.4093) | ① 与幼儿说话时,视线高度与幼儿一致 ② 要友好和微笑地与幼儿谈话 ③ 善于运用正面和积极指导幼儿的技巧 ④ 班级中常有愉快的交谈声和自然的笑声 | ① 幼儿在家常常提到园内教师 ② 幼儿有时要求父母说话方式要像教师一样 ③ 幼儿在家遇到困难时总想问问教师 ④ 遇到节日幼儿总想向教师表示祝贺 |

续表

| 评价对象 | 一级指标 | 二级指标 | 三级指标 | 评定标准 | |
| --- | --- | --- | --- | --- | --- |
| | | | | 教师 | 家长 |
| 幼儿园教育质量 | 教育过程 (0.6334) | 教育活动 (0.6434) | 4. 家园联系 (0.2665) | ① 园有家长委员会 ② 定期召开家长会 ③ 园定期向家长汇报幼儿的发展状况 ④ 每学期至少一次家长委员会汇集家长对园教育工作的意见与园方沟通,达成共识 | ① 家长有多种渠道与园方联系 ② 每年至少开一次家长会 ③ 幼儿园欢迎家长作为志愿者参与教育工作 ④ 每学期至少有一次邀请家长评价园工作 |
| | | | 5. 教育评价 (0.0533) | ① 有每一个幼儿发展状况评价的记录 ② 有每一位工作人员对幼儿的责任心和爱心评价的记录 ③ 定期邀请家长评价园工作 ④ 有教师自觉反思自己教育教学记录 | ① 园给家长提供可操作的幼儿发展状况评价标准 ② 要求家长评价幼儿发展状况,并把结果反馈给园方 ③ 定期修订幼儿发展状况评价标准 ④ 园根据评价结果,制订家园共同教育幼儿方案 |
| | 教育过程 (0.6334) | 卫生保健 (0.2828) | 1. 营养膳食 (0.6334) | ① 公布营养平衡的幼儿代量食谱,每周更换 ② 循序渐进地培养幼儿良好饮食习惯 ③ 为贫血和营养不良等幼儿提供特殊膳食 ④ 食物达到法定的营养膳食要求 | ① 对园公布的幼儿代量食谱满意 ② 没有食物中毒事件发生 ③ 幼儿喜欢吃园内食品 ④ 幼儿没有贫血、营养不良等症状 |
| | | | 2. 安全防病 (0.2605) | ① 定期或不定期进行安全防护演习 ② 幼儿安全事故发生率低于 0.5% ③ 幼儿免疫接种率达 100% ④ 发生传染病后严格实施消毒隔离 | ① 幼儿在园没有发生安全事故 ② 幼儿每次参与免疫接种 ③ 幼儿在园没有传染上疾病 ④ 在家有时提醒父母要进行安全防护 |
| | | | 3. 健康检查 (0.1061) | ① 幼儿入园体检率达 100% ② 新进工作人员体检及定期检查率达 100% ③ 幼儿体检结果能及时反馈给家长 ④ 有晨检和全日观察记录,并有分析与对策 | ① 幼儿入园体检 ② 幼儿体检结果能及时反馈给家长 ③ 有晨检和全日观察记录,并与家长寻求对策 ④ 幼儿各项体检指标合格 |

填表说明:同表 5-1。

## 六、咨询和决策机制

### (一) 咨询机制

学校教育评价系统运作以后,会产生许多评价结果,这些通过评价活动所获得的信息是学校全体成员学习或工作情况的真实体现,为了实现提高教育质量的目标,应该有效利用这些评价结果,使其发挥最大作用:一是通过适宜的方式,把评价结果反馈给被评价者或相关人员,让他们了解自己什么地方做得比较好,什么方面做得不够到位,使他们能够自觉改进不足;二是学校领导或有关职能部门根据评价结果,对有关干部、教师或学生的学习或工作进行指导,帮助分析存在问题的原因,寻找解决办法,以提高他们学习或工作的效率;三是如果条件成熟,可以适当公布评价结果,营造一定的氛围,通过舆论环境对学校成员施加影响,达到提高他们学习成绩或工作绩效的目的。

### (二) 决策机制

在为学校成员分析评价结果和咨询未来发展的基础上,对他们的评优、晋级、岗位调动和绩效工资发放等均能做出有说服力的决策,并且能做好学校的近期和中长期规划,有效把握学校的未来发展。

【本章小结】

本章阐述了系统的概念和系统理论,主要涉及系统的定义、系统的基本特性、系统的结构和功能、系统的有序和无序、系统的静态和动态、系统的线性和非线性、系统的自组织和他组织等内容,并运用它们对学校教育系统和学校教育评价系统进行了较为全面和系统地分析,在此基础上,介绍了一个较为完整的学校教育评价系统开发个案,主要包括教师工作评价、干部工作评价、员工工作评价、学生综合素质评价、学校办学水平的自我评价、咨询决策机制等。

【文献导读】

1. 胡中锋. 教育评价学[M]. 北京:中国人民大学出版社,2008.
2. 涂艳国. 教育评价[M]. 北京:高等教育出版社,2007.
3. 苗东升. 系统科学精要[M]. 北京:中国人民大学出版社,1998.
4. 查有梁. 系统科学与教育[M]. 北京:人民教育出版社,1993.
5. 吴钢. 用自组织理论指导学校教育评价系统的运作[J]. 上海师范大学学报(哲学、教育、社会科学版),1999(5).
6. 吴钢. 对幼儿发展状况评价标准的探讨[J]. 幼儿教育(教育科学版),2012(6).

【问题讨论】
1. 什么是系统？它有哪些基本特性？
2. 什么是系统的自组织？请列举一些学校教育系统中的自组织现象。
3. 系统自组织形成的基本条件是什么？
4. 你认为一所学校应该具有怎样的教育管理信息系统。
5. 为什么要建立学校教育评价系统？
6. 以一个学校为样本，试进行学校教育评价系统的开发。

# 第十二章　和谐学校评价

**【本章概要】**

本章阐述了和谐学校建设的时代背景,即构建社会主义和谐社会,并以此为基础论述了和谐学校建设的主要内容,随后以上海师范大学为例,设计了和谐学校的评价指标体系。

**【学习目标】**

学习本章后,你应该能够:

1. 认识和谐学校的涵义。
2. 理解和谐学校评价指标的基本内容。
3. 掌握和谐学校评价的基本方法。

和谐社会是中国现代化社会的最高价值核心和最高社会境界。学校是整个社会系统中极其重要的子系统,是培养人的主要场所,它是否和谐直接影响到和谐社会的建立。因此,和谐学校评价的研究将有助于和谐学校的建设,从而促进和谐社会的形成。

## 第一节　和谐学校建设的时代背景

这里的和谐学校评价是在构建社会主义和谐社会背景下进行研究的,因此,要搞好和谐学校评价的研究,必须较为深入地了解构建社会主义和谐社会的背景信息。

### 一、构建社会主义和谐社会的背景

和者,和睦也,有和衷共济之意;谐者,相合也,有协调、无抵触、无冲突之意。"和谐"贵在"和而不同",是多样性相互包容、相互协调而形成的一种状态、境界和目标,是一个包含了差异性和多样性的存在,是在差异性和多样性基础上的平衡、协调与统一。

马克思、恩格斯在《共产党宣言》中明确提出:"代替那存在着阶级和阶级对立的资产阶级旧社会的,将是这样一个联合体,在那里,每个人的自由发展是一切人的自由发展的条件。"由此可以看出,马克思、恩格斯设想的未来社会,将在打碎旧的国家机器、消灭私有制的基础上,消除阶级之间、城乡之间、脑力劳动和体力劳动之间的对立和差别,极大地调动全体劳动者的积极性,使社会物质财富极大丰富、人民精神境界极大提高,实行各尽所能、各取所需,实现每个人自由而全面的发展,在人与人之间、人与自然之间都形成和谐的关系。

2006年10月中共中央颁布的《中共中央关于构建社会主义和谐社会若干重大问题的决定》(以下简称《决定》)指出,到2020年,构建社会主义和谐社会的目标和主要任务是:社会主义民主法制更加完善,依法治国基本方略得到全面落实,人民的权益得到切实尊重和保障;城乡、区域发展差距扩大的趋势逐步扭转,合理有序的收入分配格局基本形成,家庭财产普遍增加,人民过上更加富足的生活;社会就业比较充分,覆盖城乡居民的社会保障体系基本建立;基本公共服务体系更加完备,政府管理和服务水平有较大提高;全民族的思想道德素质、科学文化素质和健康素质明显提高,良好道德风尚、和谐人际关系进一步形成;全社会创造活力显著增强,创新型国家基本建成;社会管理体系更加完善,社会秩序良好;资源利用效率显著提高,生态环境明显好转;实现全面建设惠及十几亿人口的更高水平的小康社会的目标,努力形成全体人民各尽其能、各得其所而又和谐相处的局面。党的十六届四中全会提出"构建社会主义和谐社会",这是惠及全体人民、体现广大人民根本利益和共同心愿的重大决策。胡锦涛同志指出:"我们所要建设的社会主义和谐社会,应是民主法治、公平正义、诚信友爱、充满活力、安定有序、人与自然和谐相处的社会。"

### 二、和谐学校的概念

黄东昱在《论构建高校和谐校园》[①]一文中指出:校园的和谐主要是指校园内部各种要素处于一种相互依存、相互协助、相互促进的状态,主要表现为校园组织结构要素的和谐、教育环境的和谐、教师间人际关系和谐、学生间人际关系和谐、师生关系和谐以及自我教育、家庭教育、社会教育和学校教育的和谐等。田建国在《和谐社会和和谐大学建设》[②]中认为:和谐大学应是更加注重教育的人文性、协调性、持续性和多样性的大学。张春良在《给学生一片蔚蓝的天空——和谐校园构建的实践与探索》[③]中认为:和谐校园并非是校园表面上的一团和气,更不是个性被压抑、矛盾被掩盖的"稳定局面",和谐校园是一种以和衷共济、内和外顺、协调发展为核心的素质教育模式,是以校园为纽带的各种教育要素的全面、协调、可持续发展的育人氛围,是学校教育各子系统及各要素间的协

---

① 黄东昱.论构建高校和谐校园[J].教书育人,2006(11).
② 田建国.和谐社会和和谐大学建设[J].工会论坛——山东省工会管理干部学院学报,2005(6).
③ 张春良.给学生一片蔚蓝的天空——和谐校园构建的实践与探索[J].中国教师,2005(10).

调运转,是学校教育与社会教育、家庭教育和谐发展的教育合力,是以学生发展、教师发展、学校发展为宗旨的整体效应。也有学者认为,根据社会主义和谐社会的内涵要求,和谐校园应该是一个民主法治、公平正义、诚实友爱、安定有序、和谐发展的文明校园。综合上述各种观点以及结合构建社会主义和谐社会的背景,笔者认为,和谐学校是指学校有健全的各种规章制度,管理科学、民主和公正,各项工作优质、协调发展,干群关系、同事关系、师生关系、生生关系良好,形成合作共生、公平正义、诚信友爱、安定有序的人文环境,并且还具备良好的工作、学习硬件环境和生态环境,同时与社会发展协调互动,让每一个成员都能发挥工作和学习的潜能,使学生能成为中国特色社会主义事业建设的专业人才。

## 第二节 高校和谐校园建设现状分析

要建设和谐学校,必须搞清楚和谐学校建设的现状,存在的问题,以寻求有效对策。在此以高校和谐校园建设调查研究为例。

### 一、调查对象和方法

#### (一)调查对象

此次调查对象为上海地区五所高校的领导、教师和学生,其中教育部直属的"985高校"一所;国家"211工程"高校一所;上海市属教学研究型高校两所;全日制高等职业技术学院一所。调查共发放问卷450份,收回有效问卷412份,回收率为92%。

#### (二)调查方法

以问卷调查为主,访谈调查为辅。调查问卷主要涉及三个方面的内容:一是高校和谐校园建设现状;二是和谐校园内涵;三是高校和谐校园评价的现状。访谈调查内容主要包括:构建和谐校园的目标、和谐校园的内涵、学校存在不和谐的方面、对构建和谐校园评价指标体系的期望和建议等。

#### (三)信息统计

本次调查问卷数据均运用SPSS11.0软件包进行处理,主要进行数据频数统计分析。

### 二、调查结果分析

#### (一)高校和谐校园建设现状

不论是学校行政管理人员还是教师和学生,对高校和谐校园建设的重要性和必要性有充分的认识。调查结果显示,92%的被调查者认为高校和谐校园建设很有必要或有必要,并且,对高校进行和谐校园建设的目的也有较深刻的认识,认为目的是提高校内和谐度,促进社会和谐的占90%;认为促进学校管理和学校发展的占63%;认为尽可能减少和避免校园不和谐因素的占73%;认为响应上级、中央文件号召的占44%。可见,被调查者认为建设高校和谐校园是构建社会主义和谐社会的重要内容。但是也反映出不少问题:一是对高校和谐状况认同度不高。仅有4%的学生认为所在学校非常和谐;认为比较和谐的占47%;认为所在学校和谐状况一般的占36%;认为不太和谐的占9%;认为很不和谐的占4%。分别有41%和40%的行政管理人员和教师认为学校和谐状况一般。同时,一些被调查者指出了所在学校存在的不和谐因素:教室安排不合理,有插队、占座现象;学校学科发展特色不突出,专业设置重复;没有真正以学生发展为本,管理欠人性化;艺术体育类学生综合素质欠佳;公共设施陈旧;各职能部门之间沟通协调不够完善;学生综合测评方法不够科学和完善;学风不浓,学生纪律观念差;教学资源不足;学校某些地方存在安全隐患;浪费现象严重;就业指导不力;等等。二是开展和谐校园建设的独立性和系统性不够。有28%的被调查者表示所在学校正在开展和谐校园建设,并且有计划,有具体的活动载体;59%的被调查表示学校把和谐校园建设贯彻于各项工作中,但没有独立的计划;13%的被调查者则表示所在学校没有开展任何形式的和谐校园建设。三是和谐校园建设不够深入。探索和谐校园建设,构筑和谐校园文化体系的占32%;尝试建立评价指标体系进行评比的只占18%。

**(二)和谐校园内涵**

调查统计数据显示,和谐校园应涵盖的内容依次为:学校制度建设、管理科学有序、人际关系和谐、校园环境优美、学校公共服务体系、诚信友爱、校园文化氛围良好、公平正义、服务社会和回报社会、充满活力。其中,"学校制度建设"主要包括有健全的管理规章制度、学校领导决策民主、校务公开透明、教代会和学代会制度完善、基层党支部和班干部选举民主、各项评比民主公平等。"管理科学有序"主要指校内机构设置合理,责任明确,程序规范;诉求表达渠道畅通,监督有效;校内各部门办事效率高,师生满意度高等。"人际关系和谐"主要体现在师生关系和谐、学生关系和谐、教师之间关系和谐、干群关系和谐、家长与学校关系的和谐等。"校园环境优美"主要内容是校园绿化好,布置合理;教师办公环境好,教室干净整洁;图书馆、机房、餐厅和寝室环境;校外周边地区环境等。"学校公共服务体系"主要包含后勤服务方面、校园网络建设、助学帮困、就业指导、卫生预防系统、对离退休教职工的关爱、大学生心理危机支持体系、教学设备配备齐全、体育场馆设施等。"校园文化氛围"主要指办学理念和大学精神的认同度、师德师风、学生之间团结友爱、诚信、社团活动、学习型校园等。"与社会共建共享"主要体现在社会捐助（爱心学校、支教等）、社会公益活动（献血、社区服务等）、大型活动志愿者服务（特奥会、世博会等）、社区对学生的满意度、用人单位对毕业生的满意度、学生就业率、学生深造率等。

### （三）高校和谐校园评价现状

通过调查，我们获得了许多有价值的信息：一是大多数被调查者对和谐校园评价抱着积极支持的态度。42％的被调查者表示"非常支持高校进行和谐校园评价"；44％的被调查者表示"支持"；13％的被调查者表示"无所谓"；1％的被调查者持"反对"态度；没有人"非常反对"。二是开展过和谐校园评价的学校较少。71％的被调查者表示"所在学校没有进行相关评价"；29％的被调查者表示"所在学校进行过相关评价"。三是缺乏科学和合理的评价标准。在71％表示"所在学校没有进行相关评价"的被调查者中，61％的被调查者认为其原因是"没有合理的评价标准"；28％的被调查者认为是因为"操作难度大，浪费人力物力"；36％的被调查者认为"评价结果准确性不高"；22％的被调查者认为"没有上级的推动和经费支持"。四是和谐校园评价目的多元化，评价观念有待更新。在29％表示"所在学校进行过相关评价"的被调查者中，认为学校开展和谐校园评价的目的是多方面的，主要有"响应'构建和谐社会'的号召"（86％）、"通过和谐校园的定期评价，及时发现问题"（76％）、"对学校的和谐情况进行合理客观的评价"（60％）、"收集有用的数据和信息，为学校决策提供参考"（54％）、"建立一套指标体系，让考核更加科学"（44％）。但是，不少被调查者表示，目前所进行的评价大部分是有上级教育行政部门决定的，学校几乎没有主动权。五是评价主体主要是领导，教师和学生参与较少。认为评价主体是上级教育行政部门和学校领导的被调查者分别占76％和84％；认为评价主体是教师和学生的被调查者分别占60％和43％；只有6％的被调查者表示有家长参与评价。六是评价指标体系不够科学和完善。由调查结果可知，评价内容主要应包括学校制度建设、管理科学有序、公共服务体系、校园环境优美、公平正义、校园文化氛围、服务社会和回报社会、诚信友爱、人际关系和谐、充满活力。但是，现有的和谐校园评价指标体系与文明单位、办学水平等全面性评价指标体系较为相似，不够科学和完善。七是和谐校园评价结果的准确性有待进一步提高。仅有1％的被调查者认为评价结果非常准确；11％的被调查者认为和谐校园评价结果准确；50％的被调查者表示和谐校园评价结果有一定的准确性；35％的被调查者认为评价结果存在一定的误差；3％的被调查者认为评价结果存在很大误差。可见，只有不足15％的被调查者认为和谐校园评价结果非常准确或准确，而超过30％的被调查者认为评价结果有一定误差或误差很大。八是和谐校园评价实施的有效性需要提高。

24%的被调查者认为高校开展和谐校园评价对于校园的和谐状况有促进作用；60%的被调查者认为"稍有效果"；16%的被调查者表示和谐校园评价几乎没有什么效果。九是对高校和谐校园评价的正面和负面的看法平分秋色。多达43%的被调查者认为目前进行的和谐校园评价"只是走走形式，没有实际意义"；50%被调查者认为"评价较科学，能反映一定的真实情况"；7%的被调查者认为"评价有实效，能促进和谐校园建设"。

## 三、高校和谐校园建设存在的主要问题

### （一）学校成员对和谐校园内涵的认识不够科学、全面和深入，影响了和谐校园建设的实效

2006年10月中共中央颁布了《中共中央关于构建社会主义和谐社会若干重大问题的决定》，犹如一股春风吹遍了中国大地，建设和谐城市、和谐社区、和谐学校、和谐企业等的呼声、想法或行动骤然兴起，国民渴望生活、学习或工作在和谐的环境中，一时间和谐成了大家追求的目标，不言而喻"和谐"已是人们日常交谈中常用的词汇。但是，在高校和谐校园建设现状调查中，发现普遍存在把"和谐校园"等同于"文明单位"等的倾向，甚至把和谐校园评价与办学水平评价混淆起来，这是不利于建设和谐校园的。显然，对和谐校园内涵认识模糊不清，就很难把真正意义上的和谐校园建设起来，不利于和谐社会的形成。至于把和谐校园评价看成是办学水平评价，就会把办学水平的评价标准作为和谐校园的评价标准，这不仅会造成和谐校园评价结果不科学和不有效，而且还会误导学校成员创建和谐校园，这是要亟须解决的问题。

### （二）高校和谐校园建设的规划不够具体、系统和全面，使和谐校园建设没有真正落到实处

由调查结果显示，学校成员对和谐校园建设的重要性和必要性有充分的认识，绝大多数人认为其目的是提高校内和谐度，促进社会和谐，这可能与对《决定》的传达、学习和宣传有关。但是，调查结果也告诉我们，有计划地建设和谐校园的学校并不多，仔细分析起来可能有以下几方面的原因：一是学校领导对和谐校园内涵认识模糊不清，不知道要把和谐校园建成什么样子，无法做好建设和谐校园的规划、计划或方案，以至于不能把和谐校园建设真正落到实处；二是学校领导由于身陷于繁忙的日常行政事务之中，没有更多的时间考虑借助构建社会主义和谐社会的良好环境，在学校做调查研究，有计划、有目的地推进和谐校园的建设；三是学校的上级教育行政领导部门没有建立起较为有效的监督检查机制，即便是有个别省市的教育行政领导部门推出了和谐校园评价指

标体系,但是其内涵与现行的文明单位评价指标体系相似,不能科学和有效地导向、监督和检查和谐校园建设。

### (三)缺乏科学和完善的高校和谐校园评价指标体系,不能有效引领、督促和谐校园的实现

由调查结果发现多数学校没有建立和谐校园评价指标体系,以致学校不能科学地和有针对性地开展和谐校园评价活动,缺乏通过建立反馈机制,有效诊断和调整和谐校园建设的进程,使和谐校园建设难以顺利实现。我们知道,和谐校园评价指标体系是和谐校园数量和质量要求的具体体现,它不仅是和谐校园评价的参照标准,而且还是和谐校园建设目标内容的要素,具有较强的导向作用,不言而喻,缺乏科学和完善的和谐校园评价指标体系,是不能有效引领、督促和谐校园实现的。当前高校缺乏科学和完善的和谐校园评价指标体系,其原因主要有以下几个方面:一是由于对和谐校园内涵的认识不够准确和深入,较难确立科学的和行之有效的和谐校园建设目标,这就使得科学和完善的和谐校园评价指标体系较难建立;二是学校领导对和谐校园评价工作不够重视,没有较好地组织学校各方力量,建立科学和完善的和谐校园评价指标体系;三是学校内部缺乏教育评价的专业人才。

## 四、高校和谐校园建设的几点对策

### (一)通过广泛和有效的宣传,让高校师生准确理解和认识和谐校园的建设目标

首先要厘定和谐校园的内涵,确立和谐校园建设目标。我们通过文献研究和对上述上海地区五所高校的领导、教师和学生访谈所获信息综合分析得出的和谐校园建设目标是建立和完善各种规章制度,管理科学、民主,各项工作优质协调发展,同时学校内部人际关系良好,形成公平正义、诚信友爱、尊师重教、充满活力、安定有序的人文环境,并且还具备良好的工作、学习硬件环境和生态环境,与社会发展协调互动,让每一个成员都能发挥工作和学习的潜能,使学生成为中国特色社会主义事业建设的专业人才。为了深入理解高校和谐校园建设目标,下面对其内涵分述如下:一是建立和完善各种规章制度,管理科学、民主和公正,各项工作优质协调发展。现代学校管理制度逐步形成,依法办学、民主治校、科学决策的体制机制逐步完善,各项政策体现公平正义,创新活力充分激发,学校管理平安有序;坚持社会主义办学方向,社会主义核心价值体系的基本要求有机融入学校教育教学全过程,贯穿于学校工作的各个方面,并且成为师生员工普遍的思想共识和自觉的行为准则;办学理念科学,办学特色凸显,办学质量较

高,学科专业布局和师资结构合理,实现规模、结构、质量和效益的协调发展。二是建立良好的学校内部人际关系,形成公平正义、诚信友爱、尊师重教、充满活力、安定有序的人文环境,并且还具备良好的工作和学习硬件环境和生态环境。学校干群关系、同事关系、师生关系、生生关系平等融洽,师生员工共建和谐校园、共享发展成果;校园文化繁荣,校风严谨诚信、创新进取、和谐包容、团结协作、公平正义、诚信友爱、安定有序;校园高雅、优美、洁净。三是学校与社会发展协调互动。学校更加主动适应社会发展需要,通过人才培养、知识创新和文明示范,形成对社会主义和谐社会建设的强有力服务和辐射,学校又在服务辐射社会和谐发展中争取社会的强大支持。四是学校中的每一个成员都能发挥工作和学习的潜能,使学生能成为中国特色社会主义事业建设的专业人才。首先,以人为本的观念牢固树立,师生员工的主人翁地位充分体现,民主权益、发展权益、学习权益等得到统筹兼顾和切实保障,各类群体能够各尽所能、各得其所。其次,要充分运用广播、板报、校报、电视、网络等手段,广泛和有效宣传和谐校园建设目标,让学校成员不仅要认识建设和谐校园的重要性和必要性,而且还要准确理解和认识和谐校园的内涵和建设目标,只有这样,建设和谐校园的呼声、理念或想法才可能变为有针对性的实际行动。

**(二)高校领导要把建设和谐校园的理念变为和谐校园建设的行动计划,扎扎实实做好和谐校园建设的各项工作**

在和谐校园建设中,学校领导能够起到规划、组织、引领、宣传等重要作用,因此,学校领导首先要认识建设和谐校园的重要性和必要性,准确理解和谐校园的内涵,确立和谐校园建设目标。其次,做好和谐校园建设的行动计划,精心布置各项工作,可以先从学校制度、硬件环境和生态环境建设入手,逐步推进到"各项工作优质协调"、"人际关系良好"和"与社会发展协调互动"的境地,达到"让每一个成员都能发挥工作和学习的潜能,使学生成为中国特色社会主义事业建设的专业人才"的目标。最后,领导班子成员之间要建立良好的人际关系,协调地工作,为广大师生员工树立榜样,有效促进学校和谐的人文环境建设,以推进和谐校园全面建成。

**(三)建立科学和完善的高校和谐校园评价指标体系,形成"导向—评价—反馈—教育—建设"的良好监控机制,促进和谐校园的早日建成**

根据学校确立的和谐校园建设目标和行动计划等设计和谐校园评价指标体系,建立良好的监控机制:一是导向。和谐校园评价指标体系能让学校每一个成员都能了解建设和谐校园的具体要求,是学校每一个成员建设和谐校园的行动指南,具有较强的导向作用。二是评价。根据和谐校园评价指标体系对学校进行评价,就能了解和谐校园建设的现状,寻找与建设目标之间的差距,诊断存在的问题。三是反馈。和谐校园评价的方式与文明单位评价、办学水平评价是不同的,和谐校园评价的方式主要是自我评价,即学校领导和师生员工共同参与的评价,而文明单位评价和办学水平评价的方式主要是他人评价,即学校的上级教育行政部门对学校进行的评价。因此,把和谐校园评价结果反馈给学校全体成员,他们将会以主人翁的姿态来对待,认真分析评价结果。四是教育。和谐校园评价结果反馈给学校全体成员,同时也是教育学校全体成员的过程,这会使每一个成员了解到自己在建设和谐校园过程中,哪些方面做得好,应该继续发扬;哪些地方存在不足,必须加以改进。五是建设。学校成员知道了和谐校园建设中的成功经验和失败教训,就能有针对性地调整自己的行动方式,有效推进和谐校园建设。这种机制能让学校每一个成员知道自己在建设和谐校园中做了什么,还需要做什么,如何去做。只要学校全体成员共同努力,和谐校园一定会早日建成。

## 第三节 和谐学校评价的指标体系

要建设和谐学校,就必须设计和谐学校评价指标体系,使其起到"导向—评价—反馈—整改"的作用。在这里,以上海 SF 大学为例,设计和谐学校评价指标体系。

### 一、设计和谐学校评价指标体系的依据

#### (一)和谐学校建设目标

建立和完善各种规章制度,管理科学、民主和公正,各项工作优质协调发展,同时干群关系、同事关系、师生关系、生生关系良好,形成公平正义、诚信友爱、尊师重教、充满活力、安定有序的人文环境,并且还具备良好的工作和学习硬件环境和生态环境,与社会发展协调互动,让每一个成员都能发挥工作和学习的潜能,使学生能成为中国特色社会主义事业建设的专业人才。

#### (二)党和政府的相关政策和法规

《决定》以及上海市教工党委和教育委员会发布的《关于建设上海高校社会主义和谐校园的若干意见》是指导和谐学校评价指标体系设计的纲领性文件。

#### (三)科学理论

1. 和谐思想的发展

和谐,《现代汉语词典》解释为:"配合得适当与匀称。"它强调多种关系与要

素协调、均衡地完美统一与融合。① 中国古代认为,和谐是一种美好的社会状态。早在《易传》一书中,就极力提倡和谐思想,曾提出了"太和"观念。孔子进一步丰富了"和"的内涵,提倡"礼之用,和为贵",认为"君子和而不同,小人同而不和"(《论语·子路》);民主革命的伟大先行者孙中山先生提出了"天下为公"、"世界大同"的最高理想,集中体现了中国近代和谐思想;西方社会的和谐思想认为,和谐社会是一种美好的理想。马克思在《1844年经济学——哲学手稿》以及他与恩格斯合著的《德意志意识形态》和《共产党宣言》等书中提倡"社会和谐",指出未来社会是由社会全体成员组成的共同联合体,"把生产发展到能够满足全体成员需要的规模,消灭牺牲一些人的利益来满足另一些人的需要的情况";"共同享受大家创造出来的福利,以及城乡的融合,使社会全体成员的才能得到全面的发展",形成一种融合的、互助的、友爱的、各得其所的和高度和谐的新社会;党的十六届六中全会通过的《决定》中提出的构建社会主义和谐社会的伟大目标,是中华民族智慧的结晶,是中国当代和谐思想的精髓。

2. 现有和谐校园评价指标体系的研究成果

在《决定》精神的指示下,我国一些学校和地区对和谐校园评价指标体系进行了研究,取得了可喜的成绩,譬如,上海市科教党委制定了上海市高校文明和谐校园评估指标体系(2007—2008年度);等等。此外,我国一些学者对和谐社会、和谐城市、和谐社区、和谐家庭等评价指标体系也进行了研究,取得了一定成果。

3. 系统科学原理

由公式7-1可知,和谐校园评价就是对学校的$\Sigma E$(联)进行评价,力求使学校$\Sigma E$(联)的正值达到最大。系统功能的发挥不仅与它的结构有关,而且还与它的元素或子系统有关,譬如,元素或子系统性能太差,无论结构如何优化,系统的功能也得不到很好地发挥。因此,高校整体实力不仅与学校和谐程度有关,而且与学校成员的品质也有关。如果学校成员中有一定数量人员的品质是具有科研创新型的,那么学校和谐后,它就能发挥研究型大学的较大功能;如果学校成员中有一定数量人员的品质是具有教学创新型的,那么学校和谐后,它就能发挥教学型大学的较大功能。

(四)和谐学校建设实践中积累的经验②

通过访谈和问卷调查上海SF大学的领导、教师和学生获得以下信息。

---

① 中国社会科学院语言研究所词典编辑室.现代汉语词典[Z].北京:商务印书馆出版社,1978:454.
② 李平参加了访谈。

1. 和谐校园应涵盖的内容依次为：学校制度建设、管理科学有序、各部门和各项工作协调发展、人际关系和谐、校园环境优美、学校可持续发展、校园文化氛围、校园网络建设、助学帮困、就业指导、大学生心理健康教育、教学设备配备齐全、体育场馆设施等。

2. 和谐校园评价不是对学校的全面评价，而是对学校诸要素关系的评价，因此它与诸如办学水平评价等学校的全面评价有着本质的区别：（1）评价目的不同。办学水平评价旨在提升学校办学水平和办学质量；和谐校园评价旨在促进学校各方面协调发展，提高和谐度。（2）评价主体不同。办学水平评价一般由上级教育行政部门组织有关专家来评；和谐校园评价可以在学校内部定期开展，学校领导、教师、学生一起参与评价。（3）评价结果的使用不同。办学水平评价结果通常用来作为评优创优的依据；和谐校园评价结果可作为学校领导决策和自觉改进工作的依据。

### （五）评价对象和条件

上海 SF 大学是上海市重点大学，是上海地方大学中一所以本科层次教育为主要任务、以应用型人才培养为主要目标、文科见长并具有师范特色的综合性大学。近几年，曾接受过教学工作和文明单位的评估。在《决定》精神的感召下，学校努力建设和谐校园，以增强学校的整体功能。因此，学校尝试着用和谐校园评价指标体系作为导向，动员学校全体成员，营造和谐氛围，综合性大学。[①]

## 二、和谐学校评价的指标体系

根据上述五大依据，提出初拟指标体系，随后经过征询意见、理论论证、专家评判和实验修订，得到高校和谐校园评价四个一级指标、八个二级指标。

### （一）科学的管理

科学的管理是指管理工作遵循管理对象的发展规律和管理自身的运行规律，管理方法科学，管理工作实现高效率和高效益。[②] 高校管理应遵循教育规律，坚持依法治校、科学管理和民主管理相结合，建立健全科学化、民主化的决策体系。

1. 依法管理

这条指标包含两层意思：一是制度完善。首先，高校应积极推进教育工作

---

① 参见《上海师范大学本科教学工作水平评估自评报告（2005 年）》。
② 李翼.教育管理词典（第二版）[Z].海口：海南出版社，2002：27.

管理制度建设,做到在教育过程中有法可依;其次,应根据法律法规的更新情况,结合学校自身特点,及时修订和补充相应规章制度,增强法律在实际工作中的可操作性;第三,有了健全的制度还需要校内成员对制度的严格执行,依法行政的意识和严格按制度办事的态度影响着高校实施依法管理的效果。二是监督得力。首先,要健全监督体系;其次,学校成员明了申诉渠道和程序;第三,对于监督意见和申诉,学校相关部门能做出快捷高效的反馈。

2. 科学管理

它包含两方面的内容:一是机构设置。首先,对于那些可要可不要的处室,可以撤销;对于职能相近或联系密切的机构可以考虑合并,使高校内部组织结构更加精悍高效;其次,机构的类型多样,层次分明,能够满足工作的需要;第三,机构变更合理,广泛征询广大师生的意见,程序规范、严肃;第四,可以考虑适当设立一些交叉机构,逐渐打破学科、院系职能部门之间壁垒森严的局面,有利于高校与外界形成多样化的网络联系。二是运作规范。主要表现在:工作流程公开、透明;工作程序规范、责任明确;服务到位,工作高效;等等。

3. 民主管理

这里主要包括两个内容:一是决策民主。主要表现有:坚持民主集中制;建立和完善重大事项决策制度和重大决策征询意见制度,并认真执行;学校坚持和完善民主管理制度;召开民主党派座谈会,尊重党外代表人士意见;设立书记信箱或校长信箱,广泛听取师生员工的意见和建议等。二是校务公开。坚持高校校务公开,让广大师生员工知校情、参校政、督校务,促使各级领导班子、领导干部努力,有利于促进学校和谐政治环境的形成。

(二)协调的工作

与以往各种综合性评价不同,和谐校园评价是从和谐的角度对校内工作进行评价,因此更侧重于考察工作与工作之间的协调度。在高校主要要重视三方面工作的协调:一是教学工作和科研工作的协调。教学与科研的关系是辩证的,科学研究促进教学质量的提升,而教学有利于推动科学研究的发展。二是教学工作和思政工作的协调。这种协调不仅要求教与学的状态良好,还要求学生、教师、辅导员之间经常沟通协调;教学过程中善于听取学生意见,根据社会需求调整教学计划;学生参与教师评价;在学生管理工作中,要寓教于管,帮助他们树立正确的人生观。三是科研工作与思政工作的协调。一方面,要看学生申报项目进行科研活动的积极性,同时,学校应鼓励在校学生参与科研项目,培养学生的创新能力,提高他们分析问题和解决问题的能力;另一方面,在科研项目的内容上,关于思政工作研究和成果在数量上占有一定比例,以有效提高思政工作的质量。

### (三)良好的环境

良好的校园内外环境,为和谐校园建设提供坚强的保障,其可以划分为硬件环境和软环境;也可以从内外角度,分为内部环境和外部环境。

1. 内部环境

这里主要包括四个方面的内容:一是和谐的人际关系。高校人际关系主要包括学校管理者之间、教职工之间、管理者与教职工之间、师生之间以及学生之间的关系。领导班子关系和谐,学校才能作出正确决策;师生关系和谐,教学工作才能正常开展;同事关系和谐,学校工作才能协调有序,横向联系高效;学生关系和谐,学习才能高效率;管理者与教师之间关系和谐,学校工作才能做到上传下达,上下渠道畅通。二是硬件设施合理。学校的硬件设施可以从教学设备、生活服务设施、环境设施、文化设施等几方面来考察。三是生态环境优美。它不仅给师生带来愉悦的心情,提供舒适的工作、学习环境,而且也是一所学校精神面貌、文化内涵的外在表现。四是文化氛围浓厚。文化氛围是高等教育改革和发展中一个永恒的主题,是凝聚在教育过程中的治学精神、治学态度和治学方法的外在表现,依学校的风格和特点不同而表现出特有的求知氛围和育人环境。

2. 外部环境

它主要包含两方面的内容:一是政策环境。首先,学校重视政策研究,按照相关法律法规正确决策,提高决策和管理的科学性;其次,按照上级有关文件精神,结合自身实际,制定并不断完善学校管理制度,调整利益关系,调动教职工积极性,提高办学水平和效益;第三,主动与上级领导协商获得政策支持;第四,地方性院校的和谐校园建设要与区域社会经济发展相协调。根据区域社会政治、经济和文化发展需求调整学科专业结构,以自身的理论创新、技术创新、文化创新促进区域社会经济发展,与社会形成良性互动,共创和谐社会。二是学校周边环境。在营造校内良好育人环境的同时,同样不能忽视高校周边环境整治,它同样影响着学生的健康成长。

### (四)美好的前景

学校的发展前景,在一定程度上也反映着学校的和谐程度,其主要包括两个内容:一是个人前途。学校成员有美好的前途,就能较好地调动他们工作和学习的积极性,使每个人的潜能都得到较好的发挥。二是学校发展。学校有美好的发展前景,不仅能调动学校每个成员的工作和学习积极性,而且还能使学校成员齐心协力,形成合力,有效发挥学校的整体功能。

1. 个人前途

主要包括三方面的内容:一是教师专业发展。学校应保障教师的基本权利和专业自主权,为教师提供继续教育的机会,有合理的激励机制,为教师专业发展创设良好环境。二是学生的就业与升学。作为学校领导,可以从就业和升学率等方面来考察;从教师的角度来看,可以对本校学生基本素质、理论知识和实践、就业现状等方面进行评价;学生的视角主要聚焦在对个人职业发展的定位以及为实现良好就业积累理论知识和实践经验等。三是用人单位对学生表现的反映。毕业生走向社会后的表现可以直接反映高校毕业生的质量和高校培养人才的水平。

2. 学校发展

这条指标主要包括两个方面:一是共同愿景。首先,高校要以社会需求为导向,依据自身条件和学校发展的潜力来确立学校定位,不能盲目攀比;其次,树立切合实际的办学理念;第三,学校应有科学的发展规划,体现学校定位,以保证学校定位的实现;第四,学校的定位、办学理念能够深入人心,得到校内师生的普遍认可,这是学校愿景能够顺利实现的重要因素。二是学校能否适应社会发展。首先,高校对人才的需求要能适应学校发展的需要,善于引进和培养人才,建设高水平的师资队伍;其次,学校能根据社会发展的需要对专业设置和教学工作进行适当调整;第三,发挥高校的社会辐射作用,加强与其他单位及社区的合作共享,促进良性互动;第四,高校在全国同类学校中的排名是学校办学水平的重要体现,在一定程度上也反映了高校发展的前景。

### 三、和谐学校评价标准

以上海SF大学为例,运用发展性目标评价模式及与之相配套的评价方法制定了供教师和管理者使用的评定标准,与上述指标体系合成为一个完整的评价标准(省略计算指标体系的权集)。在制定评定标准过程中,以指标体系为基础,结合通过访谈上海SF大学的领导、教师、干部和学生等所获得的信息以及文献研究和问卷调查研究等的成果,确定了每条三级指标的等级要求,并且配上了开放式问题。

表 12-1 和谐学校评价标准表

| 评价对象 | 指标体系 | | | 评定标准 |
|---|---|---|---|---|
| | 一级指标 | 二级指标 | 三级指标 | |
| 高校和谐校园 | 科学的管理 | 依法管理 | 1. 制度完善 | ① 各项管理规章制度健全 ② 各项管理规章制度及时更新 ③ 各部门严格按照有关法律和规章制度办事 ④ 学校成员规则意识强 |
| | | | 2. 监督得力 | ① 监督机构健全 ② 学校成员知道申诉渠道和程序 ③ 监督意见和申诉反馈快捷高效 ④ 申诉率低 |
| | | 科学管理 | 3. 机构设置合理 | ① 机构设置精简高效 ② 机构类型多样，层次分明 ③ 机构的变更合理、程序规范 ④ 机构之间存在网络化有机联系 |
| | | | 4. 运作规范 | ① 工作流程公开、透明 ② 程序规范、责任明确 ③ 服务到位、工作效率高 ④ 投诉率低 |
| | | 民主管理 | 5. 决策民主 | ① 决策程序制度化 ② 教代会制度完善 ③ 重大决策听取广大群众意见 ④ 对现有决策满意 |
| | | | 6. 校务公开 | ① 学校财务公开 ② 学校文件公开 ③ 学校人事公开 ④ 学生工作公开 |
| | 协调的工作 | 教育工作协调发展 | 7. 教学和科研协调 | ① 教学和科研要求符合学校定位 ② 科研成果明显促进教学质量提高 ③ 教学研究成果逐年增加 ④ 对教学和科研考核满意 |
| | | | 8. 教学与思政协调 | ① 根据社会需求和学生意见及时调整教学计划 ②"生评教"制度完善 ③ 辅导员和专业教师经常沟通 ④ 教与学的状态良好 |
| | | | 9. 科研与思政协调 | ① 本科生参与教师科研项目 ② 学生申报项目进行科研活动积极性高 ③ 思政科研成果逐年增加 ④ 科研成果促进思政工作 |
| | 良好的环境 | 内容环境 | 10. 领导班子和谐 | ① 同心同德，团结互助 ② 各司其职，各负其责 ③ 权责明确，互相尊重 ④ 经常沟通，相互理解 |
| | | | 11. 师生关系和谐 | ① 教师爱生敬业，为人师表 ② 教师因材施教，激发潜能 ③ 教师关心学生生活，引导其树立正确的人生观、世界观和价值观 ④ 学生尊敬和理解老师 |
| | | | 12. 同事或学生关系和谐 | ① 校领导密切联系群众 ② 群众理解和支持领导工作 ③ 教师之间关系融洽 ④ 学生之间团结友爱 |
| | | | 13. 硬件设施合理 | ① 教学设备齐全，利用率高 ② 校内生活设施齐全，资费合理，维修及时 ③ 校园环境设施布局合理，管理有序 ④ 文化体育设施齐全，利用率高 |
| | | | 14. 生态环境优美 | ① 校园环境清洁优美 ② 绿化规划能较好地反映校园文化内涵 ③ 无水、噪音和空气等污染 ④ 学校成员日常生活中注意节能、节水和节约粮食 |
| | | | 15. 文化氛围浓厚 | ① 教师求真务实、治学严谨 ② 学生学习氛围浓 ③ 校园活动丰富多彩，参与度高 ④ 校园网功能齐全、内容健康、参与度高 |

续表

| | | | |
|---|---|---|---|
| 美好的前景 | 外部环境 | 16. 政策环境良好 | ① 学校工作符合上级教育政策 ② 学校充分运用上级教育政策 ③ 主动与上级领导协商获得政策支持 ④ 在融入地方和服务社会方面取得成效 |
| | | 17. 周边环境良好 | ① 学校周边环境宁静 ② 学校周边饮食摊点卫生达标 ③ 学校周边地区交通秩序良好 ④ 无乱摆地摊、无照经营等现象 |
| | 个人前途 | 18. 教师专业发展 | ① 职称评定公正公平 ② 教师进修要求得到满足 ③ 学校有针对性地对教师进行专业指导 ④ 教师对工作满意 |
| | | 19. 学生就业和升学率 | ① 学生就业率超过本市平均水平 ② 学生升学率超过同类学校平均水平 ③ 一半以上学生热爱所学专业 ④ 学校为学生就业或实习提供有力支持 |
| | | 20. 用人单位对学生表现的反映 | ① 用人单位对学生的专业知识比较满意 ② 用人单位对学生的组织领导能力比较满意 ③ 用人单位对学生的工作态度比较满意 ④ 用人单位对学生的工作责任心比较满意 |
| | 学校发展 | 21. 共同愿景 | ① 学校定位符合学校实际 ② 办学理念深入人心 ③ 师生普遍认同学校愿景 ④ 师生对本校有归属感和责任感 |
| | | 22. 学校能适应社会的发展 | ① 毕业生社会反响较好 ② 与其他学校合作能顺利开展 ③ 在全国同类学校排名处于中上水平 ④ 学校能根据社会发展需要调整专业设置 |

另外,请您回答以下问题:

(1) 对学校和谐校园建设的总体印象怎样?

(2) 对提高学校和谐校园建设的期望和建议。

# 第四节 和谐学校评价的几种方法

和谐学校评价是一个非常复杂的系统工程,在实施过程中,需要运用科学、简捷和可操作的评价方法,这样才能得到客观和合理的评价结果。到目前为止,和谐学校评价方法的研究成果甚少,在此介绍两种方法,与读者分享。

## 一、变异度法

这种方法在评价人与人之间关系的和谐度时是较为有效的。变异度是系统可能出现的状态数,它由系统的元素及其联系的总和来衡量,用元素可能发生的关系数来描述。以五个元素组成的系统为例。

图 12-1 显示,由两种元素(五个)组成的系统,它们之间有无方向性的联系(即 $pq=qp$),这个系统的变异度为 1,只有 $pq$ 一种情况。

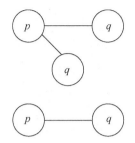

图 12-1　变异度说明图 A

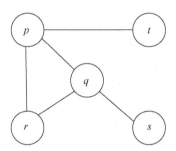

图 12-2　变异度说明图 B

由图 12-2 可知，由五种不同元素组成的系统，它们之间有无方向性的联系（即 $pq=qp$ 等），该系统的变异度为 5，即有 $pq$、$pr$、$pt$、$qr$、$qs$ 等五种情况。

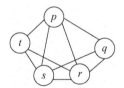

图 12-3　变异度说明图 C

图 12-3 是由五种不同的元素组成的系统，各元素之间有无方向性的联系（即 $pq=qp$ 等），该系统的变异度为 10。有 $pq$、$pr$、$ps$、$pt$、$qr$、$qs$、$qt$、$rs$、$tr$、$st$ 等十种情况。

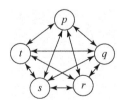

图 12-4　变异度说明图 D

图 12-4 又是五种不同元素组成的系统,各元素之间有双向联系,即($pq \neq qp$ 等)。该系统的变异度为 20。有 $pq$、$pr$、$ps$、$pt$、$qp$、$qr$、$qs$、$qt$、$rp$、$rq$、$rs$、$rt$、$tp$、$tq$、$tr$、$ts$、$sp$、$sq$、$sr$、$st$ 等二十种情况。

下面阐述一下变异度法在评价人与人之间关系和谐度方面的应用。首先,设计一个调查表。其次,随机抽取一个群体,比如一个班级、一个职能部门等。作为例子,假设我们抽取的群体中有 16 人,如表 12-2 所示,表中第一行和第一列的数字是被调查群体中每个人的编号。第三,对抽取群体中的每个人实施调查。假设人与人之间的关系有三种情况:一是往来密切,用符号"★"表示;二是偶尔来往,用符号"√"表示;三是没有交往,用符号"×"表示。调查结果见表 12-2。第四,统计调查结果。把表 12-2 的调查结果转换成变异度说明图,两个人之间的关系用符号"★"表示的,他们之间有双向联系;两个人之间的关系用符号"√"表示的,他们之间有无方向性的联系;两个人之间的关系用符号"×"表示的,他们之间没有联系。根据变异度说明图可以求出这 16 人群体的变异度为 139。第五,对统计结果进行评判。算出这 16 人群体和谐度的最大值是 240,即这 16 人之间的关系均为"往来密切"时的变异度,然后再算出这 16 人群体的变异度占和谐度最大值的比例(即 139/240 等于 58%)。通过比较不同群体的变异度占和谐度最大值的比例来判定不同群体中个体之间的和谐状况(比例高的就好)。

**表 12-2 人与人之间关系调查表**

|    | 1 | 2 | 3 | 4 | 5 | 6 | 7 | 8 | 9 | 10 | 11 | 12 | 13 | 14 | 15 | 16 |
|----|---|---|---|---|---|---|---|---|---|----|----|----|----|----|----|----|
| 1  |   | ★ | √ | × | ★ | √ | √ | ★ | ★ | √  | ★  | √  | ★  | √  | ★  | × |
| 2  | ★ |   | ★ | ★ | ★ | √ | ★ | √ | ★ | ×  | √  | ★  | √  | ★  | √  | ★ |
| 3  | √ | ★ |   | √ | × | ★ | √ | ★ | √ | ★  | √  | ★  | ×  | ★  | √  | √ |
| 4  | × | ★ | √ |   | √ | √ | × | √ | ★ | ★  | ×  | √  | √  | ★  | √  | ★ |
| 5  | ★ | ★ | × | √ |   | ★ | × | √ | √ | √  | ★  | √  | ★  | √  | √  | ★ |
| 6  | √ | √ | ★ | √ | ★ |   | √ | ★ | × | √  | √  | √  | ★  | √  | ★  | √ |
| 7  | √ | ★ | √ | × | × | ★ |   | ★ | × | √  | √  | √  | √  | √  | √  | ★ |
| 8  | ★ | × | ★ | √ | √ | ★ | ★ |   | ★ | √  | √  | √  | √  | √  | √  | √ |
| 9  | ★ | ★ | √ | ★ | √ | × | × | ★ |   | √  | √  | √  | √  | √  | ★  | √ |
| 10 | √ | √ | ★ | ★ | √ | ★ | √ | × | √ |    | √  | √  | √  | √  | ★  | ★ |
| 11 | ★ | × | ★ | × | ★ | √ | × | √ | √ | √  |    | ★  | √  | √  | √  | √ |
| 12 | √ | ★ | ★ | × | √ | √ | √ | √ | √ | √  | ★  |    | √  | ×  | √  | √ |
| 13 | ★ | √ | × | √ | ★ | ★ | √ | √ | √ | √  | √  | √  |    | ×  | √  | √ |
| 14 | √ | ★ | × | √ | √ | ★ | √ | √ | √ | √  | √  | ×  | √  |    | ★  | ★ |
| 15 | ★ | √ | √ | √ | √ | ★ | √ | √ | ★ | ★  | √  | √  | √  | ★  |    | ★ |
| 16 | × | ★ | √ | × | ★ | √ | ★ | √ | √ | √  | √  | √  | ×  | ★  | ★  |   |

## 二、负熵量度法

设系统的要素集合为 $m=\{m_1,m_2,\cdots,m_n\}$,其中 $m_j(1\leqslant j\leqslant n)$ 为系统的某一要素。要素之间二元关系种类为 $r=\{r_1,r_2,\cdots,r_k\}$,其中 $r_i(1\leqslant i\leqslant k)$ 是一种二元关系。用符号 $r_i(m_j)$ 表示这样一些序对 $(m_j,m_{p1}),(m_j,m_{p2}),\cdots,(m_j,m_{pt})$ 的总和,其中每个序对的关系都是 $r_i$(例如父子关系等),而 $m_{p1},m_{p2},\cdots,m_{pt}$ 是 $m$ 的其他要素;再用 $L_{ji}$ 表示这些序对的个数,并称其为要素 $m_j$ 上的关系 $r_i$ 的外延长度。如果集 $m$ 的全部要素数目等于 $n$,那么在整个集上的关系 $r_i$ 的外延长度为 $L_i = \sum\limits_{j=1}^{n} L_{ji}$。

在要素 $m_j$ 上的关系 $r_i$ 的负熵 $P[r_i(m_j)] = \dfrac{L_{ji}}{n-1}$,式中:分子是要素 $m_j$ 上的关系 $r_i$ 的实际外延长度,分母则是其最大可能的外延长度,$n$ 是全部要素数目。

要素与结构相关的系统总负熵 $H(m,r) = -\sum\limits_{j=1}^{n}\sum\limits_{i=1}^{k} \dfrac{L_{ji}}{n-1} \lg(\dfrac{L_{ji}}{n-1})$,式中:$H(m,r)$ 可看做复杂性的量度。在这个定义中,我们只是从要素及其之间关系的数量上考虑,而把每个要素的重要性及每种关系的重要性(包括强度)都看成是等同的。如果要把这种重要性也考虑在内,则可以加上权重因子,得到较复杂的类似结果。

**例 12-1** 设给定三个控制系统。可以把这三种类型的系统看成三种管理形式,如系统 A,是由总经理直接控制三个部门,是一种典型的集中控制形式。试问:这三个系统中哪个结构最复杂?

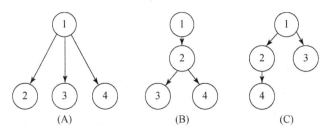

图 12-5 三个控制系统图

解:在图 12-5 中,这些系统以顶点来表示四个元素和下列诸关系:

$r_1$—直接控制关系;

$r_2$—直接从属关系;

$r_3$—间接控制关系;

$r_4$—间接从属关系;

$r_5$—在一个级别上的并列从属关系；

$r_6$—在较高级别上的并列从属关系；

$r_7$—在较低级别上的并列从属关系。

在系统 A 中，各元素序对的关系有如下分布：

$r_1 = (1,2),(1,3),(1,4)$；

$r_2 = (2,1),(3,1),(4,1)$；

$r_5 = (2,3),(3,4),(2,4),(3,2),(4,3),(4,2)$。

在这个系统中缺关系 $r_3, r_4, r_6, r_7$。

在系统 B 中有：

$r_1 = (1,2),(2,3),(2,4)$；

$r_2 = (2,1),(3,2),(4,2)$；

$r_3 = (1,3),(1,4)$；

$r_4 = (3,1),(4,1)$；

$r_5 = (3,4),(4,3)$。

在这个系统中缺少关系 $r_6, r_7$。在系统 C 中有：

$r_1 = (1,2),(1,3),(2,4)$；

$r_2 = (2,1),(3,1),(4,2)$；

$r_3 = (1,4)$；

$r_4 = (4,1)$；

$r_5 = (2,3),(3,2)$；

$r_6 = (3,4)$；

$r_7 = (4,3)$。

在系统 A 中，$L_1 = 3, L_2 = 3, L_5 = 6$。

在系统 B 中，$L_1 = 3, L_2 = 3, L_3 = 2, L_4 = 2, L_5 = 2$。

在系统 C 中，$L_1 = 3, L_2 = 3, L_3 = 1, L_4 = 1, L_5 = 2, L_6 = 1, L_7 = 1$。

在系统 A 中，$L_{11} = 3, L_{22} = 1, L_{25} = 2, L_{32} = 1, L_{35} = 2, L_{42} = 1, L_{45} = 2$。因此，系统 A 的总负熵为：$H_A(m,r) = -\frac{3}{3}\lg\left(\frac{3}{3}\right) - 3\left(\frac{1}{3}\lg\frac{1}{3}\right) - 3\left(\frac{2}{3}\lg\frac{2}{3}\right) = 0.8293$。

在系统 B 中，$L_{11} = 1, L_{13} = 2, L_{21} = 2, L_{22} = 1, L_{32} = 1, L_{34} = 1, L_{35} = 1, L_{42} = 1, L_{44} = 1, L_{45} = 1$。因此，系统 B 的总负熵为：$H_B(m,r) = -8\left(\frac{1}{3}\lg\frac{1}{3}\right) - 2\left(\frac{2}{3}\lg\frac{2}{3}\right) = 1.5071$。

在系统 C 中，$L_{11} = 2, L_{13} = 1, L_{21} = 1, L_{22} = 1, L_{25} = 1, L_{32} = 1, L_{35} = 1, L_{36} = 1, L_{42} = 1, L_{44} = 1, L_{47} = 1$。因此，系统 C 的总负熵为：$H_C(m,r) = -\frac{2}{3}\lg$

$$\frac{2}{3}-10\left(\frac{2}{3}\lg\frac{2}{3}\right)=1.7629_{\circ}$$

运用负熵量度法可以评价学校机构设置是否合理。假设两个学校的机构运行效率几乎相同，那么哪个学校机构设置的总负熵小，它就是较为合理的。

**【本章小结】**

本章在阐述和分析社会主义和谐社会概念的基础上，通过问卷调查等，较为全面地分析了高校和谐校园建设的现状，得出存在的三大问题：学校成员对和谐校园内涵的认识不够科学、全面和深入，影响了和谐校园建设的实效；高校和谐校园建设的规划不够具体、系统和全面，使和谐校园建设没有真正落到实处；缺乏科学和完善的高校和谐校园评价指标体系，不能有效引领、督促和谐校园的实现。随后，提出了三条对策：通过广泛和有效的宣传，让高校师生准确理解和认识和谐校园的建设目标；高校领导要把建设和谐校园的理念变为和谐校园建设的行动计划，扎扎实实做好和谐校园建设的各项工作；建立科学和完善的高校和谐校园评价指标体系，形成"导向—评价—反馈—教育—建设"的良好监控机制，促进和谐校园的早日建成。接着，运用发展性目标评价模式及与之相配套的评价方法设计了和谐校园评价指标体系，即四个一级指标（科学的管理、协调的工作、良好的环境、美好的前景）、八个二级指标（依法管理、科学管理、民主管理、协调工作、内部环境、外部环境、个人前途、学校发展）。最后，阐述了和谐学校评价的变异度法和负熵度量法等两种方法。

**【文献导读】**

1. 朱其训.和谐教育论[M].北京：人民出版社，2006.
2. 傅治平.和谐社会导论[M].北京：人民出版社，2005.
3. 李君如.社会主义和谐社会论[M].北京：人民出版社，2005.
4. 吴钢.高校和谐校园建设的现状与对策[J].管理观察，2009(3).
5. 吴钢，李平.初探高校和谐校园评价指标体系[J].黑龙江教育（高教研究与评估），2009(5).
6. 张德存.和谐社会评价指标体系的构建[J].理论新探，2006(11).

**【问题讨论】**

1. 什么是社会主义和谐社会？你是如何理解的。
2. 你认为和谐学校的内涵是什么？
3. 和谐思想是如何发展的？
4. 你认为目前高校和谐校园建设主要存在什么问题？其对策是什么？
5. 建立和谐学校评价指标体系的意义是什么？
6. 你认为和谐学校评价指标体系的基本内容是什么？

# 附 表

## 附表 1

正态分布表

$$\Phi(u) = \frac{1}{\sqrt{2\pi}} \int_{-\infty}^{u} e^{-\frac{x^2}{2}} dx$$

| u | 0.00 | 0.01 | 0.02 | 0.03 | 0.04 | 0.05 | 0.06 | 0.07 | 0.08 | 0.09 | u |
|---|---|---|---|---|---|---|---|---|---|---|---|
| −0.0 | 0.5000 | 0.4960 | 0.4920 | 0.4880 | 0.4840 | 0.4801 | 0.4761 | 0.4721 | 0.4681 | 0.4641 | −0.0 |
| −0.1 | 4602 | 4562 | 4522 | 4483 | 4443 | 4404 | 4364 | 4325 | 4286 | 4247 | −0.1 |
| −0.2 | 4207 | 4168 | 4129 | 4090 | 4052 | 4013 | 3974 | 3936 | 3897 | 3859 | −0.2 |
| −0.3 | 3821 | 3783 | 3745 | 3707 | 3669 | 3632 | 3594 | 3557 | 3520 | 3483 | −0.3 |
| −0.4 | 3446 | 3409 | 3372 | 3336 | 3300 | 3264 | 3228 | 3192 | 3156 | 2121 | −0.4 |
| −0.5 | 3085 | 3050 | 3015 | 2981 | 2946 | 2912 | 2877 | 2843 | 2810 | 2776 | −0.5 |
| −0.6 | 2743 | 2709 | 2676 | 2643 | 2611 | 2578 | 2546 | 2514 | 2483 | 2451 | −0.6 |
| −0.7 | 2420 | 2889 | 2358 | 2327 | 2297 | 2266 | 2236 | 2206 | 2177 | 2148 | −0.7 |
| −0.8 | 2119 | 2090 | 2061 | 2033 | 2005 | 1977 | 1949 | 1922 | 1894 | 1867 | −0.8 |
| −0.9 | 1841 | 1814 | 1788 | 1762 | 1736 | 1711 | 1685 | 1660 | 1635 | 1611 | −0.9 |
| −1.0 | 1587 | 1562 | 1539 | 1515 | 1492 | 1469 | 1446 | 1423 | 1401 | 1379 | −1.0 |
| −1.1 | 1357 | 1335 | 1314 | 1292 | 1271 | 1251 | 1230 | 1210 | 1190 | 1170 | −1.1 |
| −1.2 | 1151 | 1131 | 1112 | 1093 | 1075 | 1056 | 1038 | 1020 | 1003 | 09853 | −1.2 |
| −1.3 | 09680 | 09510 | 09342 | 09176 | 09012 | 08851 | 08691 | 08534 | 08379 | 08226 | −1.3 |
| −1.4 | 08076 | 07927 | 07780 | 07636 | 07493 | 07353 | 07215 | 07078 | 06944 | 06811 | −1.4 |
| −1.5 | 06681 | 06552 | 06426 | 06301 | 06178 | 06057 | 05938 | 05821 | 05705 | 05592 | −1.5 |
| −1.6 | 05480 | 05370 | 05262 | 05155 | 05050 | 04947 | 04846 | 04746 | 04648 | 04551 | −1.6 |
| −1.7 | 04457 | 04363 | 04272 | 04182 | 04093 | 04006 | 03920 | 03836 | 03754 | 03673 | −1.7 |
| −1.8 | 03593 | 03515 | 03438 | 03362 | 03288 | 03216 | 03144 | 03074 | 03005 | 02938 | −1.8 |
| −1.9 | 02872 | 02807 | 02743 | 02680 | 02619 | 02559 | 02500 | 02442 | 02385 | 02330 | −1.9 |
| −2.0 | 02275 | 02222 | 02169 | 02118 | 02068 | 02018 | 01970 | 01923 | 01876 | 01831 | −2.0 |
| −2.1 | 01786 | 01743 | 01700 | 01659 | 01618 | 01578 | 01539 | 01500 | 01463 | 01426 | −2.1 |
| −2.2 | 01390 | 01355 | 01321 | 01287 | 01255 | 01222 | 01191 | 01160 | 01130 | 01101 | −2.2 |
| −2.3 | 01072 | 01044 | 01017 | 0²9903 | 0²9642 | 0²9387 | 0²9137 | 0²8894 | 0²8656 | 0²8424 | −2.3 |
| −2.4 | 0²8198 | 0²7976 | 0²7760 | 0²7549 | 0²7344 | 0²7143 | 0²6947 | 0²6756 | 0²6569 | 0²6387 | −2.4 |
| −2.5 | 0²6210 | 0²6037 | 0²5868 | 0²5703 | 0²5543 | 0²5386 | 0²5234 | 0²5085 | 0²4940 | 0²4799 | −2.5 |
| −2.6 | 0²4661 | 0²4527 | 0²4396 | 0²4269 | 0²4145 | 0²4025 | 0²3907 | 0²3793 | 0²3681 | 0²3573 | −2.6 |
| −2.7 | 0²3467 | 0²3364 | 0²3264 | 0²3167 | 0²3072 | 0²2980 | 0²2890 | 0²2803 | 0²2718 | 0²2635 | −2.7 |
| −2.8 | 0²2555 | 0²2477 | 0²2401 | 0²2327 | 0²2256 | 0²2186 | 0²2118 | 0²2052 | 0²1988 | 0²1926 | −2.8 |
| −2.9 | 0²1866 | 0²1807 | 0²1750 | 0²1695 | 0²1641 | 0²1589 | 0²1538 | 0²1489 | 0²1441 | 0²1395 | −2.9 |

续表

| $u$ | 0.00 | 0.01 | 0.02 | 0.03 | 0.04 | 0.05 | 0.06 | 0.07 | 0.08 | 0.09 | $u$ |
|---|---|---|---|---|---|---|---|---|---|---|---|
| −3.0 | 0²1350 | 0²1306 | 0²1264 | 0²1223 | 0²1183 | 0²1144 | 0²1107 | 0²1070 | 0²1035 | 0²1001 | −3.0 |
| −3.1 | 0³9676 | 0³9354 | 0³9043 | 0³8740 | 0³8447 | 0³8164 | 0³7888 | 0³7622 | 0³7364 | 0³7114 | −3.1 |
| −3.2 | 0³6871 | 0³6637 | 0³6410 | 0³6190 | 0³5976 | 0³5770 | 0³5571 | 0³5377 | 0³5190 | 0³5009 | −3.2 |
| −3.3 | 0³4834 | 0³4665 | 0³4501 | 0³4342 | 0³4189 | 0³4041 | 0³3897 | 0³3758 | 0³3624 | 0³3495 | −3.3 |
| −3.4 | 0³3369 | 0³3248 | 0³3131 | 0³3018 | 0³2909 | 0³2803 | 0³2701 | 0³2602 | 0³2507 | 0³2415 | −3.4 |
| −3.5 | 0³2326 | 0³2241 | 0³2158 | 0³2078 | 0³2001 | 0³1926 | 0³1854 | 0³1785 | 0³1718 | 0³1653 | −3.5 |
| −3.6 | 0³1591 | 0³1531 | 0³1473 | 0³1417 | 0³1363 | 0³1311 | 0³1261 | 0³1213 | 0³1166 | 0³1121 | −3.6 |
| −3.7 | 0³1078 | 0³1036 | 0⁴9961 | 0⁴9574 | 0⁴9201 | 0⁴8842 | 0⁴8496 | 0⁴8162 | 0⁴7841 | 0⁴7532 | −3.7 |
| −3.8 | 0⁴7235 | 0⁴6948 | 0⁴6673 | 0⁴6407 | 0⁴6152 | 0⁴5906 | 0⁴5669 | 0⁴5442 | 0⁴5223 | 0⁴5012 | −3.8 |
| −3.9 | 0⁴4810 | 0⁴4615 | 0⁴4427 | 0⁴4247 | 0⁴4074 | 0⁴3908 | 0⁴3747 | 0⁴3594 | 0⁴3446 | 0⁴3304 | −3.9 |
| −4.0 | 0⁴3167 | 0⁴3036 | 0⁴2910 | 0⁴2789 | 0⁴2673 | 0⁴2561 | 0⁴2454 | 0⁴2351 | 0⁴2252 | 0⁴2157 | −4.0 |
| −4.1 | 0⁴2066 | 0⁴1978 | 0⁴1894 | 0⁴1814 | 0⁴1737 | 0⁴1662 | 0⁴1591 | 0⁴1523 | 0⁴1458 | 0⁴1395 | −4.1 |
| −4.2 | 0⁴1335 | 0⁴1277 | 0⁴1222 | 0⁴1168 | 0⁴1118 | 0⁴1069 | 0⁴1022 | 0⁵9774 | 0⁵9345 | 0⁵8934 | −4.2 |
| −4.3 | 0⁵8540 | 0⁵8163 | 0⁵7801 | 0⁵7455 | 0⁵7124 | 0⁵6807 | 0⁵6503 | 0⁵6212 | 0⁵5934 | 0⁵5668 | −4.3 |
| −4.4 | 0⁵5413 | 0⁵5169 | 0⁵4935 | 0⁵4712 | 0⁵4498 | 0⁵4294 | 0⁵4098 | 0⁵3911 | 0⁵3732 | 0⁵3561 | −4.4 |
| −4.5 | 0⁵3398 | 0⁵3241 | 0⁵3092 | 0⁵2949 | 0⁵2813 | 0⁵2682 | 0⁵2558 | 0⁵2489 | 0⁵2325 | 0⁵2216 | −4.5 |
| −4.6 | 0⁵2112 | 0⁵2013 | 0⁵1919 | 0⁵1828 | 0⁵1742 | 0⁵1660 | 0⁵1581 | 0⁵1506 | 0⁵1434 | 0⁵1366 | −4.6 |
| −4.7 | 0⁵1301 | 0⁵1239 | 0⁵1179 | 0⁵1123 | 0⁵1069 | 0⁵1017 | 0⁶9680 | 0⁶9211 | 0⁶8765 | 0⁶8339 | −4.7 |
| −4.8 | 0⁶7933 | 0⁶7547 | 0⁶7178 | 0⁶6827 | 0⁶6492 | 0⁶6173 | 0⁶5869 | 0⁶5580 | 0⁶5304 | 0⁶5042 | −4.8 |
| −4.9 | 0⁶4792 | 0⁶4554 | 0⁶4327 | 0⁶4111 | 0⁶3906 | 0⁶3711 | 0⁶3525 | 0⁶3348 | 0⁶3179 | 0⁶3019 | −4.9 |
| 0.0 | 0.5000 | 0.5040 | 0.5080 | 0.5120 | 0.5160 | 0.5199 | 0.5239 | 0.5279 | 0.5319 | 0.5359 | 0.0 |
| 0.1 | 5398 | 5438 | 5478 | 5517 | 5557 | 5596 | 5636 | 5675 | 5714 | 5753 | 0.1 |
| 0.2 | 5793 | 5832 | 5871 | 5910 | 5948 | 5987 | 6026 | 6064 | 6103 | 6141 | 0.2 |
| 0.3 | 6179 | 6217 | 6255 | 6293 | 6331 | 6368 | 6406 | 6443 | 6480 | 6517 | 0.3 |
| 0.4 | 6554 | 6591 | 6628 | 6664 | 6700 | 6736 | 6772 | 6808 | 6844 | 6879 | 0.4 |
| 0.5 | 6915 | 6950 | 6985 | 7019 | 7054 | 7088 | 7123 | 7157 | 7190 | 7224 | 0.5 |
| 0.6 | 7257 | 7291 | 7324 | 7357 | 7389 | 7422 | 7454 | 7486 | 7517 | 7549 | 0.6 |
| 0.7 | 7580 | 7611 | 7642 | 7673 | 7703 | 7734 | 7764 | 7794 | 7823 | 7852 | 0.7 |
| 0.8 | 7881 | 7910 | 7939 | 7967 | 7995 | 8023 | 8051 | 8078 | 8106 | 8133 | 0.8 |
| 0.9 | 8159 | 8186 | 8212 | 8238 | 8264 | 8289 | 8315 | 8340 | 8365 | 8389 | 0.9 |
| 1.0 | 8413 | 8438 | 8461 | 8485 | 8508 | 8531 | 8554 | 8577 | 8599 | 8621 | 1.0 |
| 1.1 | 8643 | 8665 | 8686 | 8708 | 8729 | 8479 | 8770 | 8790 | 8810 | 8830 | 1.1 |
| 1.2 | 8849 | 8869 | 8888 | 8907 | 8925 | 8944 | 8962 | 8980 | 8997 | 90147 | 1.2 |
| 1.3 | 90320 | 90490 | 90658 | 90824 | 90988 | 91149 | 91309 | 91466 | 91621 | 91774 | 1.3 |
| 1.4 | 91924 | 92073 | 92220 | 92364 | 92507 | 92647 | 92785 | 92922 | 93056 | 93189 | 1.4 |

续表

| u | 0.00 | 0.01 | 0.02 | 0.03 | 0.04 | 0.05 | 0.06 | 0.07 | 0.08 | 0.09 | u |
|---|---|---|---|---|---|---|---|---|---|---|---|
| 1.5 | 93319 | 93448 | 93574 | 93699 | 93822 | 93943 | 94062 | 94179 | 94295 | 94408 | 1.5 |
| 1.6 | 94520 | 94630 | 94738 | 94845 | 94950 | 95053 | 95154 | 95254 | 95352 | 95449 | 1.6 |
| 1.7 | 95543 | 95637 | 95728 | 95818 | 95907 | 95994 | 96080 | 96164 | 96246 | 96327 | 1.7 |
| 1.8 | 96407 | 96485 | 96562 | 96638 | 96712 | 96784 | 96856 | 96926 | 96995 | 97062 | 1.8 |
| 1.9 | 97128 | 97193 | 97257 | 97320 | 97381 | 97441 | 97500 | 97558 | 97615 | 97670 | 1.9 |
| 2.0 | 97725 | 97778 | 97831 | 97882 | 97932 | 97982 | 98030 | 98077 | 98124 | 98169 | 2.0 |
| 2.1 | 98214 | 98257 | 98300 | 98341 | 98382 | 98422 | 98461 | 98500 | 98537 | 98574 | 2.1 |
| 2.2 | 98610 | 98645 | 98679 | 98713 | 98745 | 98778 | 98809 | 98840 | 98870 | 98899 | 2.2 |
| 2.3 | 98928 | 98956 | 98983 | $9^2$0097 | $9^2$0358 | $9^2$0613 | $9^2$0863 | $9^2$1106 | $9^2$1344 | $9^2$1576 | 2.3 |
| 2.4 | $9^2$1802 | $9^2$2024 | $9^2$2240 | $9^2$2451 | $9^2$2656 | $9^2$2857 | $9^2$3053 | $9^2$3244 | $9^2$3431 | $9^2$3613 | 2.4 |
| 2.5 | $9^2$3790 | $9^2$3963 | $9^2$4132 | $9^2$4297 | $9^2$4457 | $9^2$4614 | $9^2$4766 | $9^2$4915 | $9^2$5060 | $9^2$5201 | 2.5 |
| 2.6 | $9^2$5339 | $9^2$5473 | $9^2$5604 | $9^2$5731 | $9^2$5855 | $9^2$5975 | $9^2$6093 | $9^2$6207 | $9^2$6319 | $9^2$6427 | 2.6 |
| 2.7 | $9^2$6533 | $9^2$6636 | $9^2$6736 | $9^2$6833 | $9^2$6928 | $9^2$7020 | $9^2$7110 | $9^2$7197 | $9^2$7282 | $9^2$7365 | 2.7 |
| 2.8 | $9^2$7445 | $9^2$7523 | $9^2$7599 | $9^2$7673 | $9^2$7744 | $9^2$7814 | $9^2$7882 | $9^2$7948 | $9^2$8012 | $9^2$8074 | 2.8 |
| 2.9 | $9^2$8134 | $9^2$8193 | $9^2$8250 | $9^2$8305 | $9^2$8359 | $9^2$8411 | $9^2$8462 | $9^2$8511 | $9^2$8559 | $9^2$8605 | 2.9 |
| 3.0 | $9^2$8650 | $9^2$8694 | $9^2$8736 | $9^2$8777 | $9^2$8817 | $9^2$8856 | $9^2$8893 | $9^2$8930 | $9^2$8965 | $9^2$8999 | 3.0 |
| 3.1 | $9^3$0324 | $9^3$0646 | $9^3$0957 | $9^3$1260 | $9^3$1553 | $9^3$1836 | $9^3$2112 | $9^3$2378 | $9^3$2636 | $9^3$2886 | 3.1 |
| 3.2 | $9^3$3129 | $9^3$3363 | $9^3$3590 | $9^3$3810 | $9^3$4024 | $9^3$4230 | $9^3$4429 | $9^3$4623 | $9^3$4810 | $9^3$4991 | 3.2 |
| 3.3 | $9^3$5166 | $9^3$5335 | $9^3$5499 | $9^3$5658 | $9^3$5811 | $9^3$5959 | $9^3$6103 | $9^3$6242 | $9^3$6376 | $9^3$6505 | 3.3 |
| 3.4 | $9^3$6631 | $9^3$6752 | $9^3$6869 | $9^3$6982 | $9^3$7091 | $9^3$7197 | $9^3$7299 | $9^3$7398 | $9^3$7493 | $9^3$7585 | 3.4 |
| 3.5 | $9^3$7674 | $9^3$7759 | $9^3$7842 | $9^3$7922 | $9^3$7999 | $9^3$8074 | $9^3$8146 | $9^3$8215 | $9^3$8282 | $9^3$8347 | 3.5 |
| 3.6 | $9^3$8409 | $9^3$8469 | $9^3$8527 | $9^3$8583 | $9^3$8637 | $9^3$8689 | $9^3$8739 | $9^3$8787 | $9^3$8834 | $9^3$8879 | 3.6 |
| 3.7 | $9^3$8922 | $9^3$8964 | $9^4$0039 | $9^4$0426 | $9^4$0799 | $9^4$1158 | $9^4$1504 | $9^4$1838 | $9^4$2159 | $9^4$2468 | 3.7 |
| 3.8 | $9^4$2765 | $9^4$3052 | $9^4$3327 | $9^4$3593 | $9^4$3848 | $9^4$4094 | $9^4$4331 | $9^4$4558 | $9^4$4777 | $9^4$4988 | 3.8 |
| 3.9 | $9^4$5190 | $9^4$5385 | $9^4$5573 | $9^4$5753 | $9^4$5926 | $9^4$6092 | $9^4$6253 | $9^4$6406 | $9^4$6554 | $9^4$6696 | 3.9 |
| 4.0 | $9^4$6833 | $9^4$6964 | $9^4$7090 | $9^4$7211 | $9^4$7327 | $9^4$7439 | $9^4$7546 | $9^4$7649 | $9^4$7748 | $9^4$7843 | 4.0 |
| 4.1 | $9^4$7934 | $9^4$8022 | $9^4$8106 | $9^4$8186 | $9^4$8263 | $9^4$8338 | $9^4$8409 | $9^4$8477 | $9^4$8542 | $9^4$8605 | 4.1 |
| 4.2 | $9^4$8665 | $9^4$8723 | $9^4$8778 | $9^4$8832 | $9^4$8882 | $9^4$8931 | $9^4$8978 | $9^5$0226 | $9^5$0655 | $9^5$1066 | 4.2 |
| 4.3 | $9^5$1460 | $9^5$1837 | $9^5$2199 | $9^5$2545 | $9^5$2876 | $9^5$3193 | $9^5$3497 | $9^5$3788 | $9^5$4066 | $9^5$4332 | 4.3 |
| 4.4 | $9^5$4587 | $9^5$4831 | $9^5$5065 | $9^5$5288 | $9^5$5502 | $9^5$5706 | $9^5$5902 | $9^5$6089 | $9^5$6268 | $9^5$6439 | 4.4 |
| 4.5 | $9^5$6602 | $9^5$6759 | $9^5$6908 | $9^5$7051 | $9^5$7187 | $9^5$7318 | $9^5$7442 | $9^5$7561 | $9^5$7675 | $9^5$7784 | 4.5 |
| 4.6 | $9^5$7888 | $9^5$7987 | $9^5$8081 | $9^5$8172 | $9^5$8258 | $9^5$8340 | $9^5$8419 | $9^5$8494 | $9^5$8566 | $9^5$8634 | 4.6 |
| 4.7 | $9^5$8699 | $9^5$8761 | $9^5$8821 | $9^5$8877 | $9^5$8931 | $9^5$8983 | $9^6$0320 | $9^6$0789 | $9^6$1235 | $9^6$1661 | 4.7 |
| 4.8 | $9^6$2067 | $9^6$2453 | $9^6$2822 | $9^6$3173 | $9^6$3508 | $9^6$3827 | $9^6$4131 | $9^6$4420 | $9^6$4696 | $9^6$4958 | 4.8 |
| 4.9 | $9^6$5208 | $9^6$5446 | $9^6$5673 | $9^6$5889 | $9^6$6094 | $9^6$6289 | $9^6$6475 | $9^6$6652 | $9^6$6821 | $9^6$6981 | 4.9 |

## 附表 2

### $t$ 分布表

| $df$ | $P(2)$: 0.50<br>$P(1)$: 0.25 | 0.20<br>0.10 | 0.10<br>0.05 | 0.05<br>0.025 | 0.02<br>0.01 | 0.01<br>0.005 | 0.005<br>0.0025 | 0.002<br>0.001 | 0.001<br>0.0005 |
|---|---|---|---|---|---|---|---|---|---|
| 1 | 1.000 | 3.078 | 6.314 | 12.706 | 31.821 | 63.657 | 127.321 | 318.309 | 636.619 |
| 2 | 0.816 | 1.886 | 2.920 | 4.303 | 6.965 | 9.925 | 14.089 | 22.327 | 31.599 |
| 3 | 0.765 | 1.638 | 2.353 | 3.182 | 4.541 | 5.841 | 7.453 | 10.215 | 12.924 |
| 4 | 0.741 | 1.533 | 2.132 | 2.776 | 3.747 | 4.604 | 5.598 | 7.173 | 8.610 |
| 5 | 0.727 | 1.476 | 2.015 | 2.571 | 3.365 | 4.032 | 4.773 | 5.893 | 6.869 |
| 6 | 0.718 | 1.440 | 1.943 | 2.447 | 3.143 | 3.707 | 4.317 | 5.208 | 5.959 |
| 7 | 0.711 | 1.415 | 1.895 | 2.365 | 2.998 | 3.499 | 4.029 | 4.785 | 5.408 |
| 8 | 0.706 | 1.397 | 1.860 | 2.306 | 2.896 | 3.355 | 3.833 | 4.501 | 5.041 |
| 9 | 0.703 | 1.383 | 1.833 | 2.262 | 2.821 | 3.250 | 3.690 | 4.297 | 4.781 |
| 10 | 0.700 | 1.372 | 1.812 | 2.228 | 2.764 | 3.169 | 3.581 | 4.144 | 4.587 |
| 11 | 0.697 | 1.363 | 1.796 | 2.201 | 2.718 | 3.106 | 3.497 | 4.025 | 4.437 |
| 12 | 0.695 | 1.356 | 1.782 | 2.179 | 2.681 | 3.055 | 3.428 | 3.930 | 4.318 |
| 13 | 0.694 | 1.350 | 1.771 | 2.160 | 2.650 | 3.012 | 3.372 | 3.852 | 4.221 |
| 14 | 0.692 | 1.345 | 1.761 | 2.145 | 2.624 | 2.977 | 3.326 | 3.787 | 4.140 |
| 15 | 0.691 | 1.341 | 1.753 | 2.131 | 2.602 | 2.947 | 3.286 | 3.733 | 4.073 |
| 16 | 0.690 | 1.337 | 1.746 | 2.120 | 2.583 | 2.921 | 3.252 | 3.686 | 4.015 |
| 17 | 0.689 | 1.333 | 1.740 | 2.110 | 2.567 | 2.898 | 3.222 | 3.646 | 3.965 |
| 18 | 0.688 | 1.330 | 1.734 | 2.101 | 2.552 | 2.878 | 3.197 | 3.610 | 3.922 |
| 19 | 0.688 | 1.328 | 1.729 | 2.093 | 2.539 | 2.861 | 3.174 | 3.579 | 3.883 |
| 20 | 0.687 | 1.325 | 1.725 | 2.086 | 2.528 | 2.845 | 3.153 | 3.552 | 3.850 |
| 21 | 0.686 | 1.323 | 1.721 | 2.080 | 2.518 | 2.831 | 3.135 | 3.527 | 3.819 |
| 22 | 0.686 | 1.321 | 1.717 | 2.074 | 2.508 | 2.819 | 3.119 | 3.505 | 3.792 |
| 23 | 0.685 | 1.319 | 1.714 | 2.069 | 2.500 | 2.807 | 3.104 | 3.485 | 3.768 |
| 24 | 0.685 | 1.318 | 1.711 | 2.064 | 2.492 | 2.797 | 3.091 | 3.467 | 3.745 |
| 25 | 0.684 | 1.316 | 1.708 | 2.060 | 2.485 | 2.787 | 3.078 | 3.450 | 3.725 |

续表

| $df$ | P(2): 0.50<br>P(1): 0.25 | 0.20<br>0.10 | 0.10<br>0.05 | 0.05<br>0.025 | 0.02<br>0.01 | 0.01<br>0.005 | 0.005<br>0.0025 | 0.002<br>0.001 | 0.001<br>0.0005 |
|---|---|---|---|---|---|---|---|---|---|
| 26 | 0.684 | 1.315 | 1.706 | 2.056 | 2.479 | 2.779 | 3.067 | 3.435 | 3.707 |
| 27 | 0.684 | 1.314 | 1.703 | 2.052 | 2.473 | 2.771 | 3.057 | 3.421 | 3.690 |
| 28 | 0.683 | 1.313 | 1.701 | 2.048 | 2.467 | 2.763 | 3.047 | 3.408 | 3.674 |
| 29 | 0.683 | 1.311 | 1.699 | 2.045 | 2.462 | 2.756 | 3.038 | 3.396 | 3.659 |
| 30 | 0.683 | 1.310 | 1.697 | 2.042 | 2.457 | 2.750 | 3.030 | 3.385 | 3.646 |
| 31 | 0.682 | 1.309 | 1.696 | 2.040 | 2.453 | 2.744 | 3.022 | 3.375 | 3.633 |
| 32 | 0.682 | 1.309 | 1.694 | 2.037 | 2.449 | 2.738 | 3.015 | 3.365 | 3.622 |
| 33 | 0.682 | 1.308 | 1.692 | 2.035 | 2.445 | 2.733 | 3.008 | 3.356 | 3.611 |
| 34 | 0.682 | 1.307 | 1.691 | 2.032 | 2.441 | 2.728 | 3.002 | 3.348 | 3.601 |
| 35 | 0.682 | 1.306 | 1.690 | 2.030 | 2.438 | 2.724 | 2.996 | 3.340 | 3.591 |
| 36 | 0.681 | 1.306 | 1.688 | 2.028 | 2.434 | 2.719 | 2.990 | 3.333 | 3.582 |
| 37 | 0.681 | 1.305 | 1.687 | 2.026 | 2.431 | 2.715 | 2.985 | 3.326 | 3.574 |
| 38 | 0.681 | 1.304 | 1.686 | 2.024 | 2.429 | 2.712 | 2.980 | 3.319 | 3.566 |
| 39 | 0.681 | 1.304 | 1.685 | 2.023 | 2.426 | 2.708 | 2.976 | 3.313 | 3.558 |
| 40 | 0.681 | 1.303 | 1.684 | 2.021 | 2.423 | 2.704 | 2.971 | 3.307 | 3.551 |
| 50 | 0.679 | 1.299 | 1.676 | 2.009 | 2.403 | 2.678 | 2.937 | 3.261 | 3.496 |
| 60 | 0.679 | 1.296 | 1.671 | 2.000 | 2.390 | 2.660 | 2.915 | 3.232 | 3.460 |
| 70 | 0.678 | 1.294 | 1.667 | 1.994 | 2.381 | 2.648 | 2.899 | 3.211 | 3.435 |
| 80 | 0.678 | 1.292 | 1.664 | 1.990 | 2.374 | 2.639 | 2.887 | 3.195 | 3.416 |
| 90 | 0.677 | 1.291 | 1.662 | 1.987 | 2.368 | 2.632 | 2.878 | 3.183 | 3.402 |
| 100 | 0.677 | 1.290 | 1.660 | 1.984 | 2.364 | 2.626 | 2.871 | 3.174 | 3.390 |
| 200 | 0.676 | 1.286 | 1.653 | 1.972 | 2.345 | 2.601 | 2.839 | 3.131 | 3.340 |
| 500 | 0.675 | 1.283 | 1.648 | 1.965 | 2.334 | 2.586 | 2.820 | 3.107 | 3.310 |
| 1000 | 0.675 | 1.282 | 1.646 | 1.962 | 2.330 | 2.581 | 2.813 | 3.098 | 3.300 |
| $\infty$ | 0.6745 | 1.2816 | 1.6449 | 1.9600 | 2.3263 | 2.5758 | 2.8070 | 3.0902 | 3.2905 |

注：表右上角图中的阴影部分表示概率 $P$，$P(2)$是双侧的概率，$P(1)$是单侧的概率。$df$是自由度。

## 附表 3

### $W$ 显著性检验时 $S$ 的临界值表

| N K | $P=0.05$ | | | | | $P=0.013$ | | | | |
|---|---|---|---|---|---|---|---|---|---|---|
| | 3 | 4 | 5 | 6 | 7 | 3 | 4 | 5 | 6 | 7 |
| 3 | | | 64.4 | 103.9 | 157.3 | | | 75.6 | 122.8 | 185.6 |
| 4 | | 49.5 | 88.4 | 143.3 | 217.0 | | 61.4 | 109.3 | 176.2 | 265.0 |
| 5 | | 62.6 | 112.3 | 182.4 | 276.2 | | 80.6 | 142.8 | 229.4 | 343.8 |
| 6 | | 75.7 | 136.1 | 221.4 | 335.2 | | 99.5 | 176.1 | 282.4 | 422.6 |
| 8 | 48.1 | 101.7 | 183.7 | 299.0 | 453.1 | 66.8 | 137.4 | 242.7 | 388.3 | 579.9 |
| 10 | 60.0 | 127.8 | 231.2 | 376.7 | 571.0 | 85.1 | 175.3 | 309.1 | 404.0 | 737.0 |
| 15 | 89.8 | 192.9 | 349.8 | 570.5 | 864.9 | 131.0 | 269.8 | 475.2 | 758.2 | 1129.5 |
| 20 | 119.7 | 258.0 | 468.5 | 764.4 | 1158.7 | 177.0 | 364.2 | 641.2 | 1022.2 | 1521.9 |

注：若 $N>7$，检查 $W$ 的显著性按下列步骤：第一，把 $W$ 代入 $\chi^2=K(n-1)W$ 求 $\chi^2$。第二，把算出的 $\chi^2$，按 $df=N-1$ 查 $\chi^2$ 分布表（见附表 4），查出的显著水平为 0.01 或 0.05 的 $\chi^2$ 值比较，若前者大于后者，则 $W$ 达到显著水平，这个 $W$ 有意义。

## 附表 4

### $\chi^2$ 分布表

| df | \multicolumn{12}{c}{P} | | | | | | | | | | | |
|---|---|---|---|---|---|---|---|---|---|---|---|---|
| | 0.995 | 0.990 | 0.975 | 0.950 | 0.900 | 0.750 | 0.500 | 0.250 | 0.100 | 0.050 | 0.025 | 0.010 | 0.005 |
| 1 | ... | ... | ... | ... | 0.02 | 0.10 | 0.45 | 1.32 | 2.71 | 3.84 | 5.02 | 6.63 | 7.88 |
| 2 | 0.01 | 0.02 | 0.05 | 0.10 | 0.21 | 0.58 | 1.39 | 2.77 | 4.61 | 5.99 | 7.38 | 9.21 | 10.60 |
| 3 | 0.07 | 0.11 | 0.22 | 0.35 | 0.58 | 1.21 | 2.37 | 4.11 | 6.25 | 7.81 | 9.35 | 11.34 | 12.84 |
| 4 | 0.21 | 0.30 | 0.48 | 0.71 | 1.06 | 1.92 | 3.36 | 5.39 | 7.78 | 9.49 | 11.14 | 13.28 | 14.86 |
| 5 | 0.41 | 0.55 | 0.83 | 1.15 | 1.61 | 2.67 | 4.35 | 6.63 | 9.24 | 11.07 | 12.83 | 15.09 | 16.75 |
| 6 | 0.68 | 0.87 | 1.24 | 1.64 | 2.20 | 3.45 | 5.35 | 7.84 | 10.64 | 12.59 | 14.45 | 16.81 | 18.55 |
| 7 | 0.99 | 1.24 | 1.69 | 2.17 | 2.83 | 4.25 | 6.35 | 9.04 | 12.02 | 14.07 | 16.01 | 18.48 | 20.28 |
| 8 | 1.34 | 1.65 | 2.18 | 2.73 | 3.49 | 5.07 | 7.34 | 10.22 | 13.36 | 15.51 | 17.53 | 20.09 | 21.96 |
| 9 | 1.73 | 2.09 | 2.70 | 3.33 | 4.17 | 5.90 | 8.34 | 11.39 | 14.68 | 16.92 | 19.02 | 21.67 | 23.59 |
| 10 | 2.16 | 2.56 | 3.25 | 3.94 | 4.87 | 6.74 | 9.34 | 12.55 | 15.99 | 18.31 | 20.48 | 23.21 | 25.19 |
| 11 | 2.60 | 3.05 | 3.82 | 4.57 | 5.58 | 7.58 | 10.34 | 13.70 | 17.28 | 19.68 | 21.92 | 24.72 | 26.76 |
| 12 | 3.07 | 3.57 | 4.40 | 5.23 | 6.30 | 8.44 | 11.34 | 14.85 | 18.55 | 21.03 | 23.34 | 26.22 | 28.30 |
| 13 | 3.57 | 4.11 | 5.01 | 5.89 | 7.04 | 9.30 | 12.34 | 15.98 | 19.81 | 22.36 | 24.74 | 27.69 | 29.82 |
| 14 | 4.07 | 4.66 | 5.63 | 6.57 | 7.79 | 10.17 | 13.34 | 17.12 | 21.06 | 23.68 | 26.12 | 29.14 | 31.32 |
| 15 | 4.60 | 5.23 | 6.27 | 7.26 | 8.55 | 11.04 | 14.34 | 18.25 | 22.31 | 25.00 | 27.49 | 30.58 | 32.80 |
| 16 | 5.14 | 5.81 | 6.91 | 7.96 | 9.31 | 11.91 | 15.34 | 19.37 | 23.54 | 26.30 | 28.85 | 32.00 | 34.27 |
| 17 | 5.70 | 6.41 | 7.56 | 8.67 | 10.09 | 12.79 | 16.34 | 20.49 | 24.77 | 27.59 | 30.19 | 33.41 | 35.72 |
| 18 | 6.26 | 7.01 | 8.23 | 9.39 | 10.86 | 13.68 | 17.34 | 21.60 | 25.99 | 28.87 | 31.53 | 34.81 | 37.16 |
| 19 | 6.84 | 7.63 | 8.91 | 10.12 | 11.65 | 14.56 | 18.34 | 22.72 | 27.20 | 30.14 | 32.85 | 36.19 | 38.58 |
| 20 | 7.43 | 8.26 | 9.59 | 10.85 | 12.44 | 15.45 | 19.34 | 23.83 | 28.41 | 31.41 | 34.17 | 37.57 | 40.00 |
| 21 | 8.03 | 8.90 | 10.28 | 11.59 | 13.24 | 16.34 | 20.34 | 24.93 | 29.62 | 32.67 | 35.48 | 38.93 | 41.40 |
| 22 | 8.64 | 9.54 | 10.98 | 12.34 | 14.04 | 17.24 | 21.34 | 26.04 | 30.81 | 33.92 | 36.78 | 40.29 | 42.80 |
| 23 | 9.26 | 10.20 | 11.69 | 13.09 | 14.85 | 18.14 | 22.34 | 27.14 | 32.01 | 35.17 | 38.08 | 41.64 | 44.18 |
| 24 | 9.89 | 10.86 | 12.40 | 13.85 | 15.66 | 19.04 | 23.34 | 28.24 | 33.20 | 36.42 | 39.36 | 42.98 | 45.56 |
| 25 | 10.52 | 11.52 | 13.12 | 14.61 | 16.47 | 19.94 | 24.34 | 29.34 | 34.38 | 37.65 | 40.65 | 44.31 | 46.93 |
| 26 | 11.16 | 12.20 | 13.84 | 15.38 | 17.29 | 20.84 | 25.34 | 30.43 | 35.56 | 38.89 | 41.92 | 45.64 | 48.29 |
| 27 | 11.81 | 12.88 | 14.57 | 16.15 | 18.11 | 21.75 | 26.34 | 31.53 | 36.74 | 40.11 | 43.19 | 46.96 | 49.64 |
| 28 | 12.46 | 13.56 | 15.31 | 16.93 | 18.94 | 22.66 | 27.34 | 32.62 | 37.92 | 41.34 | 44.46 | 48.28 | 50.99 |
| 29 | 13.12 | 14.26 | 16.05 | 17.71 | 19.77 | 23.57 | 28.34 | 33.71 | 39.09 | 42.56 | 45.72 | 49.59 | 52.34 |
| 30 | 13.79 | 14.95 | 16.79 | 18.49 | 20.60 | 24.48 | 29.34 | 34.80 | 40.26 | 43.77 | 46.98 | 50.89 | 53.67 |
| 40 | 20.71 | 22.16 | 24.43 | 26.51 | 29.05 | 33.66 | 39.34 | 45.62 | 51.80 | 55.76 | 59.34 | 63.69 | 66.77 |
| 50 | 27.99 | 29.71 | 32.36 | 34.76 | 37.69 | 42.94 | 49.33 | 56.33 | 63.17 | 67.50 | 71.42 | 76.15 | 79.49 |
| 60 | 35.53 | 37.48 | 40.48 | 43.19 | 46.46 | 52.29 | 59.33 | 66.98 | 74.40 | 79.08 | 83.30 | 88.38 | 91.95 |
| 70 | 43.28 | 45.44 | 48.76 | 51.74 | 55.33 | 61.70 | 69.33 | 77.58 | 85.53 | 90.53 | 95.02 | 100.42 | 104.22 |
| 80 | 51.17 | 53.54 | 57.15 | 60.39 | 64.28 | 71.14 | 79.33 | 88.13 | 96.58 | 101.88 | 106.63 | 112.33 | 116.32 |
| 90 | 59.20 | 61.75 | 65.65 | 69.13 | 73.29 | 80.62 | 89.33 | 98.64 | 107.56 | 113.14 | 118.14 | 124.12 | 128.30 |
| 100 | 67.33 | 70.06 | 74.22 | 77.93 | 82.36 | 90.13 | 99.33 | 109.14 | 118.50 | 124.34 | 129.56 | 135.81 | 140.17 |